A ditadura em tempos de milagre

Janaina Martins Cordeiro

A ditadura em tempos de milagre
Comemorações, orgulho e consentimento

Copyright © 2015 Janaina Martins Cordeiro

EDITORA FGV
Rua Jornalista Orlando Dantas, 37
22231-010 | Rio de Janeiro, RJ | Brasil
Tels.: 0800-021-7777 | 21-3799-4427
Fax: 21-3799-4430
editora@fgv.br | pedidoseditora@fgv.br
www.fgv.br/editora

Todos os direitos reservados. A reprodução não autorizada desta publicação, no todo ou em parte, constitui violação do copyright (Lei no 9.610/98).

Os conceitos emitidos neste livro são de inteira responsabilidade dos autores.

Impresso no Brasil | Printed in Brazil

1ª edição — 2015

Preparação de originais: Sandra Frank
Revisão: Fatima Caroni e Sandro Gomes
Projeto gráfico, diagramação: Mari Taboada
Capa: Letra e Imagem Design
Fotos da capa: Acima, João Bittar; abaixo: Acervo O Globo
Impressão: Grupo SmartPrinter

Ficha catalográfica elaborada pela Biblioteca Mario Henrique Simonsen/FGV

> Cordeiro, Janaina Martins
>   A ditadura em tempos de milagre : comemorações, orgulho e consentimento / Janaina Martins Cordeiro. – Rio de Janeiro : Editora FGV, 2015.
>   360 p.
>
>   Originalmente apresentada como tese da autora (doutorado – Universidade Federal Fluminense, Departamento de História, 2012) com o título: Lembrar o passado, festejar o presente : as comemorações do Sesquicentenário da Independência entre consenso e consentimento (1972).
>   Inclui bibliografia.
>   ISBN: 978-85-225-1660-5
>
>   1. Ditadura – Brasil. 2. Brasil – História – Independência, 1822 – Comemorações de centenários, etc. 3. Brasil – História – 1964-1985. I. Fundação Getulio Vargas. II. Título.
>
>   CDD — 981.0643

Aos velhos amigos; aos novos amigos.
Aos amigos de sempre

Depois pensou na moça loira que queria impedi-lo de entrar no Richmond com o cachorro [...]. Os velhos armados de varas não o irritavam, ele os conhecia bem, ele levava isso em consideração; nunca duvidara de sua existência, nem que deviam existir e que seriam sempre seus perseguidores. Mas aquela moça era sua perpétua derrota. Era bonita e aparecera em cena não como perseguidora, mas como espectadora que, fascinada pelo espetáculo, identificava-se com os perseguidores

(Milan Kundera. *A valsa dos adeuses*, 2010:103)

SUMÁRIO

INTRODUÇÃO
O *país do presente*: milagre, comemorações e consenso ditatorial 9

1. Funeral de um ditador 29

    Ostracismo e agonia 29

    O enterro do presidente; o enterro da ditadura 37

    Entre vaias, aplausos e indiferença 44

2. O *enterro do imperador foi uma festa* 49

    D. Pedro I *integra* o Brasil: o traslado e o périplo pelo país 62

    O *herói da ditadura* 84

3. Uma festa para Tiradentes: o Encontro Cívico Nacional e a abertura dos festejos 103

    Entre o imperador e o alferes 103

    Preparando a festa e os *espíritos*: a ditadura convoca a nação 114

    A *nação* comparece: a grande festa do dia 21 128

4. Da solenidade das comemorações à festa do futebol 139

    Supercopa ou Minicopa? 146

    O apito final 168

5. D. Pedro I vai ao cinema: *Independência ou morte*, as cores do *milagre* e a memória 171

   A festa do imperador 176

   De grande sucesso a grande *bode expiatório* 189

6. A Comissão Executiva Central 209

   Uma comissão *civil-militar* 212

   Ficaríamos felizes se nos fosse permitido colaborar: a correspondência recebida pela CEC 231

7. O sesquicentenário das vozes dissonantes 243

   O píer e a *patota* de Ipanema: entre *desbunde* e *patrulhas* 247

   Intelectuais e políticos: o sesquicentenário e os desejos de *reconciliação nacional* 255

   Os inconfidentes: o herói *subversivo* também foi ao cinema 272

   As múltiplas formas de manifestação das *vozes dissonantes* e a questão da resistência 289

8. A modernidade sem lágrimas: o 7 de setembro e a apoteose final da ditadura 293

   Brasil, 7 de setembro de 1972 293

   Som, luz e exportações 307

9. *Anos de chumbo* ou *anos de ouro*? Uma história sempre em reconstrução 321

   O sesquicentenário: síntese do consenso do *milagre* 321

   O sesquicentenário e os silêncios da memória 328

   Dos *anos de ouro* aos *anos de chumbo* 336

Fontes e bibliografia 345

   Fontes 345

   Bibliografia 347

Agradecimentos 359

INTRODUÇÃO

O país do presente: milagre, comemorações e consenso ditatorial

31 de dezembro de 1971. O general Emílio Garrastazu Médici completava o segundo ano de seu mandato e aproveitava a data para enviar mensagem de Ano Novo à sociedade brasileira. Naquele ano, seu discurso era especialmente otimista. Dirigindo-se à nação em rede nacional de rádio e televisão, declarava, solene:

> A Nação tem hoje a tranquila consciência de sua grandeza, em termos realistas, possíveis e viáveis. Temos agora a certeza de que *o eterno país do futuro se transformou, afinal, no país do presente* [Médici, 1972:76-77, grifos meus].

Era oficial: o *futuro havia chegado*. Ao menos, era o que anunciava o presidente. A verdade é que, em termos simbólicos, o discurso de Médici possuía significado extremamente importante, sobretudo em um país onde a ideia do *país do futuro*[1] havia-se transformado em uma espécie de *profecia às avessas*: o *futuro*, esse tempo *mítico*, esse tempo *da utopia*, no qual tudo se realizará (Carvalho, 2006:30-31) teimava, para os mais pessimistas, em não chegar nunca. A ideia do *país do futuro* que dá título à obra de Stefan Zweig, escrita nos anos 1940, essencialmente otimista em sua origem, foi apropriada pela tradição pessimista nacional[2] e passou a bem representar – por inversão e até mesmo com certa dose de sarcasmo – a ideia da *potência que não se realiza*, do *gigante adorme-*

---

1. Para a ideia do *país do futuro*, cf. a obra basilar de Zweig (2001).
2. Para as tradições pessimistas e otimistas brasileiras, cf. Fico (1997:27 e segs.).

cido. Uma sentença condenatória: o futuro como *busca eterna*, quase vã, fadado a não se realizar nunca.

Nesse sentido, o *anúncio* do presidente parecia qualquer coisa de fora do comum. Aliás, era disso mesmo que se tratava: o anúncio de que se viviam, no Brasil, *tempos extraordinários*. Não se tratava mais, portanto, de mera utopia. Não havia mais incertezas, dúvidas, vã esperança ou sarcasmo. Havia, sim, um *milagre*. Aliás, mal chamado *milagre*, porque era, afinal, "explicável", a "resultante certa de componentes adequados" (Melo Filho, 1972:385). O Brasil era, então, *grande, o gigante acordara de seu sono*.

E já que o *futuro* havia chegado, já que o Brasil era, enfim, o *país do presente*, era preciso comemorar a chegada deste *novo tempo*. E foi exatamente o que aconteceu em 1972: uma festa. Saudando a *chegada do futuro*, o presidente se despedia do *ano velho* e anunciava que 1972 seria um ano de grandes comemorações: o futuro chegara justamente quando a nação completava 150 anos. Era o ano do *sesquicentenário* da independência, palavra comprida, difícil, mas que ganhou as ruas do país naquele ano.

As festas deveriam ser grandiosas, fazendo jus ao quadro *palpitante* das realizações brasileiras (Corrêa, 1972:9). Eventos de proporções nacionais – exaltando os esforços de *integração nacional* nos quais o governo se empenhava – foram previstos e realizados. Ao mesmo tempo, a festa deveria ser uma *imponente* evocação *patriótica*. Do Oiapoque ao Chuí, pessoas saíram às ruas para comemorar d. Pedro I, o *príncipe da autoridade*, festejado país afora como o grande herói daquele ano. Grupos inteiros da sociedade civil manifestavam-se, querendo dar sua contribuição para aquilo que prometia ser um grandioso *espetáculo cívico--patriótico*; outros tantos não se ofereceram para colaborar, mas participaram, atendendo à convocação do regime para comemorar: empunhando bandeiras, portando chapéus de soldado verde-amarelos, erguendo cartazes de dizeres patrióticos, compuseram a *mise-en-scène* comemorativa. Outros participaram de maneira mais discreta, austera, respeitando, no entanto, a recuperação da história pátria que se realizava em 1972.

As primeiras providências do governo foram tomadas ainda em 1971, em outubro, quando foi instituída uma comissão nacional para programar e coordenar as comemorações. Em seguida, em janeiro de 1972, foi criada a Comissão

Executiva Central (CEC) para dirigir e coordenar as comemorações do sesquicentenário da independência do Brasil.³

Presidida pelo general Antônio Jorge Corrêa, a CEC integrava membros de ministérios civis e militares, além de importantes instituições da sociedade civil. Eram eles os ministros da Justiça, das Relações Exteriores, da Educação, Marinha, Exército e Aeronáutica, além dos chefes dos gabinetes Militar e Civil da Presidência da República, os presidentes do Instituto Histórico e Geográfico Brasileiro (IHGB), do Conselho Federal de Cultura (CFC), da Liga de Defesa Nacional, da Associação de Emissoras de Rádio e TV e da Associação Brasileira de Rádio e TV.⁴ Nesse aspecto, a comissão representou um bom exemplo de como a ditadura usufruiu e soube articular, sempre, apoios civis e militares.

À CEC coube a organização dos eventos de abrangência nacional, a definição e organização geral da festa, que deveria ser capaz não somente de celebrar os 150 anos da independência do país – a escolha das datas nacionais, dos heróis e dos grandes acontecimentos do passado que deveriam ser recuperados –, como também de celebrar o momento de grandeza, de acelerado crescimento econômico e o *otimismo* crescente que envolvia segmentos significativos da sociedade brasileira naqueles primeiros anos da década de 1970.

A partir da organização da CEC, foram criadas comissões executivas estaduais (CEEs), responsáveis pela integração dos respectivos estados aos eventos nacionais, respeitando, não obstante, as especificidades locais e regionais: suas datas e seus heróis, criando marcos e incentivando as efemérides particulares de cada região do país. Esse foi, sem dúvida, um fator fundamental para o sucesso das festas, uma vez que integrou os estados e suas tradições locais aos grandes eventos nacionais, colaborando para a grande proliferação de eventos comemorativos ao longo do ano.

Assim, desde janeiro de 1972 vivia-se no país a expectativa do início das comemorações: datas como a abertura dos portos em 1808 ou o Dia do Fico, em

---

3. Decreto nº 69.922, de 13 de janeiro de 1972, apud Corrêa (1972:14).
4. Decreto nº 69.344, de 8 de outubro de 1971 apud Corrêa (1972:13). Matéria publicada pelo *Jornal do Brasil* em 9 de outubro de 1971 mencionava também a participação da Associação Brasileira de Imprensa (ABI) entre as instituições que compunham a CEC.

nove de janeiro de 1822, foram celebradas. Heróis e batalhas regionais foram rememorados: por exemplo, Joana Angélica e o 2 de julho na Bahia;[5] no Pará, as comemorações se estenderam até 1973, já que é o ano de 1823 que marca a adesão daquela região à independência (Moraes, 2006). Transcendendo o 1822, outras datas importantes foram lembradas: no Recife, comemorou-se a batalha dos Guararapes; no Rio Grande do Sul, a Farroupilha não pôde ficar de fora; mesmo a abolição da escravidão e o Dia do Soldado, com amplas homenagens ao duque de Caxias – apenas uma entre as muitas ocasiões nas quais o papel histórico das Forças Armadas foi rememorado –, não ficaram de fora do grandioso calendário cívico de 1972.

Mas foi em 21 de abril, dia de Tiradentes, que as festas começaram oficialmente, para somente serem encerradas no dia 7 de setembro. A ideia era iniciar as comemorações com o chamado "Encontro Cívico Nacional", evento que deveria acontecer em todas as cidades do país e que consistia, de acordo com o presidente da CEC, Antônio Jorge Correia, em acontecimento

> inédito no mundo, com a mobilização da população de todo o país para, numa mesma hora, em praças públicas, escolas, hospitais e até penitenciárias ouvir a saudação e chamamento do presidente Médici [...] e cultuar a bandeira entoando o Hino Nacional.[6]

O encerramento, no dia 7 de setembro, teve lugar na colina do Ipiranga, em São Paulo, local onde foi proclamada a independência em 1822 e onde ocorreria a inumação dos despojos mortais de d. Pedro I, ao lado da imperatriz Leopoldina, após sua peregrinação por todo o país, desde abril daquele ano.

Os encontros cívicos em abril e a peregrinação dos despojos de d. Pedro I, seguida de sua inumação no Ipiranga em setembro, foram os dois acontecimentos maiores de uma festa que teve como característica mais marcante a multiplicação,

---

5. Fundo Comissão Executiva da Comemoração do Sesquicentenário da Independência. Arquivo Nacional/SDE – Documentos Públicos, código 1J. Pasta 61. Recorte de jornal: "Bahia comemora gesto heroico". *O Estado de S. Paulo*, 20 fev. 1972.
6. Ibid. Pasta 51A. Recorte de jornal: "Todo o Brasil cantará o hino na mesma hora". Jornal não identificado, 3 mar. 1972. O encontro cívico nacional será estudado mais detalhadamente no capítulo 3.

país afora, de eventos comemorativos os mais diversos ao longo de todo o ano de 1972. Entre uma data e outra, a rememoração dos dois maiores heróis do panteão nacional – Tiradentes e d. Pedro I; entre uma data e outra, cinco meses inteiros de festas nos quais a ditadura se expôs solene aos brasileiros, festejando a história pátria, mas também, e principalmente, o presente e as perspectivas de futuro. A festa, no entanto, incluiu outros eventos: livros editados e reeditados, congressos realizados, escolas e universidades mobilizadas; músicas compostas especialmente para a ocasião; competições esportivas organizadas por todo o país, premiando os vencedores com o "Troféu Sesquicentenário". Entre as competições esportivas, um campeonato internacional de futebol, a Taça Independência, com jogos realizados em diversos estados do país, reunindo seleções de diversas partes do mundo e, é claro, a seleção canarinho, tricampeã mundial em 1970.

Das formas mais diversas, governo e setores expressivos da sociedade viveram, em 1972, um ano inteiro de comemorações e festas que, ao mesmo tempo que evocavam valores, tradições e heróis da *pátria*, essa entidade *superior*, realizavam também uma orgulhosa comemoração do tempo presente, seus progressos, suas conquistas.

Este trabalho propõe analisar as comemorações do sesquicentenário da independência do Brasil, realizadas no decorrer do ano de 1972 pela ditadura civil-militar. A ideia é compreender esse evento como um momento privilegiado para observar as relações entre sociedade e regime em sua complexidade, buscando ultrapassar a lógica, por vezes simplificadora – dominante, sobretudo nos discursos de determinada memória – e que coloca de um lado um Estado opressor e de outro uma sociedade vitimizada. Proponho, portanto, o estudo das comemorações do 150º aniversário da independência como forma de observar os mecanismos de formação de um consenso no seio da sociedade, fundamental para a sustentação da ditadura naquele momento.

Nesse sentido, o estudo das categorias de *consenso* e *consentimento* são cruciais para este trabalho, compreendidas, no entanto, em sua complexidade, abarcando uma gama diferenciada de comportamentos e atitudes sociais que concorrem, ao fim, para garantir a estabilidade do regime. No dicionário de política organizado por Norberto Bobbio, Giacomo Sani define *consenso* da seguinte forma:

O termo consenso denota a existência de um acordo entre os membros de uma determinada unidade social em relação a princípios, valores, normas, bem como quanto aos objetivos almejados pela comunidade e aos meios para alcançá-los. O consenso se expressa, portanto, na existência de crenças que são mais ou menos partilhadas pelos membros de uma sociedade [Sani, 1992:240].

A ideia de que o consenso designa um *acordo* baseado em princípios, valores e normas partilhados por determinada unidade ou grupo social é de extrema importância para as propostas deste trabalho, à medida que nos permite compreender a ditadura também a partir das relações de *continuidade* que ela conseguiu estabelecer com a sociedade, partilhando e fazendo-se representante de determinados valores e tradições caros ao imaginário coletivo nacional. E se o *consenso* designa o *acordo*, o *consentimento*, por sua vez, refere-se aos comportamentos sociais, às formas – múltiplas – a partir das quais o *acordo* é conformado e se expressa socialmente.

Ao mesmo tempo, o conceito adotado pelo autor permite-nos compreender a complexidade do social, bem como a pluralidade das reações coletivas e a riqueza dos movimentos de opinião em uma determinada sociedade. Adiante, Sani nos alerta:

> Se se considera a extensão virtual do Consenso, isto é, a variedade dos fenômenos em relação aos quais pode ou não haver acordo, e, por outro lado, a intensidade da adesão às diversas crenças, torna-se evidente que um Consenso total é um tanto improvável, mesmo em pequenas unidades sociais, sendo totalmente impensável em sociedades complexas. Portanto, o termo Consenso tem um sentido relativo: mais que existência ou falta de Consenso, dever-se-ia falar de graus de Consenso existentes em uma determinada sociedade ou subunidades [Sani, 1992:240].

Ou seja, *consenso* não é sinônimo de *unanimidade* e não será analisado como tal neste livro. Ao contrário, trata-se, antes, de observar as formas, diversas, a partir das quais as sociedades se expressam com relação a determinados acontecimentos ou regimes, bem como de compreender o universo de referências simbólicas – e materiais – acionado em determinadas situações e com o qual setores expressivos da sociedade puderam se identificar em certos momentos.

Não obstante, Giacomo Sani somente analisa a aplicação da categoria *consenso* para as sociedades democráticas. O objetivo deste trabalho, no entanto, é compreender como é possível alcançar graus expressivos de consenso em sociedades não democráticas. Dito de outra forma, trata-se de entender como, frequentemente, o consenso "se formou em padrões não democráticos, sem que essa ausência tenha sido percebida pela sociedade contemporânea como um problema" (Rollemberg e Quadrat, 2010:15).

Assim, é preciso sublinhar que a utilização das categorias "consenso" e "consentimento", particularmente no caso das relações entre sociedades e regimes autoritários, remete à complexidade dos comportamentos sociais. Didier Musiedlak, ao tratar da formação do consenso em torno do fascismo italiano, chama atenção para a característica "polissêmica" do conceito, o qual, todavia, não é estranho à complexidade mesma que se pode observar nas sociedades ocidentais confrontadas com experiências de autoritarismo (Musiedlak, 2010:151). Já para Daniel Aarão Reis, o termo *consenso* utilizado para compreender

> as relações complexas entre sociedades e regimes autoritários ou ditatoriais designa a formação de um acordo de aceitação do regime existente pela sociedade, explícito ou implícito, compreendendo o apoio ativo, a simpatia acolhedora, a neutralidade benévola, a indiferença ou, no limite, a sensação de absoluta impotência [Reis, 2010a:387, nota 20].

Ainda de acordo com o autor, os variados tipos de comportamentos citados "são matizes bem diferenciados [...], mas concorrem todos, em dado momento, para a sustentação de um regime político, ou para o enfraquecimento de uma eventual luta contra o mesmo" (Reis, 2010a:387).

Para as finalidades às quais se propõe este trabalho, as definições sugeridas por Musiedlak e Aarão Reis são importantes à medida que dão conta da diversidade dos comportamentos coletivos, permitindo perceber de forma menos simplificadora as relações estabelecidas entre sociedade civil e ditadura, a complexidade dos comportamentos coletivos em regimes autoritários.

Assim, a definição de consenso englobando uma gama variada de atitudes com relação ao regime estabelecido nos remete, por sua vez, ao que Pierre Laborie denominou *pensar-duplo* para compreender os comportamentos dos *franceses comuns* no regime de Vichy e a ocupação nazista entre 1940 e 1944. O *pensar duplo* faz referência à imagem dos franceses portando neles próprios sentimentos opostos, mas partilhados e, portanto, "não pode ser reduzido a uma única expressão de duplicidade". Ao contrário, ele "reenvia à ideia do homem duplo, deste que é um e outro ao mesmo tempo, mais pelo peso de uma necessidade exterior que pelo cálculo cínico ou interesse" e, nesse sentido, explica a forte presença dos modos de pensar ambivalentes na opinião comum (Laborie, 2003:33).

Ainda de acordo com as análises de Laborie sobre o caso francês, sobre o que estamos chamando de *consentimento*, as noções de *zona cinzenta* e *ambivalência* propostas pelo autor são interessantes para pensarmos o comportamento, as maneiras diversificadas a partir das quais os *homens comuns* se manifestaram sobre o regime. Segundo o autor, perceber os comportamentos coletivos pelo prisma da ambivalência abre portas ao historiador e alarga suas possibilidades de análise à medida que nos permite pensar as "contradições não mais em termos antinômicos" (Laborie, 2003:32). Daí, ainda de acordo com o autor, a importância de recuperar os códigos culturais da época, as *palavras* – para o caso francês –, dos anos 1940, "os modos de presença no mundo dos atores sociais" ou as "formas de racionalidade dos sistemas de representações mentais" para, dessa forma, recuperar "alguns dos mecanismos essenciais que comandam os comportamentos" (Laborie, 2003:29).

No caso brasileiro, apreender a diversidade que compõe a *zona cinzenta* significa observar que, para além do binarismo por vezes simplificador entre um *Estado opressor* e uma *sociedade vitimizada*, há uma série de atitudes que nos permitem entender as lógicas pelas quais o regime se sustentou por longos anos. Significa compreender que as maneiras de proceder das pessoas comuns não podem ser definidas de modo sistemático e hermético. A realidade é difusa. Afirmar a popularidade da ditadura não significa tratar os apoios que recebeu de forma homogênea. Por outra parte, não se pode, como pretendem as construções de memória a partir da redemocratização, reconstruir a sociedade como essencialmente *resistente*.

Ultrapassando os lugares-comuns dessa memória coletiva que dividem a sociedade em dois polos, *resistentes* e *colaboradores*, ao mesmo tempo que atribuem aos mecanismos de repressão, coerção e censura a responsabilidade pelo advento e permanência de regimes autoritários, acredito que seja fundamental o estudo das *crenças* mais ou menos partilhadas em sociedade que viabilizaram, no caso brasileiro, a sustentação do pacto social em torno da ditadura pós-1964. É preciso, pois, superar tais simplificações, compreender a dinâmica social e entender que *coerção* e *consentimento* andaram inextricavelmente unidos em sociedades que passaram por experiências autoritárias (Gellately, 2002:14). Para o caso da Alemanha nazista, Robert Gellately analisa:

> Na realidade, se supunha que os alemães sabiam que em seu país existia uma polícia secreta e um sistema de campos de concentração. Diferentemente do que vem sendo dito, no entanto, os alemães não se limitaram a aceitar o que de "bom" trouxe o nazismo (a economia, por exemplo) e a rechaçar suas instituições mais perversas. Antes, Hitler conseguiu, de um modo ou de outro, obter em grande medida o apoio da imensa maioria dos cidadãos. O consenso se alcançou rapidamente, mas foi em todo momento plural, diferenciado e, em alguns momentos, instável. Contudo [...], os alemães estavam orgulhosos e encantados de que Hitler e seus asseclas se livrassem de certos tipos de pessoas que não se encaixavam, ou que eram consideradas elementos "marginais", "associais", "inúteis" ou "criminosos" [Gellately, 2002:13-14].

Guardadas as devidas proporções, o raciocínio de Gellately para o caso do nazismo é interessante para pensarmos a natureza do consenso social durante a ditadura, sobretudo durante os anos Médici. Gellately demonstra, de forma complexa, o envolvimento da sociedade alemã com relação ao *seu* ditador e à *sua* ditadura. Aponta para o fato de não ser possível conhecer bem aquela sociedade se separarmos aspectos que são complementares à natureza dos regimes autoritários: *coerção* e *consentimento*. E mais que isso: não é possível compreender o *orgulho* e o *encantamento* com relação a determinados aspectos do nazismo – os progressos econômicos, a propaganda, a *mise-en-scène* pública – separadamente da sensação de tranquilidade e segurança pública que a *caça* aos *inimigos do regime* proporcionava àquela sociedade.

Para o caso do Brasil, é importante não perdermos de vista que o que a memória coletiva consagrou como *anos de chumbo*, ou seja, a face *dura, feia, suja* e *obscura* do regime era, de fato, tudo isso. Exceto *obscura*. De forma similar à Alemanha pré-1933, o Brasil pré-1964 viveu momentos de intensa agitação política, que renasceram a partir de 1967 e, principalmente, em 1968. Para expressivos segmentos da sociedade o *comunismo* era, de fato, um *espectro* – perigoso, ameaçador – que rondava o país. Nesse sentido, não teriam eles se sentido aliviados quando, a partir dos primeiros anos da década de 1970, o governo, de posse do Ato Institucional nº 5 e com os aparelhos de repressão e informação atuando a todo vapor se incumbiu, de forma definitiva, da missão de *livrar* a sociedade da *subversão* e do *terrorismo*?

Por este aspecto, o que a memória coletiva consagrou como *anos de chumbo* foi sentido dessa forma por segmentos bastante específicos da sociedade: aqueles grupos que a repressão definia como *inimigos do povo* e da *pátria*. Estes, sim, sentiram o *chumbo grosso* e a *mão pesada* da repressão. Não apenas as esquerdas que aderiram à luta armada, mas também aquelas pertencentes ao Partido Comunista Brasileiro (PCB) e às diversas correntes trabalhistas. Assim, se seguirmos o raciocínio de Gellately, para o caso brasileiro, podemos afirmar que, por determinado ponto de vista, os *anos de ouro* incluíam também o que para alguns foram *anos de chumbo*, mas que, para tantos outros, representaram uma sensação de *segurança, alívio* e *tranquilidade*. O fim da agitação política e o *início do fim do terrorismo*.

A sensação de *construção do novo* constituiu-se em aspecto fundamental da *opinião dominante*[7] durante os primeiros anos da década de 1970 no Brasil. Por este aspecto, o discurso do presidente no qual anunciava a *chegada do futuro* é emblemático. Essa sensação esteve presente, por exemplo, nas comemorações pela vitória brasileira no mundial de futebol em 1970, na abertura das obras da Transamazônica no mesmo ano e, principalmente, durante as celebrações do sesquicentenário da independência em 1972.

Nesse sentido, um dos aspectos fundamentais deste trabalho é a compreensão desses anos a partir de uma visão ampla do chamado *milagre brasileiro*. Para

---

7. Sobre os conceitos de opinião, cf. Pierre Laborie (1988, 2001); Kershaw (2002). O conceito será aprofundado ao longo do livro, especialmente no capítulo 7.

além dos ganhos materiais – importantes para ajudar a conformar e racionalizar melhor o convívio com o regime – acredito que o essencial seja compreender esses anos tendo em vista as expectativas construtivas, patrióticas, nacionalistas que o *milagre* foi capaz de sintetizar. Da mesma forma como Peter Reichel analisa para o caso alemão, mais que as realizações de determinada política econômica,

> são os "grandes serviços culturais", entre os quais contam-se também as conquistas tecnológicas, que passaram, para os espíritos da direção nacional-socialista e de grandes parcelas da população, como os grandes "resultados para a vida e para a comunidade" [Reichel, 1993:349].

Portanto, é através da noção de *construção do novo* que esse período deve ser compreendido. Sem perder de vista que "construir é também vigiar, porque os inimigos do povo conspiram. Construir é controlar as faltas, identificar os *desvios* e também, quando e se necessário for, punir" (Reis, 2010b:102, grifos no original). Assim, a *chegada do futuro* anunciada em 1972 por Médici e a concretização das expectativas em torno do *Brasil potência* somente puderam se realizar em função desse *duplo* que a ditadura, durante os anos Médici, conseguiu colocar em marcha de forma plena: *consentimento* e *coerção*.

No Brasil, apenas recentemente começaram a surgir pesquisas e pesquisadores que se dispuseram a se debruçar sobre o tema da construção do consenso social sob a ditadura civil-militar.[8] Sobre o tema do sesquicentenário, a grande apoteose da ditadura, *silenciada* pela sociedade, merece destaque a dissertação de mestrado da brasilianista Maud Chirio, defendida em 2001, na Universidade de Paris I;[9] a dissertação de Cleodir Moraes, sobre as comemorações do sesquicentenário da independencia do Pará, em 1973, defendida em 2006, na Universidade Federal do Pará (Moraes, 2006); e a tese de doutorado de Adjovanes Thadeu

---

8. Entre outros trabalhos, cf. Reis (2005); Fico (1997); Kushnir (2004); Grinberg (2009); Presot (2004); Quadrat (2005); Rollemberg (2008); Alonso (2011a); Cordeiro (2009a); Almeida (2010).
9. A dissertação trata, na verdade, das comemorações do 7 de setembro durante todo o período da ditadura civil-militar, mas dedica especial atenção às comemorações do sesquicentenário (Chirio, 2001).

de Almeida, defendida em 2009, na Universidade Federal do Rio de Janeiro (Almeida, 2009).

Mesmo nesses casos, alguns pesquisadores conservam ainda uma espécie de pudor em admitir que as comemorações do sesquicentenário da independência foram de fato um momento em que a ditadura desfrutou de expressiva popularidade junto à sociedade civil. Adjovanes Thadeu de Almeida realizou uma intensa pesquisa de fontes a partir das quais, ao longo do livro, o leitor pode comprovar o envolvimento de significativos segmentos sociais com os eventos de 1972. Não obstante, em sua conclusão, o autor parece recuar de maneira quase categórica, afirmando:

> De acordo com as fontes selecionadas, podemos perceber que a comemoração dos 150 anos da Independência nacional teve *alguma* repercussão popular, em especial entre os mais jovens (isto é, crianças e adolescentes), que o viveram mais intensamente, por exemplo, no ambiente escolar, embora não necessariamente tenha havido uma motivação "total e profunda, de modo a resultar numa participação consciente e entusiástica, de todas as camadas sociais, a partir dos mais altos níveis da hierarquia governamental, até os mais humildes trabalhadores, inclusive as crianças". De todo modo, em 7 de setembro de 1972 reuniram-se pessoas de diversas partes do país para festejarem o "Grito do Ipiranga".
>
> No entanto, o que podemos vislumbrar com o Sesquicentenário da Independência, entre outros elementos, foi a difusão de um discurso que valorizou o papel das Forças Armadas [...] [Almeida, 2009:212, grifo meu].

Aqui, chama atenção a insistência em um aspecto muito comum que compõe a memória coletiva sobre a ditadura e, em particular, a memória das esquerdas a respeito da participação da sociedade no pós-1964. De acordo com essa memória, a participação, quando se dava, acontecia de maneira *inconsciente*, sem *motivação total e profunda*. Mesmo a percepção de que foi no ambiente escolar que a festa encontrou maior receptividade, da forma como o autor a expressa, confirma a ideia de uma participação que não é *real* ou espontânea, mas sim determinada pelo poder, pelas instituições oficiais. Não obstante, é preciso, sobretudo no âmbito da pesquisa acadêmica, tentar superar os limites impostos pelas batalhas de memória.

Se concordarmos que as comemorações encontraram nas escolas um espaço frutífero para se realizar, é importante, antes de mais nada, refletir sobre as formas a partir das quais essa instituição se transformou num espaço apropriado a esse tipo de evento. Ou antes, é preciso perceber a escola como um dos canais de expressão de uma cultura cívica brasileira já profundamente enraizada na sociedade. Além disso, a participação massiva de escolares nas festas cívicas não é uma novidade da ditadura civil-militar. Durante o Estado Novo varguista, por exemplo, a valorização da participação infantojuvenil também era importante aspecto das festas cívicas do período. De acordo com Maurício Parada, para o período aberto pelo golpe de 1937,

> as referências aos jovens estavam associadas à manutenção do regime no futuro. Sua inserção no imaginário político do Estado Novo se fez a partir de discursos e ações que viam a juventude como recurso e reserva política que deveria ser cuidada. Se as massas políticas do passado, devido a seus vícios, foram responsáveis pelas "ameaças" à segurança da nação fazendo revoluções, as massas do futuro devem ser cuidadas e disciplinadas para não apresentarem estes desvios e vícios. Assim sendo, as políticas para a juventude passaram a ter um lugar de destaque dentro das prioridades do governo do Estado Novo. O jovem nacional passou a ser um recurso a ser gerenciado [...] [Parada, 2009:41].

Guardadas as devidas proporções, temos aí bons argumentos para refletirmos a respeito também da centralidade que a juventude escolar ocupou nas comemorações do sesquicentenário da independência em 1972. Nesse sentido, a participação das escolas e de seus alunos não pode ser entendida dissociada do projeto cívico da ditadura que incluía, sem dúvida, a (re)educação da juventude a partir de normas que valorizassem a disciplina, a hierarquia, a obediência e o nacionalismo, entendido aqui no contexto dos anos 1970, tendo em vista também seu conteúdo anticomunista, ou seja, como o *antídoto* necessário contra *ideologias estranhas*, que *poderiam seduzir* facilmente alguns jovens.

Por outra parte, não podemos menosprezar o fato de que, para além das escolas, essa cultura cívica se expressou em 1972 de maneira significativa nos meios intelectuais e acadêmicos, como atestam as participações da ABI e do IHGB na

CEC; nas associações esportivas; no empresariado nacional que participou e lucrou com a festa; nas associações de bairro; em algumas associações femininas que marcharam pelo golpe em 1964 e que renovaram sua adesão ao regime em 1972; nas incontáveis cartas de populares que chegaram à comissão. Ao fim, além de se filiar a uma longa tradição cívico-patriótica brasileira, anterior a 1964, não podemos esquecer da característica que particularizava o contexto da primeira metade dos anos 1970 e que foi responsável pela forte reativação dessa tradição, agora envolvida por uma atmosfera de modernização que a particularizava: o *otimismo* e a *fé* no futuro do país, tão próprios dos anos do *milagre*.

Analisando as comemorações da independência entre 1964 e 1985, Maud Chirio chama atenção para o fato de haver uma espécie de "obsessão" por parte da Assessoria Especial de Relações Públicas da Presidência (Aerp), a partir de 1969, no sentido de atribuir densidade popular às festividades. Observa, no entanto, que as estratégias propagandistas da ditadura somente se tornaram viáveis na medida em que elas recuperavam um patriotismo e um otimismo já preexistentes na sociedade e profundamente ancorados no imaginário coletivo brasileiro e, nesse sentido, não deixaram de se manifestar porque o governo não era democrático.

Todavia, de acordo com a historiadora, a partir da década de 1980, construiu-se uma memória segundo a qual tais festas eram imposições do governo ditatorial e, portanto, não desfrutavam de popularidade efetiva. Chirio observa, no entanto, que, apesar dessa visão maniqueísta, é preciso destacar que as críticas quanto ao caráter excessivamente solene e o rigor das manifestações de patriotismo encenadas pelos militares não são completamente infundadas: "malgrado os esforços das agências de propaganda governamental para dar uma coloração popular às festas, a dureza política do regime se traduzia por uma formalidade e um controle excessivo das comemorações" (Chirio, 2001:86). O que escapa, no entanto, à análise da autora é que esse "controle e formalidade excessivos" das comemorações não eram, de modo algum, estranhos ao universo de referências de setores significativos da sociedade. Ao contrário, expressavam noções de *ordem* e *hierarquia* caras a determinado imaginário coletivo nacional.

De toda forma, tendo em vista essa *obssessão* do governo por criar uma aparência de popularidade, Chirio acredita que seja necessário estabelecer alguns critérios para verificar a popularidade das festas de independência. Para ela, se quisermos tentar apreender a percepção das festividades pela população, é preciso distinguir as seguintes formas de popularização: a popularidade suscitada (graças à transformação das cerimônias em espetáculo), a popularidade simulada e a popularidade real [Chirio, 2001:74].

Ou seja, não se pode compreender a popularidade das festas de independência sem antes refletir sobre os esforços oficiais para torná-la popular. E foi nesse sentido que o governo trabalhou, não apenas oferecendo ao povo o fasto, o espetáculo, mas também proporcionando o que a autora chamou de *popularidade simulada*, aquela que inclui "a participação dos sindicatos sob ordens do Ministério do Trabalho e desfiles de carros alegóricos exaltando as realizações do regime". Não obstante, de acordo com a historiadora, a *popularidade real* das festas permanece difícil de apreender, em virtude da própria *obsessão* dos propagandistas em construir tal imagem, bem como em razão do próprio rigor e solenidade que marcaram as festas do regime.

Acredito, no entanto, que em todo tipo de festa popular, a participação do Estado se faz presente e é fundamental no sentido de organizar e conferir significado ao evento. Ainda assim, para além das tentativas oficiais de *suscitar popularidade*, é possível apreender as formas de participação popular através do diálogo com a sociedade que o Estado propõe. Tal dimensão não escapa à análise da autora, a qual considera que era necessário trabalhar com sentimentos já fortemente ancorados no imaginário coletivo brasileiro para que as estratégias dos propagandistas surtissem efeito.

Esse é um dado fundamental para podermos analisar a participação efetiva da sociedade nas comemorações do sesquicentenário da independência, participação essa que vai além dos esforços dos organizadores da festa. A própria noção de *popularidade simulada* cunhada pela historiadora nos permite compreender o consenso social em seu aspecto mais diversificado, uma vez que é necessária a existência de um público para que tal *simulação/* encenação tenha efeito. Para o caso da Itália fascista, Renzo de Felice descreveu dois processos simultâneos que ajudam a compreender o que Chirio denominou, para o Brasil, *popularidade simulada* como um aspecto que conforma o consenso. O autor define a existência de uma forma de *fascistização passiva*, que consistia em fazer dos italianos "bons cidadãos" e uma *fascistização ativa*, que consistia em formar "verdadeiros fascistas", que em todos os níveis da vida contribuiriam para garantir a progressão do regime [De Felice, 1974 apud Musiedlak, 2010:155, grifos no original].

Guardadas as devidas diferenças entre a Itália fascista e a ditadura civil-militar brasileira, não deixa de ser um exercício interessante pensar, a partir dos exemplos dados por Chirio, que, para além daqueles sindicalizados que participavam das festas convocados pelo Ministério do Trabalho ou das pessoas que desfilavam em carros alegóricos incitadas pela ditadura, havia uma multidão que acompanhava silenciosa e passiva tais manifestações, mas que de alguma forma compunham a *mise-en-scène* do regime ou, ao menos, não ficavam indiferentes a ela. Assim, se entendermos o consenso abrangendo comportamentos diferenciados (Reis, 2010a), poderemos perceber por trás da enorme preocupação com a popularidade que cercava os propagandistas do governo as formas diversificadas a partir das quais a sociedade expressou seu consentimento com relação às festas e à ditadura.

É isto que pretende este trabalho: compreender como a sociedade viveu 1972, um ano de intensas comemorações, de festas cívicas, de recuperação do passado *glorioso da nação* e de celebração da *chegada do futuro*. Enfim, as comemorações do sesquicentenário da independência são, por essa perspectiva, uma ocasião importante para se observar não apenas a adesão e o engajamento ativo com relação ao regime, mas também a variedade de reações possíveis diante da ditadura. Além disso, é um momento fundamental para compreendermos os importantes diálogos que a ditadura foi capaz de estabelecer com a sociedade e as continuidades com relação ao passado, e permite, afinal, compreendermos a ditadura civil-militar pós-1964 como uma *construção social* (Rollemberg, 2010:9). Para utilizar as palavras de Pierre Laborie sobre a França de Vichy e sob ocupação nazista:

> O [...] aprofundamento da reflexão sobre a natureza e o sentido das reações coletivas dos franceses possui apenas um objetivo: tentar reencontrar os modos de pensar comuns e analisar os mecanismos de sua construção para poder penetrar um pouco melhor na complexidade do social [Laborie, 2003:29].

É isto que busca o presente livro: compreender a ditadura como *produto* da sociedade brasileira, reconhecendo, para tanto, que houve apoios declarados, engajados, militantes, mas também os silenciosos; aqueles que faziam parte de uma espécie de *engrenagem do consentimento*, ou seja, uma lógica de pensamento de acordo com a qual aquela determinada situação é a única escolha possível ou, ao menos, a mais razoável, restando, portanto, a obediência [Laborie, 2001:239].

Chamar atenção para a complexidade que envolve a construção e a manutenção do pacto social sob a ditadura ajuda a superar as explicações polarizadas que, correntemente, opõem "vítima e algoz, opressor e oprimido, buscando respostas na repressão, na manipulação, no desconhecimento (*nós não sabíamos*)" (Rollemberg e Quadrat, 2010:9). Tais interpretações ganharam força no imaginário coletivo nacional a partir do processo de redemocratização e são elementos centrais que estruturam a memória social sobre a ditadura ainda hoje.

Os apoios – diversos – que a ditadura recebeu acabaram silenciados. Representativo disso é o ostracismo ao qual Emílio Médici, o mais popular entre os ditadores, o presidente do sesquicentenário, da copa de 1970, dos *anos de ouro do milagre*, que anunciou a *chegada do futuro*, foi relegado. Ao deixar a presidência, à medida que o projeto de abertura *lenta, segura e gradual* do presidente Geisel ia sendo colocado em marcha, a popularidade de Médici era varrida para debaixo do tapete. Restava a imagem do ditador, do *carrasco*, do presidente dos *anos de chumbo*. Poucos queriam se lembrar, menos ainda se identificar, com o presidente dos *anos de ouro*, que viveu a apoteose de sua popularidade em 1972. É disso que trata o primeiro capítulo do livro: através da análise da lenta agonia, morte e cortejo fúnebre do presidente em 1985, discuto os silêncios em torno da popularidade de Médici e da ditadura de forma mais ampla, bem como sua importância para a construção do *consenso democrático* na década de 1980.

O capítulo 2 trata de outro cortejo fúnebre que, no entanto, ocorreu em cenário bastante diverso e despertou sentimentos igualmente diferentes daquele que envolveu as cerimônias por ocasião da morte de Médici. Trata-se do *emocionante* cortejo fúnebre e inumação dos restos mortais de d. Pedro I, o grande herói escolhido pela ditadura em 1972.

O estudo de uma festa que possuiu duração de cerca de cinco meses e abrangência nacional impôs determinadas escolhas e limitações. Seria impossível contemplar todos os eventos que se multiplicaram, país afora, assim como recapitular as centenas, talvez milhares, de manifestações que remetiam ao sesquicentenário da independência. Foi preciso, portanto, escolher e concentrar a atenção em determinados eventos. Optei pelos que considerei mais expressivos, todos eles de abrangência nacional. Assim, se o capítulo 2 trata do traslado, peregrinação e inumação dos despojos mortais de d. Pedro I, no capítulo 3, analiso o evento de abertura das comemorações: o Encontro Cívico Nacional e a celebração de Tiradentes, o *mártir da independência*.

O capítulo 4 examina os preparativos que cercaram a Taça Independência ou *Minicopa* de futebol e seu desenrolar. A *Minicopa*, como ficou conhecido o torneio esportivo, foi um evento organizado pela Confederação Brasileira de Desportos (CBD) e oficialmente previsto pelo calendário da CEC, tendo ocorrido em vários estádios país afora e reunido seleções de diversas partes do mundo. O futebol se constituiu em instrumento fundamental – especialmente após a conquista do tricampeonato mundial de 1970 – através do qual expressivos segmentos da sociedade manifestavam seu consentimento em relação ao regime. Desse ponto de vista, a *Taça Independência* não poderia deixar de constar entre os *grandes* eventos analisados.

O quinto capítulo faz uma análise do filme *Independência ou morte* – sua história e sua memória –, produzido por Oswaldo Massaini e dirigido por Carlos Coimbra. O filme, que narrava os acontecimentos que levaram à independência do Brasil através da trajetória de d. Pedro I, não foi uma iniciativa *oficial* ou mesmo *financiada* pelo Estado, como muitos pensam. Ainda assim, ou por isso mesmo, foi capaz, talvez melhor que qualquer evento oficial, de expressar os valores, a noção de história, os sentimentos e as *cores* daquela *sociedade do milagre*.

Esses eventos grandiosos, que pretenderam abarcar todo o país, não aconteceram por acaso. Por trás deles – excetuando-se o caso de *Independência ou morte* – esteve, sempre, uma comissão, encabeçada por um general, mas abrangendo instituições representativas da sociedade civil. A CEC foi, desse ponto de vista, uma expressão das relações entre ditadura e sociedade, entre militares e civis. Enfim, expressão das complexas relações estabelecidas entre esses *polos* nada extremos, muito ao contrário. O capítulo 6 é, portanto, dedicado à CEC. Uma vez familiarizados com a festa, vamos entender como ela foi pensada e planejada pelo seu líder militar, general Antônio Jorge Corrêa, e pelos intelectuais do IHGB, CFC e ABI que a compunham. A CEC acumulou também vasta correspondência – grande parte dela, institucional. Mas não apenas. Muitos populares escreviam à comissão para se manifestar a respeito das comemorações. A correspondência compõe, assim, um vasto painel das opiniões, dos sentimentos e dos contentamentos que a festa foi capaz de despertar. Será também analisada nesse capítulo.

Não seria possível fazer um estudo sobre o consenso social em torno da ditadura – compreendendo-o de forma diversificada – sem observar as *vozes dissonantes* que emergiram da sociedade. Estas – também bastante diversificadas entre si – expressavam importantes correntes de opinião que, embora minoritárias naquele momento, são fundamentais para compreendermos não apenas o *consenso social* de forma complexa, como também as metamorfoses que a sociedade brasileira realizaria, lentamente, a partir da segunda metade da década de 1970. É dessas *vozes dissonantes* que trata o capítulo 7.

O capítulo 8 retoma os grandes eventos do sesquicentenário e retorna para onde o livro começou: São Paulo, *berço* do *Brasil independente* e *locomotiva do Brasil do milagre*. Analiso aqui a parada militar do dia 7 e o encerramento das comemorações. Por fim, o capítulo 9, final, retoma e repropõe o que há de essencial no trabalho: uma reflexão sobre as relações complexas entre sociedade e ditadura no Brasil, tomando como referência básica as festas do sesquicentenário realizadas em 1972, bem como uma revisão crítica sobre certa memória coletiva acerca da ditadura que se foi estruturando no país, a partir de fins dos anos 1970, até se tornar quase um lugar-comum.

O livro toma 1972 como espelho e síntese dos *anos do milagre*: um período de intensas comemorações e euforia desenvolvimentista, quando a ideia do *país que ia pra frente* tornou-se um sentimento que efetivamente fazia parte do cotidiano de muitas pessoas, impulsionando e dando sentido a suas vidas e a seus projetos para o futuro, importante expressão de uma corrente de opinião dominante naquele momento.

CAPÍTULO 1

Funeral de um ditador

> Adeus, presidente Médici/que fez coisas mais de mil/ Que fez um novo Brasil/e da esportiva fez sucesso/ Abriu uma Transamazônica/no sertão amazonense/Foi um grande rio-grandense que redobrou o progresso.[10]

> Luto pelo pai do AI-5? Vergonha.[11]

> Nunca ouvi falar nem bem, nem mal dele, mas sei que ele ajudou na construção da Transamazônica.[12]

Ostracismo e agonia

Sábado, 28 de julho de 1984. No Maracanã, o Flamengo do técnico Zagallo, o mesmo que dirigiu a seleção brasileira na copa de 1970, goleava o Olaria por 4 × 0 pela Taça Guanabara, primeiro turno do Campeonato Carioca.[13] Em seu apartamento da rua Júlio de Castilhos, em Copacabana, Médici provavelmente aprovava o desempenho do seu time. Uma boa vitória, embora o time continuasse em terceiro lugar, atrás de Fluminense e Bangu.[14]

Quinta-feira, 2 de agosto de 1984. O tempo amanheceu bom, mas já pelo fim da manhã ficava aos poucos encoberto e chuvoso. O general Emílio Médici, então

---

10. Osmar Martins Ramos, repentista gaúcho, homenageando o presidente Médici em seu enterro. "Honras de Chefe de Estado e 200 pessoas; Médici enterrado". *Folha de S.Paulo*, São Paulo, p. 10, 11 out. 1985.
11. Mulher protestando no enterro do ex-presidente. "Batedores, vaia e aplauso". *Jornal do Brasil*, Rio de Janeiro, p. 3, 11 out. 1985.
12. Denílson do Nascimento, estudante, 14 anos, acompanhando o cortejo. "Honras de Chefe de Estado e 200 pessoas; Médici sepultado". *Folha de S.Paulo*, São Paulo, p. 10, 11 out. 1985.
13. *Jornal do Brasil*, Rio de Janeiro, p. 1, 29 jul.1984.
14. Ibid., p. 36.

com 78 anos, foi internado no Hospital Central da Aeronáutica (HCA), no Rio de Janeiro, após ter sofrido uma crise de hipertensão arterial. O ex-presidente passou mal ainda durante a madrugada e, diante da suspeita de ter sido acometido por um problema cardíaco, foi atendido em casa, às 7h da manhã por uma equipe do Instituto Brasileiro de Cardiologia. Às 10h, dava entrada no HCA com quadro de hipertensão, acompanhado somente de sua esposa, dona Scyla. Visita, somente recebeu a de seu filho, Roberto Médici.

As expectativas da equipe médica que o acompanhava, no entanto, eram otimistas: o ex-presidente permanecia lúcido e, após ser submetido a exames de sangue, urina e radiografia do pulmão, seu estado de saúde poderia ser considerado estável. Depois de medicado, sua pressão já se havia normalizado, marcando 14 por oito, normal para a idade.[15] Se tudo corresse bem, Médici permaneceria em observação por no máximo três dias para fazer outros exames e após poderia voltar para casa,[16] a tempo de assistir ao clássico entre Flamengo e Vasco.

Mas as coisas não correram bem. Além de o Flamengo ter sido derrotado pelo Vasco por 1 × 0, Médici não pôde acompanhar o jogo. A crise hipertensiva lhe provocava dores de cabeça, tonturas e perturbações visuais. Logo após a internação, sofreu um acidente vascular cerebral (AVC) que paralisou todo o seu lado direito. Nesse momento, esteve quase desenganado pelos médicos.

Setembro de 1984. O Flamengo conquistava o título da Taça Guanabara em um campeonato de pontos corridos. Nesse momento, um mês após sua internação, Médici sofreu uma embolia pulmonar que lhe causou problemas respiratórios e deixou sua saúde ainda mais frágil.[17] Em novembro, completava 100 dias de internação. Nesse momento, alimentava-se somente com soro, sucos e, eventualmente, sorvete. Mais tarde, com o agravamento da doença, somente conseguia se alimentar através de uma sonda, "que através do nariz, levava comida até o intestino".[18] Comunicava-se apenas por monossílabos e suas distrações diárias

---

15. "Médici internado no Rio com crise de hipertensão". Folha de *S.Paulo*, São Paulo, p. 4, ago. 1984. Primeiro Caderno.
16. "Médici internado com hipertensão". *Jornal do Brasil*, Rio de Janeiro, p. 3, 3 ago. 1984.
17. "Médici – sol na varanda". *Veja*, São Paulo, p. 26, 14 nov. 1984.
18. "A morte do presidente". *Jornal do Brasil*, Rio de Janeiro, p. 12, 10 out. 1985.

nesses mais de três meses no hospital resumiam-se a ver televisão, às atividades de fisioterapia e a tomar raros banhos de sol.

Foi em um desses momentos sob o sol da varanda de seu quarto no HCA que um fotógrafo amador conseguiu capturar uma imagem do ex-presidente – para a qual a revista *Veja* não dedicou mais de meia página –, no mínimo, bastante simbólica da longa agonia ditatorial desde 1979. Nela, o presidente aparece envelhecido e enfraquecido.[19] Consumido pela doença, mal podia erguer o pescoço, ou ao menos abrir os olhos. Havia sido vencido pelos anos, pela moléstia, pelos novos tempos… Abandonado naquela varanda, esquecido naquele hospital, parecia um fantasma, um espectro do homem poderoso e popular que havia sido.

A pequena reportagem dava conta, ainda, de que uma comitiva de cerca de 40 pessoas acompanhava o presidente. Incluía garçons, enfermeiros, mas a maior parte ocupava-se em garantir sua segurança. E assim, uma guarda armada, supostamente, se colocava todos os dias, 24 horas por dia, de prontidão na varanda de Médici.[20] Mas ninguém aparecia. Nem os inimigos, nem os amigos. Apenas poucos parentes. Tudo isso fazia aquela comitiva parecer um exagero, algo que soava mesmo como patético. Patético porque, afinal, *ninguém aparecia*. Patético porque, afinal, quem atentaria contra a vida de alguém que fora *esquecido*, ou antes, contra alguém que fora relegado ao mais sepulcral dos silêncios?

É importante mencionar que na edição de 28 de novembro, ou seja, duas semanas após a publicação da matéria e da fotografia dando conta do estado de saúde do ex-presidente no HCA, a revista *Veja* publicou duas cartas – uma da direção do próprio HCA e outra do general Carlos Alberto da Fontoura, chefe do SNI durante a administração Médici e fiel amigo seu e de sua família. Ambas as cartas desmentiam o fato de que havia uma comitiva de 40 pessoas acompanhando o ex-presidente, bem como a existência de uma guarda armada. A revista apenas publicou as cartas acima citadas sem respondê-las ou justificar que fontes lhe deram aquelas informações. Assim, julgo importante mencionar a reação das pessoas próximas ao presidente naquele momento. No entanto, o que importa para minha análise neste momento é a forma como Garrastazu Médici

---

19. "Médici – sol na varanda". *Veja*, São Paulo, p. 26, 14 nov. 1984.
20. Cf. *Veja* de 28 nov. 1984, p.11.

era representado na imprensa de então. A imagem do homem que *acabou seus dias sozinho, esquecido*, é uma constante, como veremos. Vale dizer ainda que, em sua carta, o general Fontoura afirmava que o presidente não estava sozinho. E, além de família e amigos, recebia muitas visitas, bem como correspondências de populares.

O médico do presidente, o neurologista Bernardo Couto, apesar dos reveses sofridos pelo paciente, estava otimista e afirmava que Médici encontrava-se "coerente e lúcido" e que poderia comemorar os 79 anos, no dia 4 de dezembro, em casa.[21] Semiparalisado e comunicando-se por monossílabos, teria ele tido *lucidez* para compreender mesmo o que se passava? No dia 16 de dezembro, com uma derrota por 1 × 0 para o Fluminense, o Flamengo perdia o título do Campeonato Carioca de 1984. Um mês depois, no dia 15 de janeiro de 1985, com uma derrota de 480 votos contra 180, Paulo Maluf, o *Turco*, como Médici chamava seu candidato, perdia para Tancredo Neves a eleição presidencial no Colégio Eleitoral. Teria ele tido *coerência*, no *silêncio de morte* imposto pela doença, para compreender a derrota do *Turco*? Para compreender o que acontecia no país?

1985. As batalhas de memória consagravam aquele ano como o do retorno da democracia. À medida que corria o ano e novos fatos confirmavam essa versão, o quadro clínico do paciente Médici se agravava. Encontrava-se ele, então, em estado semivegetativo. Dois meses após receber alta, Médici teve de voltar ao hospital, onde ficou internado por mais 10 dias em decorrência de uma pneumonia. De volta ao apartamento de Copacabana, ganhou, além da companhia de dona Scyla, a da cunhada Araci e de um enfermeiro. Visitas mesmo, além da família, somente as recebia do general Fontoura e do coronel Pachali.[22]

Foram 14 meses de uma lenta agonia entre o dia em que foi internado pela primeira vez no Hospital Central da Aeronáutica, em agosto de 1984, e sua morte no dia 9 de outubro de 1985. Mas a verdade é que, pode-se dizer, a *agonia* do ex--presidente, que fez com que ele se retirasse da cena pública e suas aparições se tornassem cada vez mais raras, data do momento em que deixou a presidência em 1974. Naquele momento, sentiu-se traído pelo general Figueiredo, então chefe

---

21. Ibid.
22. Ibid.

de seu Gabinete Militar, que se aliou aos generais Geisel e Golbery, este último, sobretudo, um antigo desafeto.²³

Mas não era apenas da *traição* de Figueiredo que Médici se queixava. Acreditava que Geisel e Figueiredo seriam – na verdade, já eram – lembrados como os *generais da abertura* e a ele, sozinho, caberia para sempre o peso dos *anos de chumbo*:

> Eu sou o presidente do arbítrio. Qualquer coisa que disser agora, quando estamos indo para as eleições, será apontada como uma ameaça às eleições. Não, eu não posso dizer nada. Tenho que ficar calado. *Eu sou o arbítrio, eu sou a ditadura. A ditadura não fala* [Scartezini, 1985:24, grifos meus].

Queixava-se Médici a um jornalista que tentava convencê-lo a conceder uma entrevista, ainda em 1982. Desde que deixou o Palácio do Planalto em 1974, Médici "recolheu-se a uma voluntária clausura, dividida entre o apartamento da rua Júlio de Castilhos, em Copacabana, o sítio serrano de Itaipava e a estância Nova Ponche Verde, em Dom Pedrito, na região gaúcha fronteiriça ao Uruguai".²⁴ O silêncio de morte ao qual a doença o condenou era, na verdade, a expressão *física* do silêncio ao qual se recolheu, mais por imposição social que pessoal. Afinal, à medida que avançava a abertura, era preciso olhar pra frente, condenar os *anos de chumbo* e *esquecer* – ou antes, *silenciar* – sobre os *anos de ouro*, sobre o *Brasil pra frente*, sobre o fascínio exercido pelo presidente de *olhinhos infantis* e apaixonado por futebol. Se fosse para olhar para trás, que fosse para reconhecer no velhinho os *anos de chumbo* e não os de *ouro*; os *olhos do bandido*, e não os *olhinhos infantis*, como disse Caetano Veloso, em famosa canção.

Vez ou outra era reconhecido e abordado nas ruas: "Olha aí o presidente, eu não disse que ele vem aqui?", comemorava o dono de uma confeitaria em Rivera, cidade já do lado uruguaio da fronteira, mas próxima à fazenda em Dom Pedrito. "Médici sorriu naquela manhã de sábado ao ser reconhecido e festejado pelo confeiteiro e sua cliente". Mas já na sede da estância, ao

---

23. "Figueiredo e Médici: traição e rancor". *Jornal do Brasil*, Rio de Janeiro, p. 3, 11 out. 1985.
24. "Médici – sol na varanda". *Veja*, São Paulo, p. 26, 14 nov. 1984.

compartilhar com dona Scyla o acontecido, a vaidade que se podia ver em seu rosto rapidamente deu lugar à habitual amargura, seguida de um silêncio constrangedor, ao comentar:

> Sempre que sou reconhecido na rua sou cumprimentado. Sempre sou cumprimentado, geralmente por mulheres. Apenas uma vez, no Rio, levei uma esculhambada, de uma mulher. Ela chegou a mim e perguntou: "O senhor é o presidente Médici?". Respondi: "Sou". Ela: "Foi o senhor quem matou e torturou?". Respondi: "Não vá nessa, minha senhora". Ela continuou: "O senhor torturou e matou". Respondi: "Minha senhora, eu nunca matei, torturei e nem cassei". E fui embora [Scartezini. 1985:33].

E assim Médici foi deixando a vida pública: se calando, aos poucos, até que a doença o limitou à emissão de uns raros monossílabos, e sua morte, no exato momento em que a sociedade vivia o auge do processo de transição para a democracia, o calou para sempre. Não deixa de ser sintomática sua *saída definitiva de cena* no simbólico ano de 1985, apenas seis meses após a morte de Tancredo Neves.

1985 é o ano que estrutura as formas a partir das quais as memórias sobre a ditadura e o processo de redemocratização se estabeleceram no Brasil. É o *ano-chave da memória*, que redefine as relações entre sociedade e ditadura e inscreve a democracia como o grande objetivo a ser alcançado no horizonte dos *filhos deste solo*. Antes de ser o ano em que a ditadura chegou ao fim, é o ano que a memória elegeu como marco final da ditadura. De acordo com Daniel Aarão Reis, trata-se de um *senso comum* da historiografia corrente supor o fim da ditadura em 1985, com a eleição do primeiro presidente civil depois de 1964. Para o historiador,

> A ideia subjacente é que a ditadura foi *apenas* militar, o que os fatos, decididamente, não evidenciam. Desde a sua gênese, passando pelos vários governos ditatoriais, pela análise dos seus grandes promotores e beneficiários, a ditadura, ressalvado o protagonismo dos militares, nunca foi obra *apenas* das casernas. Assim, o referido senso comum é muito mais obra de memória do que resultado de pesquisa histórica [Reis, 2014:103, grifos no original]

Assim, a historiografia, ao aceitar 1985 como o marco final da ditadura, incorpora, sem problematizar, o discurso da memória. O historiador prossegue sua análise alegando que, por outro lado, não é apropriado supor o fim do regime somente em 1988, quando a Constituição democrática foi, enfim, promulgada, e o chamado *entulho autoritário*, revogado. O *Estado de exceção* teria chegado ao fim em 1979, com o fim da vigência do AI-5, da censura à imprensa e a promulgação da anistia. A partir daí, abriu-se – e até 1988 – um período de transição:

> a particularidade do caso brasileiro é que não se estabeleceu desde então [1979] um regime democrático. *Já* não havia ditadura. Mas não havia *ainda* democracia. E não haveria até 1988. Por esta razão, parece-me adequado chamar este período – que se estende de 1979 a 1988 – de *transição democrática* [Reis, 2014:103, grifos no original].

O ano de 1985 é, no entanto, fértil em acontecimentos e representações que terminam por consolidá-lo, para o discurso memorialístico, como o ano do fim da *ditadura militar*. É ali que temos a vitória da oposição no Colégio Eleitoral. Vitória em eleições indiretas, é certo, mas fruto das grandiosas mobilizações pelas Diretas Já que tomaram conta do país entre 1983 e 1984. É o ano em que as expectativas em torno da moderada liderança de Tancredo Neves se desfizeram diante da sua estranha doença e inesperada morte. Mas é também nesse momento, ou seja, no momento da morte, da grande dor e comoção nacional provocada pela despedida de Tancredo sem sequer tomar posse que nasce o grande herói da Nova República brasileira. Morto, coincidente e simbolicamente no mesmo dia em que se rememora o martírio de outro mineiro, Tancredo Neves tornava-se também um *mártir*: assim como Tiradentes deu a vida pelo sonho republicano, Tancredo entregava a sua em favor da *reconstrução* da democracia brasileira.

É nesse sentido que 1985 é o *ano da memória*. Porque contém os elementos que redefiniram mais que a relação da sociedade com a ditadura: aqueles que criaram as bases do consenso democrático. Assim, é sintomático que, para além de uma condenação pública do passado ditatorial e da construção de uma ideia segundo a qual a sociedade sempre repudiou a ditadura,[25] 1985 seja também o ano da eleição – indireta – do primeiro presidente civil após longos anos sob o jugo dos militares, dos *gorilas*. Aqui, como destacou Daniel Aarão Reis, uma das mais importantes bases da memória social construída a partir dos anos 1980 sobre a ditadura e que se perpetua ainda hoje: aquela segundo a qual a ditadura foi obra única e exclusivamente de militares. Ou seja, na medida em que o marco que estabelece o fim da ditadura é a eleição de um civil, a ditadura foi *militar* e não *civil-militar*.

Por fim, o que creio ser importante remarcar, para entender 1985 como *o ano da memória*, é o fato de que nele presenciamos duas cerimônias fúnebres fundamentais: primeiro, a do *herói*, do *mártir* Tancredo Neves. Depois, a do *carrasco*, do *terrível* ditador, Emílio Médici. A primeira cerimônia, num aparente paradoxo, simbolizou o *nascimento* da nova democracia brasileira: morre o homem, nasce o *mártir*, aquele que representava a vitória da *resistência democrática* – com a qual e na qual toda a nação podia se identificar – sobre a ditadura. A segunda cerimônia fúnebre representava o fim do arbítrio, o enterro definitivo da ditadura. À primeira, todos compareceram, todos dela queriam tomar parte e prestar sua homenagem ao *herói* que nascia: 2 milhões de pessoas seguiram o esquife de Tancredo Neves entre São Paulo, Brasília, Belo Horizonte e São João Del-Rei, em abril.[26] No outro caso, a cerimônia não comovia, constrangia. Quase ninguém compareceu: cerca de 300 pessoas passaram pelo velório de Médici no Clube Militar do Rio de Janeiro e pelo enterro.[27]

Em abril, a sociedade mostrava-se emocionada, incrédula, comovida. Em outubro, alguns ousaram repudiar, mas a grande maioria estava indiferente. Todos esses sentimentos juntos, naquele momento, expressavam a desagregação do consenso ditatorial e a formação do consenso em torno dos novos tempos democráticos.

---

25. Comum, aliás, entre as esquerdas derrotadas desde 1964. Para os debates acerca da memória social sobre a ditadura e a apropriação da resistência, cf., entre outros, Reis (2005).
26. "Obra acabada no governo que não houve". *Veja*, São Paulo, p. 20, 1 maio 1985.
27. "A morte de um símbolo". *Veja*, São Paulo, p. 36, 16 out. 1985.

O enterro do presidente; o enterro da ditadura

Apesar de você
Amanhã há de ser outro dia.
Eu pergunto a você
Onde vai se esconder
Da enorme euforia?
Como vai proibir
Quando o galo insistir em cantar?
Água nova brotando
E a gente se amando sem parar [...]

Nove de outubro de 1985. Por volta das 18 horas, sete horas após o anúncio do falecimento do ex-presidente Emílio Médici, a Rádio Nacional anunciava em sua programação como "destaque do dia" a música citada acima, *Apesar de você*, do cantor e compositor Chico Buarque.[28] Composta em 1970, a música rapidamente tornou-se um sucesso. Mais que isso: tornou-se um *símbolo da resistência*, sobretudo porque, diziam alguns, muitos de seus versos se referiam diretamente ao próprio Médici. Sua execução como "destaque do dia" na Rádio Nacional no dia do falecimento do ex-presidente era, nesse sentido, muito representativa do sentimento que o acontecimento despertou em termos nacionais. Era como se, finalmente, naquele instante o *dia tivesse raiado sem lhe pedir licença*. A profecia cantada 15 anos atrás por Chico Buarque, enfim, havia se realizado. A democracia chegara; Médici partira. O *coro cantava* alto e ele não podia mais abafar.[29]

---

28. "Música de Chico Buarque vira destaque do dia". *Jornal do Brasil*, Rio de Janeiro, p. 14, 10 out. 1985.
29. A letra de *Apesar de você* na íntegra: "Hoje você é quem manda/Falou, tá falado/Não tem discussão, não/A minha gente hoje anda/Falando de lado e olhando pro chão/Viu/Você que inventou esse Estado/Inventou de inventar/Toda escuridão/Você que inventou o pecado/Esqueceu-se de inventar/O perdão/[Coro]Apesar de você/Amanhã há de ser outro dia/Eu pergunto a você onde vai se esconder/Da enorme euforia/Como vai proibir/Quando o galo insistir em cantar/Água nova brotando/E a gente se amando/Sem parar/Quando chegar o momento/Esse meu sofrimento/Vou cobrar com juros, juro/Todo esse amor reprimido/Esse grito contido/Este samba no escuro/Você que inventou a tristeza/Ora tenha a fineza/De desinventar/Você vai pagar, e é dobrado/Cada lágrima rolada/Nesse meu penar/[Coro 2]Apesar de você/Amanhã há de ser outro dia/Inda pago

Um pouco antes de o programador da Rádio Nacional eleger *Apesar de você* o destaque do dia, na Câmara dos Deputados a confusão se instalava: os parlamentares se dividiam diante da hipótese de aprovar a manifestação oficial de voto de pesar, suspensão dos trabalhos e sessão de homenagem ao ex-presidente. Em uma sessão tumultuada, na qual o painel eletrônico falhou três vezes e acabou abandonado, as homenagens foram aprovadas por 149 votos. Houve 46 abstenções e 57 votos contra. O problema é que somente 100 deputados estavam presentes no plenário. Para alcançar esse total de votos a favor, o deputado Humberto Souto, do PFL de Minas Gerais, que presidia a sessão, avisou que estavam sendo computados os votos de deputados que tinham já se retirado, mas que haviam deixado, por escrito, suas escolhas. Acontece que os "votos por procuração" não foram exibidos publicamente e, mesmo diante dos protestos daqueles que votaram contra, acabaram computados.[30]

Na imprensa, as opiniões se dividiam. Poucos foram aqueles que ousaram o elogio rasgado ao ex-presidente, como foi o caso do técnico de futebol Mário Jorge Lobo Zagallo: "Um homem muito simples, supersticioso, que vibrava com o futebol deste país. Era um grande líder e a nação só pode lamentar a sua perda. Como desportista, foi um eterno namorado da seleção brasileira".[31]

Mesmo assim, a fala de Zagallo centra-se na paixão de Médici pelo futebol. Também, é preciso que se diga, ao menos na grande imprensa foram raras as manifestações como as de Eunice Paiva, viúva do ex-deputado Rubens Paiva, desaparecido durante o governo Médici:

> Para mim, a morte do General Médici não representa nada, a não ser o que deve representar para a maioria dos brasileiros: a terrível e amarga lembrança que deixam

---

pra ver/O jardim florescer/Qual você não queria/Você vai se amargar/Vendo o dia raiar/Sem lhe pedir licença/E eu vou morrer de rir/E esse dia há de vir/Antes do que você pensa/Apesar de você/[Coro 3] Apesar de você/Amanhã há de ser outro dia/Você vai ter que ver/A manhã renascer/E esbanjar poesia/Como vai se explicar/Vendo o céu clarear de repente, impunemente/Como vai abafar/Nosso coro a cantar/Na sua frente/Apesar de você/[Coro 4]Apesar de você/Amanhã há de ser outro dia/Você vai se dar mal/Etc. e tal". Disponível em: <www.chicobuarque.com.br/construcao/mestre.asp?pg=apesarde_70.htm>. Acesso em: 1 jun. 2011.

30. "Câmara, em sessão tumultuada, aprova voto de pesar". *Jornal do Brasil*, Rio de Janeiro, p. 14, 10 out. 1985.

31. "A morte do presidente". *Jornal do Brasil*, Rio de Janeiro, p. 12, 10 out. 1985.

os tiranos insensíveis. Quando, em 1971, procurei o Marechal Cordeiro de Farias para que me ajudasse a esclarecer o que teria acontecido com o Rubens, ele me disse que há muito tempo não falava com seu ex-colega, General Médici, porque se recusava a falar com assassinos.[32]

Em geral, prevaleceram manifestações que evitavam polemizar no momento preciso da morte. Normalmente, alegava-se respeito à família, mas, de certa forma, expressava-se o sentimento geral de profunda indiferença e desinteresse. Assim, representantes das mais diversas tendências políticas e sociais se expressavam nesse sentido. Ulysses Guimarães, sempre conciliador, dizia:

> A nação sabe e o partido, principalmente, que eu tive discordâncias profundas com o General Médici e com a orientação pública, econômica e social do seu Governo. Talvez eu tenha sido quem mais denunciou o seu Governo. Mas apesar dessas discordâncias profundas, quero lamentar a sua morte. Respeitando a dor da família.[33]

Já Leonel Brizola, inimigo histórico da ditadura e então governador do Rio de Janeiro, afirmava: "Nossa atitude não pode ser outra senão a do silêncio e da reflexão diante da morte do ex-Presidente. Cumpriremos a formalidade do luto oficial decretado pelo Presidente Sarney".[34]

A convocação ao silêncio feita por Brizola é bastante significativa, sobretudo naquele momento: não havia o que dizer. Médici havia passado, a ditadura havia passado. O silêncio e o cumprimento do luto oficial *imposto* falavam por si. No entanto, talvez a manifestação mais expressiva do sentimento nacional seja a do jurista Sobral Pinto:

> Estou impossibilitado de falar qualquer coisa sobre o General Médici, estando ele insepulto. É evidente que tenho críticas a fazer sobre seu governo, mas por meu temperamento de cristão não as farei agora. Mais tarde deixarei meu depoimento para a história. Já rezei um Padre-Nosso e uma Ave-Maria pedindo a Deus compaixão por

---

32. Ibid.
33. Ibid., p. 14.
34. Ibid.

ele. Mas repito que não quero falar nesse momento. Tive com ele algumas passagens desagradáveis incluindo a devolução de uma carta que lhe escrevi.[35]

Da mesma maneira que os demais depoimentos, o de Sobral Pinto afirma, e de forma contundente, sua oposição ao governo Médici no passado. No entanto, sua maneira de conciliar com a dor da família no presente é diferente: justifica-se claramente a partir de uma lógica religiosa e de um comportamento diante do defunto *insepulto* muito caro à forte tradição religiosa brasileira. Ou seja, uma postura cristã, circunspecta e de deferência diante da morte, sobretudo diante do cadáver de uma figura pública.

Não obstante, sobressai de todos esses depoimentos um grande sentimento de desinteresse: lamenta-se a dor da família, cumpre-se a ordem do luto oficial, respeita-se religiosamente o defunto, mas a vida segue. Agora, talvez, até com certo alívio, com mais leveza e maior convicção na democracia, uma vez que o corpo do ditador não comove, constrange. Embora nada disso possa ser dito no momento do velório, por uma questão de *caridade cristã*.

Mesmo entre os antigos parceiros de Médici, elogios contidos: seu ministro da Educação, Jarbas Passarinho, declarou que não acreditava que Médici autorizara a prática da tortura contra presos políticos e que a única crítica que faria à sua administração era a de não ter iniciado o processo de abertura em 1973, quando a economia crescia a 13%. No cemitério São João Batista, no Rio de Janeiro, Aureliano Chaves deixou à história a tarefa de julgar o ex-presidente, limitando-se a declarar que acreditava que o julgamento seria positivo.[36] Paulo Maluf reafirmava que sentia saudades do governo Médici, e Leitão de Abreu, fiel amigo e chefe do Gabinete Civil de Médici, fez o depoimento a seu favor talvez mais contundente:

> A hora é de silêncio. São injustas as críticas a Médici e, além do mais, dos mortos não se diz senão o bem. Morreu uma grande personalidade, a quem um dia o Brasil fará justiça. Não falo como seu defensor, mas como um amigo. Essa atitude contra Médici e contra os militares é injusta. Os militares não fazem parte de uma sociedade

---

35. Ibid.
36. "A morte de um símbolo". *Veja*, São Paulo, p. 36, 16 out. 1985.

para delinquir. Eles cumpriram sua missão de manter o Brasil uno, próspero e seguro. Não aceito essas campanhas contra os militares.[37]

Interessante remarcar o trecho "dos mortos não se diz senão o bem", o qual possui um sentido de alguma forma próximo ao motivo pelo qual Sobral Pinto sentia-se impossibilitado de emitir opinião. Mas, para além disso, o depoimento de Leitão de Abreu registra o forte movimento da sociedade naquele momento de culpabilizar — sem julgamentos, porém, reforçando a tradição conciliadora brasileira — os militares, tornando-os os únicos responsáveis pela ditadura. A indiferença da população diante do cadáver de Médici confirmava tal disposição.

Por fim, o então presidente José Sarney, importante quadro do partido da situação durante o governo Médici e que em 1984 tinha feito questão de visitar o general, quando de sua internação no Hospital Central da Aeronáutica, desistiu de comparecer ao velório quando seu avião estava já a 20 minutos do Rio de Janeiro.[38] Sarney concedeu a Médici honras de chefe de Estado, declarou luto oficial de oito dias, mas considerou *precipitado* ir ao velório.[39] O chefe do Gabinete Civil, José Hugo Castelo Branco, transmitiu à família que "o Presidente Sarney não veio porque não teve condições de adiar compromissos assumidos e intransferíveis".[40] Naquele momento, o primeiro presidente da Nova República que ainda engatinhava não podia mais ter sua imagem associada à ditadura e ao mais terrível dos seus ditadores. Ao contrário, assim como a maioria da sociedade, redefinia-se como democrata. E ao invés do Clube Militar do Rio de Janeiro, onde Médici era velado, Sarney dirigiu-se a Brasília, onde, junto da família Neves, participaria de uma homenagem a Tancredo. O *Jornal do Brasil* assim descreveu a cerimônia:

> Lágrimas, emoção e discursos de pesar marcaram a manhã do Presidente José Sarney no Palácio do Planalto. O acontecimento, contudo, não tinha qualquer ligação com

---

37. "A morte do presidente". *Jornal do Brasil*, Rio de Janeiro, p. 14, 10 out. 1985.
38. "A morte de um símbolo". *Veja*, São Paulo, p. 36, 16 out. 1985.
39. "Sarney decreta luto oficial de oito dias e honras de chefe de Estado". *Folha de S.Paulo*, São Paulo, p. 8, 10 out. 1985.
40. "Família lamenta falta e silêncio de Sarney". *Jornal do Brasil*, Rio de Janeiro, p. 3, 11 out. 1985.

o enterro do ex-Presidente Emílio Médici, mas com uma concorrida solenidade de lançamento de uma medalha e de um selo de homenagem a Tancredo Neves. "Fundador da Nova República", Tancredo ganhou mais um título: o de "Harmonizador dos Três Poderes".[41]

Na atitude do presidente, antigo correligionário de Médici, a expressão do sentimento nacional: assim como Sarney, a *nação* também esteve com Médici nos tempos do *milagre*. Assim como Sarney, a *nação* optara por Tancredo em 1985. Dessa forma, com indiferença por parte da classe política e da sociedade, o presidente mais popular da ditadura foi enterrado. O editorial da revista *Veja* dizia, não sem razão, que "O General Emílio Médici foi o presidente mais popular que o Brasil já teve desde Juscelino Kubitschek. Foi também aquele de quem mais rapidamente os brasileiros se *esqueceram* [grifo meu]".[42]

Na verdade, o *esquecimento*, em seu sentido comum, ou seja, como *ausência de memória*, não é um termo adequado e não explica a indiferença da sociedade em 1985 com relação à morte do ex-presidente Médici. Tampouco explica a hostilidade demonstrada com relação aos militares naquele momento, como bem lembrou Leitão de Abreu em sua fala.

Memória, esquecimento e silêncio são partes de um processo dinâmico, responsável por reforçar o tecido social (Pollack, 1989:8). O que define os *ditos* e *não ditos* são, ao fim, as circunstâncias históricas e políticas do momento e as opções a respeito de como se posicionar em relação a elas. Henri Rousso sublinha que a "memória é um fenômeno que se conjuga no presente" e utiliza uma interessante metáfora para compreendermos como ela é *moldada* no e pelo presente:

> É a imagem clássica da "pegada". A memória é tão diferente do passado "tal como ele foi" como o passo é diferente do traço que deixaram sobre o solo. Mas o traço é vivo e ativo, realizado por sujeitos, seres dotados de razão, palavras e determinadas experiências. A memória é uma representação mental do passado que não tem senão uma relação parcial com ele [Rousso, 1998:16].

---

41. "Sarney junta-se aos Neves em comovida homenagem a Tancredo". *Jornal do Brasil*, Rio de Janeiro, p. 4, 11 out. 1985.
42. "Carta ao leitor". *Veja*, São Paulo, p. 27, 16 out. 1985.

Assim, é no presente que a memória é formatada e organizada. Pierre Laborie explica que "a memória é silêncio" (Laborie, 2003:57). Ou seja, a oposição quase *espontânea* entre memória e esquecimento – a primeira dotada de valor positivo e o segundo de valor negativo – é falsa (Rousso, 1998:17). A memória se opõe, antes, ao silêncio. Ou, antes, ela articula lembranças e silêncios, negações, recusas. Podemos, assim, afirmar que a sociedade não *esqueceu* Médici. O que ocorreu, a rigor, foi um processo complexo de elaboração de determinada memória sobre o passado a partir das circunstâncias do presente.

Foi, portanto, em função das demandas do presente, das formas a partir das quais se deram a transição democrática e o fim da ditadura que se *organizou o silêncio* em torno da popularidade de Médici, o que explica o desinteresse da sociedade, impassível diante de seu cadáver. E nesse sentido, falar em *organização do silêncio* implica, sobretudo, considerar esse processo uma *escolha* coletiva do que deve ser lembrado e do que deve ser *silenciado*, ultrapassando, assim, a problemática que opõe memória e silêncio, associando este último a esquecimento e "interrogando a maneira pela qual as sociedades fazem uso de seu passado no presente" (Laborie, 2003:57).

É interessante analisar as proposições de Laborie a respeito das formas a partir das quais os *silêncios* são construídos e perpetuados, sobretudo em sociedades que passaram por experiências autoritárias, nas quais as necessidades de *reconstrução do tecido social* e de reconciliação nacional eram urgentes. De acordo com o historiador, o silêncio não é perda de memória, não é esquecimento. Ele é, antes, uma *forma de se lembrar*, de se posicionar diante de situações que, se foram inteligíveis no passado, não o são mais no presente. Assim, os *silêncios* "traduzem geralmente uma sorte de incapacidade de assumir coletivamente a vergonha ou os crimes do passado" (Laborie, 2003:59).

É, portanto, essa *incapacidade* de lidar com os *malfeitos* do passado – ou com aquilo que é visto desse modo no presente – que explica o silêncio, que muitas vezes aparecia na forma de indiferença, em torno da imensa popularidade de Médici. Mais que isso, são as circunstâncias do presente, no qual era absolutamente urgente reunir a sociedade em torno do novo regime democrático, que explicam o rápido ostracismo ao qual o "presidente mais popular que o Brasil já teve desde Juscelino Kubitschek" foi relegado.

Entre vaias, aplausos e indiferença

Quarta-feira, 9 de outubro de 1985, 19h52min. O tempo não estava bom ali pelos lados da Cinelândia, no Centro do Rio de Janeiro. A meteorologia previa céu encoberto, com possibilidades de chuva e trovoadas.[43] As pessoas deixavam os empregos e, talvez, aquele não fosse um bom dia para o chope de depois do trabalho.

Foi quando o corpo do ex-presidente Médici chegou, sem escolta, no carro funerário. Ali, o aguardavam 22 soldados do Segundo Regimento de Cavalaria e Guarda, perfilados. Incapazes, no entanto, de chamar a atenção das pessoas que passavam pela região[44] e pensavam em outras coisas: cinema? Chope? Talvez o melhor fosse ir logo para a casa naquele início de noite chuvoso de outubro. Dias chuvosos deixam os cariocas quase tristes.

Seis cadetes das três forças – Exército, Marinha e Aeronáutica – retiraram o corpo de Médici da Caravan da Santa Casa de Misericórdia e o levaram para o Salão Nobre do Clube Militar. Logo em seguida, chegou dona Scyla, amparada pelo filho Roberto, e atrás, o outro filho, Sérgio, acompanhado dos demais familiares. Algumas autoridades, em sua maioria militares, passaram pelo Clube Militar naquela noite. Às 20h57min chegou o ex-presidente Geisel. Passou rapidamente e não quis falar com a imprensa.[45]

Durante a madrugada, o velório transcorreu vazio. "Tão vazio, tão triste", disse o chefe da segurança do Clube Militar, Antônio Carlos Dick.[46] Aos poucos, algumas figuras da madrugada carioca apareceram: "Entrei porque gosto de ver defunto" disse o camelô e cartomante Roberto *Cigano*, quando inquirido por jornalistas que perceberam aquela visita às 2h da madrugada. Era a terceira que fazia ao velório. Quando perguntado a respeito do presidente, respondeu: "Alguns falam bem, outros muito mal. Eu era muito novo quando ele governou e não posso julgar".[47]

---

43. "Tempo". *Jornal do Brasil*, Rio de Janeiro, p. 1, 9 out. 1985.
44. "Médici, 79 anos, será sepultado às 11 horas no Rio". *Folha de S.Paulo*, São Paulo, p. 8, 10 out. 1985.
45. Ibid.
46. "Na madrugada, visita da boêmia carioca". *Folha de S.Paulo*, São Paulo, p. 10, 11 out. 1985.
47. Ibid.

Eram 4h30min da manhã, quando o bar Amarelinho, famoso reduto da boemia no Centro do Rio de Janeiro, fechou suas portas. Então, alguns de seus garçons, copeiros e cozinheiros passaram pelo imenso Salão Nobre do Clube Militar vazio para ver o corpo.

Amanheceu. O salão ainda estava vazio quando o porteiro Severino Dias parou diante da porta, sem saber se podia ou não entrar. Até que um oficial do Exército lhe acenou com um gesto positivo. O homem entrou agradecido, olhou o corpo de longe e se retirou rapidamente, constrangido, talvez, por ser o *único povo* ali em meio à família, às poucas autoridades civis e militares e aos jornalistas que resistiram à madrugada: "É tudo muito bonito. Ele foi um presidente famoso",[48] disse.

Com a chegada da manhã, o movimento tendeu a crescer. Durante toda a manhã uma pista da avenida Rio Branco foi fechada para que os carros pudessem estacionar e as pessoas circularem. Um pouco antes da missa de corpo presente. A entrada do Salão Nobre foi liberada para um grupo de populares que queria ver o presidente. Não mais que 30 pessoas. Durante a missa, que começou às 9h, o número máximo de presentes chegou a 170.[49]

Dez horas. O ex-presidente João Figueiredo chegou ao Clube Militar acompanhado do empresário Georges Gazalle. Quando chegou, o caixão já estava fechado e sendo coberto com a bandeira do Brasil, para ser levado ao Cemitério São João Batista. Atravessou o Salão Nobre em direção a dona Scyla, mas foi cumprimentado por alguns ex-auxiliares, com quem conversou por alguns minutos. Cumprimentou a viúva e pretendia, em seguida, tomar a direção do cemitério. Foi quando, na saída, deparou-se com os dois filhos de Médici, Sérgio e Roberto, e um de seus netos, Eduardo. Este, quando viu diante dele o desafeto do avô não teve dúvidas: correu em direção a Figueiredo gritando: "Canalha! Canalha!". Teria sido impedido por um *velhinho* que o segurou e disse-lhe ao ouvido: "Calma, calma. É isso mesmo: eu penso a mesma coisa". Figueiredo não respondeu. Voltou-se para dona Scyla, cumprimentou-a mais uma vez e se retirou poucos minutos depois. Diante do elevador, encontrou-se mais uma vez

---

48. Ibid.
49. "Neto de Médici chama Figueiredo de canalha". *Jornal do Brasil*, Rio de Janeiro, p. 2, 11 out. 1985.

com Roberto e Eduardo, ambos já lá dentro. Roberto segurou o filho pelo braço e deixou que as portas do elevador se fechassem na frente de Figueiredo, que desceu pela escada e desistiu de ir ao cemitério.[50]

Era realmente o fim da ditadura. Fiéis amigos dos *bons tempos* transformaram-se em grandes inimigos e trocavam acusações públicas. Os *sobreviventes* daquela "velha República"[51] não se entendiam mais. Tudo isso dava àquele velório um aspecto ainda mais decadente ou, para alguns, melancólico.

A urna, coberta pela bandeira nacional, foi retirada do Clube Militar por volta de 10h10min. Foi então que se aglomeraram na rua cerca de 300 pessoas, divididas entre tímidas vaias e aplausos também discretos. Quinze batedores em motocicletas, 10 jipes, um blindado Urutu do Exército à frente do cortejo e outro atrás. Depois que passou o último carro do cortejo, um saco de água foi lançado do prédio vizinho ao do Clube Militar e por pouco não atingiu um soldado. Na entrada do cemitério foram prestadas as honras fúnebres de chefe de Estado, acompanhadas de salva de 21 tiros de canhão.[52]

Após o corpo ser encomendado, o repentista Osmar Martins Ramos, gaúcho de Bagé, assim como Médici, tomou a palavra e improvisou alguns versos em homenagem ao presidente "que fez um novo Brasil/e da esportiva fez sucesso [...] e redobrou o progresso".[53] Um pouco antes, uma mulher que acompanhava o enterro, identificada pela imprensa apenas como d. Sara, foi afastada de perto do túmulo pela segurança. Indignada diante do passado, bem como diante de eventuais comoções que a morte do ditador pudesse provocar, levava seu protesto: no lado esquerdo do peito, portava um crachá verde-amarelo que dizia "Luto pelo pai do AI-5? Vergonha".[54]

A subdiretora da Escola Municipal Presidente Médici, Maria José da Silva, de 36 anos, levou ao cemitério um grupo de alunos para prestar homenagem ao

---

50. Cf. "Neto de Médici chama Figueiredo de canalha". *Jornal do Brasil*, Rio de Janeiro, p. 2, 11 out. 1985; "Neto xinga Figueiredo de canalha". *Folha de S.Paulo*, São Paulo, p. 10, 11 out. 1985.
51. A expressão aparece no *Jornal do Brasil*. Cf. "Neto de Médici chama Figueiredo de canalha". *Jornal do Brasil*, Rio de Janeiro, p. 2, 11 out. 1985.
52. "Batedores, vaia e aplauso". *Jornal do Brasil*, Rio de Janeiro, p. 3, 11 out. 1985.
53. "Honras de chefe de Estado e 200 pessoas; Médici sepultado". *Folha de S.Paulo*, São Paulo, p. 10, 11 out. 1985.
54. "Batedores, vaia e aplauso". *Jornal do Brasil*, Rio de Janeiro, p. 3, 11 out. 1985.

patrono da escola. Os alunos diante do túmulo, no entanto, sentiam-se diante de um completo desconhecido: "Sei que ele participou da revolução de '1960'. Nunca ouvi falar nem bem nem mal dele, mas sei que ele ajudou na construção da Transamazônica", disse um dos estudantes. Outra aluna afirmou: "Nunca tinha ouvido falar nele, mas sei que foi um bom homem porque ele criou o PIS e o Pasep".[55]

E, assim, Médici foi enterrado: diante da família, de poucos amigos e de uma escassa presença popular que se batia, indecisa, confusa entre a *obra negativa* e a *obra positiva* de seu governo, numa falsa polaridade que a memória consagraria. Mas, sobretudo, Médici foi enterrado em silêncio, com indiferença e desinteresse por parte da sociedade.

Tão vazio, tão triste. Tão diferente de outra cerimônia fúnebre, de certa forma também protagonizada por Médici, realizada 13 anos antes, em 1972, no auge da popularidade de seu governo.

---

55. "Honras de chefe de Estado e 200 pessoas; Médici sepultado". *Folha de S.Paulo*, São Paulo, p. 10, 11 out. 1985.

CAPÍTULO 2

O *enterro* do imperador foi uma festa

> Esta cerimônia exclui a morte. É a comemoração da vida.[56]
>
> Entre os principais divertimentos dos cidadãos se contavam os suntuosos funerais e as festas da Semana Santa, celebrados com grandes cerimônias, concerto completo e frequentes procissões.[57]

Domingo, 3 de setembro de 1972. Uma grande urna contendo os restos mortais de d. Pedro I chegava à Estação da Luz, em São Paulo, vindo de Pindamonhangaba. Ali, uma guarnição composta por marinheiros, soldados do Exército, Aeronáutica e da Polícia Militar foi mobilizada e aguardava pacientemente o momento de conduzir o esquife à viatura imperial que seguiria para o Palácio dos Campos Elíseos. Ladeada por uma escolta do Regimento de Cavalaria da Polícia Militar, a urna imperial foi conduzida ao palácio em forma de cortejo, em cujo percurso foram formadas duas alas de colegiais, que agitavam suas bandeiras verde-amarelas quando de sua passagem.[58]

São Paulo se preparava para *velar* o imperador. E o ritual duraria quase três dias inteiros. No Palácio dos Campos Elíseos a urna ficou exposta à visitação pública até a manhã do dia 6. Nos dois primeiros dias, passaram por ali cerca de 15 mil pessoas. Em geral, os visitantes, com exceção de algumas crianças mais travessas, mostravam-se compungidos, com o ar grave, solene e, ao mesmo tempo, curiosos para ver de perto o *herói nacional*: "Parecia que todos os

---

56. Discurso proferido pelo professor Pedro Calmon durante a cerimônia de inumação dos despojos de d. Pedro I, em 6 de setembro de 1972 (Corrêa, 1972:70).
57. Thomas Lindley. "Narrative of a voyage to Brazil" (apud Reis, 2009:137).
58. Fundo Comissão Executiva da Comemoração do Sesquicentenário da Independência. Arquivo Nacional/SDE – Documentos Públicos, código 1J. Pasta 61. Recorte de jornal: "Bahia comemora gesto heroico". *Folha de S.Paulo*, 3 set. 1972.

visitantes estavam deslumbrados com o que viam, pois mostravam-se parados e com olhares fixos na grande urna mortuária que estava sob guarda especial", dizia reportagem da época.⁵⁹

As crianças de escolas próximas passavam por lá durante todo o dia. Algumas, várias vezes por dia. Contavam fatos da vida de d. Pedro, mas aproveitavam mesmo para brincar nos jardins do palácio. Os mais velhos mostravam uma dupla emoção: aquela que se observa diante da morte e aquela que se observa diante de um herói. Em ambos os casos, a relação entre o sagrado e o profano, entre *o mundo dos vivos, dos humanos* e o *mundo dos mortos, dos semideuses*. Algumas pessoas chegavam mesmo a chorar. Uma senhora se ajoelhou diante do esquife e rezou por cerca de cinco minutos. Outra, embora não soubesse precisar fatos da vida do imperador, como as crianças o sabiam, explicava: "Vim porque ele foi uma figura de valor no Brasil, não foi? Ele merece uma oração".⁶⁰ Outros evocavam o sentimento cívico-patriótico ao falar sobre a visitação à urna de d. Pedro: "Todos estamos dando uma prova de espírito de brasilidade".⁶¹

Mas por que tal emoção? O que, afinal, faziam em São Paulo, nas vésperas do 7 de setembro de 1972, os despojos mortais de d. Pedro I? Primeiramente, aquela não era uma Semana da Pátria comum. Comemoravam-se os 150 anos da independência do Brasil ou o *sesquicentenário* da independência, palavra difícil, comprida, mas que ganhou as ruas do país naquele ano. Governo e sociedade protagonizaram uma festa de proporções gigantescas. As comemorações foram longas e estenderam-se por quase cinco meses, entre abril e setembro de 1972.

No centro dos festejos, o herói que, naquele ano, foi capaz de mobilizar milhares de *patriotas* Brasil afora: d. Pedro I, o *grande homem* que, com um único gesto – arrebatado e apaixonado –, deu ao Brasil sua independência. Assim, no centro das comemorações, d. Pedro e o grito do Ipiranga. Dessa forma, para que a festa desse século e meio de vida independente se realizasse em sua plenitude,

---

59. Ibid. Pasta 54. Recorte de jornal: "O que diziam ontem os que viram a urna de D. Pedro". *Popular da Tarde*, 5 set. 1972.
60. Ibid. Recorte de jornal: "Povo visita o imperador". *Diário de São Paulo*, 5 set. 1972.
61. Ibid. Recorte de jornal: "O que diziam ontem os que viram a urna de D. Pedro". *Popular da Tarde*, 5 set. 1972.

era preciso repatriar o *grande herói*. E assim, ainda em agosto de 1971, o presidente Emílio Médici solicitou ao presidente português Américo Thomaz que passasse ao Brasil a guarda dos restos mortais do imperador Pedro I.[62] Atendido o pedido brasileiro, as comemorações do sesquicentenário se organizaram a partir desse grande evento: o retorno dos despojos imperiais para o Brasil. Programada para chegar ao país em abril, aqui a urna de d. Pedro cumpriria um longo trajeto até setembro. A partir do Rio de Janeiro, percorreu todas as capitais e territórios nacionais, para que pudesse receber a "consagração presencial de todo o povo brasileiro".[63]

São Paulo, o coração das festividades daquele ano, foi a última capital por onde passou o esquife de d. Pedro, após percorrer cerca de 26 mil quilômetros,[64] de norte a sul do país. O lugar onde nasceu o Brasil independente, a partir do gesto impetuoso do então príncipe regente, foi transformado também no lugar de sua *última morada*. E, assim, a grande cripta construída no interior do Monumento à Independência foi especialmente reformada para abrigar os restos mortais de d. Pedro bem ali, na colina do Ipiranga, onde já descansava a imperatriz Leopoldina.[65]

O momento alto da festa e que finalizaria a longa jornada de d. Pedro em seu *retorno* ao Brasil foi a cerimônia de inumação de seus despojos, realizada no dia 6 de setembro, à qual se seguiram os tradicionais desfiles do dia 7. Nesse sentido, a emoção demonstrada pelos paulistas diante da urna do imperador explicava-se, em parte, pelo fato de estarem participando da apoteose de uma grande festa, iniciada cinco meses antes e que, então, vivia seu *grand finale*.

A compunção diante do *morto* misturava-se ao sentimento festivo diante do *herói* e da comemoração dos 150 anos de independência da nação. Um paradoxo

---

62. Ibid. Pasta 52A. General Antônio Jorge Corrêa. "O simbolismo presente na trasladação dos restos mortais de D. Pedro I", p. 1. [mimeo].
63. Ibid., p. 4.
64. Ibid. Pasta 53D. Recorte de jornal: "D. Pedro I voltou ao Ipiranga". Última *Hora*, 7 set. 1972.
65. A cripta começou a ser construída em 1953 e foi finalizada em 1954, quando a cidade de São Paulo completava seu 400º aniversário. Foi nessa ocasião que os restos mortais da imperatriz Leopoldina foram trasladados do convento de Santo Antônio, no Rio de Janeiro, para a cripta no interior do Monumento à Independência, no Museu do Ipiranga. Cf: *site* do Museu da Cidade de São Paulo. Disponível em: <www.museudacidade.sp.gov.br/monumentoaindependencia.php>. Acesso em: 29 out. 2011.

apenas aparente; afinal, tratava-se de uma cerimônia de características extremamente mobilizadoras do imaginário coletivo nacional. Na verdade, as cerimônias que a CEC propôs realizar em torno de d. Pedro I por ocasião das comemorações do sesquicentenário tinham uma dupla capacidade de mobilização social, na medida em que sintetizavam os rituais característicos de uma festa cívica com aqueles próprios das cerimônias fúnebres.

De fato, os sentimentos graves e de pesar, próprios das solenidades fúnebres, somavam-se à grande *exaltação nacional* proposta pelos rituais cívicos, gerando significativa comoção social e *reforçando* determinada identidade e sentimentos de pertença, visto que permitiam à coletividade reconhecer-se como nação diante do *herói morto*. Produzia-se assim o consenso social em torno de um valor que se pretende *supremo*, incontestável, capaz de transcender as batalhas políticas do presente, qual seja, a *pátria*. O país mostrava-se coeso, sentido, devotado e voltado para o cumprimento – ou ao menos para o respeito – de um ritual extremamente mobilizador: o velório de seu primeiro imperador e herói da independência.

Assim, entre o domingo, dia 3, e a manhã de quarta-feira, 6 de setembro, cerca de 18 mil pessoas estiveram diante da urna do imperador nos Campos Elíseos, em uma espécie de *grande velório cívico*. Destas, aproximadamente 3 mil passaram por ali na manhã deste último dia. As primeiras horas da manhã, no entanto, se passaram com pouco movimento. Até as 11h, quando a movimentação nos arredores do palácio tornou-se mais intensa, havia somente 50 pessoas diante do esquife de Pedro I. De toda forma, o número de populares aumentava no início da tarde, embora não fosse imenso. Em frente ao palácio, nove jipes da Polícia do Exército se posicionavam. Mais tarde, eles compuseram o cortejo que levou d. Pedro I ao Ipiranga, transportando as joias imperiais. Em seguida, dois helicópteros da FAB passaram a sobrevoar "insistentemente" a região. Chegavam também destacamentos da Polícia Militar para "manter a ordem e instalar um cordão de segurança em frente ao Palácio".[66] Demonstrações de força e poder tão ao gosto da ditadura, as quais, ao invés de intimi-

---

66. Fundo Comissão Executiva da Comemoração do Sesquicentenário da Independência. Arquivo Nacional/SDE – Documentos Públicos, código 1J. Pasta 54. Recorte de jornal: "Um milhão e meio de pessoas levam Pedro I ao Ipiranga". *Jornal do Brasil*, 7 set. 1972.

dar, transmitiam a muitos daqueles ali diante dos Campos Elíseos uma grata sensação de *segurança*.[67]

Mas, se São Paulo é o berço do Brasil independente, a cidade era também — e mais que nunca — o coração econômico do país, a expressão de progresso do *milagre brasileiro*. E a cidade não parava. Era preciso velar, cuidar do herói morto, mas era preciso também festejar o progresso. Assim, no mesmo dia 6 de setembro, o presidente Emílio Médici chegou cedo à capital paulista: às 10h3min já estava em Congonhas, onde recepcionou, uma hora mais tarde, o presidente do Conselho de Ministros de Portugal, Marcelo Caetano. Em seguida, dirigiu-se ao Palácio dos Bandeirantes, onde ficaria hospedado e onde o governador, Laudo Natel, lhe ofereceu um almoço.[68]

Enquanto o presidente finalizava sua refeição, por volta de 14h, nos Campos Elíseos chegava uma caminhonete Chevrolet emprestada pela Santa Casa de Misericórdia portando as joias imperiais. Dois soldados da PM escoltavam o carro e outros, armados com metralhadoras, mandavam as pessoas mais próximas se afastarem para dar passagem às joias. As metralhadoras, no entanto, não afugentaram o público, e aquelas 50 pessoas no interior do palácio às 11h transformaram-se em 2 mil que tomavam as ruas da região minutos antes da saída do cortejo.[69] A urna do imperador, enfim, deixou o Palácio dos Campos Elíseos às 14h40min ao som da *Marcha fúnebre*, de Chopin. Cinco minutos depois, o repicar dos sinos da Igreja Coração de Jesus anunciava que o cortejo tomava a direção do Museu do Ipiranga. No decorrer dos 25 quilômetros percorridos até o Ipiranga, cerca de 1,5 milhão de pessoas assistiram ao cortejo.[70] Bandeirinhas

---

67. Sensação essa que está na base de um lugar-comum acerca da memória daqueles grupos que ainda hoje arriscam uma defesa da ditadura, ou seja, a ideia segundo a qual *naquela época era melhor porque havia mais segurança*. Podemos observar um bom exemplo, nesse caso de uma visão (auto)crítica dessa memória, em trecho de uma crônica escrita recentemente por Arnaldo Bloch para o jornal *O Globo*, em que afirmava: "Achava Médici um velhinho simpático (o único defeito era ser Flamengo) e me emocionava com as paradas militares. Até hoje, quando ouço ruídos de helicóptero em domingo de sol, volta-me aquela sensação de conforto alienado. E fico com um baita sentimento de culpa". Cf. Bloch (2010:12).
68. "Chegam Médici e Caetano". *Folha de S.Paulo*, São Paulo, p. 9, 7 set. 1972.
69. Fundo Comissão Executiva da Comemoração do Sesquicentenário da Independência. Arquivo Nacional/SDE – Documentos Públicos, código 1J. Pasta 54. Recorte de jornal: "Um milhão e meio de pessoas levam Pedro I ao Ipiranga". *Jornal do Brasil*, 7 set. 1972.
70. Ibid.

verde-amarelas se agitavam, alunos de várias escolas entoavam o hino do sesquicentenário[71] a plenos pulmões. Outras crianças usavam chapéus de soldado feitos de cartolina nas cores da pátria. Chuvas de papel picado e pétalas de rosa caíam do alto dos arranha-céus.[72]

No mesmo momento, acompanhado pela comitiva presidencial, Médici se dirigia à estação de Jabaquara, onde inaugurou a primeira unidade-protótipo do metrô de São Paulo. Na região, o movimento era grande desde cedo. "Nas calçadas, nas portas dos bares, uma grande multidão foi se formando aos poucos, aguardando a chegada do Presidente da República".[73] Ali estavam cerca de 6 mil pessoas[74] entre operários, estudantes e populares em geral, um número três vezes maior que a quantidade de *patriotas* aguardando a saída do cortejo do imperador diante dos Campos Elíseos.

Antes de acionar o botão que deu início à viagem de sete quilômetros – ida e volta – entre as estações de Jabaquara e Saúde, Médici ouviu do prefeito Figueiredo Ferraz explicações sobre a obra. Acionado o botão, podiam-se ouvir longos aplausos. Mas era preciso apressar-se. Dali o presidente deveria seguir para o Ipiranga, onde presidiria a cerimônia de inumação dos despojos de d. Pedro I. Sorridente, Médici se retirou sem discursar. Deixando o palanque, teve tempo apenas de brincar rapidamente com algumas crianças da fanfarra de um dos grupos escolares que estavam por ali, no que foi muito aplaudido.[75] Quando já estava no carro, Médici foi surpreendido por uma colegial que, ignorando todo o esquema de segurança, veio correndo em direção ao presidente: queria apertar-lhe a mão.[76]

---

71. O hino do sesquicentenário, de autoria do compositor Miguel Gustavo – o mesmo que em 1970 fez a marchinha *Pra frente Brasil* –, foi composto especialmente para a ocasião e será analisado no capítulo 2.
72. Fundo Comissão Executiva da Comemoração do Sesquicentenário da Independência. Arquivo Nacional/SDE – Documentos Públicos, código 1J. Pasta 54. Recorte de jornal: "Um milhão e meio de pessoas levam Pedro I ao Ipiranga". *Jornal do Brasil*, 7 set. 1972.
73. "Médici aciona trem-protótipo do metrô paulista". *Jornal do Brasil*, Rio de Janeiro, p. 49, 7 set. 1972.
74. Fundo Comissão Executiva da Comemoração do Sesquicentenário da Independência. Arquivo Nacional/SDE – Documentos Públicos, código 1J. Pasta 54. Recorte de jornal: "A primeira viagem do Metrô de São Paulo". *Jornal da Tarde*, 7 set. 1972.
75. "Médici aciona trem-protótipo do metrô paulista". *Jornal do Brasil*, Rio de Janeiro, p. 49, 7 set. 1972.
76. "Médici acionou a sirene e metrô andou pela primeira vez". *Folha de S.Paulo*, São Paulo, p. 11, 7 set. 1972.

Aproximadamente às 15h, uma pequena aglomeração popular chamava atenção da equipe de segurança de Marcelo Caetano, hospedado no Hotel Hilton, na avenida Ipiranga. Havia muita gente nas calçadas próximas. Do saguão, os seguranças observavam sem compreender muito bem. As pessoas pareciam ansiosas: muitas esperavam ver sair dali, a qualquer minuto, indo em direção ao Ipiranga, ninguém menos que o presidente Médici. Certamente se confundiram, e qual não foi a decepção daquelas pessoas quando se deram conta de que o hóspede ilustre do Hilton não era o general Médici, mas sim Marcelo Caetano. Alguns se contentaram com o que viram, como Maria Luiza de Oliveira, que viajou de Botucatu apenas para acompanhar as cerimônias de encerramento do sesquicentenário. Dando-se conta da presença do presidente do Conselho de Ministros português, declarou que estava ali diante do hotel porque gostava de ver pessoas importantes; por isso não se havia decepcionado.[77]

Entretanto, a maior parte da pequena multidão não ficou satisfeita: os populares queriam mesmo era ver o presidente do Brasil. Então, provavelmente, muitos deles se dirigiram ao Museu do Ipiranga, onde um palanque montado nos jardins e 20 mil pessoas[78] aguardavam a chegada dos dois personagens do dia: o imperador Pedro I e o presidente Médici.

Atrás de um cordão de isolamento que a deixava distante cerca de 100 metros do palanque, a multidão aguardava a chegada do presidente. Certamente, logo em seguida chegaria o *ilustre defunto* em sua imensa urna. Às 15h20min, já era grande o número de convidados no palanque presidencial. A maior parte deles, representantes da diplomacia nacional e estrangeira, das chamadas classes produtoras e de associações luso-brasileiras.[79] Mas as pessoas não conseguiam reconhecer os convidados, em função mesmo do próprio cordão de isolamento. Este separava o público das autoridades e estabelecia uma hierarquia cara

---

77. Fundo Comissão Executiva da Comemoração do Sesquicentenário da Independência. Arquivo Nacional/SDE – Documentos Públicos, código 1J. Pasta 54. Recorte de jornal: "Devagar, cortejo atravessa a cidade". *Jornal da Tarde*, 7 set. 1972.
78. Ibid. Recorte de jornal: "Um milhão e meio de pessoas levam Pedro I ao Ipiranga". *Jornal do Brasil*, 7 set. 1972.
79. Ibid. Recorte de jornal: "Pompa na inumação dos despojos de D. Pedro I". *Correio Popular*, 7 set. 1972.

à ditadura civil-militar, mas de forma alguma estranha àquela sociedade que *gostava de ver pessoas importantes* e, portanto, extremamente sensível ao tipo de organização do espaço festivo ali proposto, no qual as autoridades, as *pessoas importantes*, ocupavam – e *deveriam* mesmo ocupar – o centro das atenções. De longe, o povo podia observá-las, admirá-las, guardá-las, confortado pela certeza de que nada interferiria na *ordem* estabelecida.

Além disso, naquele caso específico, é preciso considerar que se tratava de um ritual fúnebre. Mais ainda: o ritual fúnebre cujo *ator central* era ninguém menos que o primeiro imperador do Brasil, o responsável pelo gesto fundador da nação – a independência. A especificidade do rito impunha, portanto, uma organização do espaço festivo de forma que determinadas hierarquias fossem não apenas mantidas, mas reafirmadas.

Estudando rituais fúnebres de figuras públicas durante a Primeira República, João Felipe Gonçalves observa que esses *funerais cívicos* se organizavam de forma muito semelhante àquela a partir da qual Roberto da Matta compreende a estrutura das cerimônias do 7 de setembro, ou seja, a partir de uma nítida separação entre povo e autoridades (Matta, 1997:56). Nesse aspecto, os funerais de pessoas públicas constituíam-se em verdadeiros *dias da pátria*, devido à ênfase na ordem, na hierarquia, na solenidade, no respeito. O ritual que unia camadas diversas da sociedade – *povo* e *elite* – no mesmo espaço e em torno da mesma celebração servia, antes, para reforçar as hierarquias e as distâncias que as separavam (Gonçalves, 2000:154). Ora, os festejos em torno dos restos mortais de d. Pedro I, em 1972, eram, ao mesmo tempo, a representação de um grande velório de uma figura ilustre e um grande *Dia da Pátria*, o qual, naquele caso em particular, durou cerca de cinco meses.

Dessa forma, a ditadura nada mais fazia que *reatualizar* a ideia da separação hierárquica do espaço através da utilização de um *cordão de isolamento* com o qual a sociedade já estava habituada pelo menos desde os funerais de Rui Barbosa ou Machado de Assis, para não dizer dos próprios rituais característicos da Semana da Pátria.

Às 15h50min, notou-se uma movimentação diferente. O público preparava suas bandeirolas verde-amarelas. Dessa vez *tinha de ser* o presidente Médici.

Mas não: de novo, quem chegava era Marcelo Caetano, que se dirigiu ao centro do palanque. Outra vez decepcionadas, as pessoas aplaudiram timidamente e foram poucos os que se dispuseram a agitar suas bandeirinhas para a autoridade portuguesa.[80] Quatro minutos depois, finalmente, subia ao palco o presidente do Brasil, recém-chegado da inauguração do metrô. Agora, sim, o público do Ipiranga aplaudia demoradamente e as pessoas agitavam com vontade suas bandeiras verde-amarelas.

A cerimônia, no entanto, transbordava oficialidade. Afinal, tratava-se de um *enterro*. Aliás, enterro de um dos maiores heróis da nação. Era preciso ser solene. Do alto do palanque, as autoridades bem o sabiam, e seguiram com muita sobriedade o protocolo oficial: o governador Laudo Natel e o prefeito de São Paulo, Figueiredo Ferraz, conduziram Médici ao centro do palco. Ao se posicionar, o presidente brasileiro cumprimentou o governante português e ouviu a execução do hino nacional brasileiro.[81] Muitos talvez esperassem ouvir algumas palavras do presidente. Mas aquele não era o momento. Médici falaria depois, no dia 7, em cadeia nacional de rádio e TV, cumprimentando os brasileiros, saudando os *bons tempos* do *milagre* e o congraçamento social verificado naquele ano festivo que chegava ao fim. Ali, o momento era de gestos contidos, discretos, em respeito ao imperador que, depois de longa viagem, descansaria em sua *última morada*. E se colocou à espera de Pedro I.

Às 4h12min, precisamente, a urna com os despojos mortais do imperador entrava no Parque do Ipiranga, conduzida por um tanque do Exército e coberta com a primeira bandeira do Império brasileiro. A República festejava o Império. A rigor, na verdade, já não havia mais uma República e um Império, se contradizendo ou se negando, uma representando o fim do outro, precisando se afirmar sobre o outro.[82] Havia ali uma nação, uma pátria coesa que, do alto de seus 150

---

80. Fundo Comissão Executiva da Comemoração do Sesquicentenário da Independência. Arquivo Nacional/SDE – Documentos Públicos, código 1J. Pasta 54. Recorte de jornal: "Pompa na inumação dos despojos de D. Pedro I". *Correio Popular*, 7 set. 1972.
81. Ibid.
82. Esse tipo de memória histórica, que buscava consolidar a República *em detrimento* do Império, esteve muito presente no início do século em diversos momentos nos quais os eventos do presente direcionavam o olhar para o passado monárquico, por exemplo, nas discussões no Congresso Nacional a respeito da revogação do banimento da família imperial ou quando do translado dos

anos de vida independente, reconstruía, projetando no presente, um passado sem conflitos. Aqueles que promoviam sua *independência econômica* homenageavam o herói que fez a *independência política* da nação.

Um pelotão dos Dragões da Independência, vindo de Brasília especialmente para a cerimônia, fazia a guarda de honra.[83] Em seguida, 12 cadetes das três armas e da Polícia Militar retiraram a urna do carro blindado, "desceram lentamente as escadarias do monumento pelo tapete vermelho, passaram diante da tribuna oficial e colocaram-na eça, montada numa plataforma de madeira defronte a pira onde queima o Fogo Simbólico da Pátria".[84] Nesse momento, houve a execução do hino nacional brasileiro pela Orquestra Filarmônica de São Paulo, pela Banda Sinfônica da Polícia Militar, uma tropa de cadetes do Exército e um coral de 150 vozes. Uma salva de 21 tiros de artilharia completava a homenagem. Os contingentes militares prestavam continência diante da urna, enquanto a banda da PM executava, sob aplausos do público, o exórdio de chefe de Estado.

Em seguida, passou-se à leitura, feita pelo prefeito de São Paulo, do decreto de doação do Monumento do Ipiranga e da Casa do Grito pela prefeitura e governo do estado ao governo federal. Assinado o decreto, a orquestra filarmônica e o coral executaram o hino da independência, que o público acompanhava, alguns cantando baixinho, solenes. No final, mais aplausos. E, enfim, o discurso em homenagem ao *morto*. O único a falar foi o professor Pedro Calmon, presidente do Instituto Histórico e Geográfico Brasileiro (IHGB). Falava em nome da Comissão Executiva Central (CEC). Mas falava também em nome da história, autorizado pelo IHGB, por sua profunda ligação com o Império e com a construção da nação. Exaltava o *simbolismo do retorno* do imperador, a amizade entre Brasil e Portugal, o encontro entre o *tempo extinto* e o *tempo novo*:

---

despojos de d. Pedro II para o Brasil em 1921, ou ainda nas comemorações do centenário natalício do último imperador, em 1925. O mesmo ocorreu, e possivelmente com maior peso, no momento das comemorações do centenário da independência, em 1922, quando, aliás, a figura de d. Pedro I foi preterida. Em vez do imperador, a recente República brasileira preferiu homenagear José Bonifácio. Sobre esses temas, cf. respectivamente: Fagundes (2010a); Motta (1992).

83. Fundo Comissão Executiva da Comemoração do Sesquicentenário da Independência. Arquivo Nacional/SDE – Documentos Públicos, código 1J. Pasta 54. Recorte de jornal: "Pompa na inumação dos despojos de D. Pedro I". *Correio Popular*, 7 set. 1972.

84. Ibid. Recorte de jornal: "Urna fica na capela do Monumento". *Jornal do Brasil*, 7 set. 1972.

Nos fulgores da apoteose, há o simbolismo formidável do retorno. Para que se completasse, cento e cinquenta anos depois, a grande cena, tínhamos de convocar o Personagem [...] para que ao tempo extinto se somasse o tempo novo; e ao "grito" – respondesse a Pátria. A Independência é o divino instante do encontro. Rodeado destes ilustres campos de Piratininga – aqui se encontram o passado e o futuro; as fontes e as forças da raça; as raízes e as inspirações da nacionalidade. Forjara-se luso--brasílica, nos moldes bandeirantes da conquista da terra. [...] O encontro deu-se entre o Libertador estourando de sonho e o povo, e a terra em estado de poesia. São os momentos mágicos que vivem as nações; exatamente os da transfiguração [...] Para testemunha da vitória, são convocadas as gerações. É com este sentimento respeitoso que vemos romper a multidão que o aclama – o Príncipe, que tinha no Ipiranga o seu encontro marcado com o Brasil.[85]

No discurso do professor, os sentidos básicos das comemorações: o retorno do príncipe, consentido pelos portugueses, sintetizava aquela nação *luso-brasílica* e as relações estabelecidas com o colonizador. Aqui a independência, ao contrário de significar *ruptura*, expressava a *continuidade*, a convivência pacífica com o europeu dominador. É por isso que, ali, presidindo os eventos, estavam lado a lado o presidente do Brasil e o presidente do Conselho de Ministros de Portugal.

Para além do amistoso encontro entre *colonizadores* e *colonizados*, simbolizado e unificado na figura do herói dos dois povos, a inumação de d. Pedro, seu retorno ao local onde teve, século e meio antes, um *encontro marcado com o Brasil*, representava o encontro do passado com o futuro. Um futuro no qual as grandes aspirações do passado vinham de se concretizar. Nada mais natural, portanto, que o palco desse grande evento, o desfecho apoteótico de um ano festivo fossem os *ilustres campos de Piratininga*: São Paulo, capital bandeirante, berço do Brasil independente, era também, em 1972, a expressão mais acabada do Brasil moderno, do *Brasil do milagre*, que expandia suas fronteiras, mas elegia o Ipiranga – *altar da pátria* – como uma espécie de *útero* do *novo Brasil* que a ditadura construía.

---

85. Discurso proferido pelo professor Pedro Calmon durante a cerimônia de inumação dos despojos de d. Pedro I, em 6 de setembro de 1972 (Corrêa, 1972:66,70).

Por esse ponto de vista, em 1972, São Paulo não era visto, como era comum desde o fim do século XIX, a partir da ideia de "exceção de progresso" em meio ao restante do país ou como uma espécie de *avis rara* (Ferretti, 2008:61), mas sim como o modelo a ser alcançado em breve, o espelho a partir do qual todo o Brasil – *integrado* pelas estradas, pelos automóveis, pela televisão, pelas tecnologias que o *milagre* tornava palpáveis – deveria ser visto.

Após o discurso do professor Calmon, a orquestra executava o *Réquiem*, de Berlioz, enquanto a mesma guarda que depositara o esquife na eça o retirava de lá e, a passos lentos, encaminhava-o para a capela do grande monumento.[86] O público aplaudia respeitosamente e a música ecoava por todo o bairro, cada vez mais alta. No palco montado, as autoridades acompanhavam de pé. Ao final, os ministros das Relações Exteriores de Brasil e Portugal, Mário Gibson Barbosa e Rui Patrício, dirigiram-se para a capela a fim de prestar as últimas homenagens. O ministro português levava rosas, as flores prediletas do casal imperial, para oferecer a Pedro e Leopoldina, que agora descansavam lado a lado. Às 17h16min, os presidentes Médici e Marcelo Caetano desceram do palco e assinaram a ata de inumação dos despojos imperiais. Após, um toque de silêncio. Médici recebia as honras militares enquanto o hino nacional era novamente executado. Em seguida, os presidentes e suas comitivas começaram a se retirar sob aplausos da multidão. A capela imperial permaneceria aberta. Estava pronta para começar a receber as visitas populares.[87]

E de fato assim o foi: nos três dias seguintes à cerimônia de inumação, perto de 30 mil pessoas visitaram o local.[88] O longo velório do imperador país afora chegara ao fim no dia 6 de setembro, com a cerimônia de inumação, mas a festa prosseguia, e incansáveis turistas de todos os cantos do país continuavam suas visitas, respeitosamente, graves, porém festivos. Comportamento, aliás, que ca-

---

86. Fundo Comissão Executiva da Comemoração do Sesquicentenário da Independência. Arquivo Nacional/SDE – Documentos Públicos, código 1J. Pasta 54. Recorte de jornal: "Urna fica na capela do Monumento". *Jornal do Brasil*, 7 set. 1972.
87. "O corpo do Imperador está no Ipiranga para sempre". *Folha de S.Paulo*, São Paulo, p. 14, 7 set. 1972.
88. Fundo Comissão Executiva da Comemoração do Sesquicentenário da Independência. Arquivo Nacional/SDE – Documentos Públicos, código 1J. Pasta 54. Recorte de jornal: "Multidão vai à capela ver a urna de D. Pedro". *Última Hora*, 10 set. 1972.

racterizou a grande maioria das capitais brasileiras por onde passou o esquife imperial. Afinal, se para a Bahia do século XIX pode-se afirmar, de acordo com João José Reis, que "morte e festa não se excluíam" (Reis, 2009:137), o mesmo podia ser dito da grande cerimônia fúnebre/cívica que se realizou em torno de d. Pedro I, em 1972.

Solenes, hierarquizados, esses eventos eram, simultaneamente, algo alegre, expressavam determinado júbilo nacional. Afinal, representavam, antes de tudo, a *pátria* personificada na figura de seu herói, do herói da nação que então comemorava 150 anos de vida independente. A forte hierarquização do espaço festivo representava, nesse sentido, um aspecto fundamental que sustentava o *pacto* estabelecido entre ditadura e sociedade.

O retorno ao passado proposto pelos rituais cívicos em geral possui os pés profundamente fincados no presente. A exaltação patriótica, a reafirmação do pacto social, as leituras do passado se fazem de determinada forma e não de outra, e adquirem sentido tendo em vista as questões colocadas pelo tempo presente. Assim, as comemorações de 1972 foram a festa do *Brasil pra frente*, que velava o herói fundador da nação, mas que também comemorava seu *milagre*. Preparava-se o cortejo fúnebre do imperador rigorosamente ao mesmo tempo que o presidente inaugurava o metrô. O retorno ao passado não se fazia desconectado da grande euforia com o presente e futuro que caracterizou os anos do *milagre brasileiro*. Por isso, talvez houvesse maior número de pessoas aplaudindo Médici no Jabaquara que aguardando o início do cortejo fúnebre de d. Pedro nos Campos Elíseos.

Os eventos do dia 6 de setembro em São Paulo constituíam a perfeita síntese do que representou o festivo ano de 1972: a reafirmação do consenso social em torno da ditadura, representado numa cerimônia que era ao mesmo tempo fúnebre, solene, hierarquizada e festiva, empolgante, do que é muito representativo o discurso do professor Pedro Calmon durante a cerimônia de inumação dos restos mortais do imperador: "esta cerimônia exclui a morte. É a comemoração da vida".[89] Isso porque, mesmo quando se estruturam

---

89. Discurso proferido pelo professor Pedro Calmon durante a cerimônia de inumação dos despojos de d. Pedro I, em 6 de setembro de 1972 (Corrêa, 1972:70).

em termos de uma cerimônia fúnebre, as comemorações lidam sempre com a construção de um *tempo novo*, com a pretensão de "reconstituir e solenizar, sobretudo, a reinvenção do contrato social" (Catroga, 2005:91), permitindo, de acordo com Fernando Catroga, que "os indivíduos se sintam como sujeitos sociais e cívicos, isto é, como cidadãos comparticipantes de uma colectividade espiritual que os envolvia, apelava e mobilizava, chamada *povo*" (Catroga, 2005:93, grifo no original).

Foi esta possibilidade, ou seja, a de os indivíduos se reconhecerem como nação, como parte de uma coletividade que tem em comum o mesmo passado e cultiva para o futuro expectativas semelhantes, que o traslado, périplo e finalmente a inumação dos restos mortais de d. Pedro I representaram, país afora, durante o festivo ano de 1972.

D. Pedro I *integra* o Brasil: o traslado e o périplo pelo país

De Lisboa para o Rio de Janeiro: o imperador retorna à corte

"Lisboa e sua gente estavam frias" quando d. Pedro zarpou do Tejo. Doze dias depois, quando chegou à baía de Guanabara, o imperador encontrou "uma manhã luminosa e cheia de calor, em todos os sentidos", anunciava a matéria publicada pelo *Jornal do Brasil*[90] no dia seguinte à chegada dos despojos mortais de d. Pedro I ao Rio de Janeiro, vindos de Lisboa.

Assim, pelo que se lia na imprensa brasileira, apesar da pompa com a qual a cerimônia de trasladação dos despojos de d. Pedro I – d. Pedro IV para os portugueses – foi realizada em Lisboa, a sensação geral pelas ruas daquela cidade era de profunda indiferença: apenas 200 pessoas acompanharam as solenidades.

> Uma Lisboa fria em temperatura e calor humano assistiu quase impassivamente às protocolares cerimônias do traslado, com apenas alguns populares nas ruas

---

90. Fundo Comissão Executiva da Comemoração do Sesquicentenário da Independência. Arquivo Nacional/SDE – Documentos Públicos, código 1J. Pasta 52A. Recorte de jornal: "Saída foi triste, mas chegada muito alegre". *Jornal do Brasil*, 23 abr. 1972.

presenciando o acontecimento, muito respeitosamente, mas sem a menor participação.[91]

Os jornais locais, no entanto, noticiavam o evento de outra maneira. No dia 10 de abril de 1972, o periódico *O Século*, de Lisboa, anunciava em letras garrafais: "D. Pedro regressa ao Brasil sem sair da mesma Pátria".[92] Uma expressão, talvez, das tentativas de fortalecer a vocação ultramarina portuguesa que, naquele momento, passava por fortes contestações, sobretudo a partir dos anos 1960, quando tiveram início os movimentos de guerrilha pela libertação nacional nas colônias africanas.

De acordo com Fernando Catroga, para além das intenções de reforçar a "comunidade luso-brasileira", a participação de Portugal nos festejos do sesquicentenário da independência do Brasil deve ser compreendida tendo em vista o momento de contestação pelo qual passava o *Império* português dentro das próprias colônias:

> pretendia demonstrar que a negação do reconhecimento do direito à independência das Colônias em luta não era uma questão de princípio, mas de facto, pois insinuava-se que aquelas, afinal, ainda não reuniam as condições necessárias para serem novos "Brasis" em África [Catroga, 2005:141].

Assim, ao celebrar a manutenção dos laços de amizade com a antiga colônia americana, reafirmava-se, de alguma forma, a intenção de Portugal se manter ligado às *províncias ultramarinas* africanas.

Uma tentativa desesperada e mesmo fracassada diante da indiferença da sociedade que assistia às cerimônias. Para aquela sociedade que vivia sob uma ditadura que já havia sido bastante popular, mas que estava, então, decadente, era como se até d. Pedro IV, o *Libertador*, grande herói português, estivesse *abandonando o barco*. Mais que indiferente, o clima nas ruas era o de um triste e lúgubre velório: "Os poucos populares nas ruas limitavam-se a retirar seus cha-

---

91. Ibid. Recorte de jornal: "Lisboa indiferente ao traslado de Pedro I". *O Estado de S. Paulo*, 11 abr. 1972.
92. Ibid.

péus e parar respeitosamente à passagem do caixão para, em seguida, prosseguir em seu caminho".[93]

Em seu discurso quando da chegada do *cortejo* ao Brasil, o presidente português Américo Thomaz afirmou que o Brasil havia sido, talvez, "o torrão predileto" de d. Pedro.[94] Uma frase expressiva que, naquele momento, representava bem as diferenças entre a ditadura portuguesa e a brasileira, a decadência de uma, a pujança da outra. Dessa forma, para a sociedade portuguesa, diante de uma ditadura em franco declínio, ver partir seu rei não deveria mesmo ser algo que a fizesse se mobilizar. Restava-lhe o consolo de que, se partiam as cinzas, o coração de d. Pedro ficava com os portugueses, doado pelo próprio, em testamento, à cidade do Porto.[95]

Mas para o Brasil a história era outra. O retorno de seu primeiro imperador parecia evidenciar a força e o vigor de um país que se preparava para o início das comemorações dos 150 anos de sua independência. De um lado do oceano, portanto, a partida do rei, a decadência do governo e a indiferença da sociedade. Do outro, a volta do imperador, o poder do governo e uma sociedade que comemorava o fato de estar vivendo um verdadeiro *milagre*, o *milagre brasileiro*. De um lado, um *velório* sombrio e enlutado. Do outro, também um *velório*, porém, emocionado, cívico, que cantava com orgulho seu passado, com confiança seu presente e com otimismo seu futuro. Enfim, um velório que cantava a *pátria* e o retorno de seu grande *herói*.

De toda forma, d. Pedro deixou Lisboa sob todas as homenagens dignas de um chefe de Estado e do grande herói que ele representa para os portugueses: o presidente Américo Thomaz acompanhou os despojos do imperador até o Brasil no transatlântico *Funchal*, o qual foi escoltado por uma flotilha de barcos de guerra portugueses e brasileiros. O esquife do imperador viajou em uma capela instalada no salão da primeira classe do navio. Soldados e oficiais das duas

---

93. Ibid.
94. Ibid. Recorte de jornal: "Brasil recebe seu primeiro Imperador". *Folha de S. Paulo*, 23 abr. 1972.
95. Não deixa, afinal, de ter certa ironia: mesmo tendo o presidente de Portugal afirmado que o "torrão predileto do Imperador" era o Brasil, seu coração era, no fim das contas, português, como constava em seu testamento. No Brasil, uma grande festa foi organizada em torno de suas cinzas. Seu coração permaneceu intacto e bem guardado no Porto.

armadas formaram a guarda de honra permanente junto ao féretro durante a viagem. Juntamente com os representantes das Forças Armadas portuguesas, viajaram também altos funcionários do governo daquele país, acompanhando o presidente.[96]

No Rio de Janeiro fazia sol e calor, naquela manhã do dia 22 de abril de 1972, quando chegaram os restos mortais do imperador Pedro I. No momento em que o *Funchal* entrou na baía de Guanabara, o Rio de Janeiro o aguardava com uma grande festa:

> Esperava-se uma festa, mas nunca como a que houve. Lá da água, após 34 [sic] dias de ausência, o que se viu deu pra vibrar [...]. Desde sexta-feira que se navegava com a terra na visual, mas era longe. Assim mesmo as tripulações estavam agitadas e todo mundo se debruçava do lado direito do navio [...]. Todos ficavam de olho comprido e se esqueceram de olhar o Funchal, que durante a travessia, por ser luminoso e lindo, era o alvo de todos. A agitação cresceu quando o gigante adormecido, cuja cabeça é a pedra da Gávea e os pés são o Pão de Açúcar, se definiu no horizonte.[97]

E se de fato, como disse o presidente português, d. Pedro preferia o Brasil, a sociedade mostrava-se também satisfeita em repatriar um de seus maiores heróis, como demonstrava o numeroso público presente no Monumento aos Pracinhas da II Guerra Mundial, no Rio de Janeiro. Alguns jornais noticiaram 5 mil pessoas, outros estimavam algo entre 10 e 12 mil, até o fim da cerimônia.[98] Na avenida Rio Branco, uma das principais do Centro do Rio de Janeiro, toda enfeitada com bandeiras portuguesas e brasileiras, podia-se também comprar cata-ventos verde-amarelos ou verde-vermelhos. Ali, populares, entre eles muitos portugueses que viviam no Brasil, se frustraram com a rápida passagem do presidente Américo Thomaz ao lado do general Emílio Médici, em carro fechado, "quase

---

96. Fundo Comissão Executiva da Comemoração do Sesquicentenário da Independência. Arquivo Nacional/SDE – Documentos Públicos, código 1J. Pasta 52A. Recorte de jornal: "O esquife de D. Pedro I parte hoje para o Brasil". *Folha de S.Paulo*, 10 abr. 1972.
97. Ibid. Recorte de jornal: "Saída foi triste, mas chegada muito alegre". *Jornal do Brasil*, 23 abr. 1972.
98. Ibid. Recortes de jornais: "Brasil recebe seu primeiro Imperador". *Folha de S.Paulo*, 23 abr. 1972; "Médici recebe restos mortais de D. Pedro I". *Jornal do Brasil*, 23 abr. 1972.

sem tempo de receber a chuva de papel picado com a qual a cidade recebe seus visitantes ilustres".[99]

É importante remarcar, antes de prosseguirmos, que a escolha do 22 de abril como data escolhida para a chegada de d. Pedro I não foi fortuita. Ao contrário, possui crucial significado simbólico para entendermos o tipo de reconstrução do passado que se tentou empreender nas festas de 1972. A celebração do laço de amizade com o colonizador foi uma constante que perpassou toda a comemoração do sesquicentenário da independência. O 22 de abril, quando se rememora a chegada da esquadra de Pedro Álvares Cabral em 1500, é muito representativo dessa celebração. É, pois, significativo que durante a cerimônia de entrega dos restos mortais de d. Pedro I, o discurso de Américo Thomaz começasse fazendo referência ao 22 de abril:

> É no dia em que se comemora mais um aniversário do achamento das formosas Terras de Santa Cruz por Pedro Álvares Cabral – dia da nossa Comunidade – e no ano em que o Brasil celebra jubilosamente século e meio de vida própria, que chego à cidade maravilhosa do Rio de Janeiro.[100]

Nas palavras do presidente português, o 22 de abril não era apenas o dia do *achamento* do Brasil, mas, também, o dia da *nossa comunidade*. Num sentido similar, ia o discurso de Médici:

> Emocionado e agradecido, recebo, em nome do povo brasileiro, os restos mortais de Dom PEDRO PRIMEIRO do Brasil e QUARTO de Portugal, que a Nação portuguesa, testemunhando a amizade que nos irmana, acedeu em confiar à nossa guarda. Esse gesto fraterno, raro e generoso exprime a certeza de que são permanentes e inquebrantáveis os vínculos raciais, a comunhão de sentimentos, a afinidade de espírito e a vocação cultural que unem nossos povos.[101]

---

99. Ibid. Recorte de jornal: "Cortejo passou muito depressa pela Avenida e povo quase não viu". *O Globo*, 24 abr. 1972.
100. Discurso proferido pelo presidente de Portugal, Américo Thomaz, durante a cerimônia de doação dos restos mortais de d. Pedro I ao Brasil. (Corrêa, 1972:49).
101. Discurso proferido pelo presidente Emílio Garrastazu Médici durante a cerimônia de doação dos restos mortais de d. Pedro I ao Brasil (Corrêa, 1972:50, grifos no original).

Privilegiava-se, portanto, uma visão da história na qual, ao invés de considerar 1822 a ruptura do laço com o colonizador estabelecido em 1500, destacavam-se os aspectos de continuidade entre as duas datas, favorecida pelas especificidades do processo de independência brasileiro, conduzido pelo próprio herdeiro do trono português.

No Rio, o presidente Américo Thomaz chegou ao cais das Bandeiras, no Ministério da Marinha, com quase meia hora de atraso e foi recebido pelo presidente Médici às 10h20min. Em seguida, os dois presidentes se dirigiram ao Monumento aos Mortos da II Guerra, onde às 11h30min chegaram os despojos de d. Pedro I.[102]

Após a assinatura dos termos de transferência pelos presidentes, a urna seguiu para a Quinta da Boa Vista, antiga moradia do imperador. Começava, então, a última viagem de d. Pedro I pelo Brasil. Não por acaso, começava no Rio de Janeiro e terminaria, cinco meses depois, em São Paulo – a última cidade, alçada em 1972, como já vimos, a altar da Pátria, a capital do *Grito*, do Brasil independente e também a síntese do futuro, do Brasil do *milagre*. O Rio, a capital imperial, a cidade que viu o imperador chegar ainda criança e crescer nas suas ruas. Não por acaso também, foi o Palácio de São Cristóvão o lugar escolhido para se realizar a vigília fúnebre dos despojos de d. Pedro. De acordo com o general Antônio Jorge Corrêa, presidente da Comissão Executiva Central (CEC),

> o [...] Palácio da Quinta da Boa Vista [...] assistiu à infância e adolescência de d. Pedro, que na sombra das árvores e dos bosques daquela chácara abrasileirava-se cada dia na liberdade dos gestos e no convívio da nossa gente.[103]

Do Rio de Janeiro – lugar que fez do príncipe português um brasileiro – para São Paulo – lugar que fez do príncipe regente imperador do Brasil. Entre o começo e o fim do périplo, uma longa viagem pelas capitais brasileiras, rememorando

---

102. Fundo Comissão Executiva da Comemoração do Sesquicentenário da Independência. Arquivo Nacional/SDE – Documentos Públicos, código 1J. Pasta 52A. Recorte de jornal: "Entusiasmo cívico na volta de D. Pedro I". *Correio Braziliense*, 23 abr. 1972.
103. Ibid. General Antônio Jorge Corrêa. O simbolismo presente na trasladação dos restos mortais de D. Pedro I, p. 3, 1972 [mimeo].

não apenas o importante papel de Pedro I na manutenção da unidade territorial do Império,[104] mas também cumprindo e reafirmando a *missão* da ditadura de *integração nacional*.

Assim, ali, no pátio do Museu Nacional da Quinta da Boa Vista,

> 24 militares dos Dragões da Independência ensaiaram os últimos movimentos para a cerimônia. [...] Do outro lado, 14 marinheiros e 14 fuzileiros navais – vestidos como os antigos marinheiros e fuzileiros imperiais – eram dispostos em duas filas de quatro e duas filas de dez homens.[105]

Desde 8h da manhã, pessoas se aglomeravam em frente ao museu, apesar de as portas somente terem sido abertas a partir do meio-dia. Em alguns momentos, as filas diante da porta chegavam a uma extensão de dois quilômetros. Entre o momento de abertura do local até as 16h, 5.700 pessoas visitaram a antiga residência imperial. Os diretores do museu estimavam que, até as 22h desse primeiro dia, cerca de 10 mil pessoas passariam diante da urna do imperador. A aglomeração, inclusive, prejudicou o trânsito na região.[106] No dia seguinte, domingo, o museu ficou aberto à visitação entre o meio-dia e 22h, quando previam um público majoritariamente composto por escolares. No Rio, ao todo, 25 mil pessoas visitaram d. Pedro I no Museu Nacional durante esse primeiro fim de semana.[107] Na segunda-feira, 24 de abril, a urna deu início à peregrinação pelo Brasil e seguiu para Porto Alegre.

Começa a *longa viagem*

A partir desse momento, por iniciativa da CEC, todas as cidades que receberiam os despojos imperiais deveriam seguir cuidadosamente um rígido protocolo que estabelecia os parâmetros – dos mais gerais aos menores detalhes – segundo os

---

104. Ibid., p. 5.
105. Ibid. Recorte de jornal: "Urna vista por mais de 10 mil pessoas numa só tarde". *O Globo*, 24 abr. 1972.
106. Ibid.
107. Ibid. Pasta 53D. Recorte de jornal: "Muitas visitas à urna no Rio". *O Estado de S. Paulo*, 18 ago. 1972.

quais deveriam organizar o espaço festivo, atribuindo ao evento as características ritualísticas que as comemorações deveriam possuir. Tratava-se de conferir *unidade*, de *sacralizar civicamente* o tempo e o espaço em que as comemorações teriam lugar (Catroga, 2005:91) a partir da repetição ritual de determinados eventos e cerimônias.

Dessa forma, a CEC determinava que a urna imperial somente poderia ser transportada por um avião C-115 da Força Aérea Brasileira (FAB), obedecendo aos horários previamente estabelecidos. A aeronave deveria transportar, além da tripulação, o representante da CEC e a comitiva do governador (ou seu representante) de, no máximo, cinco integrantes, que faria a entrega oficial do esquife de um estado para o outro. O transporte da urna mortuária somente poderia ser feito em carro oficial. Os despojos do imperador deveriam ser recebidos pelo governador de cada estado em ato público, quando os representantes dos estados envolvidos – o que entregava o esquife e o que o recebia – deveriam proferir pequenos discursos, aos quais se seguiria a execução do hino da independência. Em seguida, a urna era colocada em local público e aberto à visitação, sob guarda permanente (Almeida, 2009:182-183).

O estabelecimento e a exigência da execução detalhada de tais procedimentos possibilitava, para além de um efetivo controle da programação estabelecida pela CEC, uma espécie de teatralização do espaço público festivo, a *suspensão do cotidiano* e a substituição do tempo rotineiro por um tempo *extra*ordinário (Matta, 1997:47), o tempo da festa, da comemoração, no qual toda a sociedade deveria estar voltada para o evento. Desse modo, a ritualística que envolvia a chegada, visitação e partida dos despojos do imperador em cada capital permitia aos indivíduos, em todos os cantos do país, se reconhecerem como membros de uma coletividade. A partir do momento em que poderiam compartilhar aquela experiência com outras pessoas, diferentes e distantes cultural e geograficamente, mas que, naquele momento, a partir daqueles eventos – da obrigatoriedade de um estado da federação se fazer representar no outro, no momento da chegada dos despojos imperiais – poderiam sentir-se parte de algo maior, porque compartilhavam a mesma história, o mesmo passado que se repetia em forma de ritual, no presente. Poderiam sentir-se integrados em uma comunidade nacional, uma vez que a ritualização do espaço público através das comemorações, a presença do *corpo* do herói nacional, de capital em capital, reunindo o país, constituía-se em grande exaltação patriótica extremamente favorável à coesão nacional.

É certo que esse poder de coesão nacional a partir da celebração da história pátria não se faz descolado do presente e, no contexto de 1972, ele esteve indissociavelmente relacionado à conjuntura do *milagre brasileiro*, da euforia desenvolvimentista que ele foi capaz de despertar e que as festas do sesquicentenário tiveram o poder de potencializar e transformar em algo maior. Ou seja, as comemorações de 1972 puderam transformar a sensação de bem-estar e a confiança no porvir associadas em termos imediatos aos benefícios – não apenas materiais – do *milagre*, em uma expressão de otimismo maior, à medida que propunha uma identificação do indivíduo com a *pátria* e não com o regime. Ao mesmo tempo, à medida que era a ditadura que promovia as comemorações, podemos compreendê-la, naquele contexto, como parte dessa identidade, como uma construção – e ao mesmo tempo construtora – das relações que a sociedade estabelecia, então, com a *pátria amada*.

Estabeleceu-se, assim, a partir do périplo dos restos mortais de d. Pedro I e ao longo de todo o ano de 1972, uma espécie de prolongamento da Semana da Pátria – cujo ápice foram as cerimônias realizadas em São Paulo nos dias 6 e 7 de setembro – que se baseava na repetição de ritos cívicos comuns a este evento, para os quais eram *exigidos* o mesmo respeito, solenidade e formalidade que os caracterizam. Nesse sentido, verificou-se, em 1972, um estender do tempo festivo, ao qual a *presença* do corpo do imperador conferia algo de *excepcional*, exacerbando ainda mais a *vontade comemorativa* e o otimismo que caracterizaram os anos do governo Médici.

Assim, nesse clima de festa incessante, os despojos de d. Pedro I chegaram a Porto Alegre. Na capital gaúcha, os jornais davam conta de grande afluxo de populares ao longo do trajeto da urna imperial entre o Aeroporto Salgado Filho e o Palácio Piratini.[108] No primeiro dia, em menos de quatro horas, entre 18h30min e 22h, a urna foi visitada por 5.400 pessoas. Ela ainda ficaria

---

108. Fundo Comissão Executiva da Comemoração do Sesquicentenário da Independência. Arquivo Nacional/SDE – Documentos Públicos, código 1J. Pasta 53. Recorte de jornal: "Porto Alegre acolhe com reverência restos mortais do Imperador Pedro I". Jornal e datas não identificados.

em exposição por mais três dias, antes de seguir para Santa Catarina. Em Porto Alegre, sucesso retumbante, um público recorde que não se repetiria mais ao longo de todo o trajeto da urna até seu retorno ao Rio de Janeiro: em quatro dias, o esquife imperial foi visitado por 61.898 pessoas, sendo, além das 5.400 do primeiro dia, 9.421 no segundo, 18.753 no terceiro e, no último dia, 28.324 visitantes.[109]

Em seguida, o esquife contendo os restos mortais de d. Pedro I seguiu para Florianópolis, onde foi realizada uma missa campal antes que a urna fosse exposta à visitação na nave da Catedral Metropolitana.[110] Em Curitiba, a urna chegou no feriado de 1º de maio. Em todo o trajeto entre o Aeroporto Afonso Pena e o Palácio Iguaçu, populares dividiram as ruas com estudantes que traziam nas mãos bandeiras do Brasil, estandartes de suas escolas ou cartazes nos quais podia-se ler a frase: "D. Pedro voltou pra casa".[111] Grandes filas se formaram para ver o imperador. Cerca de 10 mil pessoas compareceram diante da urna no Palácio Iguaçu. "Uma senhora já bem idosa, ao se aproximar do esquife, benzeu-se e não pôde conter algumas lágrimas".[112]

Da capital paranaense, o esquife seguiu para Niterói, então capital do estado do Rio de Janeiro, e de lá para Vitória, no Espírito Santo. Em ambas as cidades a passagem da urna foi rápida. Em Vitória, jornais locais noticiavam o pequeno número de pessoas que compareceram ao Aeroporto de Goiabeiras para receber o esquife do imperador.[113] As manchetes davam conta de cerca de 200 pessoas no palácio do governo para ver d. Pedro durante a primeira hora de visitação, e de um visitante em particular: Cícero Vieira Carneiro, funcionário dos Correios e Telégrafos, "disse que foi reverenciar a memória do Imperador e também relembrar o capixaba Paulo Emílio Bregaro, o mensageiro que levou a d. Pedro,

---

109. Ibid. Recorte de jornal: "Despojos de D. Pedro I trasladados na manhã de ontem para Santa Catarina". *Correio do Povo*, 30 abr. 1972.
110. Ibid. Recorte de jornal: "Povo visita os restos de D. Pedro I na Catedral". *O Estado*, 30 abr. 1972.
111. Ibid. Recorte de jornal: "Despojos de D. Pedro chegaram a Curitiba". *A Gazeta*, 2 maio 1972.
112. Ibid. Recorte de jornal: "Em Curitiba, há grandes filas para ver D. Pedro". *O Estado de S. Paulo*, 3 maio 1972.
113. Ibid. Pasta 53A. Recorte de jornal: "Capixaba pode ver só hoje D. Pedro I". *A Tribuna*, 7 abr. 1972.

em São Paulo, a carta de José Bonifácio, a qual precipitou a proclamação da Independência".[114]

Do Espírito Santo, a urna seguiu para o Nordeste: Sergipe, Alagoas, Pernambuco, Território de Fernando de Noronha, Paraíba, Rio Grande do Norte. Os casos da Bahia e Ceará, por sua especificidade, serão analisados separadamente.

Os despojos de d. Pedro I permaneceram em Aracaju durante 48 horas. A cidade o recebeu sob muita chuva, a qual provavelmente prejudicou a afluência do público. De acordo com o jornal *O Globo*, no entanto, o motivo do pouco interesse do público era outro:

> A visitação só não foi maior porque a comissão organizadora não preparou nada que pudesse aumentar a motivação. No local em que ficou a urna não havia ninguém para explicar fatos históricos ligados a d. Pedro I e nem sequer um retrato do Imperador. O noticiário na imprensa e nas emissoras de rádio sobre a chegada da urna foi muito fraco.[115]

Já em Maceió, um dos maiores públicos: 20 mil pessoas receberam "com acenos de bandeirolas do Brasil e de Portugal" a urna do imperador na praça dos Martírios.[116] Um público recorde, se considerarmos que a passagem do cortejo pelas Alagoas durou cerca de 48 horas. No Recife, o esquife permaneceu por seis dias e, "apesar do sol muito quente, o povo saiu às ruas para ver a passagem dos despojos de d. Pedro I".[117]

Em geral, a permanência do esquife nas capitais do Nordeste, Norte e Centro-Oeste foi sempre muito curta, nunca ultrapassando, de modo geral, o período de três dias, uma das exceções foi a Bahia, onde houve a mais longa temporada: 45 dias.[118] Em João Pessoa, cerca de 2 mil pessoas invadiram a pista do Aeropor-

---

114. Ibid. Recorte de jornal: "Vitória se apressa para ver D. Pedro". *O Estado de S. Paulo*, 7 maio 1972.
115. Ibid. Recorte de jornal: "Despojos de D. Pedro I chegaram a Aracaju". *O Globo*, 9 maio 1972.
116. Ibid. Recorte de jornal: "20 mil pessoas recebem despojos de D. Pedro I". *Gazeta de Alagoas*, 11 maio 1972.
117. Ibid. Recorte de jornal: "D. Pedro repousa seis dias no Recife". *O Estado de S. Paulo*, 12 maio 1972.
118. A estada dos despojos mortais de D. Pedro I na Bahia será analisada no item seguinte, jun-

to Castro Pinto, quando do desembarque dos restos mortais de d. Pedro I. De acordo com a imprensa da época, "soldados da Aeronáutica e da Polícia Militar tiveram que se desdobrar para conter a onda popular, curiosa em ver de perto a urna que contém os restos do Imperador".[119]

Em Natal foi decretado ponto facultativo em todas as repartições públicas[120] e o secretário de Governo e Justiça convocou a população a comparecer, uma vez que sua presença expressaria "que somos um povo cioso de suas origens, que constrói o seu desenvolvimento à luz dos grandes exemplos daqueles que sonharam, lutaram ou morreram para que nascesse a brasilidade".[121]

Em São Luís, um cortejo de mil carros acompanhou o esquife de d. Pedro I pelas principais vias da cidade até a Catedral Metropolitana. Delegações chefiadas por prefeitos de 130 municípios maranhenses foram recepcionar o avião da FAB que trouxe a urna de Teresina para São Luís.[122] Durante os três dias que permaneceu na capital maranhense, a urna foi vista por cerca de 5 mil pessoas.[123]

Em Belém, o avião da FAB que transportava a urna chegou com três horas de atraso. Em virtude disso e também de se tratar de período de férias, poucas pessoas assistiram à chegada da urna mortuária ao Palácio Lauro Sodré.[124] Ainda assim, o esquife foi visitado por mais de 5 mil pessoas, entre elas muitos escolares, famílias e membros da comunidade portuguesa local.[125] Em Manaus, a vigília aconteceu na Catedral Metropolitana, mas também houve manifestações por

---

tamente com sua passagem pelo Ceará.
119. Fundo Comissão Executiva da Comemoração do Sesquicentenário da Independência. Arquivo Nacional/SDE – Documentos Públicos, código 1J. Pasta 53A. Recorte de jornal: "Massa popular recebe em João Pessoa os restos mortais de D. Pedro I". *Jornal do Brasil*, 6 jul. 1972.
120. Ibid. Recorte de jornal: "D. Pedro chegará sexta e ponto será facultativo". *Tribuna do Norte*, 5 jul. 1972.
121. Ibid. Recorte de jornal: "Governo convoca povo para receber D. Pedro". *Diário de Natal*, 7 jul. 1972.
122. Ibid. Recorte de jornal: "Despojos do Imperador chegaram a São Luis". *Correio Popular*, 14 jul. 1972.
123. Ibid. Pasta 53B. Recorte de jornal: "Milhares de pessoas já viram D. Pedro". *O Imparcial*, 15 jul. 1972.
124. Ibid. Pasta 53C. Recorte de jornal: "Para nossas homenagens aqui está o Imperador". *A Província do Pará*, 16-17 jul. 1972.
125. Ibid. Recorte de jornal: "Mais de 5 mil paraenses já desfilaram ante as cinzas de D. Pedro I". *A Província do Pará*, 18 jul. 1972.

parte da Igreja Adventista e da loja maçônica Esperança e Porvir.[126] Aliás, nunca é demais lembrar que, em virtude mesmo das ligações existentes entre d. Pedro I e a maçonaria, essa instituição participou muito ativamente das comemorações do sesquicentenário em todo o Brasil. Por fim, no último dia em que a urna esteve em Manaus, as manifestações ficaram a cargo dos estudantes da Universidade do Amazonas e de grupos escoteiros. Os jornais davam conta de que a participação popular seguiu o mesmo padrão durante os três dias da visita de d. Pedro a Manaus: "o povo, em atitude de oração, ocupava os bancos da Igreja".[127]

Em Goiás, "durante o tempo em que o esquife foi conduzido do aeroporto ao palácio do governo, todo o comércio de Goiânia cerrou as portas, enquanto repicavam os sinos das igrejas e apitavam as sinetas das fábricas".[128] Mais de 10 mil pessoas, em 48 horas, visitaram os despojos de d. Pedro I. Houve ainda show musical com os cantores Wanderley Cardoso, Clara Nunes e Toni Tornado.[129]

Nos primeiros dias de agosto, vinda de Goiânia, a urna imperial chegou a Brasília. Ali, foi conduzida por soldados das Forças Armadas e da Polícia Militar ao Palácio do Buriti, onde ficou exposta à visitação pública. Os que compareceram ao palácio receberam cópias da carta de despedida que d. Pedro I escreveu aos brasileiros quando de sua abdicação. Na capital federal, também houve homenagens da maçonaria: 500 de seus membros desfilaram, em frente ao setor gráfico do Palácio do Buriti, portando bandeiras e estandartes.[130]

Em seguida, os despojos do imperador foram transferidos para a guarda dos mineiros, em Belo Horizonte. Ali, d. Pedro I permaneceu por uma semana. Ainda no Aeroporto da Pampulha, uma salva de tiros e a execução do hino nacional saudaram a chegada do imperador. A caminho do Palácio das Artes, onde a urna ficou exposta à visitação, *milhares* de pessoas acompanharam o

---

126. Ibid. Recorte de jornal: "Despojos de D. Pedro seguem para Rio Branco". *A Crítica*, 27 jul. 1972.
127. Ibid.
128. Ibid. Recorte de jornal: "Leonino diz que tempo não obscureceu D. Pedro". *O Globo*, data não identificada.
129. Ibid. Recorte de jornal: "Dez mil visitaram o esquife de D. Pedro I". *O Popular*, 4 ago. 1972.
130. Ibid. Recorte de jornal: "Quem visita despojos em Brasília recebe carta de D. Pedro I". *O Globo*, 6 ago. 1972.

cortejo fúnebre.[131] Uma chuva de papel picado caiu sobre a avenida Afonso Pena, quando da passagem da urna imperial – que desfilou em carro aberto pela cidade –, enquanto colegiais agitavam suas bandeiras e aviões da FAB faziam voos rasantes sobre a cidade.[132]

Alguns jornais lembraram as péssimas recepções que o imperador tivera quando de suas visitas às Alterosas no século XIX:

> A unanimidade de aplausos que não obteve quando de suas duas visitas a Minas, enquanto Príncipe-Regente (1822) e Imperador (1823), d. Pedro I alcançou ontem, durante o desfile de seus restos mortais, que levou milhares de pessoas às ruas. Os estrondos de 21 tiros de canhão, palmas dos populares e o ronco dos aviões sobrevoando a avenida Afonso Pena, ponto alto do desfile, foram os meios usados pelos mineiros para desagravar d. Pedro I que [também], em 1830, foi recebido com vaias e dobres de sinos devido ao assassinato de Líbero Badaró, oposicionista do Imperador.[133]

Assim, com o *patrocínio* da ditadura, d. Pedro I foi reabilitado na terra dos *inconfidentes*, a qual nem sempre lhe foi fiel e de onde retornou, em 1830, já falando em renunciar ao trono (Lustosa, 2006:296). Nesse sentido, se Minas Gerais serviu de termômetro à (*im*)popularidade do imperador durante a crise que antecedeu a abdicação, a calorosa recepção que século e meio mais tarde os mineiros dedicavam ao corpo de Pedro I também servia como termômetro da *popularidade* alcançada pelo *herói da ditadura* no ano do sesquicentenário da independência.

Contudo, não obstante a grande movimentação durante a chegada e a significativa frequência do público ao longo de toda a semana – não apenas os belo-horizontinos, mas também muitos grupos de cidades do interior do estado quiseram ver d. Pedro I em sua passagem por Minas Gerais –,[134] a partida do imperador foi bastante discreta:

---

131. Ibid. Recorte de jornal: "Restos mortais de D. Pedro em Belo Horizonte". *Diário Popular*, 9 ago. 1972.
132. Ibid. Recorte de jornal: "BH recebe D. Pedro I com chuva de papéis". *O Estado de S. Paulo*, 9 ago. 1972.
133. Ibid. Recorte de jornal: "Restos mortais de D. Pedro em Belo Horizonte". *Diário Popular*, 9 ago. 1972.
134. Ibid. Recortes de jornal: "Municípios mineiros na vigília cívica aos restos de D. Pedro". *Diário de Minas*, 6 ago. 1972.

Os restos mortais de d. Pedro I deixam Belo Horizonte hoje sem festas, sem barulho e sem banda de música, um clima inteiramente diferente daquele quando chegaram, há uma semana [...] Só não haverá festa na despedida porque o presidente Médici chegará hoje a Belo Horizonte, uma hora depois da saída da urna e as autoridades resolveram cancelá-la para que não se confundisse com a recepção à comitiva presidencial".[135]

O estranho abandono baiano e o duplo velório cearense

Na Bahia, a permanência da urna foi longa: entre 18 de maio e 5 de julho. A ideia era que os despojos estivessem em Salvador no dia 2 de julho, quando se comemora a expulsão de tropas portuguesas do território baiano em 1823. Além disso, aquele era um dos estados que, naquele ano, melhor refletia os números e as cores do *milagre*. A Bahia crescia, se modernizava, guiada pelas mãos fortes de Antonio Carlos Magalhães – primeiro como prefeito de Salvador (1967-1970), depois como governador do Estado (1971-1975), homem de confiança do regime, nomeado por este para os dois cargos.

Ainda em virtude das comemorações do 2 de julho, algumas cidades do interior do estado, como Cachoeira, Santo Amaro da Purificação e Ilhéus solicitaram a visita da urna, o que acabou sendo negado pela CEC.[136] Quanto à chegada dos despojos, o relatório da comissão dava conta de que ainda se verificava a presença de estudantes e do público em geral, mesmo após o longo atraso do avião da FAB que transportava a urna. Em virtude de uma pane, o avião, cuja chegada estava prevista para as 14h, somente aterrissou no Aeroporto Dois de Julho às 18h30 min.[137]

---

135. Fundo Comissão Executiva da Comemoração do Sesquicentenário da Independência. Arquivo Nacional/SDE – Documentos Públicos, código 1J. Pasta 53D. Recortes de jornal: "Restos de D. Pedro I de volta à Guanabara". *O Estado de S. Paulo*, 16 ago. 1972.
136. Ibid. Pasta 53B. Recortes de jornal: "Despojos de D. Pedro não vão ao interior". *A Tarde*, 25 maio 1972; "Comissão veta ida de D. Pedro a Cachoeira". *O Estado de S. Paulo*, 25 jun. 1972. Interessante observar na matéria do jornal a decepção provocada no município de Cachoeira em virtude da negativa da CEC ao seu pedido.
137. Ibid. Pasta 53A. Major Alfredo Gabriel de Miranda. Relatório da *peregrinação cívica dos despojos do imperador D. Pedro I*. Estados: Rio de Janeiro, Espírito Santo, Sergipe, Alagoas, Pernambuco, Território de Fernando de Noronha e Bahia.

Durante a estada do esquife em Salvador, ou mesmo em razão da sua longa permanência naquela cidade, o interesse do público pareceu diminuir no decorrer desses 45 dias. Assim, ainda no dia 24 de maio, o jornal *O Estado de S.Paulo* divulgava uma matéria na qual dizia que poderia ser considerado pequeno o número de pessoas que haviam passado pela Catedral Basílica durante a primeira semana em que a urna ali esteve.[138] No dia seguinte, o jornal *A Tarde*, de Salvador, noticiava que, até então, cerca de 4 mil pessoas apenas haviam assinado o livro de presenças.[139] Um número pouco expressivo se compararmos com as multidões que nos mesmos cinco dias ou menos correram para ver a urna em cidades como Rio de Janeiro, Porto Alegre e Maceió. Não obstante, é preciso considerar que o fato de as pessoas saberem que a urna permaneceria por 45 dias em Salvador pode ter gerado certa acomodação e pouca pressa em visitar d. Pedro, o que pode explicar, em parte, a baixa frequência do público.

De toda forma, no dia 5 de julho, a urna partiu de Salvador rumo a João Pessoa, após uma cerimônia pequena, simples e sem discursos na qual estavam presentes somente autoridades civis e militares do estado. "A 50 km por hora o cortejo cortou as ruas de Salvador ainda desertas, às seis e meia de uma manhã nublada."[140] Assim, a cerimônia de despedida de d. Pedro I de Salvador parecia confirmar a ideia de que ele esteve relativamente esquecido ali durante sua longa estada na cidade:

> Os restos mortais de d. Pedro I deixarão Salvador na manhã de hoje, encerrando uma visita de 45 dias durante os quais estiveram esquecidos em um altar secundário da Catedral Basílica. [...] A visita de d. Pedro I a Salvador passou quase despercebida. O povo não foi esclarecido nem motivado para ir à Catedral Basílica, onde a urna ficou em local inadequado. Nos primeiros dias, quando ficou em frente ao altar-mor, a curiosidade foi grande [...] Depois que foi mudada para o altar lateral, foi

---

138. Fundo Comissão Executiva da Comemoração do Sesquicentenário da Independência. Arquivo Nacional/SDE – Documentos Públicos, código 1J. Pasta 53B. Recorte de jornal: "A urna é pouco vista na Igreja". *O Estado de S. Paulo*, 24 maio 1972.
139. Ibid. Recorte de jornal: "Despojos de D. Pedro não vão ao interior". *A Tarde*, 25 maio 1972.
140. Ibid. Recorte de jornal: "Manhã nublada no adeus a D. Pedro". *Jornal da Bahia*, 6 jul. 1972.

praticamente ignorada. Quem entrava na Catedral e via guardas perto do esquife, pensava tratar-se do velório de "algum militar importante".[141]

De certa forma, não deixava mesmo de se tratar de um *militar importante*. No entanto, é interessante observar o desinteresse do público de Salvador com relação à visitação à urna de d. Pedro I em contraste com as insistentes tentativas das cidades do recôncavo baiano para receber o esquife, alegando a importância histórica desses municípios no processo de independência.[142] É fundamental, sobretudo, observar a Bahia como um caso paradigmático do fato de que nem sempre o consenso em torno do regime significou o mesmo com relação às comemorações do sesquicentenário.[143]

Como já afirmei, a Bahia conheceu um período de grande crescimento econômico e urbano, principalmente a partir da segunda metade da década de 1960, coincidindo com os mandatos de Antonio Carlos Magalhães tanto na prefeitura de Salvador quanto no governo do estado. Naquele momento, a Bahia se mostrava como uma espécie de *vitrine* nordestina – e mesmo nacional – do *milagre brasileiro*. Em outubro de 1971, a revista *Veja* dedicou a capa de sua edição 161 ao que ela chamava de "Brasil baiano" e falou em uma *redescoberta do Brasil* pela Bahia: comemorava-se o crescimento do turismo de 17,4% ao ano, contra 9,2% da Guanabara; a expansão industrial em Salvador, o aumento de consumo de energia elétrica, a melhoria dos sistemas de comunicação. É certo, a cultura, a religiosidade e a culinária baiana tinham, mais que qualquer obra modernizante, o papel central. O progresso casava com as *peculiaridades* da terra. Aí residia o *sucesso baiano*:

---

141. Ibid. Recorte de jornal: "Dom Pedro deixa Salvador, onde já estava esquecido". *O Estado de S. Paulo*, 5 jul. 1972.
142. O pedido de visitação ao interior foi, por fim, negado pela CEC, que não queria, com isso, "abrir precedentes", recomendando às cidades que agendassem visitas de comissões e grupos interessados na visita, em Salvador. Cf. Fundo Comissão Executiva da Comemoração do Sesquicentenário da Independência. Arquivo Nacional/SDE – Documentos Públicos, código 1J. Pasta 53B. Recorte de jornal: "Despojos de D. Pedro não vão ao interior". *A Tarde*, 25 maio 1972.
143. A recíproca também é verdadeira, ou seja: nem sempre o consenso em torno das comemorações do sesquicentenário significou um consenso em torno do regime, como teremos oportunidade de analisar ao longo da tese. Por hora, cabe centrar no estudo do caso da visita dos despojos de d. Pedro I à Bahia.

A cada dia que passa, na imaginação ou na certeza de um crescente número de brasileiros e estrangeiros, cria-se e consolida-se a imagem de que a Bahia, terra talvez remissa e um pouco desleixada, mas seguramente nada melancólica, é um lugar maravilhosamente encantado, onde céu, mar, coqueiros, sobrados, temperos e temperamentos combinaram-se com a finalidade de conduzir as pessoas ao estado de espírito usualmente conhecido por felicidade.[144]

E não era também este *estado de espírito* chamado *felicidade* que a ditadura – associando passado e presente, 1822 e 1972, independência e *milagre* – comemorava com as festas do sesquicentenário? Ainda assim, na Bahia que se modernizava em ritmo *milagroso*, porém sem perder o *desleixo*, d. Pedro ficou *esquecido*. Apesar, inclusive, dos esforços da CEC em juntar naquele ano a comemoração *nacional/oficial* aos festejos locais, fazendo com que a passagem do imperador coincidisse com o 2 de julho, d. Pedro ficou *esquecido*.

Na verdade, reside, acredito, justamente no peso das tradições locais no que tange à memória das lutas pela independência na Bahia o fato de d. Pedro I não ter despertado ali o mesmo interesse que despertou em outras capitais. De acordo com Hendrik Kraay, desde o século XIX que o 2 de julho de 1823 se estabeleceu como a mais importante festa cívica baiana, superando mesmo o 7 de setembro. Segundo o historiador:

> A festa demarcava uma identidade baiana em oposição a duas grandes outras – portuguesa e africana [...]. Como uma festa aparentemente local, com grande concorrência popular, o Dois de Julho se relacionava de maneira ambígua com o Estado imperial brasileiro. Nunca se tornou feriado nacional, mas os patriotas baianos frequentemente tentavam fazer reconhecer a libertação de Salvador como um dos eventos fundadores do Brasil; sua comemoração da Independência brasileira contava uma história das origens do Brasil que contrariava aquela apresentada pelo Estado imperial [Kraay, 2000:48].

Além disso, ainda de acordo com Kraay, o 2 de julho possui características que o distinguem dos ritos oficiais do Estado brasileiro, "altamente estruturados,

---

144. "A redescoberta do Brasil". *Veja*, São Paulo, p. 42, 6 out. 1971.

nos quais a participação foi cuidadosamente controlada de cima". O ritual cívico baiano foi desde o século XIX caracterizado por ter sido

> criado de baixo, e não ordenado por autoridades do Estado. Além disso, o Dois de Julho foge da categoria de festa cívica, transformando-se em algo semelhante ao Carnaval, com toda sua liberdade e licença que todavia respeita as hierarquias sociais fundamentais [Kraay, 2000:50].

Os rituais em torno de d. Pedro I, *altamente estruturados*, tão ao gosto da tradição cívica brasileira e, sobretudo, cara à ditadura civil-militar, pareciam, desse ponto de vista, estranhos à lógica mais ou menos carnavalesca que caracterizava o 2 de julho baiano. A Bahia moderna, *feliz*, podia até se reconhecer, em 1972, na euforia comemorativa dos tempos do *milagre*, mas continuava não se reconhecendo no *oficialesco* 7 de setembro de 1822. Continuava preferindo a memória carnavalizada do 2 de julho de 1823.

Em julho, os despojos imperiais chegaram a Fortaleza. Ali, de acordo com a imprensa local, a intensa participação popular foi a nota de destaque durante a passagem do cortejo. Nas escadas do Instituto Histórico e Geográfico do Ceará, onde permaneceram os restos mortais de d. Pedro, "extensas filas se formavam" e, no auditório, pessoas olhavam admiradas e "os mais velhos beijavam a urna".[145]

Mas, na capital cearense, o velório cívico de d. Pedro I não foi o único evento do tipo. Ele antecedeu a outro, que se realizou cerca de uma semana depois: Fortaleza preparava-se para receber, exatamente cinco anos após sua trágica morte, no dia 18 de julho, os restos mortais do presidente marechal Humberto Castello Branco. Assim como Pedro I retornava ao Brasil, *seu torrão predileto*, Castello Branco retornava ao Ceará, *sua terra amada*.[146]

Os despojos do ex-presidente foram trasladados juntamente com os de sua esposa, d. Argentina Viana Castello Branco, do Rio de Janeiro para Fortaleza. Para o marechal e sua esposa, o governo local mandou construir um mausoléu

---

145. Fundo Comissão Executiva da Comemoração do Sesquicentenário da Independência. Arquivo Nacional/SDE – Documentos Públicos, código 1J. Pasta 53B. Recorte de jornal: "Dom Pedro chega e fica até amanhã". *O Povo*, 10 jul. 1972.
146. "Amor à família e aversão à ditadura". *Folha de S.Paulo*, São Paulo, p. 5, 19 jul. 1972.

nos jardins do Palácio Abolição. O ex-chefe da nação descansaria agora na sede do poder estadual, onde poderia zelar por e inspirar, talvez, os governantes do presente, conterrâneos seus.

A cerimônia de inumação foi dirigida pelo presidente Médici, que chegara a Fortaleza ainda na manhã do dia 18. A cidade se preparava para receber, de uma só vez, Médici – o *presidente do milagre* – e Castello Branco – *o herói da revolução*. No aeroporto onde Médici aterrissou e no hotel para onde se dirigiu, populares se acotovelavam à espera de um aceno, talvez algumas palavras, do presidente,[147] o qual mais uma vez ficou apenas nos acenos e sorrisos. Mais tarde, no Palácio Abolição, cerca de 5 mil pessoas acompanharam as cerimônias de inumação dos restos mortais de Castello Branco e d. Argentina. Os documentos disponíveis não nos permitem saber se o número foi superior ou inferior àquele verificado quando da passagem de d. Pedro I poucos dias antes. Trata-se, no entanto, de número similar àquele registrado em muitas capitais do Norte e Nordeste do país, como São Luís.

Para além disso, o que importa destacar é que Fortaleza estava em festa. Em menos de 10 dias acompanhou e compareceu aos rituais cívico-fúnebres em torno de d. Pedro I e Castello Branco. Além disso, recebeu com pompa o presidente Médici, que era esperado pelas autoridades locais para que pudesse ver de perto como a cidade crescia e se modernizava, integrando, mais que nunca, o quadro *megalômano* do *Brasil grande*, colorido pelas tintas do *milagre*.[148]

Em muitos aspectos, o ritual cívico-fúnebre de inumação dos despojos de Castello Branco se assemelhava e antecipava – em forma de miniatura, é certo – o que se verificaria menos de dois meses depois, em São Paulo, no dia 6 de setembro, em honra do imperador Pedro I. Essencialmente, ambas as cerimônias se assemelhavam na medida em que guardavam o mesmo caráter solene, oficial e hierarquizado. Da mesma forma como para d. Pedro I, populares foram receber a urna mortuária no aeroporto e a acompanharam, em forma de cortejo, até a Igreja do Pequeno Grande, onde os corpos do ex-presidente e de sua esposa,

---

147. "Médici aplaudido em Fortaleza". *Folha de S.Paulo*, São Paulo, p. 5, 19 jul. 1972.
148. Ibid.

d. Argentina, permaneceram expostos à visitação pública, em câmara ardente, por dois dias.[149]

Assim como se verificaria em São Paulo de forma potencializada na véspera do 7 de setembro, em Fortaleza o 18 de julho foi transformado em uma grande festa cívica, em cujo *centro* estava o corpo do primeiro presidente da *revolução*, sendo velado, chorado. Mas não menos importante, da mesma maneira que na *capital bandeirante*, no Ceará reverenciava-se o *progresso*, o *milagre*, o *Brasil país do futuro*. E se em setembro Médici inauguraria o metrô paulista, em Fortaleza ele era esperado para inaugurar grandes avenidas. E assim o fez, rasgando a cidade em seu *Galaxie* preto, enquanto o governador Cesar Cals o informava de que naquele momento o presidente estava inaugurando as avenidas Borges de Melo e Aguanambi, construídas em tempo recorde – como era mesmo o tempo do *progresso* à moda do *milagre* – pela prefeitura, ligando a Zona Sul ao Centro da cidade.[150]

O cortejo dos despojos de Castello Branco até o Palácio Abolição se investiu também das honras militares e de chefe de Estado adequadas. Os corpos foram conduzidos ao mausoléu em dois carros do Corpo de Bombeiros, que eram precedidos por uma escolta formada pelos alunos do Colégio Militar de Fortaleza que, a cavalo, seguiram em marcha reduzida pelas ruas da capital cearense, onde se perfilavam populares – estudantes, sobretudo. No Palácio Abolição, soldados do Corpo de Bombeiros vestidos com uniforme de gala e ladeados por 10 ex-pracinhas da FEB conduziram as urnas mortuárias até as eças situadas ainda do lado externo do mausoléu e próximas do lugar ocupado pelo presidente Médici e demais autoridades. Em seguida, discursaram o comandante Paulo Castello Branco, filho do marechal, e o governador Cesar Cals em nome do *povo cearense*.[151]

Assim, ao contemplar o presidente Castello Branco com as mesmas cerimônias *cívico-fúnebres* que foram destinadas a d. Pedro I, naquele ano considerado o *herói máximo da nação*, buscava-se inserir a *revolução de 1964* no *altar cívico da história pátria*, atribuindo-lhe inclusive seu próprio herói, Castello Branco. Ao mesmo tempo, procurava situar o *grande homem* da *revolução* como um *grande ho-*

---

149. "Castelo Branco já repousa no Ceará". *Folha de S. Paulo*, São Paulo, p. 5, 19 jul. 1972.
150. "Médici aplaudido em Fortaleza". *Folha de S. Paulo*, São Paulo, p. 5, 19 jul. 1972.
151. "Castelo Branco já repousa no Ceará". *Folha de S. Paulo*, São Paulo, p. 5, 19 jul. 1972.

mem da história recente do país, como fazia supor a presença dos ex-pracinhas da Força Expedicionária Brasileira (FEB) escoltando a urna presidencial, lembrando – para além de seu papel como líder da *revolução de 1964* e primeiro presidente *revolucionário* –, sua passagem, *heroica*, pela II Guerra Mundial. Através da presença dos veteranos da II Guerra, buscava-se lembrar a atuação do ex-presidente na Itália, como chefe da Terceira Seção (de operações) do Estado-Maior da Primeira Divisão de Infantaria Expedicionária (DIE).[152] O *herói de* 1964 para além de 1964. A *revolução* tornava-se, assim, uma espécie de *devir inelutável* da história nacional, na medida mesma em que seu grande líder já se mostrava *bravo soldado* alhures. O *herói* de 1964 já era, portanto, *herói* antes da revolução. Esta confirmava sua *grandeza histórica*, seu sentido de liderança, sua vocação. Representativo disso é o trecho do discurso do governador do Ceará, que se referia a Castello Branco como "o menino de Messejana, veterano da FEB, herói de Montese e Monte Castelo, revolucionário de 1964, estadista da República".[153]

E se a cerimônia de inumação em Fortaleza foi o ponto máximo da reverência à memória de Castello, não foi o único momento em que houve homenagens ao ex-presidente em 1972.[154] Para a grande frente militar e civil que apoiou o golpe em 1964, Castello Branco aparecia como o líder incontestável do movimento, lembrado ao mesmo tempo como um revolucionário e um liberal; um militar, devotado às hierarquias, mas capaz de transcender os limites da caserna.[155] Uma espécie de *salvador*, segundo os modelos definidos por Raoul Girardet. Ou seja, o *chefe providencial*, o *herói redentor*, "aquele que liberta, corta os grilhões, aniquila os monstros, faz recuar as forças más" (Girardet, 1987:17).

Tratava-se também de um *eminente estadista*, alguém à altura das circunstâncias, graves, que o levaram ao poder. Um homem *sereno*, porém com gran-

---

152. Cf. Kornis (2000).
153. "Despojos de Castelo são entregues aos cearenses". *Jornal do Brasil*, Rio de Janeiro, p. 6, 19 jul. 1972.
154. Por exemplo, a Comissão Executiva Estadual de Pernambuco (CEE/PE) propôs uma homenagem a Castello Branco. Naquele estado, nos dias 18 e 19 de abril, houve festa em comemoração à primeira batalha contra a *invasão* holandesa. Assim, em virtude da grande admiração do marechal pelo que ele denominava a "grandeza cívica e patriótica dos Guararapes", justificava-se a homenagem durante os festejos em homenagem àquela batalha, segundo a CEE/PE.
155. "Documento: Castello – Os arquivos do Marechal revelam um militar revolucionário e liberal". *Veja*, São Paulo, p. 44, 5 abr. 1972.

de *energia* e discernimento para compreender que a *revolução* somente faria sentido se fosse capaz de realizar uma vasta e profunda "obra de reconstrução nacional, exigida por um país que, àquela altura, se encontrava à beira do caos".[156] Um *chefe* a quem a nação não *escolheu*, mas que *deveria* tê-lo aceitado, como bem resumia em 1972, recordando seus escritos de 1964, o jornalista David Nasser:

> Não fomos nós – dizia eu – que escolhemos este Governo – nascido ainda sob a fumaça de uma revolução sem pólvora. Mas, por acaso, por sorte ou por vergonha, escolheram um homem íntegro. [...] Por que, então, não cerramos fileiras em torno desse homem feio como um tatu, amargo como um jiló, mas puro como um anjo velho? [Nasser, 1972:20].

Era esse o modelo representado pelo marechal para expressivos segmentos da sociedade que o apoiaram a partir de 1964. Era esse o sentido da recuperação de sua memória operado em 1972. Sobretudo porque, para muitos desses setores, "os altos índices da expansão brasileira, na atualidade, só foram possíveis, em grande parte, graças à verdadeira preparação do terreno efetuada pelo presidente Castello Branco" [Nasser, 1972:20].

O herói da ditadura

Em meados de agosto, antes de seguir para São Paulo, a última parada da longa viagem que realizou pelo país, a urna de d. Pedro I retornou ao Rio de Janeiro. Na antiga capital imperial permaneceu por mais 18 dias, e a expectativa era de que nesse retorno o público fosse superior aos 25 mil visitantes que haviam passado pela Quinta da Boa Vista em abril.[157] Dali o esquife partiu de trem para São Paulo. Já era setembro. As comemorações do sesquicentenário se encami-

---

156. "Cinco anos depois". *Folha de S.Paulo*, São Paulo, p. 5, 19 jul. 1972.
157. Fundo Comissão Executiva da Comemoração do Sesquicentenário da Independência. Arquivo Nacional/SDE – Documentos Públicos, código 1J. Pasta 53. Recorte de jornal: "Muitas visitas à urna no Rio". *O Estado de S. Paulo*, 18 ago. 1972.

nhavam para seu *grand finale* durante a Semana da Pátria. O Brasil havia, então, participado festivamente de um longo *velório cívico* de cinco meses.

De maneira geral, pode-se dizer que a peregrinação dos despojos de d. Pedro I pelas capitais estaduais foi um sucesso. Ou, ao menos, que ela alcançou os objetivos a que se propôs. Em determinados lugares, como Maceió, Curitiba, Rio de Janeiro, Porto Alegre, Goiânia, Fortaleza e mesmo Belo Horizonte, onde a festa de despedida foi cancelada, a afluência do público foi grande. Inclusive na Bahia, onde o êxito da passagem do imperador é questionável, o desejo de receber a urna manifestado por algumas cidades do interior evidenciava, em certa medida, o *status* que o evento ganhou ao longo do ano.

De toda forma, é preciso considerar a pouca emoção despertada pelos rituais em Salvador, inclusive se quisermos compreender melhor a grande mobilização que suscitou em outros lugares. Assim, é preciso levar em conta a forte tradição irredentista baiana e a luta armada contra os portugueses travada naquela província no momento da independência. Ou seja, em um lugar onde há pouca afinidade com Portugal e os portugueses, era natural que uma festa na qual se celebrava ostensivamente a amizade e a manutenção dos laços com a metrópole, através da figura e mesmo da *presença* simbólica de d. Pedro I, tivesse pouco apelo mobilizador.

Já em cidades como Florianópolis, Vitória e muitas cidades do Nordeste e Centro-Oeste do país, a rápida passagem da urna fez com que a população acorresse para prestar suas homenagens a d. Pedro I. Ao mesmo tempo, podia-se notar certo *ressentimento* em função da breve visita. Em alguns lugares, a reportagem local deixava mesmo entrever uma insatisfação popular com a fugaz visita do imperador.

Em Porto Alegre, onde houve a maior afluência de público, o clima comemorativo era enorme quando da passagem da urna. Isso porque, em abril, realizaram-se na capital gaúcha dois outros eventos, ambos relativos às comemorações do sesquicentenário. O primeiro deles, o Encontro Cívico Nacional, em 21 de abril, que em todo o país deu início às comemorações, com as homenagens a Tiradentes. Três dias depois, d. Pedro chegava a Porto Alegre. No mesmo dia em que partiu para Santa Catarina, chegava à capital gaúcha o presidente Médici, que dirigiria as cerimônias de abertura das Olimpíadas do Exército de 1972, que naquele ano se realizaram em homenagem às comemorações do sesquicentenário, em Porto Alegre.[158] O presidente chegou à cidade no mesmo dia em que os restos mortais do imperador partiam para Florianópolis.

Porto Alegre viveu aqueles últimos dias de abril em uma festa que parecia não ter fim. O sucesso da passagem da urna entre os gaúchos, somado às expectativas de sediar as Olimpíadas do Exército, mostrava que, naquele momento, para extensos segmentos sociais, o *orgulho* dos heróis do passado se misturava indissociavelmente à euforia com relação ao presente. Assim dizia o artigo de Pedro Américo Leal, publicado no jornal gaúcho *Zero Hora*:

> O Rio Grande do Sul e particularmente Porto Alegre são palcos de singulares comemorações, nas festas do Sesquicentenário, onde com graça e destaque insere-se a Terceira Olimpíada do Exército. Tornando-se o Estado, a capital das comemorações dos nossos cento e cinquenta anos de Independência [...]. Quando se misturam datas e figuras, do passado e do presente numa festa que se destina ostensivamente a um Brasil de futuro. [...] As fases da programação, decorrendo de intenso clima de confiança e de felicidade davam um testemunho do acerto das medidas tomadas no Brasil, em comparação com alguns de nossos queridos vizinhos. Em certo momento, não resistindo à influência da música, aquela massa cantou o "Pra frente Brasil", transmitindo e traduzindo um significativo clima de otimismo que não poderia ser de improviso.[159]

E se em Porto Alegre a presença do presidente não fez diminuir a frequência do público ao Palácio Piratini — ao contrário, pode-se dizer que ela tenha favorecido positivamente, à medida que ampliava o sentimento e a ideia de que havia muito o que comemorar —, o mesmo não se pode dizer de Belo Horizonte. A chegada do general Médici à cidade durante o último dia de visitação e o cancelamento das festas de despedida a d. Pedro, certamente em função dos protocolos que cercavam a visita presidencial, teriam prejudicado a boa frequência do público ao local onde se encontrava o esquife. As atenções, até

---

158. Ibid. Recorte de jornal: "Presidente retorna hoje à capital de seu estado". Jornal e data não identificados.

159. Ibid. Pasta 75A. Recorte de jornal: "Otimismo e por que não?". *Zero Hora*, 26 abr. 1972.

então centradas em d. Pedro I, foram substituídas por uma discreta recepção ao presidente. Em Belo Horizonte e Porto Alegre, de formas distintas e assim como em todo o país, em 1972, a vida pública nacional oscilou entre d. Pedro I e Médici. O mesmo se pode dizer de Fortaleza, onde além do imperador e do presidente esteve presente também o *herói da revolução de 1964*, o marechal Castello Branco.

Nas inúmeras cidades pelas quais a urna de d. Pedro I passou, as reações individuais e coletivas foram muito diversas, o que exprime bem, por sua vez, o que chamaremos neste trabalho de *consenso*: algo que remete justamente à complexidade dos comportamentos sociais, sua natureza plural e diferenciada, abarcando a adesão militante; o comparecimento emocionado como o da senhora curitibana que se benzeu e chorou diante da urna; a neutralidade que *comparece*, como a dos cidadãos comuns, simples *curiosos* que enfrentaram filas quilométricas para ver o imperador; a *obrigação cívica* de milhares de alunos e professores que efetivamente lotaram as salas por onde passou a urna; a apatia daqueles que estavam unicamente ocupados na reprodução dos seus cotidianos, sem tomar partidos, apenas *vendo a banda passar*, compondo e favorecendo *silêncios* que permitiram, ao fim e ao cabo, a sustentação do regime. Ou, ainda, a *ignorância* daqueles que não sabiam exatamente o que se passava, mas que respeitavam a ordem solene e oficial do que se via. Era o caso, por exemplo, dos baianos e turistas de Salvador que, quando entravam na catedral e viam o esquife de d. Pedro, acreditavam se tratar do "velório de algum militar importante"[160] ou, de forma semelhante, a indiferença daqueles que queriam apenas *ganhar a vida*, como a dos sorveteiros pernambucanos que se beneficiaram do calor escaldante e da imensa multidão que saiu às ruas do Recife para ver o imperador, mas que, perguntados sobre o que se passava, apenas respondiam: "parece que morreu alguma autoridade importante".[161] Não estavam completamente errados os sor-

---

160. Fundo Comissão Executiva da Comemoração do Sesquicentenário da Independência. Arquivo Nacional/SDE – Documentos Públicos, código 1J. Pasta 53B. Recorte de jornal: "Dom Pedro deixa Salvador, onde já estava esquecido". *O Estado de S. Paulo*, 5 jul. 1972.
161. Ibid. Pasta 53A. Recorte de jornal: "D. Pedro repousa seis dias no Recife". *O Estado de S. Paulo*, 12 maio 1972.

veteiros, demonstrando, mais uma vez, a força simbólica das cerimônias fúnebres e seu poder mobilizador.

Todos esses são comportamentos bastante diferenciados entre si, mas que, no contexto de 1972, contribuíam para a formação de uma *atmosfera consensual*, dentro da qual a peregrinação se realizou, se não com absoluto sucesso, ao menos expressando o consentimento de significativos setores da população.

Em suma, não se pode dizer que a peregrinação dos despojos de d. Pedro I foi um *sucesso uniforme*. Cada região os recebeu segundo seu passado histórico, suas tradições, culturas políticas e mesmo as alianças e disputas políticas daquele momento. É preciso também considerar determinadas eventualidades e imprevistos, como a forte chuva que desabou sobre Aracaju no dia da chegada da urna ou o atraso de mais de quatro horas do avião que transportava os despojos, verificado em Salvador. Certamente não é possível afirmar que em circunstâncias *normais* a afluência popular seria maior. Mas não se podem desconsiderar tais *imprevistos* como fatores que condicionaram o esvaziamento do público.

Por outro lado, não se verificou nenhum grande tumulto ou confusão. A população, sobretudo os setores oficialmente convocados pela CEC – como os colegiais e suas respectivas escolas –, responderam e corresponderam devidamente aos apelos por uma participação *ordenada*, *hierarquizada* e *patriótica*, de acordo com o modelo do próprio 7 de setembro. Afinal, era disso mesmo que se tratava: um prolongado Dia da Pátria, um *ano da pátria*, melhor dizendo.

É preciso chamar atenção para a participação *convocada* dos estudantes nas comemorações. Alguns trabalhos existentes sobre as comemorações do sesquicentenário tendem a vê-la com reservas. Adjovanes Thadeu de Almeida, por exemplo, afirma que a participação de escolares evidencia o caráter *não espontâneo* dessas manifestações (Almeida, 2009:212). No entanto, é preciso tentar compreender a *convocação* dos colegiais para as festas cívicas nacionais como uma tradição brasileira que antecede e muito a ditadura. Remete às grandes comemorações da Semana da Pátria realizadas sob o Estado Novo. Maud Chirio lembra que

> A educação dos pequenos brasileiros sobre a comemoração da Independência encontra, certamente, seu ponto forte durante a Semana da Pátria. Sem dúvida alguma, o regime militar herdou essa grande atenção voltada à juventude,

como numerosas outras práticas comemorativas, do regime de Vargas [Chirio, 2001:124-125].

Ainda segundo a historiadora, essa forte presença estudantil seria, inclusive, uma das características essenciais das semanas da pátria entre 1930 e 1945 que a ditadura manteve e reatualizou. Dessa forma, a presença *convocada* dos estudantes demonstra, antes, as continuidades com o passado que a ditadura foi capaz de estabelecer, dotando-as, ao mesmo tempo, de novos significados expressivos de valores e tradições particularmente caros a seu projeto nacional.

Nesse sentido, as festas cívicas realizadas em torno dos despojos mortais de d. Pedro I são um momento privilegiado para observarmos como o *pacto* entre ditadura e sociedade se estabeleceu de forma complexa. As comemorações se pretendem, nas palavras de Guy Debord (1967:9 e segs. apud Catroga, 2005:93), *instrumentos de unificação*, reunindo a nação em torno de um mesmo passado e das mesmas expectativas de futuro, possibilitando que os indivíduos se reconheçam como parte de algo maior. Assim, as festas cívicas possuem a capacidade de

> criar um momento de comunhão, no qual os indivíduos se deviam sentir integrados numa totalidade, ou melhor, numa Nação de cidadãos, ainda que só imaginada. Por isso as festas cívicas terão por objetivo a produção do consenso – só se excluía as minorias, tidas por inimigas do povo –, numa prática aglutinada à volta de símbolos consensualizadores, porque de pretensão universal [Catroga, 2005:94].

Foi exatamente isso que se verificou em 1972 durante as comemorações do sesquicentenário da independência e das cerimônias em torno de d. Pedro I, em particular: excluídos dessa comunidade nacional imaginada os *inimigos do povo* – para o caso do Brasil de 1972, os trabalhistas, comunistas, *subversivos*, *terroristas* –, criava-se um espaço de comunhão cívica entre presente e passado, entre ditadura e sociedade, cujo elemento de ligação e objeto de devoção era a *pátria*. A ditadura convocava, assim, os *bons cidadãos*, os *verdadeiros patriotas* a contemplar seu passado de glórias e, ao mesmo tempo, festejar seu presente.

1972 foi, antes de tudo, um momento de *evocação patriótica*. Convocado pela ditadura, redefinido, em grande medida, a partir da leitura que aquele governo, com seus valores próprios, fazia do passado. É por este aspecto que se pode afirmar que a CEC conseguiu, com as comemorações do sesquicentenário da independência, estabelecer diálogo com a sociedade à medida que soube transformar *sua* visão do passado em instrumento de consenso, criando uma identidade entre ditadura, pátria, história e sociedade.

Assim, a sociedade respondeu ao chamado de seus governantes e saiu às ruas para ver d. Pedro I passar. Ao contrário do que havia pensado o coronel Octávio Costa, chefe da Assessoria Especial de Relações Públicas da Presidência da República (Aerp), para o qual a ideia da trasladação e peregrinação dos despojos do imperador soava excessivamente *oficialesca e sombria* (Fico, 1997:64), o tom supostamente *funéreo* das cerimônias demonstrou possuir conteúdo extremamente popular, o qual foi capaz de atrair vastos segmentos da sociedade para aquelas festividades. Certamente, podia-se pensar, em acordo com Octávio Costa, que a necrófila cerimônia tivesse pouco poder mobilizador no Brasil, da mesma maneira como se verificou em Portugal. Mais grave ainda: aqui, uma festa inteira, com duração prevista de quase seis meses, se estruturaria em torno da chegada ao Rio de Janeiro, peregrinação por todo o país e, enfim, inumação dos restos mortais de d. Pedro I na cripta do Monumento do Ipiranga, em São Paulo. Assim, o eixo central que ligaria todos os eventos comemorativos era o cortejo, país afora, das cinzas de um morto. Cinzas de um herói, é certo, mas cinzas. Assim, organizar seis meses de festa em torno de um morto poderia de fato, como imaginou o coronel Octávio Costa, não render muito bem em termos de propaganda (Fico, 1997:64). Seria, no entanto, ignorar, mais uma vez, de acordo com a expressão e com os estudos de João José Reis, que, para os brasileiros, o ritual da morte é *uma festa*.

E assim o foi em 1972, com d. Pedro I. O público compareceu à cerimônia fúnebre, que era também uma grande festa. Filas enormes se formavam em muitas cidades por onde passou o cortejo. Todos queriam ver o imperador. D. Pedro I se transformou no grande personagem do ano de 1972: populares imitavam seu corte de cabelo nas ruas,[162] o filme acontecimento do ano, *Indepen-*

---

162. "O colorido fim de festa". *Veja*, São Paulo, p. 16, 13 set. 1972 (fotografia).

dência ou morte, narrava sua vida;[163] o jornalista Ziraldo chegou a escrever nas páginas de *O Pasquim*, com ironia, mas ainda assim dando conta da *onda* cívico--patriótica que tomava conta do país, que seu filho de cinco anos

> está inteiramente apaixonado por d. Pedro I. Passa o dia inteiro de espada em punho gritando "Independência ou Morte". Seu *élan* cívico atingiu o ápice quando, outro dia, ele chupou, maravilhado, um picolé verde e amarelo da Kibon.[164]

Muitos aspectos explicam, portanto, o sucesso do traslado e peregrinação da urna de d. Pedro. Primeiramente, o simbolismo presente, a recuperação da história proposta pelas comemorações e, principalmente, as ligações com o tempo presente. Assim, para além de rememorar um defunto ilustre, tratava-se, antes, de recuperar uma determinada visão da história nacional, cara à ditadura – e da qual os intelectuais do regime no Conselho Federal de Cultura (CFC) ou no Instituto Histórico e Geográfico Brasileiro (IHGB) foram importantes divulgadores.[165] Uma história baseada na valorização dos grandes vultos nacionais; numa concepção de tempo linear, que unia passado, presente e futuro, de forma que o *progresso* aparecia como o *destino manifesto* da nação; na exaltação de uma história pátria que cultivava a ideia do povo brasileiro como ordeiro e avesso a conflitos; que podia exaltar, a partir da figura e do périplo de d. Pedro I, um aspecto caro ao projeto nacional da ditadura naquele momento, qual seja a questão da *integração nacional* (Cerri, 1999:196). Concepções que podem ser caracterizadas por seu aspecto excessivamente *formal*, em que a noção de *hierarquia* era fortemente destacada, mas, ao mesmo tempo, amplamente partilhada pelos mais diversos setores da sociedade.

Todavia, mais importante que observar a construção e reafirmação de uma história oficial da independência do Brasil como forma de legitimar o regime é, antes, analisar os valores e os sentimentos que tal comemoração mobilizava no imaginário coletivo da sociedade, para, dessa forma, compreender os mecanis-

---

163. Sobre o filme *Independência ou morte*, cf. capítulo 5 deste livro.
164. "O prêmio". *O Pasquim*, Rio de Janeiro, n. 168, p. 21 apud Almeida (2009:136).
165. Sobre os papéis desempenhados pelo CFC e pelo IHGB na Comissão Executiva Central dos Festejos, cf. capítulo 6 deste livro.

mos de formação do consenso em torno do regime. Assim, primeiramente, é preciso estabelecer uma diferença entre *morbidez* e *necrofilia*. Mais uma vez, lembro o depoimento do general Octávio Costa e seus temores de que as cerimônias em torno dos restos mortais de d. Pedro I soassem um tanto *mórbidas* e, por isso, impopulares. Todavia, não houve morbidez naqueles rituais.

Os dicionários definem *morbidez* como algo relativo à doença; que é prejudicial à saúde; que causa doenças; que revela tendência para a anormalidade de sentimentos; doentio. Ora, não era dessa forma que as pessoas que participaram do cortejo do imperador país afora sentiam ou percebiam o evento. Antes, ao mesmo tempo que era algo que remetia à tradição cívica e patriótica nacional, despertava a curiosidade popular. Tratava-se de um *espetáculo de necrofilia*, no sentido da atração que esse tipo de evento exerce sobre expressivos segmentos da sociedade.[166] Desse ponto de vista, a ditadura soube muito bem acionar esse sentimento tão caro a determinado imaginário coletivo nacional, oferecendo algo que, ao mesmo tempo que exigia postura hierárquica e compenetrada – cara aos rituais militarizados, por exemplo –, também despertava a atenção e a curiosidade dos presentes.

Nesse sentido, a cerimônia do traslado, cortejo e inumação dos restos mortais de d. Pedro I foi absolutamente capaz de mobilizar a sociedade, em todo o país. Desse modo, mesmo em termos de propaganda política, como explica Jean-Marie Domenach, pode-se transformar a *liturgia fúnebre* em espetáculo. Profissionais da propaganda política, como Joseph Goebbels, foram mestres nessa *arte*. E o autor afirma ainda: "Nenhum espetáculo impressiona tão profundamente a alma moderna e lhe dá tanto esse sentimento de comunhão religiosa a que aspira" (Domenach, 1963:52). Por tal ponto de vista, o próprio protocolo que cercava a peregrinação dos despojos de d. Pedro I, à semelhança de um grande velório, o fato de em muitas capitais os locais escolhidos terem sido igrejas, colaboraram para dar ao evento um *sentimento religioso* absolutamente mobilizador, capaz de lhe conferir carac-

---

166. Lembremos, no capítulo anterior, o depoimento do camelô que, perguntado sobre os motivos de sua visita ao velório do presidente Médici, respondeu que "gostava de ver defuntos". Esse depoimento é, em certo sentido, bastante expressivo do poder mobilizador das cerimônias fúnebres no Brasil.

terísticas de *experiência coletiva* e sagrada. É interessante observar a análise feita por Edward Shils e Michael Young a respeito dos rituais de coroação da rainha Elizabeth. De acordo com os autores:

> As multidões, que clamaram pela rainha no exterior do Palácio de Buckingham ou que encheram as ruas nos dias que se seguiram ao da Coroação quando ela percorreu Londres, não eram simplesmente formadas por pessoas ociosas e em busca de curiosidade. É verdade que estavam provavelmente à espera de um momento de emoção, mas era a emoção do contato com algo de grandioso, com algo ligado ao sagrado, do mesmo modo que a autoridade encarregada de sustentar e de proteger a comunidade na sua constituição fundamental está sempre enraizada no sagrado [Shils e Young, 1975:232 apud Fagundes, 2010b:8].

No Brasil também foi a expectativa de viver a *emoção do contato com algo grandioso e ligado ao sagrado*, personificado nos restos mortais do *herói da independência*, que levou as pessoas às ruas em 1972. E se pensarmos especificamente na cerimônia que envolvia o longo cortejo pelo Brasil e o depósito dos restos mortais do imperador em São Paulo, para além do sentimento de *comunhão religiosa* do qual nos fala Domenach, havia ali também uma espécie de "comunhão cívica". A festa do sesquicentenário, de maneira geral, e o traslado dos restos mortais de d. Pedro I, em particular, evocavam sempre princípios cívicos que eram muito caros não apenas à ditadura mas também a setores expressivos da sociedade, por exemplo, "o trabalho, o respeito às autoridades, a obediência e a moralidade cristã" (Onghero, 2009:108), além do culto ao passado histórico do país, bem como a instituições como a escola e a família, célula da pátria.

A festa potencializava, colocava nas ruas em grandes proporções valores cívicos como as ideias de "ordem, solidariedade, disciplina e modernidade" (Parada, 2009:19), cuja força e capacidade de mobilização residiam justamente no fato de que eles eram anteriores à sua institucionalização pela ditadura. Eram sentimentos enraizados há tempos no imaginário coletivo de segmentos expressivos da sociedade brasileira que remetiam ao imaginário construído pelo calendário cívico varguista. Sentimentos esses que ganhavam nova roupagem no contexto específico do *milagre*.

A popularidade da cerimônia em torno do imperador e a partir da qual se organizou toda a festa em 1972 reside também no fato de que o retorno que se realizava ao passado possuía os pés profundamente fincados no presente. Assim, se nas vésperas do 7 de setembro, numa clara evocação ao passado, a urna de d. Pedro partiu do Rio de Janeiro para São Paulo, fazendo lembrar, em parte, o famoso trajeto realizado pelo imperador em 1822, até chegar ao Ipiranga, onde finalmente proclamou a independência, a peregrinação dos seus despojos por todas as capitais e territórios do país a partir de abril reproduzia, ao contrário, uma ideia muito cara ao tempo presente, qual seja, a *integração nacional*.

Para além disso, a ideia, muito difundida no período, segundo a qual d. Pedro I fez a independência política e os governos da *revolução* faziam a independência econômica, foi capaz de mobilizar corações e mentes. A peregrinação dos despojos de d. Pedro I levou às ruas inúmeras pessoas movidas pela vontade de rememorar seu passado, de "prestar as últimas homenagens", como se dizia na imprensa da época, ao imperador, 150 anos após o *grito do Ipiranga*, 138 anos depois de sua morte. Mas, também, aquele evento foi capaz de mobilizar os que estavam *fascinados* pelo presente, aqueles que, mais interessados em reverenciar a memória de d. Pedro I, pretendiam homenagear a *obra da revolução* e, sobretudo, do presidente Médici. Não obstante, o sucesso do evento, mesmo tendo em vista a diversidade de reações que ele foi capaz de provocar, residia justamente em sua capacidade de conjugar passado e presente. Foram raras as manifestações de aprovação a d. Pedro I e desaprovação ao presidente Médici, ou vice-versa.

Em geral, passado e presente se misturavam, evocando uma cultura política marcada por forte sentimento cívico e para a qual os ganhos do presente estavam necessária e indissociavelmente ligados às glórias do passado. Caracterizava-se também por um expressivo senso de hierarquia e respeito aos heróis do passado, fazendo com que eventos como o *grito do Ipiranga* e personagens como d. Pedro I ocupassem um lugar muito próximo do *sagrado* no imaginário político de expressivos segmentos da sociedade. É a grande importância da qual este espaço do sagrado é dotado que explica, em parte, o grande sucesso da peregrinação dos restos mortais do imperador por todo o país.

Portanto, é a partir da compreensão da importância de uma determinada *cultura cívica* brasileira reativada e potencializada pela ditadura, bem como a partir das formas como ela conjugava presente, passado e futuro, que podemos compreender o sucesso do traslado dos despojos do imperador no contexto de 1972. O ato de *comemorar* possui em si mesmo tal pluralidade de tempos, implicando uma reconstrução do passado a partir do presente, bem como das expectativas que se vislumbram, naquele momento, para o futuro. É preciso, pois, discutir as funções simbólicas e políticas do ato de *comemorar*, suas ligações com a construção da modernidade e suas temporalidades múltiplas: a *invenção das tradições* (Hobsbawm e Ranger, 1997), que conjuga num mesmo movimento passado, presente e futuro.

A perspectiva do sentido das comemorações e da *invenção* de uma determinada tradição é tomada aqui partindo de uma hipótese para a qual Eric Hobsbawm nos chama a atenção: as tradições inventadas, os "novos feriados, cerimônias, heróis e símbolos oficiais públicos [...] talvez não mobilizassem os cidadãos voluntários se não tivessem uma genuína repercussão popular" (Hobsbawm, 1997:272). É, então, tendo em vista esse duplo movimento que envolve a *criação* de "lugares de memórias"[167] pelo poder público e a internalização social das práticas propostas pela institucionalização destes que devemos compreender o sucesso do traslado e peregrinação dos despojos de d. Pedro I, em 1972.

E, no caso particular das comemorações do sesquicentenário da independência, isso implica compreender também uma série de escolhas: *por que* centrar as festividades na figura de d. Pedro I e, mais que isso, *quem* seria esse d. Pedro que se estava rememorando – o líder de pulso firme, resoluto, que com um gesto realizou a independência do país, pacificamente? E daí, talvez, a importância de, ao mesmo tempo que se comemorava a *liberdade* do Brasil, celebrar também a amizade com Portugal, exaltando d. Pedro como o "imperador de dois povos" (Lagreca, 1972). Assim se construíam as pontes entre a *independência política* realizada em 1822 e a *independência econômica* que a *revolução* realizava desde 1964.

A escolha de d. Pedro I como herói do sesquicentenário foi a escolha do tempo presente. O imperador não era o herói *óbvio* da independência. Não o foi, por exemplo, nas comemorações do centenário, em 1922, quando foi "execrado como um estroina, irresponsável, oportunista" e a jovem República preferiu celebrar

---

167. Sobre "lugares de memória", cf. Nora (1993:7-28).

José Bonifácio, "cientista, brasileiro, favorável ao fim da escravidão, amante da ordem" (Motta, 1992:16). República esta que desde seus primeiros dias, aliás, escolhera Tiradentes como herói máximo da nação, em oposição ao Império e aos imperadores da Casa de Bragança (Carvalho, 1990). D. Pedro I foi, assim, o *herói proposto pela ditadura* e aceito pela sociedade, ou pelo menos por grande parte dela. Entender por que foi *escolhido* e como foi *aceito*, bem como observar os motivos pelos quais ele pôde ser, em 1972, capaz de encarnar a pátria e mobilizar a sociedade significa compreender aspectos fundamentais da formação do consenso ditatorial naquele momento.

Dessa forma, a mensagem que a CEC pretendia divulgar com as comemorações do sesquicentenário da independência era bastante positiva. Antes de tudo, era a mensagem do Brasil do *milagre*: *ninguém mais segurava aquele país*. O futuro se anunciava com a velocidade da modernidade e o Brasil, finalmente, deixava pra trás o arcaico. Foi, portanto, tendo em vista essa ânsia *desenvolvimentista* e o otimismo com relação ao futuro que o herói do sesquicentenário deveria ser escolhido. Era preciso um personagem com o qual a sociedade pudesse se identificar e ver nele o reflexo do *Brasil potência*, o qual muitos acreditavam estar construindo naquele momento. O herói do sesquicentenário deveria transmitir em suas ações e palavras a mesma euforia entusiasmada do período; a mesma força, autoridade e pujança da ditadura. E assim, encontraram d. Pedro I, o grande herói da independência, brasileiro – mas também português, o que permitia que não apenas não se rompesse o laço com o colonizador, mas que ele se fortalecesse. Capaz, enfim, de fazer a ligação entre *sociedade* e *autoridade* – esta representada pela ditadura – e, por fim, entre presente e passado.

Assim, segmentos expressivos da sociedade passaram a olhar os últimos 150 anos de história do Brasil com satisfação, traçando uma linha direta entre d. Pedro I e o general Médici: o primeiro, devidamente militarizado, teria feito a independência política; o segundo, chefe militar atual, fazia – continuando e aprofundando a *obra da revolução de 1964* –, a independência econômica. O *progresso*, finalmente construído em boa *ordem*.

O imperador, representando a fundação da nação, a preservação da sua unidade territorial e *identitária*, a conciliação através da manutenção do laço com o colonizador, enfim, o *príncipe da ordem*, de pulso firme e, ao mesmo tempo, carismático e, sobretudo, apaixonado pelo Brasil. Quanto ao presidente, Médici era visto e festejado como uma espécie de *consolidador* da *obra da revolução*. Mais que isso, sua imagem era, antes, o *reflexo* daquele país em processo de acelerado crescimento econômico, potência esportiva que sonhava também em transformar-se em *potência econômica e política mundial*; que havia varrido quase definitivamente o *fantasma do comunismo*.

Foi sobretudo nesse sentido que se operou, ainda que de forma indireta, a ligação entre os dois grandes homens – d. Pedro I e Emílio Médici – e as duas grandes datas – 1822 e 1972 –, durante as comemorações do sesquicentenário: se o primeiro representava um passado glorioso, envolvido pelos ares da nobreza, o segundo representava um presente pujante e um futuro promissor.

Assim, acredito que o sucesso das comemorações do sesquicentenário da independência – e arriscaria ainda dizer, o sucesso de d. Pedro I como o grande personagem histórico a ser rememorado em 1972 – somente pode ser compreendido se levarmos em consideração também a enorme popularidade, naquele momento, do regime e de seu representante. A conjuntura do *milagre* – entendido aqui para além dos ganhos materiais,[168] gerando uma sensação de otimismo com relação ao presente e fé no futuro do país – somada à certeza de que os órgãos do governo estavam trabalhando seriamente na repressão aos *inimigos do regime*, transformava a administração Médici numa espécie de *ápice* do *processo revolucionário*.

O presidente foi festejado como o líder que, uma vez possuindo os mecanismos herdados de seus antecessores – entre eles talvez o mais importante tenha sido o Ato Institucional n° 5 –, foi capaz de conciliar, *adequadamente*, crescimento econômico e combate à *subversão*, de forma a trazer *ordem* ao país. Esses são dois fatores fundamentais para compreendermos, de imediato, a popularidade de Médici. E aqui, é preciso abrir um parêntese fundamental no que se refere à ideia, cristalizada pelas batalhas de memória, que associa a repressão aos *porões* da ditadura. Ou seja, enquanto a nossa *pátria mãe dormia distraída*, envolvida pelas promessas do *milagre*, visto nessa interpretação como uma espécie de *pão e circo* dos tempos modernos, os *inimigos do regime* eram massacrados nos *porões*. Nunca

---

168. Sobre esta questão, cf. Cordeiro (2009b:85-104).

é demais lembrar o quanto tal expressão é inadequada e o quanto ela varre para debaixo do tapete questões fundamentais a respeito do nosso passado ditatorial. Acredito que a repressão e a certeza da qual compartilhavam expressivos segmentos da sociedade sobre o fato de que o governo estava tratando seriamente de pôr fim à *subversão* e aos grupos comprometidos com a realização de uma revolução socialista no país foram fatores tão importantes para a popularidade do presidente Médici e para a aceitação do regime quanto a crença nas expectativas geradas pelo *milagre*.

Não obstante, é importante compreender que, para além desses dois aspectos fundamentais, quais sejam, as esperanças engendradas pelo *milagre* e o *combate à subversão*, o sucesso do regime, representado então pelo presidente Médici, tem suas raízes em questões mais profundas do imaginário político nacional. A ditadura soube, em muitos momentos, mas sobretudo na primeira metade dos anos 1970 – e nesse sentido as comemorações do sesquicentenário são o melhor exemplo –, dialogar com sentimentos caros a determinada cultura política brasileira. Por exemplo, algo que favoreceu o êxito dos festejos – e foi a ditadura que os promoveu – era que eles expressavam a pátria, a prosperidade, o nacionalismo e o reencontro com a *conciliação*, referências caras a vastos segmentos da sociedade brasileira. Foi por encarnar tais referências, através das comemorações, que a ditadura foi capaz de, naquele momento, angariar tantos apoios e mobilizar sentimentos.

Assim, entre essas duas figuras, d. Pedro I e Médici, construiu-se uma opinião favorável à ditadura em 1972. Esse *movimento de opinião* tão expressivo naquele ano é, contudo, manifestação de algo maior, qual seja, o consenso social em torno da ditadura. Tal consenso, como veremos, não é algo simples e nem estabelecido definitivamente. Em particular, a natureza do consenso social sob os anos Médici é algo extremamente complexo, transcendendo os limites impostos pela memória coletiva que, em geral, situa esse período tendo em vista motes como resistência e repressão.

Compreende, portanto, elementos que viabilizaram e sustentaram o golpe civil-militar em 1964, como o forte sentimento anticomunista e a manutenção do discurso em defesa da democracia, mas vai além disso. O pacto social firmado entre 1969 e 1974 institucionalizou e organizou – sobretudo através das festas, da propaganda e da escola, mas não apenas – uma cultura cívica própria que já se encontrava difusa em vastos segmentos da sociedade a partir de 1964, mas que tem, na verdade, muitos pontos em comum com antigas tradições nacionais. Essa cultura cívica está, ela própria, no âmago das questões relativas à conformação do consenso social no período.

Trata-se de um *civismo* largamente baseado numa leitura da história pátria que valorizava os *grandes homens*, que pretendia disciplinar a vida em sociedade, educar o povo, prepará-lo para a civilização. Disso foram representantes em 1972, simultaneamente, d. Pedro I e o general Médici.

Mas a escolha de d. Pedro I como o grande herói da festa não foi simples. De acordo com Carlos Fico, o general Octávio Costa não concordava que as comemorações do sesquicentenário fossem centradas na figura do imperador. Como já vimos, atribuía às cerimônias fúnebres de traslado e peregrinação dos despojos do imperador um tom lúgubre e mórbido, e isso o incomodava. Pretendia, pois, que a festa se realizasse em torno do outro herói nacional, Tiradentes. Sua ideia, no entanto, foi rejeitada pelo próprio presidente Médici, que preferia o imperador ao alferes (Fico, 1997:64).

D. Pedro era, de fato, uma figura complexa, ambivalente. Se podia expressar a força e autoridade tão caras à ditadura, era, ao mesmo tempo, bastante *informal, mundano*, difícil de ser apropriado por um regime que prezava a ordem, a moralidade e os *bons costumes*. Por esse aspecto, a CEC recuperou a imagem de d. Pedro de forma bastante oficial: a partir de uma concepção de história que privilegiava os grandes heróis nacionais, foram retomadas as qualidades de um monarca forte, inteligente, audacioso, impetuoso, mas também sensível às necessidades do povo. Certamente, sua personalidade era extremamente polêmica. O herói escolhido pela comissão do sesquicentenário havia sido também e reconhecidamente

> malcriado e irresponsável, briguento e fanfarrão [...] Péssimo e cruel marido para a primeira Imperatriz [...]; imoral e corrompido, ostentando a amante sabidamente corrupta diante de todo o Brasil e do mundo, para humilhação de sua esposa e escândalo da sociedade brasileira [Lustosa, 2006:18, 20-21].

Ainda assim, a recuperação de d. Pedro I realizada pela CEC em 1972 soube reafirmar determinadas características do imperador e escoimar outras: afirmava sua autoridade e silenciava sobre suas tendências corruptas — afinal, o golpe tinha sido dado em 1964 também contra a corrupção; orgulhava-se da personalidade intempestiva e do arrebatamento com o qual agia, sem nada dizer sobre seu gênio muitas vezes violento ou seus casos extraconjugais. Ao mesmo tempo, como não poderia deixar de ser, a CEC procedeu a uma recuperação militarizada de d. Pedro I, favorecendo sua identificação com as Forças Armadas que então governavam o país.

O d. Pedro oficial era aparentemente uma figura circunspecta, sisuda — mais uma semelhança com os generais presidentes de então? —, na medida mesma em que suas características mais populares — a *irreverência*, a *sensualidade* (Lustosa, 2006:21) — não foram lembradas na reconstrução promovida pelo Estado. A exclusão dessas qualidades tornava o imperador apenas *aparentemente* sisudo e distante do povo.

Uma leitura mais atenta permite compreender que no contexto ditatorial e, ao mesmo tempo, de *modernização e crescimento acelerados*, tais adjetivos — a força, a autoridade, a audácia, o ímpeto — eram bastante admirados por vastos segmentos da sociedade que viam em tais qualidades os preceitos básicos para *participar daquela festa* e colher os melhores frutos do processo de modernização pelo qual o país passava. Não era difícil para as pessoas perceberem que o *homem do Brasil do milagre* deveria ter as qualidades de d. Pedro, as quais eram constantemente atribuídas, no presente, ao presidente Médici. *Semelhanças* que foram construídas, mas que somente puderam ser compartilhadas e associadas a tais personagens porque conformam importantes aspectos de determinado imaginário coletivo nacional, do qual a ditadura era reflexo e que, ao mesmo tempo, soube bem potencializar. Daí o sucesso da abordagem oficial do imperador. Aliás, é preciso destacar, mesmo o caráter despótico de d. Pedro não era estranho à cultura política de grandes parcelas daquela sociedade, que então viviam sem maiores conflitos sob o governo do terceiro ditador presidente.

O imperador era, em 1972, a imagem do herói *da nação*. A figura de um *príncipe* combinava muitíssimo bem com um país em festa, que vivia euforicamente um *milagre*, que assistia entusiasmado a construção de grandes obras, as quais integravam uma nação de dimensões continentais, que acompanhava satisfeita a chegada do progresso tecnológico, que era campeão nos esportes. Era através deste espelho, o de um príncipe, que aquela sociedade, *país do milagre*, pretendia olhar para o passado, vendo ali a promessa de um grandioso futuro.

Não obstante, se d. Pedro I foi *o herói do sesquicentenário*, a nação – e a tradição da República brasileira – fizeram de Tiradentes seu *herói máximo*. Este, portanto, não poderia ser esquecido em 1972. E não o foi. Para o 21 de abril, a CEC reservou a abertura oficial dos festejos; para Tiradentes, a CEC criou o Encontro Cívico Nacional, evento *inédito no mundo*.[169]

---

169. Fundo Comissão Executiva da Comemoração do Sesquicentenário da Independência. Arquivo Nacional/SDE – Documentos Públicos, código 1J. Pasta 51A. Recorte de jornal: "Todo o Brasil cantará o hino na mesma hora". Jornal não identificado, 3 mar. 1972. O Encontro Cívico Nacional será estudado mais detalhadamente no capítulo 3.

CAPÍTULO 3

Uma festa para Tiradentes: o Encontro Cívico Nacional e a abertura dos festejos

> Sempre Brasil, só Brasil/canto sem medo de errar/e bem disse o presidente/é dever de toda gente participar.[170]

Entre o imperador e o alferes

Em uma de suas primeiras reuniões, a CEC estabeleceu que as comemorações do sesquicentenário da independência deveriam ser "condensadas e limitadas a uma faixa do ano, para que não se incorresse na falha de torná-las fastidiosas e vulgares". Assim, para os intelectuais, políticos e militares envolvidos na organização do evento, tributários de uma tradição histórica que valorizava, sobretudo, os *grandes homens* e os *grandes acontecimentos*, pareceu lógico que essa *faixa do ano* ficasse limitada entre o 21 de abril – dia de Tiradentes –, e o 7 de setembro – dia da proclamação da independência: "Designou-se o período – entre *duas datas de nossa história que se completam* – 21 de abril e 7 de setembro", dizia o relatório produzido pela CEC (Corrêa, 1972:15, grifos meus).

É certo, nem todos viram com a mesma naturalidade a associação entre as duas datas. Brasil Gérson, por exemplo, estudioso da história da independência, escreveu longa carta a *O Globo* em 15 de maio, na qual reclamava:

> A mim me parece má ideia essa de se juntarem, uma coisa como a continuação natural de outra, a Inconfidência Mineira e a Independência, como se vê num cartaz de Tiradentes que anda por aí com os dizeres "Tudo começou com ele".

---

170. "Sempre Brasil!" (Ubirany-Neoci). Gravação do bloco Cacique de Ramos. LP Cacique 72. Polydor, Rio de Janeiro, 1971 apud Alonso (2011b:137).

E continuava:

> e se ela [a Inconfidência Mineira] teve continuidades ou continuadores, nós devemos ir buscá-los, isto sim, na Independência Baiana, ou Revolução dos Alfaiates, de 1798, de conteúdo mais popular, com quatro enforcados na Praça da Piedade, todos porém de origem humilde e talvez por isto, depois tão esquecidos [...].[171]

Em artigo para o *Jornal do Brasil*, Barbosa Lima Sobrinho argumentava que, na verdade, as duas datas que se pretendiam ver lado a lado como marco inicial e final dos festejos do sesquicentenário eram o 22 de abril, dia do *Descobrimento* – e, como vimos no capítulo 2, dia que marcou a chegada dos restos mortais de d. Pedro I ao Brasil – e o 7 de setembro, o Dia da Pátria – e fim do longo périplo país afora do imperador. As duas datas serviriam – e muito bem – às celebrações de amizade entre as antigas metrópole e colônia. Nesse sentido, o dia de Tiradentes seria uma espécie de *descontínuo*, um *acidente* de calendários, do qual não se pôde fugir por uma coincidência de datas:

> O que parece ter havido é um desencontro de comemorações. Houve o propósito de reunir, na mesma homenagem, o Descobrimento, que foi sem dúvida português ou pelo menos mérito de Portugal, e a Independência, que se procurou também atribuir a Portugal através da figura de Pedro I. Mas não se reparou que a data do Descobrimento, 22 de abril, era o dia seguinte de 21 de abril, que registra o esquartejamento de Tiradentes, ordenado pelas autoridades portuguesas.[172]

No entanto, em 1972, o que prevaleceu mesmo foi a associação entre as figuras de Tiradentes e d. Pedro I, como se ambos tivessem lutado a mesma luta; como se a batalha do primeiro não tivesse se travado contra a dinastia a qual viria a pertencer o segundo. Ao contrário, pouco se falava disso. Na verdade, tudo isso parecia, de certa forma, irrelevante. O relevante era que ambos, ao fim e ao cabo,

---

171. Fundo Comissão Executiva da Comemoração do Sesquicentenário da Independência. Arquivo Nacional/SDE – Documentos Públicos, código 1J. Pasta 75A. Recorte de jornal: Carta dos Leitores. *O Globo*, 15 maio 1972.
172. Ibid. Recorte de jornal: "D. Pedro I a Tiradentes". *Jornal do Brasil*, 30 abr. 1972.

haviam lutado pela independência. No ano do sesquicentenário, a vontade geral era de realçar os aspectos comuns entre as duas figuras históricas e fazer disso a base das comemorações, silenciando a respeito dos contrastes. Tiradentes era, portanto, de acordo com a *história oficial* que se rememorava, um precursor. Sua luta inspiraria os que viriam depois dele, até que chegaria d. Pedro, o português, capaz de fazer a independência à brasileira, sem grandes rupturas, preservando os laços com a antiga metrópole. Laços esses que foram festivamente celebrados por ambas as ditaduras em 1972.

Dessa forma, era mais comum encontrar na imprensa da época outro tipo de argumentação, mais de acordo com a *progressão linear* da história pretendida pela CEC:

> Na figuração de Tiradentes, herói brasileiro, que sofreu o martírio da forca e do esquartejamento, todo um simbolismo de um tempo em que começávamos a assistir, em tantos corações, o desejo de vivermos como Nação Independente. Éramos simples colônia portuguesa, mas, em muitos já lampejava a intenção de se ver, nos quadrantes brasileiros, a ideia de uma Pátria livre. No gênio de Andrade e Silva, porém, é que se centralizaria a imensa e delicada tarefa política de estruturar condições para que ouvíssemos na voz de d. Pedro I, o imortal brado do Ipiranga.[173]

Primeiramente, não deixa de ser interessante observar a *secundarização* de d. Pedro I neste texto. O futuro imperador aqui aparece como o instrumento utilizado pelo *gênio político* de José Bonifácio para alcançar o objetivo maior: a *independência do Brasil*. Nesse sentido, se assemelha muito ao tom das comemorações de 1922, quando este último foi escolhido como o *grande herói* da independência em detrimento de d. Pedro I (Motta, 1992:16).

Todavia, por hora importa destacar o papel atribuído ao Tiradentes em detrimento do imperador. Assim, Tiradentes era o *protomártir*, o *primeiro herói*. E d. Pedro I foi o *bravo herói*, aquele que, sem martírio, porém com audácia, conseguiu dar a independência ao Brasil. A associação conciliadora entre o alferes

---

173. Fundo Comissão Executiva da Comemoração do Sesquicentenário da Independência. Arquivo Nacional/SDE – Documentos Públicos, código 1J. Pasta 75. Recorte de jornal: "Tiradentes, o protomártir". *Gazeta do Povo*, 21 abr. 1972.

e o imperador – bem como a disputa entre um e outro – é reivindicação antiga e data ainda do fim do século XIX, quando os republicanos começaram a reivindicar a figura de Tiradentes como *seu* herói. José Murilo de Carvalho lembra que imediatamente após a proclamação da República, o visconde de Taunay escrevia reclamando do monopólio que os republicanos pretendiam sobre o *herói*: "Ao libertar o país, o Império", alegava, "realizou o sonho de Tiradentes. Por essa razão, 'também ele nos pertence'" (Carvalho, 1990:70-71).

A ditadura recuperava e reatualizava, a partir de suas próprias tradições, uma antiga disputa – e uma antiga busca de harmonização – entre Tiradentes e d. Pedro I. Em 1972, não foi raro associar a Inconfidência Mineira – e o esquartejamento de Tiradentes – ao grito do Ipiranga a partir da evocação da tradição conciliatória nacional:

> Assim, não podemos nos espantar com a conjunção de Pedro I com as festas anuais do nosso mártir da Independência. É uma reconciliação que forçamos, passados os séculos, para reconhecer, afinal, na figura do português real, seu gesto de sabedoria.[174]

Mais uma vez, lembrava-se a importância de celebrar os laços com Portugal. E qual a melhor forma de fazê-lo, senão a partir do reconhecimento do gesto de *sabedoria* do *nosso* príncipe português, rememorado ao lado do mártir *brasileiro*, Tiradentes? E seguia, ainda, o autor do artigo:

> O 7 de setembro foi esse Dia [o da conquista da *soberania nacional*] da nossa História. E o 21 de abril? Não para justificar, mas para observar com segurança, temos a impressão de que a grande sessão política de nossa Independência começou naquele instante em que foi sacrificado o Alferes.[175]

Foi essa lógica histórica, que exaltava a continuidade e a conciliação, colocando em segundo plano os conflitos, que se estabeleceu em 1972. Assim, conquanto

---

174. Fundo Comissão Executiva da Comemoração do Sesquicentenário da Independência. Arquivo Nacional/SDE – Documentos Públicos, código 1J. Pasta 65. Recorte de jornal: "O Alferes e o Imperador". *Jornal do Commercio*, 26 abr. 1972.
175. Ibid.

o *herói do sesquicentenário* fosse d. Pedro I, em torno do qual concentraram-se as comemorações, Tiradentes não poderia ser esquecido; afinal, era ele o *protomártir*. O grande herói da República brasileira. Não obstante, a figura de Tiradentes que podia ser polêmica, *subversiva*, foi relegada a segundo plano em relação à de d. Pedro I. Mesmo porque, num momento em que o governo brasileiro investia no fortalecimento dos laços com Portugal (Fico, 1997:64), como festejar o *inconfidente* – o *traidor*[176] – da coroa portuguesa?

Naquele momento, o principal herói nacional era mesmo o imperador, d. Pedro I – herdeiro do trono português –, capaz de fazer a ligação entre ex-metrópole e ex-colônia; entre presente e passado; entre independência política e independência econômica. Em suma, um imperador militarizado, o *chefe militar*, autoritário, enérgico, muito semelhante àqueles que, então, governavam a *pátria*. Naquele momento, o importante era consagrar como herói a figura que transpirava autoridade, poder de *mando* e *comando*. A escolha do imperador fazia, assim, o *elogio da autoridade* que no passado, da mesma forma como acontecia no presente, não havia sido eleita, mas era *aceita*.

Assim, Tiradentes foi, em 1972, o *herói coadjuvante*, secundarizado diante da figura de d. Pedro I, que despertava tantas aproximações com os líderes do presente; lembrado e festejado, mas não com a mesma pompa que d. Pedro I. Na verdade, embora Tiradentes fosse um *herói consensual* e seu martírio reivindicado à direita e à esquerda, sua história remetia à *revolta*, à *rebelião* e à tentativa violenta de ruptura da ordem. Não era com esses princípios que a ditadura gostaria de associar as festas de 1972. Nesse sentido, d. Pedro I foi o *herói* mais apropriado ao sesquicentenário: sua imagem remetia à ordem, a uma liderança de pulso firme e, ao mesmo tempo, conciliadora, capaz, simultaneamente, do *grande gesto* e de controlar eventuais revoluções sociais.

Não obstante, para além do fato de Tiradentes ser o incontestável *herói da nação* (Carvalho, 1990:71), há também um importante elemento que compõe o

---

176. Interessante chamar a atenção para o fato de que, apesar das discussões da historiografia a respeito da inadequação do termo "inconfidência" para se referir aos movimentos independentistas do século XVIII (em particular, referimo-nos aqui ao caso de Minas Gerais), a palavra – empregada, na época, pelo colonizador português – continua sendo usada tanto pelo poder oficial quanto pela sociedade. Curioso país este que celebra seus heróis chamando-os de *traidores*...

consenso em torno de sua figura: seu *martírio*, seu sacrifício pela pátria. *Mártir*: "aquele que preferiu morrer a renunciar à fé, à sua crença; aquele que sofre muito", dizem os dicionários. Sem dúvida, os valores que definem um mártir são admirados e capazes de mobilizar segmentos importantes da sociedade, tanto à direita quanto à esquerda.

Nos anos 1960, por exemplo, as esquerdas revolucionárias e as vanguardas artísticas tenderam a valorizar o espírito de sacrifício de Tiradentes a partir de uma leitura revolucionária de suas ideias, sua prisão, seu comportamento na cadeia e sua morte, em suma, de seu *martírio*. Não é à toa que nesse período surgiu uma organização de esquerda armada revolucionária que levava seu nome, o Movimento Revolucionário Tiradentes (MRT).[177] Peças teatrais como *Arena conta Tiradentes*, de Augusto Boal e Gianfrancesco Guarnieri (1967), além do próprio filme de Joaquim Pedro de Andrade, *Os inconfidentes* (1972), que será analisado no capítulo 7, não escapam, de certo modo, a essa recuperação que as esquerdas fizeram do Tiradentes revolucionário.

Contudo, se as esquerdas tinham sua leitura *político-revolucionária* do mito de Tiradentes, as direitas brasileiras também realizavam sua apropriação do *herói*. Anterior à ditadura, a imagem de um Tiradentes militarizado já era forte e relativamente antiga no imaginário coletivo nacional. Assim, data de 1940 sua primeira representação como alferes da 6ª Companhia do Regimento dos Dragões. "O herói cívico é aí um militar de carreira" (Carvalho, 1990:71). Posteriormente, em 1946, já no período democrático, o presidente Eurico Gaspar Dutra sancionou lei que fazia de Tiradentes *patrono das polícias civis e militares*. O texto do decreto transformava o *herói* em *soldado da lei e da ordem*, e sua luta pela independência deveria inspirar aqueles que "hoje exercem funções de defesa da segurança pública" (Schactae, 2009:155). A militarização do herói era, portanto, mais um elemento que, a partir de 1964, reforçava sua apropriação pela ditadura.

No entanto, os próprios militares preferiram, em 1972 e mesmo antes, a imagem do *mártir* à do *alferes*. Realizavam, assim, sua própria interpretação

---

177. O MRT formou-se em 1969, a partir de uma cisão da Ala Vermelha do Partido Comunista do Brasil (PCdoB – AV), em São Paulo, por militantes que se recusavam a admitir uma visão autocrítica das ações armadas que começara a se firmar na Ala Vermelha desde então. O MRT desapareceu como organização em 1970. Cf. Reis e Sá (1985:359-360).

do *martírio* e *sacrifício* de Tiradentes. Foi assim que, ainda em 1965, o então presidente marechal Castello Branco o escolheu como "patrono da nação brasileira". A Lei nº 4.897, de 9 de dezembro de 1965, determinava, por exemplo, em seu art. 2º, que "as Forças Armadas, os estabelecimentos de ensino, as repartições públicas e de economia mista, as sociedades anônimas de que o Poder Público for acionista e as empresas concessionárias de serviço público" deveriam homenagear o patrono da nação com a inauguração de seu retrato no 21 de abril de 1966 e, a partir de então, as homenagens deveriam ser anualmente programadas. A imagem sugerida era um "conhecido" quadro de Tiradentes a caminho da forca: "a escolha oficial confirma mais uma vez a predileção pela figura do mártir" (Milliet, 2001:104 apud Oliveira, 2003:37). Curioso notar que o art. 3º da lei parecia propor uma espécie de *absolvição* de Tiradentes, na medida em que ressaltava que:

> [...] a sentença condenatória de Joaquim José da Silva Xavier não é labéu que lhe infame a memória, pois é reconhecida e proclamada oficialmente pelos seus concidadãos, como o mais alto título de glorificação do nosso *maior compatriota de todos os tempos* [Brasil, 1965, art. 3º, grifos meus].

Em suma, seja a partir da recuperação *revolucionária* das esquerdas, seja a partir da reintegração do *Tiradentes cívico* pelas direitas, o fato é que seu *martírio* é um elemento fundamental, parte de ambas as culturas políticas naquele momento. A recuperação do mito de Tiradentes dialogava, portanto, com uma longa tradição nacional, ressignificada – à direita e à esquerda – de acordo com as disputas políticas características das décadas de 1960 e 1970.

Mas, para além da ditadura, a figura de Tiradentes e de seu sacrifício sempre possuíram apelo mobilizador. Não é por acaso que uma das imagens mais marcantes do alferes é a da tela de Pedro Américo, "Tiradentes esquartejado" (1893). Ali, a imagem de seu martírio, do esquartejamento, da morte. Ao mesmo tempo, referências nesta obra à "Pietá" de Michelangelo, e à "Deposição de Cristo", de Caravaggio, além do crucifixo, "favorecem uma leitura cristã do martírio de Tiradentes" (Christo, 2009:23).

A aproximação com Cristo indica a importância do *martírio* para a compreensão do *culto* a Tiradentes e do sacrifício pela pátria como valor fundamental para a nação:

> Tudo isso calava profundamente no sentimento popular, marcado pela religiosidade cristã. Na figura de Tiradentes todos podiam identificar-se, ele operava a unidade mística dos cidadãos, o sentimento de participação, de união em torno de um ideal, fosse ele a liberdade, a independência ou a república. Era o totem cívico. Não antagonizava ninguém, não dividia as pessoas e as classes sociais, não dividia o país, não separava o presente do passado nem do futuro. Pelo contrário, ligava a república à independência e a projetava para o ideal de crescente liberdade futura. A liberdade ainda que tardia [Carvalho, 1990:68].

Daí o papel de destaque ocupado por Tiradentes no panteão dos heróis nacionais desde a proclamação da República. Daí a ditadura reconhecê-lo, por lei, como nosso *maior compatriota de todos os tempos*, daí o fato de ele não poder ser "esquecido" em 1972: Tiradentes é, sobretudo, o herói da *unidade nacional*, o *totem cívico*. Sua *tragédia* é o evento que está nas origens da fundação do Brasil independente, que nasceria mais tarde, em 1822, *oficialmente*, com a proclamação da independência, realizada *epicamente* por d. Pedro.

O êxito das comemorações de 1972 reside justamente no fato de que, ao escolher d. Pedro I como o herói maior do sesquicentenário, a ditadura não abandonou Tiradentes, o *herói nacional*, o *herói popular*. Ao contrário, soube dialogar e reivindicar os principais elementos que conformam o culto à sua figura: o martírio, o *sacrifício pela pátria* – tão caro também ao imaginário político das Forças Armadas –, a *unidade mística entre os cidadãos* que a associação de sua figura com a de Cristo proporcionava. Por fim, ao reafirmar as continuidades entre o *sacrifício de Tiradentes* e o grande feito de Pedro I, recuperava-se aquela comemoração como a da *conquista da independência* – alcançada, finalmente, em 1822 –, reafirmando-a como um valor universal, o qual a ditadura rememorava em grande estilo.

Note-se, portanto – e isso talvez ajude a explicar o protagonismo de d. Pedro I sobre Tiradentes em 1972 –, que o que a ditadura comemorava no ano do sesquicentenário era a *independência* e não a *liberdade*. A primeira, o grande valor associado ao imperador; a segunda, indissociavelmente ligada, para o imaginário republicano nacional, ao alferes. Assim, o valor festejado em 1972 era muito mais a *independência* que a *liberdade*. Nesse sentido, retoma-se o grande *slogan* do milagre e do sesquicentenário a respeito da continuidade entre a *independência política* realizada em 1822 e a *independência econômica* conquistada em 1972. A liberdade que se festejava no ano do sesquicentenário possui, dessa maneira, um sentido muito específico e diretamente relacionado ao contexto do *milagre*. É o sentido da *liberdade da pátria* no concerto do mundo, sinônimo, pois, da independência que o Brasil alcançava, enfim, de forma definitiva.

Assim, semelhantemente ao que ocorreu com d. Pedro I, as festas de 1972 buscaram também, embora com menor frequência, associar o sacrifício de Tiradentes aos *frenéticos* anos de crescimento econômico do *milagre*. Bastante representativo disso é o artigo intitulado "Tiradentes atual", publicado em 21 de abril pela a *Folha de S.Paulo*, no qual se afirmava:

> As polêmicas em torno de sua figura e de sua atuação não empanam o brilho da imagem que nos legou através dos tempos: a do homem que erigiu a independência de sua terra como meta suprema de sua vida, e não hesitou em sacrificar esta em nome daquele ideal. Tiradentes morreu para que florescessem as aspirações tornadas realidades em 1822. É sob a inspiração do exemplo do mártir de 1789 que o Brasil de nossos dias prossegue em seus esforços de afirmação. Todo o nosso empenho na aceleração do desenvolvimento nacional repousa na convicção de que ele é de vital importância para que nos emancipemos definitivamente de dependências externas, e para que possamos ditar nossos próprios destinos. Não era outra coisa que Tiradentes desejava.[178]

Foi, portanto, a partir do ideal de *liberdade da pátria* – associado sobretudo à emancipação política e à *soberania nacional* – pelo qual lutou Tiradentes, que se fez não apenas a ligação entre o alferes e o imperador, *herói maior* do

---

178. Fundo Comissão Executiva da Comemoração do Sesquicentenário da Independência. Arquivo Nacional/SDE – Documentos Públicos, código 1J. Pasta 75A. Recorte de jornal: "Tiradentes atual". *Folha de S.Paulo*, 21 abr. 1972.

sesquicentenário, mas também entre 1789, 1822 e 1972; entre os desejos de independência dos *inconfidentes* e os feitos do *milagre*, aos quais se atribuía a realização da *independência econômica* do Brasil. Por isso, Médici declarava em sua mensagem de fim de ano em 1971 que via "chegar, afinal, depois desses 150 anos de vida independente, a emancipação econômica dos sonhos dos Inconfidentes".[179]

Era, portanto, mais uma vez a partir da conexão entre *independência política* – agora adaptada ao martírio de Tiradentes – e *independência econômica* que se processava a ligação entre passado e presente. O próprio discurso comemorativo em torno do *milagre brasileiro* centrava-se nesta associação entre *liberdade da pátria*/independência e *desenvolvimento econômico* ou entre soberania política e soberania econômica. Ou seja, a ditadura realizava sua própria leitura – uma leitura *cívico-autoritária*, pode-se dizer – de uma questão fundamental do pensamento econômico e sociológico da época, especialmente para os países do então chamado *Terceiro Mundo*: como superar a *dependência* e o *subdesenvolvimento*? Segundo as constantes associações entre o *milagre brasileiro* e os heróis do passado que lutaram pela *independência política*, a conquista da *soberania econômica* somente se realizava 150 anos depois da primeira. Apenas a *revolução de 1964* foi capaz de construí-la – austeramente e retomando a autoridade, da mesma forma como d. Pedro I fez a *independência política* –, à medida que conseguiu (ou conseguia) vencer a *ameaça comunista*.

Assim, a partir da associação entre *independência política* e *independência econômica* é que as comemorações do sesquicentenário construíam sua interpretação da história brasileira, inserindo a ditadura como parte fundamental da construção da soberania e, portanto, da história nacional. Delfim Netto, por exemplo, afirmava em 1972: "Poucos países têm, como o Brasil, a possibilidade de construir o desenvolvimento com liberdade. Na altivez, paciência, dignidade e constância, constrói-se um País desenvolvido, soberano e livre" (Delfim Netto, 1972:11).

Era esse o tom do discurso rememorativo oficial no ano do sesquicentenário. O retorno a Tiradentes e a d. Pedro I encontrava sua razão de ser na ideia muito comum nos anos do *milagre*, segundo a qual governo e sociedade estavam

---

179. "Chegou o Sesquicentenário". *Veja*, São Paulo, p. 19, 5 jan. 1972.

construindo um novo país, um *País* – com "P" maiúsculo – *desenvolvido*, como afirmou Delfim Netto.

Ainda assim, diferentemente de d. Pedro I, que combinava tão bem com aquela *nação em festa* que era o Brasil do sesquicentenário, o mesmo não se passava com Tiradentes. Era preciso reconhecer, admirar e aplaudir o *sacrifício* de sua vida pela pátria. Mas em 1972 o Brasil não combinava, ao menos aos olhos dos segmentos sociais que estavam comemorando, com martírio, com sofrimento e estoicismo, com morte, com esquartejamento. Em resumo, aquele país em plena ascensão econômica não ia bem com um herói sacrificado, derrotado e, além disso, *plebeu*. Antes, para muitos, um d. Pedro *triunfante*, um *nobre, e com autoridade*, correspondia melhor às expectativas de um país que festejava cotidianamente seu *milagre*.

Em 1965, quando o marechal Castello Branco editou o decreto que nomeava Tiradentes como "patrono cívico" do país, havia a necessidade de reunir a sociedade em torno do objetivo de consolidar a *revolução*.[180] Naquele momento, cabia muito bem a interpretação *cívica* e *patriótica* do sacrifício de Tiradentes, na medida em que se pretendia da população um certo *espírito de sacrifício* pelo bem do país. Já em 1972, definitivamente, em sentido algum, para amplos segmentos sociais, o Brasil rimava com *sacrifício* e *derrota*. Rimava sim com vitória, com sucesso, com a *pacífica* e *coesora conquista da independência* em 1822 e não com a malfadada tentativa de *revolução* em 1789. Em 1972, o Brasil teria a cara do príncipe Pedro e não do esquartejado Tiradentes.

No entanto, não era possível esquecer Tiradentes. Assim, argumentava artigo do jornal *O Estado de Minas*, em julho de 1972:

> Muito certo girarem as comemorações do Sesquicentenário da Independência em torno de d. Pedro I, pois foi ele quem nos deu a Independência. Merecerá sempre homenagens por isso.
>
> Mas em se relembrando a Independência tem-se também de recordar especialmente Tiradentes, porque foi ele o mártir dela. [...] A alegria justificável das homenagens a

---

180. Pode-se dizer que, durante o primeiro governo da ditadura, muitas medidas foram tomadas nesse sentido, até a mais drástica delas: o Ato Institucional nº 2. Tratava-se de discurso comum entre os signatários do regime a necessidade de união em torno do presidente Castello Branco no sentido de consolidar a revolução. Cf. Cordeiro (2009a, cap. 1).

d. Pedro, de volta de S. Paulo, depois do gesto que o imortalizaria e que os brasileiros nunca esquecerão, foi decorrência da tristeza e agonia pelo sangue de Tiradentes e de inúmeros heróis que morreram exatamente porque desejavam aquela libertação.

Assim, embora em 1972 a CEC e, pode-se dizer também, os vastos segmentos sociais que comemoravam o sesquicentenário tenham preferido a *alegria* e a *vitória* de d. Pedro à *derrota* e ao *sangue derramado* de Tiradentes, era preciso festejá-lo, justamente porque era ele o *mártir*. E assim foi feito em 21 de abril: comemorou-se o martírio do alferes com a mesma alegria com a qual se reverenciaria d. Pedro I no dia seguinte. Afinal, tratava-se de uma nação em festa. E se o príncipe representava muito bem a *festa*, Tiradentes encarnava, talvez mais que qualquer outro, a *pátria*. Ambos estavam, portanto, lado a lado no panteão cívico nacional. Sem conflitos.

Preparando a festa e os *espíritos*: a ditadura convoca a nação

E, então, o 21 de abril foi escolhido como a data oficial da abertura dos festejos do sesquicentenário da independência. O dia em que se rememora o enforcamento de Tiradentes, o *sacrifício* máximo do herói pela nação que ainda nasceria – ou, que nasceria a partir do seu ato *exemplar* – foi solenemente comemorado e inserido, em lugar de destaque, no calendário cívico de 1972.

O ano festivo teve início com um grande *encontro*, o Encontro Cívico Nacional. O evento, que o presidente da CEC, general Antônio Jorge Corrêa, anunciava como um acontecimento *inédito no mundo*,[181] deveria acontecer às 18h30min do dia 21. Na hora marcada, simultaneamente, "em todo o país, será ouvido o discurso do presidente Garrastazu Médici, seguindo-se os atos de hasteamento da bandeira, ao som do hino nacional, cantado pelo povo reunido numa grande concentração, em lugar público, a céu aberto".[182]

---

181. Fundo Comissão Executiva da Comemoração do Sesquicentenário da Independência. Arquivo Nacional/SDE – Documentos Públicos, código 1J. Pasta 51A. Recorte de jornal: "Todo o Brasil cantará o hino na mesma hora". *Notícias Populares*, 3 mar. 1972.
182. Ibid. Recorte de jornal: "Festejos do Sesquicentenário terão brilho invulgar". *Jornal do Commercio*, 17 abr. 1972.

Embora oficialmente a festa do sesquicentenário apenas começasse no dia 21 de abril, cedo a CEC deu início à intensa campanha publicitária convocando a sociedade a participar. A ideia era a de que, a partir de março e até setembro, fossem executadas nove campanhas publicitárias convocando a sociedade a participar dos principais eventos, como o Encontro Cívico Nacional, o traslado dos despojos de d. Pedro I e a Minicopa de futebol, além da "campanha geral" do sesquicentenário.[183]

As campanhas, segundo o presidente da Subcomissão de Propaganda e Divulgação do Sesquicentenário da Independência, Luis Macedo, deveriam ser de dois tipos:

> emocional – estimulando os brasileiros a um entendimento mais amplo do conceito de independência, excitando o espírito de brasilidade – e informativo – incentivando a participação do público no calendário oficial, divulgando o 7 de Setembro em todas as promoções do Governo.[184]

É certo que, na maioria das vezes, uma mesma peça publicitária cumpria as duas funções: a de informar e a de "despertar o orgulho das comunidades para o fato de elas comporem uma nação chamada Brasil".[185] Foi esse o caso do filmete protagonizado pelo cantor Roberto Carlos, que aparecia logo nos primeiros dias de abril, como o *mensageiro da independência* conclamando a população a comparecer ao Encontro Cívico Nacional: "É isso aí, bicho. Vai ter muita música, muita alegria. Porque vai ser a festa de paz e amor, e todo o brasileiro vai participar cantando a música de maior sucesso do país: 'Ouviram do Ipiranga as margens plácidas'".[186]

Utilizando-se de uma linguagem jovem e da própria imagem de Roberto Carlos, então já um dos cantores mais populares do país, fazia-se a convocação

---

183. Fundo Comissão Executiva da Comemoração do Sesquicentenário da Independência. Arquivo Nacional/SDE – Documentos Públicos, código 1J. Pasta 76. Recorte de jornal: "Propaganda da Independência tem o sentido da liberdade". *Jornal do Brasil*, 1972.
184. Ibid.
185. Ibid.
186. Ibid. Pasta 51A. Recorte de jornal: "Roberto Carlos mensageiro da Independência". Jornal não identificado, 28 mar. 1972.

da sociedade para o evento de abertura das festas, chamando atenção para o que deveria ser um dos atos simbólicos mais importantes do evento: a reunião de *todos os brasileiros* para cantar o hino nacional.

De um modo geral, prevaleceu na concepção da publicidade a associação com o presente. Seja através da utilização da imagem de artistas e esportistas conhecidos, como Roberto Carlos – além dele, como veremos a seguir, Elis Regina, Marília Pêra, Tarcísio Meira, Glória Menezes e Pelé –, mas, sobretudo, através da divulgação da ideia da *construção de um novo tempo*. Mais que rememorar o passado, a propaganda oficial do sesquicentenário pretendia festejar o *progresso* presente, do qual a *revolução de 1964* e o decorrente *milagre brasileiro* eram os grandes símbolos.

Embora partisse da iniciativa privada, a propaganda da festa acabou se aproximando muito daquela produzida pela Assessoria Especial de Relações Públicas (Aerp), à medida que a temática do otimismo, bem como as ideias de *construção* e *transformação*, foram centrais.[187] Assim, entre quatro cartazes produzidos para começar a circular um mês antes do início da festa, somente um fazia alusão aos vultos do passado ligados às comemorações da independência: tratava-se de um pôster com a figura de Tiradentes. Ao lado, a frase – já mencionada no início do capítulo – "Tudo começou com ele". Os demais cartazes partiam da premissa básica, cara à ditadura, da *construção de um novo país* e da inauguração de um *novo tempo*. Um entre eles trazia inscrito sobre um campo verde-amarelo a frase "Tudo azul". Outro reproduzia o trecho do hino nacional: "Verás que um filho teu não foge à luta", ilustrando imagens representativas da educação, esporte e saúde. E, por fim, um último anunciava as "armas da independência": em um campo visual dividido, eram apresentadas mãos que portavam uma seringa, um lápis, uma enxada, uma bola de futebol e um martelo.[188]

Dessa forma, mesmo quando associações com o passado eram evidentes – a alusão às *armas da independência*, por exemplo, que também fazia referência às

---

[187]. Sobre o otimismo e as temáticas da *construção* e da *transformação* na propaganda da Aerp, cf. Fico (1997:121).
[188]. Fundo Comissão Executiva da Comemoração do Sesquicentenário da Independência. Arquivo Nacional/SDE – Documentos Públicos, código 1J. Pasta 76. Recorte de jornal: "Propaganda da Independência tem o sentido da liberdade". *Jornal do Brasil*, 24 fev. 1972.

Forças Armadas – ou à letra do hino nacional, ainda assim a ideia central era a comemoração do tempo presente. O sesquicentenário da independência foi, nessa ótica, a festa do Brasil que a *revolução de 1964* estava construindo. Nesse aspecto, é interessante chamar atenção para o que observa Carlos Fico com relação à ideia de *construção do novo* tão cara às tradições do país, às aspirações da sociedade e à propaganda do regime. De acordo com o historiador:

> As ideias de construção e transformação, nesse contexto, estavam associadas à de ruína: segundo os militares, ante a situação de completa decadência moral e material que o país experimentara, caberia precisamente a eles inaugurar um novo tempo, reconstruindo, em bases transformadas, o Brasil [Fico, 1997:121].

Nesse contexto e uma vez que a divulgação das comemorações começou em março, nada mais natural que também festejar outra data importante, ou, dito de outra forma, uma *nova data* importante, aquela que inaugurou esse *novo tempo*, que *salvou* o país da decadência moral e material e que operava um verdadeiro *milagre*: o 31 de março de 1964 não foi esquecido pela propaganda da festa. E a rememoração da data se fazia também tomando parte da grande euforia otimista que caracterizava o país naqueles anos: "Feliz Natal", dizia em letras garrafais a propaganda patrocinada pelo governo do estado do Espírito Santo e que trazia junto a logomarca do sesquicentenário da independência. E prosseguia, em letras menores:

> Feliz Manaus, Teresina, Recife, Curitiba, Brasília, São Paulo, São Luis [...] Feliz Vitória. Toda a gente brasileira. Norte, Sul, Centro, Leste, Oeste. Toda a integração de um Povo. Feliz Povo. Que acredita, que trabalha, que participa. Feliz Brasil/31 de março de 1972/8 anos presente.[189]

Assim, a partir da mobilização de uma ideia-chave, importante para a propaganda daqueles anos, qual seja, a de um *país feliz*, comemoravam-se os oito

---

189. Fundo Comissão Executiva da Comemoração do Sesquicentenário da Independência. Arquivo Nacional/SDE – Documentos Públicos, código 1J. Pasta 76. Recorte de jornal: "Propaganda da Independência tem o sentido da liberdade". *Jornal do Brasil*, 30 mar. 1972.

anos do golpe – *revolução*, para quem comemorava – de 1964. A *felicidade* estava diretamente relacionada aos novos rumos tomados pelo país desde aquele 31 de março. Mais que isso, relacionava-se, outra vez, à ideia de *construção/ transformação* da ordem. Tal processo, no entanto, somente se realizava porque *todo o povo*, "acreditava, trabalhava, participava", unido, *integrado*. *Integração*. Mais uma vez, a *palavra mágica* dos anos Médici dava o tom do discurso.

Antes de prosseguir com a análise dos esforços oficiais no sentido de *convocar* a sociedade a participar do sesquicentenário e da abertura das comemorações em particular, é preciso dizer que entendo a propaganda oficial da ditadura como um aspecto fundamental de sustentação do regime. Mas não em razão de um papel que lhe é constantemente atribuído, segundo o qual ela teria a capacidade de tudo *politizar* ou *manipular*. Tratando especificamente da propaganda oficial produzida pelo Partido Nazista na Alemanha, Peter Reichel afirma que tal perspectiva inocenta política e moralmente a sociedade, transformando-a em "simples vítima de uma força irresistível de sedução e subordinação" (Reichel, 1993:15). Assim, é preciso ver a propaganda, como observa Carlos Fico, a partir de uma perspectiva de longa duração. Dessa forma, poderemos compreender os diálogos que estabelece com antigas tradições sociais. Especificamente para o caso da propaganda política da ditadura civil-militar brasileira, o historiador analisa que seu êxito residiu justamente no fato de que chamava atenção para uma tendência de longa duração: "a tentativa de elaborar uma 'leitura' sobre o Brasil que, ao mesmo tempo, criasse as bases para um sistema de autorreconhecimento social e se instaurasse como mística da esperança e do otimismo" (Fico, 1997:19).

Em particular no caso da propaganda oficial do sesquicentenário, foi nessa *longa duração* que ela procurou operar, dialogando com uma antiga *tradição otimista nacional*, ressignificada de acordo com os valores típicos do contexto e do regime instaurado a partir de 1964. Assim, ao mostrar o trabalho como um valor e ao mesmo tempo o brasileiro empenhado na contribuição cotidiana da construção do *futuro*, centrava-se, na verdade, nesta dupla temporalidade: a de uma visão *otimista* do brasileiro como um trabalhador, a qual não era propriamente uma novidade, pois instaurada desde o Estado Novo.[190] E uma segunda,

---

190. Cf., por exemplo, Gomes (2005).

esta sim, nova, muito explorada durante os anos do *milagre*: aquela segundo a qual o *futuro* havia finalmente chegado. Os brasileiros trabalhavam, então, em prol de um progresso que finalmente se fazia sentir. Por isso, eles deveriam se orgulhar de seu passado: porque, finalmente, as sementes plantadas séculos antes pelos heróis que então eram festejados, rendiam frutos.

Assim, quando o presidente da subcomissão de propaganda da CEC afirmava "Nacionalismo – eis nosso produto",[191] devemos compreender que o *nacionalismo* que então deveria ser *vendido* não era exatamente um produto novo. Ao contrário, tratava-se apenas de recuperar sentimentos já existentes, agora redefinidos pela nova conjuntura, aliás, muito favorável à recepção daquela propaganda.

Especificamente no caso da campanha publicitária feita para o Encontro Cívico Nacional, era preciso estimular a sociedade; afinal, era aquele o evento de abertura das comemorações e deveria ser um sucesso de público, na medida em que a ele se seguiriam cinco meses de intensas comemorações. Assim, desde fevereiro, a CEC deu início à divulgação do hino do sesquicentenário da independência. Composto por Miguel Gustavo – o mesmo que em 1970 fez *Pra frente, Brasil*[192] – a marcha *Sesquicentenário da independência* evocava d. Pedro I, o grito do Ipiranga e a mistura racial que unia *nossa gente* nesse *imenso continente*. Referia-se ao sesquicentenário como um *marco extraordinário* e falava de um Brasil *potência de amor e paz* e que fazia "coisas que ninguém imagina que faz":

Marco extraordinário
Sesquicentenário da independência
Potência de amor e paz
Esse Brasil faz coisas

---

191. Fundo Comissão Executiva da Comemoração do Sesquicentenário da Independência. Arquivo Nacional/SDE – Documentos Públicos, código 1J. Pasta 76. Recorte de jornal: "Propaganda da Independência tem o sentido da liberdade". *Jornal do Brasil*, 30 mar. 1972.
192. A música de Miguel Gustavo embalou as vitórias da seleção brasileira na Copa do Mundo de Futebol daquele ano e, tamanha sua popularidade, tornou-se uma espécie de *hino dos anos Médici*. É até hoje muito conhecida. A letra na íntegra: "Noventa milhões em ação/Pra frente Brasil/Do meu coração/Todos juntos vamos/Pra frente Brasil/Salve a Seleção!/De repente/É aquela corrente pra frente/Parece que todo o Brasil deu a mão/Todos ligados na mesma emoção/Tudo é um só coração!/Todos juntos vamos/Pra frente Brasil!/Brasil!/Salve a Seleção!". Disponível em: <http://letras.terra.com.br/hinos-de-futebol/394819/>. Acesso em: 27 jul. 2011.

> Que ninguém imagina que faz
> É Dom Pedro I
> É Dom Pedro do Grito
> Esse grito de glória
> Que a cor da história à vitória nos traz
> Na mistura das raças
> Na esperança que uniu
> No imenso continente nossa gente, Brasil
> Sesquicentenário
> E vamos mais e mais
> Na festa, do amor e da paz[193]

A letra, de exaltação nacional, era um convite à participação na festa e, nesse aspecto, a CEC exigia das comissões estaduais uma divulgação maciça. Portanto, em meados de fevereiro, o compacto duplo com a gravação do hino já circulava por todo o país. No lado A, com gravação de Miltinho e Shirley e no lado B, com Ângela Maria e Coral do Joab.[194] Para Minas Gerais, por exemplo, a CEC enviou 125 discos e pediu a distribuição pelas emissoras de rádio de todo o estado. No ofício que dirigiu ao governador Rondon Pacheco, o general Antônio Jorge Corrêa solicitava a maior divulgação possível, a fim de fixar para o povo seu "significado cívico".[195]

A participação na festa deveria acontecer porque se tratava de *marco extraordinário* da nossa história, mas sobretudo porque era uma celebração da *união nacional* em torno do *Brasil grande*. Nesse sentido, não diferia muito de outras músicas apologéticas do regime compostas pelo mesmo autor, como a já citada – e mais célebre – *Pra frente, Brasil*, mas também, *Brasil, eu adoro você!*, feita para a Semana da Pátria de 1970: "É tempo de vitória, de festa e de fé [...] O Brasil precisa do seu otimismo, do seu amor e da sua alegria". Ou

---

193. Fundo Comissão Executiva da Comemoração do Sesquicentenário da Independência. Arquivo Nacional/SDE – Documentos Públicos, código 1J. Pasta 76. Recorte de jornal: "O Hino". *O Diário*, 24 fev. 1972.
194. Ibid. Recorte de jornal: "O Hino". *O Diário*, 24 fev. 1972.
195. Ibid. Recorte de jornal: "Música da Independência chegou a BH". *Diário de Minas*, 19 fev. 1972.

ainda outra, em 1971, composta para homenagear a construção da Transamazônica: "O Brasil já está na estrada/ na grande jogada da integração/ batalha sem metralha/ na floresta toda em festa/ sobre a pista da conquista/ o futuro em ação" (Araújo, 2003:281-282).

O exemplo de Miguel Gustavo, falecido em janeiro de 1972, antes mesmo do hino do sesquicentenário da independência ser gravado, é um caso bastante expressivo – mas não raro – de uma série de músicos e cantores que, naquele momento, contribuíram – ou porque vendiam seus *jingles*, como era o caso de Miguel Gustavo em particular – ou porque sentiram-se, de alguma forma, *fascinados* pelo regime – para a divulgação da imagem de um país em *festa*.[196] Eram letras – e aqui nos limitaremos ao caso de Miguel Gustavo, sem aprofundar, no entanto – que se fundamentavam e ao mesmo tempo colaboravam para a fabricação de uma sensação de que o Brasil vivia um momento único de sua história, caracterizado pela chegada do progresso e da *modernização*. Expressões como é *tempo de vitória*; *a floresta toda em festa*, ou ainda *noventa milhões em ação* e *parece que todo o Brasil deu a mão* são fundamentais para compreendermos o espírito daquela época de *milagre*.

Assim, pode-se dizer que as comemorações do sesquicentenário sintetizavam um *espírito festivo* que, a rigor, não se limitou àquele evento. Ao contrário, expressou-se fortemente também quando da Copa do Mundo de Futebol em 1970 ou nos inícios da construção da Transamazônica. Tanto que, em julho de 1972, uma das propagandas oficiais do sesquicentenário divulgada na imprensa dizia: "90 milhões *continuam* em ação",[197] uma clara referência à música de Miguel Gustavo. O verso isolado, sem aqueles que o seguiam e faziam a ligação com o futebol e com o contexto de 1970 ("Pra frente, Brasil/ Salve a Seleção"), era muito expressivo do sentido que a música adquiriu naqueles anos:

> Mais do que uma simples mensagem de apoio à seleção brasileira nos campos de futebol do México, a marcha *Pra frente, Brasil* também colaborava para consolidar

---

196. Para uma análise das músicas de exaltação patriótica durante os anos 1970, cf. Araújo (2003); Alonso (2011a).

197. Fundo Comissão Executiva da Comemoração do Sesquicentenário da Independência. Arquivo Nacional/SDE – Documentos Públicos, código 1J. Pasta 76B. Recorte de jornal. *A Crítica*, 12 jul. 1972.

a visão de que o país vivia naquele momento uma nova era histórica, marcada pelas noções de mobilização, transformação, crescimento e progresso. E tudo isso centrado numa certa ideia de nação baseada nos princípios da coesão e da união de todas as classes em prol de um objetivo comum [Araújo, 2003:280].

A ação de 1970 ou, dito de outra forma, o *trabalho pelo Brasil grande* continuava em 1972. E a festa também. O hino do sesquicentenário da Independência reforçava esse *estado de espírito*. Mais ainda, trabalhava a partir de uma premissa fundamental para os organizadores do evento: a da celebração da *unidade nacional*. Um povo *unido* pelo mesmo passado histórico e pela mesma fé no futuro. Esse era o sentido que deveria possuir o evento de abertura das comemorações do sesquicentenário. Era isso que cantava seu hino.

E era com fins de reforçar essa ideia de *união* e *integração* que uma série de outras campanhas publicitárias, protagonizadas por celebridades conhecidas do público, foram produzidas. Por exemplo, na mesma linha do já citado filme gravado por Roberto Carlos, a cantora Elis Regina também fez seu convite para que a sociedade comparecesse:

> Nessa festa todos nós vamos cantar juntos a música de maior sucesso neste país: o nosso Hino. Pense na vibração que vai ser você e 90 milhões de brasileiros cantando juntos, à mesma hora em todos os pontos do país [Araújo, 2003:288].[198]

Ainda na mesma linha, foi veiculada na imprensa uma campanha publicitária que, ora estampando fotografias de brasileiros comuns, ora de famosos, como Pelé, Tarcísio Meira, Glória Menezes, Marília Pêra e Paulo Gracindo, conclamava a população a participar não apenas de uma festa, mas de um ato de *união*, física e espiritual:

> Todo o povo brasileiro está convidado para essa festa. Nesse dia, todos vamos cantar, juntos, o nosso Hino. Um país que comemora 150 anos de Independência tem muitos

---

198. A participação de Elis Regina no encontro cívico e seus desdobramentos específicos serão analisados mais detidamente nos capítulos 5 e 7.

motivos para fazer uma festa com toda essa beleza: uma reunião espiritual e física de todos os brasileiros, no mesmo momento e no âmbito de suas comunidades. [...] Participe desse encontro. Nunca jamais se viu festa assim.[199]

O relatório oficial produzido pela CEC também definia o Encontro Cívico Nacional a partir do pressuposto da *necessidade de unir* a sociedade em torno das comemorações patrióticas de 1972. Nesse sentido, o evento do dia 21 de abril foi definido como o ato solene consagrado a Tiradentes e que marcou o início das comemorações

> através da reunião espiritual e física de todos os brasileiros, num mesmo momento e no âmbito das suas comunidades, levando cada participante a sentir-se parcela integrante da grande coletividade nacional [Corrêa, 1972:33].

A forma a partir da qual se daria essa *reunião espiritual* da nação se definiria pela simultaneidade dos eventos, mas sobretudo pela mobilização em torno de símbolos *patrióticos*, como a bandeira, o hino nacional, desencadeando – ou antes, *autorizando* o início dos demais rituais, a *fala presidencial*. Por todo o país, em praças públicas, o povo deveria se reunir para homenagear o *protomártir* Tiradentes e, cultuando os símbolos nacionais, ouvir as palavras da autoridade máxima da nação. Os cidadãos podiam, assim, reconhecer-se como parte de algo maior, de uma *coletividade* que possuía um passado em comum – representado pelas homenagens ao Tiradentes; que cultuava os mesmos símbolos – o hino e a bandeira; e partilhava as mesmas experiências no presente e as mesmas expectativas para o futuro. Estes – presente e futuro –, personificados, naquele momento, pelo discurso presidencial, pelo *líder* da nação, pela *obra revolucionária* que ele representava e pelas esperanças no *Brasil potência* que seu governo julgava encarnar.

O Encontro Cívico Nacional foi, nesse sentido, o primeiro evento de 1972, que permitiu aos cidadãos reconhecerem-se como uma nação, como o que Benedict Anderson denominou *comunidade política imaginada*: uma coletividade

---

199. Fundo Comissão Executiva da Comemoração do Sesquicentenário da Independência. Arquivo Nacional/SDE – Documentos Públicos, código 1J. Pasta 76. Recorte de jornal não identificado.

na qual, embora seus membros (ou a maioria deles) "não conheçam jamais seus compatriotas, nunca os tenham visto e nem sequer tenham ouvido falar deles, *na mente de cada um vive a imagem de sua comunhão*" (Anderson, 1993:23, grifos meus). Foi, portanto, a essa *imagem de comunhão*, não apenas territorial, mas atemporal, *a-histórica*, unindo presente, passado e futuro que o Encontro Cívico Nacional buscou recorrer.

Foi a essa ideia de *união cívica* — que a natureza pretensamente *transcendental* daquele evento reforçava — que Médici se referiu, mais de uma vez, em sua aguardada fala do dia 21 de abril:

> Tendo a independência como processo sempre em marcha, entendemos este encontro como o signo das comemorações do Sesquicentenário: *o encontro da comunidade de todos os brasileiros, o encontro com a nossa consciência patriótica* e com a nossa vocação de fraternidade e de paz. [...] fazemos votos para que todos possam descobrir, no encontro do Sesquicentenário, os caminhos da permanência deste momento, em que, na união, na confiança e na fé, os brasileiros de agora constroem a grandeza vislumbrada no sonho dos precursores [Corrêa, 1972:34, grifos meus].

Mas antes mesmo de Médici recorrer à imagem do *encontro da comunidade de todos os brasileiros* no ápice das comemorações do dia 21, às vésperas da abertura do evento, a imprensa já o noticiava de forma impactante. A maneira como alguns jornais da época noticiaram os preparativos do encontro demonstra bem a força da imagem que se queria mesmo criar com o evento: aquela de *todos juntos* entoando o hino e cultuando a bandeira, no mesmo dia e numa mesma hora. Assim, o jornal *Notícias Populares*, de São Paulo, anunciava com mais de um mês de antecedência: "Todo o Brasil cantará o hino na mesma hora".[200] Já *O Dia*, também de São Paulo, noticiava: "Noventa milhões de brasileiros cantam hoje o Hino Nacional",[201] enquanto, em Belo Horizonte, o *Estado de Minas* falava em

---

200. Fundo Comissão Executiva da Comemoração do Sesquicentenário da Independência. Arquivo Nacional/SDE – Documentos Públicos, código 1J. Pasta 51A. Recorte de jornal: "Todo o Brasil cantará o hino na mesma hora". *Notícias Populares*, 3 mar. 1972.
201. Ibid. Recorte de jornal: "Festejos do Sesquicentenário terão brilho invulgar". *Jornal do Commercio*, Porto Alegre, 17 abr. 1972.

"Brasil todo unido hoje para a festa do sesquicentenário".[202] No entanto, veio da imprensa pernambucana a notícia, ou melhor, a crônica que melhor representava as expectativas de *união nacional* despertada pelo início das comemorações. Embora longa, creio que vale a citação:

> Espetáculo jamais registrado (que se saiba) no mundo, será o que o Brasil oferecerá aos povos da Terra no próximo 21 de abril, quando todos os brasileiros, em determinada hora, concentrar-se-ão, através do território nacional para dar início, com a palavra do Presidente da República, às comemorações do Sesquicentenário da Independência do Brasil. Depois que Sua Excelência falar em Brasília, o Pavilhão Nacional, de dimensões excepcionais, será hasteado e concomitantemente, no Rio, em São Paulo, em Porto Alegre, no Recife, em Manaus, em Belém, em Curitiba – que sei eu? – outros tantos pavilhões brasileiros tremularão nos ares, enquanto milhões de vozes ungidas de patriotismo, entoarão o Hino Nacional.
>
> Na oportunidade, sinos repicarão; sirenes soarão; buzinas serão acionadas e vibrantes aclamações populares assegurarão ao Brasil o amor de sua gente, boa e generosa, pronta, a qualquer momento, a se sacrificar pela sua grandeza, pela sua liberdade, pela sua soberania.[203]

Como podemos perceber pela leitura da crônica, publicada ainda no início de março, havia ali a expectativa de um *grande começo*. Embora os primeiros meses de 1972 já tivessem assistido a datas e cerimônias memoráveis, como aquelas que lembraram o Dia do Fico, ou a abertura dos portos, ou mesmo os desfiles de carnaval, muitos dos quais rememoraram a história nacional e o sesquicentenário da independência, o evento central que marcaria a abertura daquele ano festivo era o Encontro Cívico Nacional. Fosse porque homenageava a memória de Tiradentes, fosse porque era véspera do retorno do imperador Pedro I, fosse pela mobilização dos símbolos nacionais e pela (oni)*presença* do presidente Médici em todo o território nacional. Tudo isso transformou o evento de abertura das comemorações em um acontecimento singular, ao menos do ponto de vista daqueles que estavam dispostos a participar.

---

202. Ibid. Recorte de jornal: "Brasil todo unido hoje na festa do Sesquicentenário". *Estado de Minas*, 21 abr. 1972.
203. Ibid. Recorte de jornal: "Crônica da cidade". *Jornal do Commercio*, 5 mar. 1972.

Não obstante, para além de tudo isso, como bem demonstra o artigo acima, para muitos, as comemorações do sesquicentenário representaram o marco de um *novo tempo*, fundado não mais nas promessas de um futuro pródigo, mas também pela certeza de que esse *futuro* finalmente havia chegado. Não por acaso, em sua mensagem de Ano Novo, o presidente Médici afirmava: "temos agora a certeza de que o eterno país do futuro se transformou, afinal, no país do presente".[204]

As expectativas criadas em volta da abertura oficial da festa sintetizavam, em certo sentido, as esperanças em torno do *Brasil grande*. A ideia segundo a qual o Brasil *ofereceria*, em 1972, *aos povos da Terra espetáculo jamais registrado no mundo* somente foi possível de ser formulada – e certamente recebida por muitos com ansiedade – se considerarmos o estado de *euforia* que se vivia no país naqueles anos de *milagre*. Vinculava-se diretamente às potencialidades do *Brasil gigante*, da *jovem potência* que então se realizava em toda a sua plenitude. Assim, a ansiedade demonstrada diante do início do grande *espetáculo* que as comemorações do sesquicentenário prometiam ser ao longo do ano somente pode ser compreendida se concebida como a síntese das expectativas em torno do *futuro* que, para muitos, da mesma forma como disse o presidente Médici, finalmente se realizava naqueles anos.

O jornalista Murilo Melo Filho, em seu livro *O milagre brasileiro*,[205] resumia bem a *missão* daqueles que, nos primeiros anos da década de 1970, acreditavam estar construindo um *novo país*. Demarcando o ano do sesquicentenário como um momento de reflexão, afirma:

> Faz 150 anos que conquistamos a independência política. A comemoração deste sesquicentenário deve ser festiva, mas também objetiva: voltando-nos para dentro de nós mesmos, façamos um balanço de consciência e uma autocrítica. [...] Esta geração brasileira é a mais importante de todas quantas já habitaram o País. Sofrida, provada e testada, ela se viu, de um momento para outro, chamada a cumprir uma

---

204. "1972: rumo à emancipação econômica". *Folha de S.Paulo*, 1 jan. 1972.
205. Livro comemorativo do *milagre*, patrocinado pela editora Bloch e com o qual o jornalista ganhou o prêmio Jabuti, em 1972, na categoria "Estudos Literários (Ensaio)". Cf. *website* do prêmio Jabuti. Disponível em: <www.cbl.org.br/jabuti/telas/edicoes-anteriores/premio-1972.aspx>. Acesso em: 17 jul. 2011.

fascinante missão no plano do desafio: a missão de dizer se foi ou não competente para construir uma sociedade moderna e progressista, que as gerações anteriores não conseguiram edificar [Melo Filho, 1972:13-14].

Conquanto se possa dizer que o jornalista falava como representante de um grupo bem específico, de certa forma comprometido com o regime e beneficiado pelos ganhos materiais do *milagre brasileiro*, cujas bases ele procurava analisar em seu ensaio, é preciso não resumir sua análise ao comprometimento com esse grupo e tentar avaliá-la no contexto de sua época. Não teria ele apreendido o *estado de espírito* que prevaleceu em muitas mentes naqueles primeiros anos da década de 1970? Não teria, em muitos momentos – entre eles as festas do sesquicentenário da independência –, aquela geração se sentido de fato *a mais importante de todas quantas já habitaram o país*? E não estaria esse sentimento ligado à ideia de pertencimento a uma entidade maior – a pátria – e de *construção de um tempo novo* que a ditadura soube tão bem evocar naquele 21 de abril?

Para além da propaganda oficial do regime que, de fato, afirmava que *este é um país que vai pra frente* ou que *você constrói o Brasil*, em que medida as ideias de *construção* e de progresso/modernização não foram efetivamente capazes de *fascinar* – e não seduzir – incontáveis pessoas naqueles anos? Aqui, retomo, mais uma vez, as teses de Peter Reichel sobre a Alemanha nazista para refletir sobre o caso da ditadura no Brasil. Para esse autor, o nazismo – um regime baseado simultaneamente na violência e na *beleza*[206] – foi capaz de *fascinar* os alemães. E aqui, o autor marca uma importante diferença entre *fascinação* e *sedução*.

O nazismo não *seduziu* os alemães, simplesmente porque *sedução* implica manipulação, supondo uma propaganda superpoderosa. Conquanto a propaganda tanto do nazismo quanto da ditadura civil-militar brasileira tenham sido – cada uma em seu contexto e suas especificidades – bastante eficientes, é preciso lembrar Aldous Huxley, que dizia: "O profissional da propaganda é um homem que canaliza uma corrente já existente. Em uma terra sem água, ele cava em vão" (Huxley apud Rees, 2009:37).

---

206. Na tradução francesa: *enjolivement*, que deriva do verbo *enjoliver*. Para o português talvez fosse melhor traduzido por "enfeitar", "ornar", "adornar", "embelezar".

Para além da manipulação, Reichel alerta: em alguns casos, o termo *sedução* pode aludir à passividade por parte dos seduzidos. Ora, os alemães não foram nem manipulados, nem passivos ao nazismo; foram *fascinados* por ele (Reichel, 1993). E as pessoas somente se deixam fascinar por algo em que acreditam, que seja capaz de encontrar ressonância nos sentimentos e valores que portam. A verdade é que, em português, os termos *fascinação* e *sedução* podem possuir significados comuns, entre eles, *atração*, *encantamento*. E, se de forma similar, ambos podem expressar *feitiço*, *enlevo*, o termo *fascinação* supõe uma atividade mais "consciente": *encantar-se* por alguma coisa. Por outro lado, é justamente do significado de *sedução* como o "ato ou efeito de induzir ao mal ou a erro por meio de artifícios, de desencaminhar ou desonrar valendo-se de encantos e promessas"[207] que queremos evitar quando utilizamos o termo *fascinação* no lugar de *sedução*. Definitivamente, não foi disso que se tratou durante a ditadura, mas sim de um *trabalho* consciente de encantamento pelas possibilidades que ela abria, pela sua capacidade de dialogar com antigas tradições caras a determinado imaginário coletivo nacional.

Assim, é tendo em vista que a ideia de estar realizando uma *missão* era compartilhada por expressivos segmentos da sociedade – e que os *fascinava* – que podemos compreender a forma como se estruturou o evento de abertura das comemorações. Somente a partir do entendimento de que essa *missão patriótica* era compartilhada é que fazia sentido o *imenso encontro dos brasileiros com o Brasil e dos brasileiros consigo mesmos* – como disse Médici em seu discurso à nação. Sobretudo, é tendo em vista a importância que possuiu essa missão para o imaginário coletivo naquele momento que se pode compreender o maciço comparecimento do público ao Encontro Cívico Nacional do dia 21.

A *nação* comparece: a grande festa do dia 21

No dia marcado para o início dos festejos, a movimentação da população e dos organizadores dos eventos começou cedo. Em Fortaleza, desde o dia

---

207. Cf. *Dicionário Aurélio da língua portuguesa*. Disponível para consulta on-line em: <www.dicionariodoaurelio.com/Seducao>. Acesso em: 18 jul. 2011.

anterior, governo e prefeitura trataram de espalhar pelas principais praças da cidade aparelhos de televisão nos quais – da mesma forma como foi feito durante as transmissões dos jogos do Brasil na copa do México, em 1970 – a população poderia acompanhar a emissão do discurso do presidente Médici, marcado para ir ao ar às 18h30min, inaugurando, assim, as comemorações. No dia 21, as festividades começaram às 15h, quando aviões da Força Aérea e do aeroclube sobrevoaram Fortaleza e as cidades vizinhas lançando panfletos de "conclamação patriótica".[208] À noite, a população se espalhou por 10 diferentes locais onde a fala presidencial seria transmitida, seguida do hasteamento da bandeira.

No Recife, as rádios amanheceram tocando o hino nacional e, no fim da tarde, 40 mil pessoas passaram pelo estádio do Sport Clube, na ilha do Retiro, para assistir as celebrações.[209] Em Brasília, comemoravam-se também os 12 anos de fundação da nova capital, e 30 mil pessoas foram ao Setor de Difusão Cultural para ouvir a fala presidencial, cantar o hino nacional e acompanhar o *Te Deum* oficiado pelo arcebispo d. José Newton.[210] Em Maceió, apesar da forte chuva, os jornais locais calculavam uma multidão de 30 mil pessoas reunidas no estádio Rei Pelé. Após as solenidades, estavam programados shows com o sambista Miltinho, que cantou, entre outras músicas, o hino do sesquicentenário. Em seguida, se apresentaria Agnaldo Timóteo, que, no entanto, precisou cancelar a apresentação.[211]

Os espetáculos musicais, diga-se de passagem, foram uma constante em quase todas as capitais. Em Porto Alegre as 20 mil pessoas que compareceram à praça da Matriz puderam, além de ouvir a palavra de seu presidente, assistir à apresentação de Lupicínio Rodrigues, Golden Boys e Rosemary, que se espantou com a afluência do público e elogiou a *ordem* pública: "Uma beleza ver como fica cada

---

208. Fundo Comissão Executiva da Comemoração do Sesquicentenário da Independência. Arquivo Nacional/SDE – Documentos Públicos, código 1J. Pasta 51. Recorte de jornal: "Amanhã, o grande Encontro Cívico". *O Povo*, 20 abr. 1972.
209. Ibid. Recorte de jornal: "Encontro Cívico levou 40 mil pessoas à Ilha do Retiro". *Diário da Noite*, 22 abr. 1972.
210. Ibid. Recorte de jornal: "DF prestigia o Encontro Cívico". Jornal e data não identificados.
211. Ibid. Recorte de jornal: "Povo prestigiou Encontro Cívico no estádio Rei Pelé". *Gazeta de Alagoas*, 23 abr. 1972.

qual no seu lugar, ninguém perturbando ninguém e recebendo excelentemente os artistas".[212]

No elogio da *ordem*, o reconhecimento de que a população atendia à *mise-en-scène* proposta pelo regime. De fato, a *ordem pública*, tão cara aos militares e aos signatários da *revolução de 1964*, não era de modo algum estranha àquela sociedade, que parecia corresponder bem aos apelos oficiais nesse sentido.

Não foram poucos os artistas que participaram dos encontros cívicos, fosse cantando nas festas ou participando da publicidade, ou ainda gravando músicas em homenagem aos eventos. O sambista Zé Kéti lançou um compacto em homenagem ao sesquicentenário chamado *Sua excelência, a independência*, que saiu com a foto do presidente Médici na capa (Bahiana, 2006:70-71). Jair Rodrigues, por sua vez, cantou *Sete de setembro*, composição feita para abrir o Encontro Cívico Nacional:

> 1972 engalana o Brasil/
> Comemorando a existência de 150 anos de independência/
> Vamos cantar e exaltar [Araújo, 2003:287].

Ainda em Porto Alegre, diversas instituições se mobilizaram, demonstrando a forma específica como realizavam sua adesão ao encontro. Assim, no jornal produzido pelo Clube de Mães Nossa Senhora das Graças, as signatárias do clube divulgavam sua mensagem pelo dia de Tiradentes:

> No dia consagrado a Tiradentes, queremos nos unir às homenagens que lhe são prestadas e nos congratular com a comunidade por representarmos uma parcela desse povo que o Mártir da Nacionalidade ajudou a libertar.
> Como mulheres conscientes do nosso papel na sociedade também estamos tentando a liberdade e igualdade de direitos. Precisamos acompanhar o passo de gigante que o nosso País dá. Somente o conseguiremos estando habilitadas. Essa habilitação conseguiremos procurando um maior entrosamento entre família, escola e comunidade, através do esforço e do trabalho de entidades como: Clube das Mães, Círculos

---

212. Ibid. Recorte de jornal: "Povo cantou o Hino de mãos dadas". *Folha da Tarde*, 22 abr. 1972.

de Pais e Mestres e Centros Comunitários. É unindo nossos esforços, é aprendendo a servir e a dar o devido valor à pessoa humana, que ajudaremos o Brasil a ser cada vez maior [...] Através dos Clubes de Mães, que pretendem promover a mulher em seu papel de *esposa, mãe e cidadã*, procuraremos nos identificar com as aspirações de Tiradentes.[213]

Interessante observar como o discurso das mulheres do Clube de Mães possui elementos que o aproximam de modo bastante íntimo daqueles que caracterizaram uma série de entidades femininas anticomunistas que surgiram na cena política brasileira no início dos anos 1960 e que desempenharam importante papel na conjuntura de 1964.[214] Da mesma forma como as mulheres de 1964,[215] as participantes do Clube de Mães afirmavam seu lugar de *esposas e mães*, reivindicando uma cidadania marcada principalmente pelo papel que desempenhavam na esfera privada: eram *mães da pátria*, julgavam possuir como *missão* dar à nação bons cidadãos. Por esse aspecto, o que difere as *mães de 1964* das *mães de 1972* é o sentido atribuído a esta missão: no primeiro momento, era preciso *salvar* seus filhos e, por conseguinte, a pátria, da *ameaça comunista*. Já no contexto do início da década de 1970 era preciso *integrar a comunidade* para conseguir "preparar os filhos para o futuro" e, dessa forma, poder "acompanhar o passo de gigante que nosso país dá". Era a noção – constante nos anos do *milagre* e exacerbada pelo início das comemorações – de que o *futuro* finalmente havia chegado que fundamentava a missão daquelas *mães cidadãs*.

Em Curitiba, durante toda a semana, as rádios anunciaram que estava sendo organizada uma equipe de jovens para, no dia 21, escalar as montanhas do complexo do Marumbi e, no pico do Olimpo – o mais alto do estado –, hastear

---

213. Fundo Comissão Executiva da Comemoração do Sesquicentenário da Independência. Arquivo Nacional/SDE – Documentos Públicos, código 1J. Pasta 51. Recorte de jornal: "Mensagem". *Órgão oficial do Clube de Mães N. Sra. das Graças*, Porto Alegre, RS. Data não identificada, grifos no original.
214. Sobre os grupos femininos no início dos anos 1960, cf. Simões (1985); Sestini (2008); Cordeiro (2009a).
215. Muitas das quais continuavam atuando destacadamente em seus grupos quando das comemorações de 1972. Cf., entre outros: Fundo Comissão Executiva da Comemoração do Sesquicentenário da Independência. Arquivo Nacional/SDE – Documentos Públicos, código 1J. Pasta 3. Carta enviada à CEC pela União Cívica Feminina de São Paulo.

a bandeira e cantar o hino nacional. Assim, cerca de 100 voluntários, em geral estudantes do ensino superior e médio do Paraná atenderam ao chamado e, denominando-se *Equipe Presidente Médici*, dirigiram-se de trem até Marumbi. Lá, organizados em pequenos grupos, deram início a uma escalada de 2 mil metros. Um dos líderes do grupo, Luiz Antonio Ramos, de 23 anos, conclamou os demais citando Caxias: "Os que forem brasileiros, sigam-me". E lá foram eles, firmes, convictos, com a bandeira brasileira amarrada a um pau de guamirim, a *Equipe Presidente Médici*.

Dos 100, apenas 13 conseguiram concluir o percurso. Lá no alto, cravaram a bandeira e se colocaram em posição de cantar o hino nacional em reverência à memória do *protomártir*, Tiradentes. A *Equipe Presidente Médici* homenageava a memória de Tiradentes e retornara à estação ferroviária de Marumbi às 18h, a tempo de, junto dos outros voluntários – e do resto do país –, cantar o hino nacional.[216]

Em Minas, *berço dos inconfidentes*, os eventos de 1789 mereceram destaque especial. As comemorações começaram no dia 14 de abril – a Semana da Inconfidência –, na fazenda Pombal, onde nasceu o alferes, e se encerraram no dia 21, com a transferência simbólica da capital para Ouro Preto.[217] Ali, na antiga Vila Rica, procederam-se às cerimônias de praxe em todo o 21 de abril. Naquele ano, 129 pessoas foram condecoradas com a "medalha Tiradentes", entre eles, muitos ministros de Estado, como o general João Baptista Figueiredo, então ministro da Casa Militar do governo Médici. Também foi homenageado o general Antônio Jorge Corrêa, presidente da CEC.[218]

---

216. Fundo Comissão Executiva da Comemoração do Sesquicentenário da Independência. Arquivo Nacional/SDE – Documentos Públicos, código 1J. Pasta 51A. Recorte de jornal: "Bandeira fica no pico após Hino Nacional cantado pela 'Equipe Presidente Médici'". *Diário do Paraná*, 23 abr. 1972.
217. Ibid. Recorte de jornal. "Hoje, Ouro Preto é a capital de Minas". *O Estado de S. Paulo*, 21 abr. 1972. Essa matéria não menciona o fato de que, desde 1952, a capital mineira é simbolicamente transferida para Ouro Preto, em cerimônia que homenageia os mártires da "Inconfidência" e atribui a "Medalha Tiradentes" a brasileiros que contribuíram para o desenvolvimento de Minas e do Brasil. A homenagem foi instituída pelo então governador do estado Juscelino Kubitschek e se repete até os dias atuais.
218. Ibid. Recorte de jornal: "Brasil todo unido hoje na festa do Sesquicentenário". *Estado de Minas*, 21 abr. 1972.

No Rio de Janeiro, as reuniões para o encontro cívico aconteceram em pontos diversos da cidade. Em frente ao Ministério do Exército, no Centro da cidade, reuniram-se 3 mil pessoas para assistir ao discurso de Médici, transmitido através de seis aparelhos de televisão. Logo depois, o ministro Orlando Geisel hasteou a bandeira nacional. Em Madureira, falava-se numa pequena reunião de 200 pessoas embaixo do viaduto Negrão de Lima, as quais, se não chamavam atenção pela aglomeração, o faziam pelo *fervor* com que cantaram o hino nacional.[219] Mas foi no Maracanã onde se realizou a grande festa. Ali, as atividades começaram ainda durante a tarde, com um torneio de futebol dente de leite entre as equipes de Botafogo, Flamengo, Fluminense e Vasco da Gama. Compareceram ao Maracanã 50 mil estudantes. Do lado de fora do estádio, agentes da polícia civil distribuíram 100 mil panfletos com a letra do hino nacional. As arquibancadas foram lotadas por cerca de 50 mil crianças que cantaram o hino e "aplaudiram quando os microfones terminaram a transmissão da mensagem de Médici". À fala presidencial seguiu-se uma revoada de 800 pombos, a execução do hino e o hasteamento da bandeira pelo governador Chagas Freitas. Antes, d. Eugênio Salles a benzeu: "Deus, abençoai a bandeira que é símbolo de nossa Pátria".[220]

Tanto no Rio de Janeiro quanto em São Paulo, o transporte para os locais do encontro foram gratuitos. Na capital paulista, a grande reunião aconteceu no estádio do Morumbi. Nas imediações do estádio, desde as 13h, podia-se notar a movimentação do público que, na verdade, começou a se intensificar quatro horas mais tarde, quando os 120 ônibus da Companhia Municipal de Transportes Coletivos (CMTC) começaram a chegar lotados. A imprensa calculava em 100 mil o número de pessoas no estádio que aplaudiram demoradamente o discurso presidencial e cantaram *Pra frente Brasil* quando o governador Laudo Natel concluiu o hasteamento da bandeira. No final das solenidades, o público assistiu a uma partida de futebol entre as equipes do São Paulo e Barcelona do Equador.[221]

---

219. Ibid. Recorte de jornal: "Cinquenta mil estudantes vão ao Encontro Cívico no Maracanã". *Jornal do Brasil*, 22 abr. 1972.
220. Ibid. Recorte de jornal: "No Maracanã, 50 mil cantam o Hino". *O Estado de S. Paulo*, 22 abr. 1972.
221. "O Hino Nacional é cantado por 100 mil pessoas". *Folha de S.Paulo*, p. 3, 22 abr. 1972. Cf. também Fundo Comissão Executiva da Comemoração do Sesquicentenário da Independência. Arquivo Nacional/SDE – Documentos Públicos, código 1J. Pasta 51A. Recorte de jornal: "No

Para além das capitais também houve festa. Em Santos, litoral de São Paulo, a imprensa local noticiava que muito antes da hora marcada para o início das comemorações a praça Mauá havia sido tomada por populares, entre eles, alunos representantes de todos os grupos escolares da cidade com seus respectivos professores.[222] O *Diário de Sorocaba*, interior de São Paulo, publicava que naquela cidade, na praça Coronel Fernando Prestes, a população pôde participar do que eles chamavam de *comunhão de pensamento* que foi o encontro cívico, onde "lado a lado, militares, estudantes e pessoas do povo ouviram em silêncio reverente, a palavra do presidente da República". O texto seguia com uma verdadeira *ode* à ditadura e ao processo de *modernização* que ela colocava em prática:

> O Encontro Cívico Nacional, motivado de maneira exuberante em todos os quadrantes da Pátria, veio a mostrar uma nova realidade no Brasil. Veio mostrar que, hoje, o Brasil vê uma era em que o maior interesse da grandeza da Pátria, o interesse de que, efetivamente, no albor do ano 2000, sejamos a grande nação do desenvolvimento pleno, livre e independente em todos os sentidos. *A Revolução de 31 de março é a construtora dessa nova nacionalidade*, é a construtora desse novo país e, justamente por isto é que se denomina a revolução como sendo redentora. Efetivamente, essa revolução é redentora, é libertadora e sua ação continuará insistindo na performance de progresso.[223]

Em Cachoeirinha, interior do Rio Grande do Sul, as multidões começaram a chegar à praça central a partir das 14h30min. Ali houve apresentações de corais das escolas que cantaram o hino da independência e hinos locais, como *É tempo de Rio Grande*. A fala do presidente Médici se fez ouvir pelos alto-falantes da igreja matriz e, após as cerimônias oficiais de hasteamento da

---

Morumbi lotado e colorido começam os festejos da Independência". *Diário da Noite*, ed. matutina, 22 abr. 1972.
222. Fundo Comissão Executiva da Comemoração do Sesquicentenário da Independência. Arquivo Nacional/SDE – Documentos Públicos, código 1J. Pasta 51A. Recorte de jornal: "Milhares de pessoas aplaudem fala de Médici". *A Tribuna*, 22 abr. 1972.
223. Ibid. Pasta 51. Recorte de jornal: "Encontro Cívico Nacional". *Diário de Sorocaba*, 25 abr. 1972, grifos meus.

bandeira e execução do hino nacional, as crianças das escolas apresentaram jograis e danças típicas.

Pode-se verificar pelas fotografias e reportagens de época, bem como pelos relatórios produzidos pela CEC, uma grande preocupação com a ordem e a hierarquização do espaço público. Como observou Rosemary, em seu show em Porto Alegre, todos pareciam ocupar os lugares que lhes foram destinados. Autoridades, militares, religiosos, estudantes: cada grupo presente nas festas representava muito bem o papel para o qual fora designado. Certamente, tal ordem tem a ver com a própria natureza dos eventos, os quais, embora terminassem em shows, espetáculos pirotécnicos ou partidas de futebol, deveriam seguir uma mesma ordem solene inicial: discurso do presidente Médici, execução do hino nacional e hasteamento da bandeira. Esse era o momento no qual se realizava a propalada *reunião espiritual* da nação.

Assim, para que a participação popular se realizasse efetivamente de forma *organizada*, *controlada* faziam-se necessários alguns cuidados. É nesse sentido, portanto, que se explica, da mesma forma como ocorreu com as cerimônias em torno de d. Pedro I – e também como seria comum em muitas outras ao longo das comemorações –, a maciça convocação de colegiais. Ao observarmos cidades completamente diferentes – por exemplo, Rio de Janeiro e Cachoeirinha – veremos que em todas elas destaca-se o elevado número de colegiais presentes e protagonizando algumas das principais atividades. Na verdade, essa convocação dos estudantes era uma condição estabelecida pela CEC. De fato, a participação estudantil nas festas cívicas nacionais era, àquela altura, uma tradição já antiga que remontava, pelo menos, ao início do século XX (Bencostta, 2006), muito potencializada pelo Estado Novo, destacando, mais uma vez, as continuidades entre as duas ditaduras. No pós-1964, o recurso à participação estudantil, além de sugerir uma similaridade com a *mise-en-scène* das paradas militares – os estudantes se apresentavam uniformizados e, muitas vezes, organizados em fila, marchavam –, reforçava um aspecto da *missão civilizatória* à qual se propunham os militares, qual seja, o de *educar a nação*. Nesse caso específico, de *reeducar*.

Tratava-se de, recuperando uma antiga tradição nacional de participação estudantil nas festas patrióticas, incutir na juventude a necessidade da *participação cívica* a partir de um novo modelo, o qual, naquele momento, primava principalmente pela disciplinarização da participação social e pela pacificação do espaço público. É preciso não esquecer que a experiência das manifestações de 1968 era ainda recente. O modelo de participação juvenil que era buscado deveria se diferenciar em tudo daquele que provocou os *tumultos* de 1968: deveria primar pela obediência à autoridade e por um aguçado sentido do *dever cívico patriótico*.

Aqui podemos vislumbrar a mesma preocupação que aparece na mensagem divulgada pelo Clube das Mães de Porto Alegre, voltada agora para os *filhos da pátria*: era preciso educá-los, formá-los a partir de certos preceitos. Interessante chamar atenção para o fato de que, no início dos anos 1970, acreditava-se que o Brasil vivia sob um *nacionalismo de novo tipo*. Uma matéria especial da revista *Veja*, de setembro de 1971, dava conta de que o Brasil começava a dar "importantes sinais do surgimento de uma orgulhosa consciência nacional". Falava-se em um *nacionalismo para crescer*, definido em oposição ao sentimento nacional que prevalecia antes de 1964:

> O nacionalismo brasileiro está reemergindo depois ter purgado um discreto confinamento pelos equívocos que cometeu durante o governo Goulart, quando foi confundido com atitudes demagógicas. Ao que tudo indica, a palavra mágica retorna com seu potencial de jacobinismo bastante reduzido. Toda a sua capacidade de mobilização parece estar sendo dirigida para o conjunto de medidas que visam ao desenvolvimento econômico e à organização nacional. Além disso, a força do nacionalismo parece ter condições de tornar-se o aríete capaz de derrubar algumas das muralhas que dividem a vida política brasileira. A Revolução, que já conquistou a popularidade para seu governo, dá mostras da disposição de unir todos os brasileiros, a partir da formação de uma consciência de patriotismo nacionalista.[224]

O elemento novo nesse *nacionalismo* dos anos 1970 estava ligado à ideia de *construção do futuro*, o tal *nacionalismo para crescer*. Era o *nacionalismo do milagre*, do Brasil campeão do mundo de futebol, *integrado* e *moderno*. Era a partir desses novos aspectos que a sociedade deveria ser educada e chamada a participar. O engajamento público nas festas deveria expressar a vontade de *construir*, de

---

224. "A palavra dos mil usos". *Veja*, São Paulo, p. 36, 8 set. 1972.

transformar o Brasil. Nesse sentido, os escolares eram um elemento fundamental, na medida em que eram, simultaneamente, o grupo social em *processo de aprendizagem* e também expressavam plenamente as preocupações com o futuro, segundo as quais o *país moderno*, a *potência* que estava em processo de construção encontraria, no futuro, uma nação, que foi *preparada*. Uma nação efetivamente *desenvolvida*.

Assim tiveram início as comemorações do sesquicentenário: em louvor à memória de Tiradentes, mas "orientadas e dimensionadas no quadro palpitante das realidades brasileiras" (Corrêa, 1972:9). Esse *quadro palpitante* envolvia, mais que o retorno ao passado, a *comemoração do presente* e a *construção do futuro*. Tratava-se de um país que *ninguém mais segurava* e que – muitos acreditaram – se realizava plenamente nos mais diversos campos da vida social. Tratava-se de um país que *velava festivamente* seu imperador Pedro I, que reverenciava a memória de seu mártir, Tiradentes, que ouvia com atenção as palavras de seu presidente Médici e que delirava com os *reis do gramado*, como Jairzinho.

CAPÍTULO 4

Da solenidade das comemorações à festa do futebol

> Foram entrevistar a Taça Independência, ontem, e ela, ouriçada, declarou amavelmente: — Se é para o bem de todos e felicidade geral da nação, digam ao povo que eu fico!
>
> (Informação de um leitor anônimo apud Nogueira, 1972:63)

Sábado, 8 de julho de 1972. Uma frente fria chegava à Guanabara provocando quedas de temperatura, deixando o tempo instável, nebuloso e causando o esvaziamento das praias do Rio de Janeiro. Foram poucos os que arriscaram uma corrida leve, para não deixar de fazer seu *teste de Cooper*,[225] a última moda entre os *modernos* do Brasil e do mundo.[226]

No domingo, 9, a frente fria começava a se deslocar para o Nordeste. Mas, ainda assim, a meteorologia previa temperaturas *em baixa* – ao menos para o padrão carioca –, oscilando entre 16 e 27 graus. Típico inverno na Guanabara. O *Jornal do Brasil* avisava aos seus leitores: aqueles que pretendiam ir ao Maracanã deveriam se preparar para enfrentar tempo instável e temperaturas em declínio.[227] Todavia, os avisos do jornal e o vento frio que se podia sentir nas ruas da cidade não impediram que cerca de 100 mil torcedores comparecessem ao *maior estádio do mundo* para apoiar a seleção tricampeã de futebol.

Finalmente chegara o dia da grande final do Torneio Independência ou, como ficou conhecido em 1972, a *Minicopa de futebol*. Organizada pela Confederação Brasileira de Desportos (CBD) para homenagear o sesquicentenário da indepen-

---

225. *Jornal do Brasil*, Rio de Janeiro, p. 43, 9 jul. 1972.
226. "Cooper, a religião aeróbica". *Veja*, São Paulo, p. 68-75, 26 jul. 1972.
227. *Jornal do Brasil*, Rio de Janeiro, p. 43, 9 jul. 1972.

dência, a *Minicopa* reuniu 20 seleções do mundo inteiro. Naquele dia, o *escrete canarinho* disputaria o título com a seleção portuguesa.

Brasil × Portugal ou Brasil & Portugal? O jogo, a finalíssima, ela própria uma grande metáfora do sesquicentenário. Mais uma vez, a oportunidade de se festejar a *pacífica independência* e a amizade com os colonizadores. *Marmelada?* Talvez... Mas nunca é demais lembrar que, na época, para os especialistas em futebol, conquanto fosse certo que o Brasil seria um dos finalistas, não parecia óbvio seu adversário. A princípio, não se apostava nos portugueses. Uruguaios ou argentinos; iugoslavos ou escoceses. Estes, sim, pareciam os candidatos mais prováveis.

A seleção portuguesa contra a brasileira na final da Taça Independência é, portanto, um convite a observar o futebol ao mesmo tempo *de dentro e de fora*, como explica José Miguel Wisnik ao analisar os escritos do cineasta italiano Pier Paolo Pasolini a respeito do esporte:

> Na verdade, era nesse ponto de estrangulamento, de certa forma desesperado, inquieto e fecundo, que a sua paixão viva não se deixava anular nem separar de sua consciência crítica, exigindo ver o futebol ao mesmo tempo de *dentro e de fora*, suportando a consciência daquilo que ele tem de alienante e manipulado em nome daquilo que tem de autêntico, memorável, apaixonante e inesperado – em outros termos, bem seus, naquilo que ele tem de popular e real [Wisnik, 2008:15, grifos no original].

A presença de Portugal na final era, simultaneamente, algo que remetia ao caráter *manipulado* e *espetacularizante* que o futebol vinha adquirindo então. Mas, ao mesmo tempo, tinha qualquer coisa de *inesperado* naquela final. O *inesperado*, o dramaticamente surpreendente – estas, sim, características inerentes ao futebol. Assim, conquanto ninguém pudesse negar que, no ano do sesquicentenário, uma final entre Brasil × Portugal seria, de fato, a perfeita síntese do *espetáculo* que o governo vinha oferecendo aos brasileiros – e, por que não, ao mundo – em 1972, muitos não esperavam que os portugueses fizessem uma campanha praticamente irrepreensível do ponto de vista técnico. Sobretudo, muitos não contavam com os tropeços de seleções fortes como a da Escócia, Argentina e Uruguai.

Dessa forma, embora os portugueses não fossem um dos destaques iniciais do torneio, a seleção, cuja base era o time do Benfica, melhorava a cada jogo. Nelson Rodrigues, embora convicto de que "nunca houve um futebol como o nosso. Assim na terra como no céu" (Rodrigues, 1972b:3), admirava-se do desempenho que o *escrete* lusitano demonstrava. Sobre a partida entre Portugal e Argentina, escreveu:

> Eu diria que Portugal vive o grande momento de sua história futebolística. [...] Ontem, foi impressionante. Enquanto o adversário chorava a sua impotência e frustração, os portugueses construíam a sua bela vitória. Muita gente lamentava que o Brasil não tinha adversário. É falso, mil vezes falso. Aí está, por exemplo, o quadro português. Grande escrete, que melhora de 15 em 15 minutos. Depois da partida e ainda no "Mário Filho", dizia-me o Raul Brandão: "veremos a finalíssima Brasil × Portugal" [Rodrigues, 1972a:17].

E assim o foi. Brasil e Portugal faziam, naquele típico domingo de inverno carioca, a grande final do Torneio Independência. A *peleja* estava marcada para começar às 18h. Se ganhasse, a seleção brasileira completaria 33 partidas oficiais sem ser derrotada, superando o recorde da Hungria que, entre 1950 e 1951, permaneceu invicta por 32 partidas.[228] A base do *escrete canarinho* era praticamente a mesma que jogou o Mundial de 1970 no México. *Praticamente*. Afinal, não tinha mais Pelé, que fez duas partidas de despedida da seleção brasileira ainda em 1971.[229] Mas tinha Tostão, Rivelino, Jairzinho... E lá se foram os 100 mil torcedores assistir aos campeões do mundo jogando uma final internacional em pleno Maracanã.

A expectativa era grande. Mesmo o Brasil não tendo feito uma campanha excelente durante o torneio, não era todo dia que se podia assistir à seleção tricampeã do mundo disputar uma final internacional no Maracanã. No dia da

---

228. "Brasil quebra recorde da Hungria". *Jornal do Brasil*, Rio de Janeiro, p. 50, 10 jul. 1972.
229. A primeira partida foi em São Paulo, no dia 11 de julho de 1971. A seleção empatou em 1 × 1 com a Áustria, gol de Pelé. O último jogo, afinal, realizou-se uma semana depois, 18 de julho, no Maracanã. A seleção empatou novamente, dessa vez em 2 × 2 contra a Iugoslávia, sem gols de Pelé. Cf. *Folha de S.Paulo*, 12 jul. 1971 e 19 jul. 1971. Caderno de esportes.

partida, em sua coluna no *Jornal do Brasil*, o jornalista Armando Nogueira afirmava: "chegar à final da Taça me parece mais mérito de Portugal que do Brasil" (Nogueira, 1972:63). No mesmo dia, o anúncio da capa do jornal falava apenas em um *ligeiro* favoritismo da seleção brasileira:

> Ligeiramente favorita – apesar de não ostentar a forma que a consagrou no Mundial do México, há dois anos – a Seleção Brasileira decide às 18 horas de hoje, no Maracanã, o título de campeã da Taça Independência com a Seleção de Portugal, equipe que realizou excelente campanha durante a fase de classificação e é a melhor do país nos últimos anos.[230]

Apesar disso, apesar da ausência de Pelé, apesar de todos os pesares, a expectativa era a de que a seleção, afinal, jogasse como jogou no México. A ansiedade era grande. Afinal, não era a seleção a *pátria em chuteiras*, como dizia Nelson Rodrigues?

Assim, dias antes da final, antes mesmo de o Brasil se classificar, caravanas de ônibus estavam sendo preparadas em Salvador para levar torcedores baianos ao Maracanã. Nada menos que 3.200 quilômetros de uma longa viagem para ver se confirmar a expectativa de um grande espetáculo.[231] No grande dia, não era exagero afirmar que a partir de 8h da manhã já era possível observar nos arredores do estádio Mário Filho a movimentação de alguns torcedores "ainda de cabelos molhados e cara de café com leite".[232]

A partir das 16h, quando começava a disputa pelo terceiro lugar entre as seleções da Iugoslávia e Argentina,[233] o movimento no Maracanã começou a se tornar intenso, semelhante àquele que se verificava em dias de clássicos do Campeonato Carioca. Era grande também o número de carrocinhas de ambulantes do lado de fora do estádio. Na parte interna, às portas das arquibancadas, multiplicavam-se os vendedores de bandeiras. Assim como em muitos outros

---

230. "Brasil favorito decide Taça hoje com Portugal". *Jornal do Brasil*, primeira página, 9 jul. 1972.
231. "Os maxiprejuízos da Taça". *Veja*, São Paulo, p. 52, 12 jul. 1972.
232. "Maracanã, uma festa muito fraternal". *Jornal do Brasil*, Rio de Janeiro, p. 45, 10 jul. 1972.
233. Com vitória por 4 × 2 da primeira. Cf. "Iugoslávia derrota a violência". *Folha de S.Paulo*, p. 19, 10 jul. 1972.

eventos durante as comemorações do sesquicentenário, os ambulantes ofereciam aos fregueses mais de uma opção: bandeirolas do Brasil, de Portugal e também as de Brasil *e* Portugal desenhadas juntas, acompanhadas dos dizeres: "duas Pátrias, um só coração".[234]

Não obstante, pelas arquibancadas, somente se viam bandeiras do Brasil, ainda embainhadas, esperando o momento de serem desfraldadas. Durante as cerimônias em torno dos restos mortais de d. Pedro I – ou d. Pedro IV para os portugueses – era possível empunhar as duas bandeiras. Tratava-se, efetivamente, do *herói de duas pátrias*. No Maracanã o mesmo não se verificava. Ali, conquanto os portugueses pudessem ser considerados uma *nação irmã*, tratava-se do triunfo de uns heróis sobre os outros. Mais que isso, tratava-se da confirmação do *domínio brasileiro* no *império do futebol*.[235]

A torcida brasileira, enorme, entoava seus cânticos. Não estava interessada em saber se os críticos tinham ou não razão e se o time de Portugal tinha ou não mais méritos que o do Brasil. Desejava ver Tostão, Jairzinho, Rivelino, Gerson e os demais *heróis de chuteiras* triunfarem mais uma vez, agora sobre a seleção portuguesa. A pequena torcida lusitana acompanhava, de longe, a *coreografia* dos brasileiros. Um vento frio cortava as arquibancadas. Alguns torcedores aqueciam-se com um cafezinho, ali mesmo, em meio ao frio do inverno da Guanabara e à ansiedade pela entrada em campo do selecionado nacional.[236]

Quem também chegou cedo foi o presidente Médici, ainda no intervalo do jogo entre Iugoslávia e Argentina. Vinha acompanhado do governador da Guanabara, Chagas Freitas, e do ministro do Exército, Orlando Geisel. Terno cinza-escuro, radinho de pilha no bolso direito do paletó,[237] o ar um pouco nervoso, talvez de quem tivesse acompanhado o torneio e achasse, assim como os críticos, que Portugal tinha mais méritos. Fumou cinco cigarros, um atrás do outro.[238]

Médici era apaixonado por futebol. Gaúcho, torcia pelo Grêmio. No Rio de Janeiro, era Flamengo. Não se tratava, todavia, de um rubro-negro recente,

---

234. "Maracanã, uma festa muito fraternal". *Jornal do Brasil*, Rio de Janeiro, p. 45, 10 jul. 1972.
235. A comparação em termos *imperialistas* foi feita em 1998 pelo comentador francês Pascal Boniface. Cf. Boniface (1999:90 apud Wisnik, 2008:22).
236. "Maracanã, uma festa muito fraternal". *Jornal do Brasil*, Rio de Janeiro, p. 45, 10 jul. 1972.
237. "Médici, um torcedor de noventa minutos". *Jornal do Brasil*, Rio de Janeiro, p. 55, 10 jul. 1972.
238. Ibid.

como explicava o tricolor Nelson Rodrigues, mas sim de muitos anos: "As novas gerações não viram Candiota, um meia do Flamengo, que a crônica chamava de 'príncipe dos passes'. Candiota era primo do presidente" (Rodrigues, 1972a:17).

Vinha, portanto, do parentesco com Aníbal Medicis Candiota – também gaúcho de Bagé e jogador do Flamengo entre 1919 e 1927, a simpatia pelo clube carioca.[239] Desde que foi indicado à presidência da República em 1969, Médici era presença sempre notada – e anunciada – nos estádios de futebol. Sobretudo após a copa de 1970, fazia do futebol e de sua presença nas partidas verdadeiros *testes de popularidade*. Não faltaria, portanto, à final da *Taça Independência*, o torneio do sesquicentenário. João Havelange, presidente da CBD em 1972, inclusive, se lembraria mais tarde de que a sugestão do torneio partiu do próprio presidente, em uma reunião realizada no gabinete presidencial do Palácio do Planalto nos inícios de 1972:

> Doutor Havelange, não temos muitos recursos, mas temos de festejar. Temos programas imensos na área de cultura, arte e música, mas o que toca mesmo a massa é o futebol. Seria bom se fizéssemos um torneio ou uma Copa que pudesse situar de maneira valiosa e preciosa o sesquicentenário [Rodrigues, 2007:135].

A memória. Seus *ditos*, seus *não ditos*, seus *silêncios* e deslocamentos – de datas, de sentidos. É, de fato, bem possível que a sugestão da realização do torneio tenha partido do presidente. Mas se a tal reunião foi mesmo realizada nos inícios de 1972, Médici a convocara com certo atraso, pois, como veremos a seguir, já em fins de 1971, Havelange tinha pré-organizado o torneio e conseguido sua oficialização na Federação Internacional de Futebol (Fifa). Antes disso, em fins de julho de 1971, uma equipe das "mais altas autoridades do futebol mundial fora convocada pela CBD para vistoriar 10 dos 12 estádios que receberiam os jogos do Torneio".[240] No mais, para além das vontades presidenciais, o que a lembrança de Havelange silencia é o fato de que em 1972, apenas dois anos após a impressionante campanha

---

239. Sobre Candiota, cf. o *site* oficial do Clube de Regatas Flamengo. Disponível em: <www.flamengo.com.br/flapedia/An%C3%ADbal_Medicis_Candiota>. Acesso em: 3 out. 2011.
240. "Dez estádios recebem uma visita importante". *Folha de S.Paulo*, São Paulo, p. 32, 29 jul. 1971.

da seleção em 1970, a *Minicopa* realizada *no* e *pelo* país que possuía o melhor futebol do mundo e que, além disso, vivia um momento de otimismo político, social e crescimento econômico capaz de impressionar, parecia, cada vez mais, uma boa vitrine de divulgação de sua candidatura à presidência da Fifa.[241]

De toda forma, a memória que Havelange evocava anos depois para explicar como teria surgido a ideia do torneio de futebol diz muito a respeito do tratamento e do status que o esporte ganhou no país naqueles primeiros anos da década de 1970. Também dizia muito a respeito de como a figura de Médici esteve, durante seu mandato, muito mais diretamente vinculada ao futebol do que, por exemplo, à repressão. Nelson Rodrigues, em seus *exageros patrióticos* – se a expressão não é pleonástica –, afirmava que após Médici "um homem que não sinta o futebol não será no Brasil um estadista" (Rodrigues, 2008a:217).[242]

Assim, antes de iniciar a grande final, os alto-falantes anunciaram a presença do *grande estadista* e de sua esposa, d. Scyla, que habitualmente o acompanhava aos estádios. Habitualmente, mas não naquele dia: embora sua presença estivesse confirmada, na última hora a primeira-dama não pôde comparecer ao evento. Pouco importava. Quando os alto-falantes anunciaram a presença do presidente, repetiu-se no Maracanã uma cena que vinha se tornando comum desde 1969, não apenas ali, mas em vários outros estádios do país onde sua presença era anunciada:[243] aplausos, muitos aplausos. Podia-se dizer mesmo, *ovações*. A tamanho entusiasmo, o presidente respondia com acenos e sorrisos.[244]

Faltava pouco para as 18h quando, liderados pelo capitão Gerson, os *heróis da nação* entraram em campo. Eram eles: Leão, Zé Maria, Brito, Vantuir, Marco Antônio, Clodoaldo, Gerson, Rivelino, Jairzinho, Leivinha e Tostão. O Maracanã aplaudia, entoava hinos guerreiros, desfraldava as bandeiras nacionais. A *nação inteira* parecia festejar com os tricampeões.

Apresentava-se também o bravo selecionado português: Zé Henrique, Artur, Humberto, Messias, Adolfo, Jaime Graça, Toni, Peres, Jordão, Eusébio e Diniz.

---

241. "Havelange, CBD, o mundo". *Veja*, São Paulo, p. 76, 14 jun. 1972.
242. A crônica, "Eis um brasileiro que não é uma casaca" foi originalmente publicada em *O Globo*, 25 maio 1973.
243. "Milito, de meia-direita a presidente da República". *Jornal do Brasil*, Rio de Janeiro, p. 63, 9 jul. 1972.
244. "Primeiro, nervoso; mas depois, só alegria". *Folha de S.Paulo*, São Paulo, p. 21, 10 jul. 1972.

Quase ninguém os notou. A torcida voltava suas atenções para os tricampeões do mundo. Os torcedores brasileiros talvez não esperassem o mesmo show que a seleção dera no México dois anos antes, mas queriam a vitória. *Precisavam da vitória* para superar definitivamente o tal *complexo de vira-latas, diagnosticado* por Nelson Rodrigues quando da derrota na final do mundial de 1950 para os uruguaios em pleno Maracanã (Rodrigues, 1993:61-63). Aliás, o recém-rebatizado "Estádio Jornalista Mário Filho" precisava da vitória. Afinal, não era ele o *superestádio*, "construído para ser campeão do mundo, mas que jamais passara de campeão brasileiro"?[245]

Além disso, a *nação brasileira merecia a vitória*. Era o ano do sesquicentenário. Os 100 mil torcedores no Maracanã queriam comemorar. Já o faziam pelas ruas diante de Tiradentes e d. Pedro I. Queriam agora comemorar no Maracanã. O desejo era legítimo. A nação estava em festa. Os outros tantos torcedores pelo Brasil que acompanhavam a partida pela TV – em cores ou mesmo em preto e branco – e pelo rádio, em suas casas ou em praças públicas, queriam comemorar. Era um ano de comemorações e o escrete canarinho deveria contribuir, dando à nação a vitória.

Enfim, tocaram os hinos nacionais. Aos primeiros acordes do hino brasileiro, todo o Maracanã mostrava-se absolutamente concentrado. Perfilados, mãos no coração, 100 mil *patriotas* voltados para o centro do gramado entoavam, uníssonos, o *brado retumbante* de *um povo heroico*, pedindo gols.

Pontualmente às 18h, o Maracanã lotado ouviu o apito do juiz Abraham Klein, de Israel. Começava o jogo.

Supercopa ou Minicopa?

Domingo, 19 de dezembro de 1971. O presidente da CBD João Havelange retornava ao Brasil após viagem de 27 dias à Europa, quando esteve em 11 países e 15 cidades, percorrendo um total de 49 horas de voo e 59 mil quilômetros. Sua missão: convidar e garantir a presença das mais importantes seleções de futebol

---

245. *Manchete*, Rio de Janeiro, p. 7, 22 jul. 1972.

europeias no Torneio Independência, que ocorreria entre os meses de junho e julho do ano seguinte em homenagem às comemorações do sesquicentenário da independência do Brasil.[246]

Na entrevista coletiva que concedeu no dia seguinte ao seu retorno, Havelange confirmava a participação da seleção espanhola que viria no lugar dos ingleses, que se recusaram desde o primeiro momento a participar da competição no Brasil.[247] Não obstante, o presidente da CBD estava otimista e anunciava como certas as presenças de importantes seleções, como as da França, Rússia, Portugal e, inclusive, as campeãs do mundo Itália e Alemanha Ocidental. Além disso, assegurava que vários outros países estavam em uma espécie de *lista de espera* para serem convidados: Áustria, Hungria, Tchecoslováquia, Holanda, Suíça, Escócia, Bélgica, Suécia e Romênia.[248]

Antes de viajar à Europa, ainda em outubro de 1971, Havelange e Abílio de Almeida, vice-presidente da CBD, foram até o Peru, onde entregaram os convites aos países filiados à Confederação Sul-Americana: Argentina, Colômbia, Chile, Equador, Peru, Paraguai e Venezuela.[249] A ideia era que o torneio pudesse reunir seleções de todos – ou quase todos – os continentes. Na América do Norte, o México foi convidado. Aliás, em retribuição à boa acolhida dedicada ao *escrete canarinho* em 1970, a seleção daquele país foi a primeira a receber o convite da CBD para participar do torneio.[250] Emissários de João Havelange também foram à África e à Ásia.

A ideia era reunir 20 equipes. Quatro a mais que as 16 que participaram do mundial de 1970 no México. Por isso, Havelange chamava o torneio de *Supercopa*, embora desde o começo a imprensa tivesse se referido ao evento como *Minicopa*, este sim, o apelido que *pegou*. Ambos, interessantes como metáfora do país, sobretudo naquele momento, quando o desejo de construção *da grande potência* parecia querer desafiar o *fantasma* do *eterno país do futuro*. O pêndulo do

---

246. "CBD define quem participará da C. Independência". *Jornal do Brasil*, Rio de Janeiro, p. 39, 21 dez.1971.
247. "Taça Independência: calendário vai mudar". *Folha de S.Paulo*, São Paulo, 21 dez. 1971.
248. Ibid.
249. "Havelange: os ingleses virão em 72". *Folha de S.Paulo*, São Paulo, p. 19, 1 out. 1971.
250. "Havelange deve dizer hoje no Rio o que houve na Europa". *Folha de S.Paulo*, São Paulo, p. 34, 2 mar. 1972.

orgulho nacional parecia mesmo oscilar entre esses dois extremos: *super* e *mini*, sobretudo, se tomarmos como referência o futebol, o espaço da vida nacional em que, apesar dos sucessos recentes, o *complexo de vira-latas* parecia estar sempre ensaiando seu retorno.

Nelson Rodrigues utilizava esta expressão em 1958 para falar a respeito da descrença nacional com relação à seleção brasileira às vésperas da copa da Suécia. Segundo o cronista:

> Por "complexo de vira-latas" entendo eu a inferioridade em que o brasileiro se coloca, voluntariamente, em face do resto do mundo. Isto em todos os setores e, sobretudo, no futebol. Dizer que nós nos julgamos "os maiores" é uma cínica inverdade [Rodrigues, 1993:61].[251]

Segundo ele, o complexo de inferioridade futebolístico tinha origem na decepção que havia sido a final entre Brasil e Uruguai na copa de 1950, em pleno Maracanã: "Gostaríamos talvez de acreditar na seleção. Mas o que nos trava é o seguinte: o pânico de uma nova e irremediável desilusão".[252]

A copa de 1950, esse *eterno trauma nacional*, pode funcionar muito bem como metáfora de sua época e, de certa forma, como captou Nelson Rodrigues, como representação do *espírito nacional* e de uma constante desconfiança com relação ao futuro do país. José Miguel Wisnik mostra como o escritor inglês Brian Glanville viu a "grandiosidade inusitada" do Maracanã: "um vasto canteiro de obras hiperlotado será a arena ideal para o balanceio fragoroso entre a ambição de grandeza e a impotência fragilizada de um povo periférico e aneroide" (Wisnik, 2008:246).

Foi assim, como o *grande trauma nacional*, que a copa de 1950 — precisamente a partida final — entrou para o imaginário coletivo nacional: como o eterno pêndulo entre a *potência* e a *impotência*; entre a capacidade de construir *o maior estádio do mundo* e a impossibilidade de vencer dentro do seu próprio *templo*. O *Maracanã hiperlotado* naquela tarde de domingo, 16 de julho, transformou-se na síntese das "inviabilidades" do país e no espectro de "uma desesperança quan-

---

[251]. Crônica "Complexo de vira-latas" publicada originalmente em *Manchete Esportiva*, em 31maio 1958.
[252]. Ibid., p. 60.

to à efetivação de qualquer projeto coletivo" (Perdigão, 2000:17 apud Wisnik, 2008:248). O 16 de julho de 1950 nunca pôde ser esquecido. Tornou-se uma espécie de fantasma, à espreita. Sua lembrança persegue o *ser nacional* que, como disse Nelson Rodrigues, *quer* orgulhar-se da sua seleção, do seu país. Mas tem medo.

Não obstante, tudo parecia superado pelas conquistas de 1958 e 1962. Mesmo a catastrófica participação da seleção na copa da Inglaterra em 1966 e sua eliminação ainda na primeira fase tornavam-se menor diante da campanha de 1970, do tricampeonato e da conquista definitiva da taça Jules Rimet. O *complexo de vira-latas* parecia definitivamente superado. 1972 deveria ser a repetição, em solo nacional, do espetáculo de 1970. O Maracanã deveria, finalmente, ver o Brasil ser campeão.

Assim, a Taça Independência era *super*. Não podia haver dúvidas. O Brasil de 1972 não era o mesmo de 1950. Era agora *campeão*. *Tricampeão*. Era agora um país que vivia um *milagre*, que *ia pra frente*, que *construía o futuro* em boa ordem. A Taça Independência nasceu, assim, sob o signo da tão alardeada *grandeza nacional*. Como poderia, então, ser uma *minicopa*? Não. Era, definitivamente, uma *Supercopa*!

Assim Havelange a chamava, repetindo, talvez, a surpresa e o agrado feito pelos ingleses quando tomaram conhecimento da tabela do evento.[253] Também porque a ideia original era que o torneio pudesse contar com a presença das seleções até então campeãs mundiais: Uruguai, Itália e Alemanha Ocidental. A exceção seria a Inglaterra, que foi, no entanto, substituída à altura pela Espanha. Além disso, o torneio deveria ser *super* também por outros motivos: era uma competição organizada para homenagear os 150 anos da Independência do único país tricampeão do mundo de futebol. O torneio era parte – a parte mais popular – de uma festa *imponente*, *pomposa* e obcecada por *grandeza*, por mostrar ao mundo a *potência* em que o Brasil se transformava então.

O *sentimento nacional* estimulado pelas festas do *sesquicentenário* baseava-se na euforia provocada pelo *milagre brasileiro*, pela *grandeza* do país, pela sua capacidade de realização. Como dizia a letra do hino das comemorações, a ideia,

---

253. Fundo Comissão Executiva da Comemoração do Sesquicentenário da Independência. Arquivo Nacional/SDE – Documentos Públicos, código 1J. Pasta 58. Recorte de jornal: "Espanha diz não ter medo e sim falta de datas". *O Jornal*. Rio de Janeiro, 26 fev. 1972.

cantada aos quatro cantos, era mostrar que *esse Brasil faz coisas que ninguém imagina que faz*. A *Supercopa* tinha esse propósito. Não se tratava apenas de demonstrar os feitos da seleção *canarinho* em campo que, afinal, já tinham sido vistos e consagrados mundo afora, *ao vivo e em cores*, em 1970. Tratava-se de mostrar as capacidades de realização da *pátria* de Tostão, Jairzinho e companhia. O *Torneio Independência*, de acordo com o espírito megalômano que tomou conta do país naquele ano de sesquicentenário, era apresentado como *a grande obra do presidente da CBD* e também como *o maior torneio já promovido por um único país*.[254]

Abílio de Almeida comentava a respeito do torneio:

> Vamos é dar uma demonstração de grandeza de nosso país, mostrando-o ao mundo inteiro. Temos os maiores estádios [...]. No mesmo dia poderemos colocar um milhão e duzentas mil pessoas assistindo a seu esporte favorito. É uma demonstração de força que teremos ocasião de apresentar.[255]

O *Torneio Independência* se inseria no que podemos chamar de *espírito do sesquicentenário* – a síntese do *espírito de uma época* em que governo e segmentos expressivos da sociedade se empenhavam na construção de um *país vencedor*. Nesse sentido – e assim como em muitos campos da vida nacional durante os anos do *milagre* –, a ideia de *construção* foi tomada ao pé da letra. Estádios foram construídos, reformados e ampliados por todo o país. O Maracanã ganhou nova iluminação;[256] o estádio da Fonte Nova, na Bahia, foi completamente remodelado e passou a uma capacidade de 110 mil torcedores;[257] no Mato Grosso, o estádio Pedro Pedrossian, o *Morenão*, inaugurado em 1971, se preparava para receber seus primeiros jogos internacionais. Quando de sua construção, "foram instalados 72 projetores, em quatro torres de 45 metros de altura, de lâmpadas que favoreciam as transmissões de TV em cores".[258]

---

254. "Taça Independência, o torneio dos votos de João". *Veja*, São Paulo, p. 81, 14 jun. 1972.
255. Fundo Comissão Executiva da Comemoração do Sesquicentenário da Independência. Arquivo Nacional/SDE – Documentos Públicos, código 1J. Pasta 58A. Recorte de jornal: "Taça mostrará o Brasil". *Última hora*, Rio de Janeiro, 1 jun. 1972.
256. "Maracanã com luz nova e gramado velho". *Folha de S.Paulo*, São Paulo, p. 16, 25 dez. 1971.
257. "A Taça mais cara do mundo". *O Cruzeiro*, p. 19, 21 jun 1972.
258. Cf. *Folha de S.Paulo*, São Paulo, p. 14, 6 mar. 1971.

Com os jogos programados para acontecer em 12 estádios espalhados pelo país, o torneio se transformava também na metáfora de outro importante objetivo do governo Médici e que perpassou toda a comemoração do sesquicentenário: a *integração nacional*. De acordo com as palavras do próprio Havelange:

> O futebol poderia servir como mais um elo para a integração do país, que passa por uma fase de desenvolvimento. O torneio seria um espetáculo de enorme proporção, com o aproveitamento de 12 estádios brasileiros de grande capacidade de público, alguns construídos ou ampliados recentemente.[259]

Assim, o futebol aparece como a metáfora mais completa e bem acabada do Brasil que ia *pra frente*, do país *jovem*, *grande* e *vencedor* que se apresentava ao mundo como tal. O Brasil era a pátria de craques como Mané Garrincha; era brasileiro o *rei do futebol* – Pelé; e era do Brasil, para sempre, a taça Jules Rimet. Com exceção da catastrófica campanha de 1966, quando o Brasil foi eliminado ainda na primeira fase da copa da Inglaterra, o futebol brasileiro obtivera, em pouco tempo, três magníficas vitórias mundiais em 1958, 1962 e 1970, a *copa das copas* (Wisnik, 2008:293). Em nenhum outro aspecto da vida nacional a *potência* e a capacidade de realização do país se mostravam com tamanha força, *grandeza* e com uma *linguagem* tão tipicamente nacional como o futebol.

É certo que também em outros esportes o Brasil experimentava momentos importantes. Era o caso da campanha vitoriosa que Emerson Fittipaldi vinha fazendo ao longo de 1972 no campeonato mundial de Fórmula 1 e que culminou com a conquista antecipada do título em 10 de setembro de 1972, na Itália.[260] Foi a primeira conquista brasileira na Fórmula 1. Também, desde o início da década, o desempenho do boxeador Eder Jofre e, principalmente, o do jogador de xadrez Henrique Mecking, o Mequinho, impressionavam e davam ao país demonstrações de suas capacidades nos mais diferentes campos.[261] Assim, embora todos esses

---

259. "Taça Independência: integração pelo futebol". *Jornal dos Sports*, Rio de Janeiro, p. 2, 6 jun. 1972. Suplemento especial apud Almeida (2009:103).
260. "Emerson garante título com ótima vitória em Monza". *Jornal do Brasil*, Rio de Janeiro, p. 32, 11 set. 1972.
261. Cf. Almeida (2009:102). Almeida menciona também o segundo lugar obtido pela seleção brasileira de basquete masculino no mundial de 1970.

campeões e seus campeonatos compusessem a atmosfera de um país *pra frente* e *vitorioso*, nenhum deles demonstrava a mesma capacidade de mobilização que o futebol, este sim, o esporte *verdadeiramente nacional*, capaz de arrebatar multidões. O *espetáculo* que se verificou em 1970 reforçava sua capacidade de *traduzir a alma nacional* e de reunir *sentimentalmente* a nação.

O torneio de 1972 era, nesse aspecto, uma tentativa de prolongar o êxito – inclusive em termos políticos – que a copa de 1970 trouxe para o Brasil.[262] Sim, porque, sem recorrer à tese do futebol como ópio do povo, de resto manipuladora e maniqueísta quanto aos processos sociais (Levine, 1982:41 apud Guterman, 2004:269), as copas do mundo e os eventos esportivos de maneira geral podem e muitas vezes servem a interesses políticos, mantendo estreitas ligações com o poder. Seja o regime democrático ou autoritário, o *discurso esportivo* que evoca a *unidade nacional* em benefício da *vitória* que é, aqui, a *vitória de todos*, da *pátria*, pode ser extremamente mobilizador do sentimento *nacional*.

Por outro lado, Peter Reichel lembra o *profissionalismo* com que o esporte pode ser politicamente utilizado quando analisa os jogos olímpicos de Berlim em 1936. Segundo o autor:

> Nós sabemos, no entanto, desde os Jogos de 1936 em Berlim com que profissionalismo e com que perfeição estes grandes eventos são encenados e utilizados com fins políticos. Ao menos deveríamos sabê-lo [Reichel, 1993:248].

Tal foi o caso da copa de 1970 para o Brasil. Logo após a conquista do tricampeonato, o então presidente nacional da Arena, Rondon Pacheco, recomendou aos candidatos de seu partido que não deixassem de mencionar em suas campanhas a vitória brasileira no México "ao lado das realizações do governo revolucionário", pois se tratava de "fator psicológico positivo" da "mensagem que o partido governamental deve levar ao povo" (Guterman, 2004:272). Também, como veremos adiante, o mundial de 1970 acabou reforçando a imagem de Médici como torcedor/homem comum, "cabeça e símbolo da imensa e exaltada torcida em que o país inteiro havia-se transformado".[263]

---

262. Ibid., p. 95.
263. "A imagem do sucesso". *Veja*, São Paulo, p. 19, 1 jul. 1970.

Assim, pareceu positivo a muitos envolvidos no jogo político daquele momento a identificação da conquista da seleção de futebol como a vitória de um determinado *projeto nacional*. Não obstante, o significado político da Copa do Mundo de 1970 vai além da simples e pretensa utilização imediata da vitória pelas assessorias de comunicação da presidência ou, ainda, pelos candidatos da Arena – nesse caso, infrutífera, se pensarmos sobretudo no grande número de votos nulos nas eleições daquele ano. O que a Copa do Mundo de 1970 trouxe de mais expressivo para o país – e por isso ela pode ser considerada importante elemento de consenso – foi a identificação da seleção, seu ritmo e alegria de jogo com o momento político pelo qual o Brasil passava.

De acordo com Marcos Gutterman (2004:275), "a vitória no México foi a centelha que deflagrou um processo que já estava em gestação no país". O *processo* é justamente aquele que podemos identificar de modo mais amplo ao que venho chamando de *anos do milagre* ou ao que Carlos Fico chamou, especificamente para o caso da propaganda desse período, de *reinvenção do otimismo* (Fico, 1997). De fato, a euforia verificada no país a partir da conquista do tricampeonato de futebol – sobretudo o fato de ter sido uma euforia que perdurou por tempo considerável, a ponto de a CBD acreditar que poderia conseguir a mesma mobilização em 1972 – faz parte de algo mais amplo. Já mencionei a longa reportagem publicada pela revista *Veja* em setembro de 1971, logo após as comemorações da Semana da Pátria, sobre o suposto *renascimento do sentimento nacional brasileiro*. De acordo com a reportagem, "desde a vitória no México, com propaganda e sem propaganda, o brasileiro passou a gostar mais de seu próprio país. Os hinos, as cores e a bandeira tornaram-se motivos de orgulho".[264]

É, de fato, importante demarcar a centralidade que a vitória no mundial de futebol no México teve para o cenário nacional de inícios dos anos 1970. Não porque determinava o *renascimento* de um *nacionalismo de novo tipo*, *racional* e *não ufanista*, como pretendia a reportagem de *Veja*. Mas sim porque reforçava, e ao mesmo tempo moldava, a sensação de *otimismo* com relação ao futuro do país.

O otimismo estava, de fato, sendo *reinventado* a partir dos valores, tradições e políticas representados pela ditadura. Este processo passava, efetivamente, pelas

---

264. "A palavra dos mil usos". *Veja*, São Paulo, p. 36, 8 set. 1972.

conquistas esportivas, sobretudo pelo futebol. Mas não apenas. Relacionava-se também aos altos índices de crescimento econômico que os técnicos do governo faziam questão de alardear ano a ano; passava pelas facilidades de crédito concedidas a consideráveis extratos das classes médias, permitindo-lhes o acesso à casa própria ou ao primeiro automóvel (Reis, 2005:59); à expansão das fronteiras através da construção de grandes rodovias, ligando o país de ponta a ponta, como a Transamazônica; à construção de grandes obras; à integração proporcionada pelas redes de comunicação, como a TV Globo e seu *Jornal Nacional*, sem esquecer o sistema de telefonia que se expandia de forma até então nunca vista no país; à expansão da sociedade de consumo, modificando cotidianamente os hábitos das pessoas que, cada vez mais rapidamente, trocavam o rádio pela TV e a TV em preto e branco pela colorida[265] e, finalmente, à certeza de que a *subversão* e o *terrorismo* estavam sendo definitivamente controlados pelos órgãos responsáveis do Estado.

O cenário para a *explosão* nacionalista que então se verificou estava dado. A conquista do tri foi a *centelha* que o deflagrou. Nesse sentido, uma vez que as festas do sesquicentenário pretendiam ser – simultaneamente – uma *reafirmação, reatualização* e *comemoração* desse sentimento nacional, então construído sobre bases bastante específicas, o futebol deveria fazer parte – e com destaque – da programação.

Uma *Supercopa* foi, então, preparada. Todos os campeões mundiais viriam; a *seleção canarinho* faria exibições de gala em solo nacional; os estádios, do Oiapoque ao Chuí, ficariam lotados, os campeonatos locais e regionais, suspensos. Todas as atenções deveriam estar voltadas para aquele que seria – com a licença e o perdão de d. Pedro I – o *maior* evento do sesquicentenário.

Não obstante, cedo os problemas começaram a aparecer. Além da precoce desistência da Inglaterra, que já entre outubro e novembro de 1971 alegava coincidência de datas entre o torneio brasileiro e a Copa da Europa,[266] havia também Pelé. Na verdade, o problema era justamente o contrário: *não havia* mais Pelé. O *rei do futebol* fez, como já mencionei, dois jogos de despedida pela seleção brasileira em 1971 e, desde então, continuava jogando apenas pelo Santos.

---

265. Arquivo Edgar Leuenroth. Fundo Instituto Brasileiro de Opinião e Estatística (Ibope). Pesquisas de opinião: audiência de rádio e TV, 1972; hábitos de consumo, 1973.
266. Cf. *Folha de S.Paulo*, p. 19, 1 out. 1971; p.42, 28 nov. 1971.

Sobre a ausência de Pelé, João Havelange reconheceu mais tarde que a torcida a sentiu muito. Lembrava ainda que o jogador foi convidado e "chegou a cogitar um retorno ao time durante a Minicopa, desde que recebesse um cachê diferenciado, em dólares" (Rodrigues, 2007:136). Posteriormente, Pelé negou que a conversa tivesse acontecido. Todavia, de acordo com Ernesto Rodrigues, biógrafo de Havelange, a falta de acordo sobre a participação do *rei* na Taça Independência se tornaria um dos "curtos-circuitos mais lembrados na crônica da tumultuada relação que ele teve com Havelange nos anos seguintes" (Rodrigues, 2007:136).

Mas as ausências não se limitaram à seleção da Inglaterra ou Pelé. Na verdade, as principais seleções europeias que haviam confirmado sua participação foram, aos poucos, desistindo. A Espanha, convidada para substituir a campeã do mundo Inglaterra, alegava falta de datas. Às declarações de Abílio de Almeida à imprensa de Madri, sobre suposto *medo* dos dirigentes espanhóis de mandarem seus jogadores ao Brasil, a Real Federação Espanhola de Futebol respondia, em nota oficial, com certo desdém e ironia:

> Sabe-se que a flexibilidade de fixação de calendários nos países latino-americanos não existe na Europa, onde a programação de jogos internacionais se faz com uma antecedência de anos. Em relação à participação de uma equipe nacional na Minicopa (sublinhando-se que nos planos iniciais da CBD a Federação Espanhola não figurava), a proposta sofreu o mesmo vício e, apesar do esforço que a Federação realizou, não foi possível alterar substancialmente uma temporada como a Copa da Europa, para se atender aos desejos da CBD.[267]

Também a seleção da Alemanha Ocidental recusou o convite para jogar no Brasil, alegando, da mesma forma que ingleses e espanhóis, incompatibilidades de calendário.[268] Nesse momento, após as negativas de Inglaterra, Espanha

---

267. Fundo Comissão Executiva da Comemoração do Sesquicentenário da Independência. Arquivo Nacional/SDE – Documentos Públicos, código 1J. Pasta 58. Recorte de jornal: "Espanha diz não ter medo e sim falta de datas". *O Jornal*, 26 fev. 1972.
268. "Alemanha não vem para a Minicopa. CBD tenta Itália". *Folha de S.Paulo*, São Paulo, p. 1, 19 fev. 1972. Caderno de Esportes.

e Alemanha, a CBD preparava-se para o *não* da Itália. Em fins de fevereiro, não configurando ainda uma negativa formal – que, afinal, se concretizaria em seguida –, Artemio Franchi, presidente da Federação Italiana de Futebol, comunicava a Havelange que "em junho os jogadores italianos entram em férias coletivas, daí a quase certeza da não participação da 'Squadra Azurra' na Minicopa".[269]

Desde 1970, João Havelange era candidato declarado à presidência da Fifa nas eleições de 1974. Em 1972, diante da negativa das três campeãs mundiais europeias além da Espanha, falou-se muito na imprensa brasileira em boicote à candidatura de Havelange, orquestrada principalmente pelo então presidente do órgão máximo do futebol, o inglês Stanley Rous:

> A rentabilidade e a expressão da Minicopa estão seriamente ameaçadas diante das negativas da Itália, Inglaterra, Alemanha e Espanha. Um autêntico boicote europeu contra o futebol brasileiro. Um boicote estimulado pelo presidente da FIFA, Stanley Rous e motivado pelo melindre político inglês. A própria Inglaterra, ao tomar conhecimento da tabela da Minicopa, a classificou de Supercopa. Foi o bastante para Stanley Rous enciumar-se e imediatamente partir para o boicote, embora tivesse sido a própria FIFA a organizadora da tabela e a Minicopa por ela oficializada.[270]

Anos mais tarde, ao relatar o episódio ao seu biógrafo, o próprio Havelange admitiria: "Desde o primeiro momento não foi fácil lidar com os europeus [...]. Como eu era candidato à presidência da FIFA, me tiraram a escada" (Rodrigues, 2007:136). Diante da recusa das principais seleções europeias, outros países entraram na lista de Havelange. A Bélgica foi um deles. Também declinou. O *verdadeiro motivo*, segundo se especulou na imprensa, foi também a oposição à candidatura do dirigente brasileiro:

---

269. "Cada vez mais difícil a vinda dos italianos". *Folha de S.Paulo*, São Paulo, p. 2, 26 fev. 1972. Caderno de Esportes.
270. Fundo Comissão Executiva da Comemoração do Sesquicentenário da Independência. Arquivo Nacional/SDE – Documentos Públicos, código 1J. Pasta 58. Recorte de jornal: "Espanha diz não ter medo e sim falta de datas". *O Jornal*, 26 fev. 1972.

Os belgas lideram a reação europeia contra a candidatura de João Havelange à presidência da FIFA. Os dirigentes da Federação Belga, inclusive, já se manifestaram contra no "FIFA News", boletim da entidade, alertando a Europa para a perda de prestígio do seu futebol e dentro da entidade.[271]

Todavia, às vésperas de iniciar o torneio, pareceu melhor – inclusive para preservar a imagem do *candidato* à presidência da Fifa – não falar, oficialmente, em boicote dos europeus. Menos ainda de Stanley Rous:

> Para o público, as ausências das seleções da Alemanha, Inglaterra e Itália, eram trabalho de Stanley Rous [...], devido à candidatura de Havelange à sua sucessão. Mas Abílio [de Almeida] contesta veementemente:
>> Rous teve até uma atitude extraordinária, pois no dia 10 de janeiro de 71, na reunião do Comitê Executivo da FIFA, em Atenas, deu apoio integral à Taça Independência, justificando que o Brasil era de fato o líder do futebol mundial e merecia a promoção.[272]

Assim, as seleções europeias foram substituídas por outras, de menor expressão, não previstas inicialmente no cronograma da CBD. Era o caso das seleções da Escócia e Tchecoslováquia, por exemplo. Nas Américas Central e do Norte, a desistência dos mexicanos foi solucionada pela criação de uma seleção que representasse toda a Confederação de Futebol da América do Norte, Central e Caribe (Concacaf). Esta reuniu jogadores de países sem muita tradição no futebol, como Guatemala, El Salvador, Costa Rica, Honduras, Haiti, Bermudas, Jamaica, Cuba, Trinidad e Nicarágua.[273] Constituiu-se também uma seleção representando a África. Da Ásia, veio o Irã. No final, as 20 seleções que compuseram os grupos que disputaram a Taça Independência foram as seguintes: Argentina, Colômbia, Chile, Equador, Bolívia, Paraguai, Peru, Venezuela, Concacaf, França, Irlanda,

---

271. "Minicopa: Bélgica avisa que não vem". *Folha de S.Paulo*, São Paulo, p. 22, 10 mar. 1972.
272. Fundo Comissão Executiva da Comemoração do Sesquicentenário da Independência. Arquivo Nacional/SDE – Documentos Públicos, código 1J. Pasta 58A. Recorte de jornal: "Taça mostrará o Brasil". *Última Hora*, 1 jun.1972.
273. "Minicopa: a dúvida agora é a presença da Iugoslávia". *Folha de S.Paulo*, São Paulo, p. 28, 22 mar. 1972.

Portugal, Iugoslávia, África e Irã. Além das cinco seleções pré-classificadas: Brasil e Uruguai – as campeãs mundiais do Cone Sul – e União Soviética, Tchecoslováquia e Escócia – as europeias que substituíram as campeãs mundiais do Velho Mundo.

Parecia que, aos poucos, a *Supercopa* dos sonhos da CBD se transformava, de fato, em uma *Minicopa*:

> Alemanha, Itália, Inglaterra e Espanha não estarão presentes naquela que será verdadeiramente uma minicopa. De início surgiu essa denominação porque a Taça Independência não seria logicamente uma Copa do Mundo, mas se viessem todos aqueles que foram convidados, estaria talvez num plano técnico até superior. Agora, o título minicopa pode ser considerado até mesmo como pejorativo, porque o certame não reunirá grandes forças como se previa e contará com alguns países sem muita expressão futebolística. Argentina, Uruguai, União Soviética, Portugal e Iugoslávia, ao lado do Brasil, são os únicos que poderão salvar o torneio [Chiorino, 1972:34].

A sensação de que o *megaevento* previsto transformara-se em uma *Minicopa* acentuava-se em razão da forma como o torneio foi organizado. Como o grupo IV, composto pelas seleções pré-classificadas, inclusive o Brasil, não jogou a primeira fase eliminatória, os jogos tiveram início sem uma *grande abertura*. A preocupação que norteou a CEC com relação às comemorações do sesquicentenário e fez com que fosse criado o Encontro Cívico Nacional para marcar o início das festividades de forma grandiosa, *integrando* todo o país e criando uma expectativa quanto ao início das festas, parece ter passado despercebida à CBD. O torneio começou em 11 de junho com jogos *mornos*: Irlanda × Ásia,[274] no Recife; Portugal × Equador, em Natal; Peru × Bolívia, em Curitiba; Paraguai × Venezuela, em Campo Grande; França × Concacaf, em Salvador; e Argentina × África, em Aracaju.[275]

---

274. A seleção do Irã, então recém-campeã da Taça Asiática de Futebol, representou o continente asiático na Minicopa. Por isso, na imprensa da época não é raro encontrar referências a esse grupo tanto como "seleção da Ásia" quanto como "seleção do Irã". Cf. *Folha de S.Paulo*, 7 jun. 1972.
275. "Taça começa com jogos em seis estados". *Jornal do Brasil*, Rio de Janeiro, p. 1, 11-12 jun. 1972.

O torneio começou sem seus *grandes heróis*, fora de seu maior *templo*, o Maracanã. Assim, à medida que os primeiros jogos iam acontecendo, a imprensa ia dando conta de estádios vazios e das multidões desinteressadas. Em Curitiba, a primeira rodada começou com Peru 3 × 0 Bolívia. A imprensa falava em um *jogo fácil*, da fraqueza dos jogadores bolivianos e do estádio Belford Duarte vazio.[276] Já em Campo Grande, da *peleja* entre Paraguai e Venezuela se dizia "um verdadeiro fracasso técnico", embora o Paraguai tivesse confirmado seu favoritismo e vencesse por 4 × 1.[277] No Recife, Irlanda e Irã jogaram pelo grupo II. Os iranianos, que tiveram de jogar com a camisa do Santa Cruz, uma vez que seu uniforme original era muito parecido com o do adversário, ganharam a simpatia dos torcedores do tricolor pernambucano, em um Estádio do Arruda nem tão vazio assim.[278]

Sobre os jogos que aconteceram em Natal, na primeira fase da copa, a *Folha de S.Paulo* noticiava:

> Os torcedores de Natal não estão nem um pouco interessados no jogo de domingo, entre Irlanda e Equador, principalmente depois da derrota dos equatorianos contra o Chile. E a última partida prevista para o Estádio Castello Branco promete uma das mais fracas arrecadações desta fase da Minicopa. Chile vs. Equador rendeu Cr$ 54.632,00.[279]

De fato, à medida que as principais seleções europeias foram desistindo de participar do torneio, criou-se um ambiente de pessimismo, inclusive financeiro – mas não apenas – em torno da Taça Independência. Além disso, como pudemos observar, a primeira fase da Minicopa não se mostrou capaz de superar as tendências pessimistas.

Não obstante, o campeonato foi ganhando nova dinâmica à medida que os jogos da etapa semifinal tiveram início e a seleção brasileira finalmente *entrou em campo*. Seu primeiro jogo aconteceu no Maracanã, em 28 de junho, contra

---

276. "Fácil, fácil: Peru 3, Bolívia 0". *Folha de S.Paulo*, São Paulo, p. 20, 12 jun. 1972.
277. "Em Campo Grande, jogo ruim". *Folha de S.Paulo*, São Paulo, p. 20, 12 jun. 1972.
278. "A Taça mais cara do mundo". *O Cruzeiro*, Rio de Janeiro, p. 22, 21 jun. 1972.
279. "Chile arma esquema para barrar Portugal". *Folha de S.Paulo*, São Paulo, p. 23, 16 jun. 1972.

a Tchecoslováquia. A expectativa da estreia brasileira era grande e o torcedor compareceu ao estádio, transformando-a em um grande espetáculo. Era como se o que aconteceu antes, a primeira etapa, não passasse de um *ensaio* do que viria depois. A estreia da seleção *canarinho* contou com a presença de personalidades ilustres: além da já habitual presença do presidente Médici, compareceram João Havelange e o presidente da Fifa, Stanley Rous (Almeida, 2009:115). Médici, como era de seu costume, deixou a tribuna de honra 10 minutos antes do fim da partida. Saiu sem ver gols. A partida terminou empatada em 0 × 0.

No dia 2 de julho, domingo, o Brasil enfrentou a Iugoslávia no Morumbi. Aos poucos, os torcedores paulistas foram lotando o estádio: "camisa esporte, sandálias, quase todos acompanhados de namoradas, noivas e esposas". No início da partida, quando os iugoslavos mantinham a posse da bola, "houve uma reação coletiva de assovios".[280] No estádio lotado, a seleção finalmente dava à torcida o que ela esperava: um espetáculo para os olhos e uma goleada: 3 × 0, dois gols de Leivinha e um de Jairzinho. Este, que no empate com a Tchecoslováquia havia sido considerado pela imprensa o destaque do time, era, já ao fim da partida contra a Iugoslávia, chamado de o *rei da Minicopa*.[281]

Contra a Escócia, no Maracanã, no dia 5 de julho, o jogo que classificou o Brasil para a final. A torcida compareceu e se manifestava, empurrando o time pra frente durante os ataques. No final da partida, vaiou muito o time escocês, o que deixou o técnico irritado. Os brasileiros enfrentaram a mesma dificuldade que tiveram contra a Tchecoslováquia: o time jogava todo na defesa, dificultando o ataque da seleção. O gol salvador saiu somente aos 38 minutos do segundo tempo, de Jairzinho.[282]

Ao mesmo tempo que é preciso reconhecer os tropeços e desacertos do evento, sobretudo em sua fase inicial, é fundamental ultrapassar essa primeira impressão e tentar compreender a Taça Independência no contexto mais geral do sesquicentenário. Se não se pode negar seu fracasso financeiro, nunca é demais lembrar que seu objetivo era, antes de tudo, político: comemorar os 150 anos

---

280. "Torcida paulista emociona Seleção". *Jornal do Brasil*, Rio de Janeiro, p. 50, 3 jul. 1972.
281. Cf. "Taça Independência 1972: Brasil 3 × 0 Iugoslávia". Disponível em: <www.youtube.com/watch?v=23GqQlz_TJc>. Acesso em: 5 ago. 2011.
282. *Jornal do Brasil*, p. 33-35, 6 jul. 1972.

da independência do Brasil. Por isso a CBD distribuiu ingressos gratuitamente a centenas de estudantes país afora.[283] Não para *lotar os estádios*, mas porque os jovens estudantes foram, afinal, o público privilegiado em todos os eventos do sesquicentenário, como pudemos observar nas comemorações em torno de d. Pedro I e Tiradentes. Estavam sempre presentes, abrindo caminho para os demais convidados, compondo a *mise-en-scène* oficial. Não foi diferente na Taça Independência. Afinal, eram eles o *futuro da nação*, para quem os brasileiros que *construíam o milagre* foram convocados a deixar um país novo.

Assim, é fundamental não perder de vista o papel desempenhado pelo futebol e pela seleção para a manutenção do *pacto social* estabelecido naquele momento. Não me refiro, no entanto, à ampla utilização do futebol pelo governo como fator determinante para reforçar o consenso social nos primeiros anos da década de 1970. Embora isto tenha realmente acontecido e tivesse sua importância, mesmo esse processo precisa ser analisado em sua complexidade, para não incorrermos no risco de tratar a sociedade como corpo passivo à manipulação da *todo-poderosa* propaganda oficial. De modo geral, é importante reconhecer que os governos podem se reforçar a partir de vitórias esportivas, sobretudo quando há identificação expressiva de governos e governantes com determinados esportes.

Tomemos como exemplo as copas do mundo de 1958 e 1970, dois contextos nos quais o Brasil vivia momentos de intensa euforia desenvolvimentista. Observaremos que, em 1958, quando a seleção brasileira conquistou seu primeiro título, Juscelino Kubistchek, o *presidente bossa-nova*, organizou grande recepção para a seleção: palanque armado em frente ao Palácio do Catete, distribuiu medalhas aos novos *heróis nacionais*, deixou-se fotografar ao lado dos jogadores. *Caneco* em punho, mostrava-o vez ou outra à multidão.[284] Festejou junto ao povo. Antes de sua chegada, o locutor oficial da cerimônia alardeava para a multidão diante do palácio que a vitória do Brasil representava "a meta esportiva do governo que não estava no programa 50 em 5".[285]

---

283. Cf. "Chile arma esquema para barrar Portugal". *Folha de S.Paulo*, São Paulo, p. 23, 16 jun. 1972, Almeida (2009:107).
284. "Vibração popular indescritível acolheu os craques brasileiros em sua chegada ao Rio". *Folha da Manhã*, p. 13, 3 jul. 1958.
285. "Com entregas de medalhas e diplomas Presidente selou sua meta esportiva". *Jornal do Brasil*, Rio de Janeiro, p. 7, 3 jul. 1958.

Inegável, portanto, que, seja em democracias, seja em ditaduras, as vitórias esportivas podem ser importantes eixos de *união nacional* e converter-se em importante elemento agregador de popularidade à imagem do presidente de então. Sobretudo se o país vive um momento propício, no qual as tendências otimistas são majoritárias. Juscelino, no entanto, não passou à posteridade como um presidente cuja imagem estivesse ligada ao futebol ou à copa de 1958. Diferentemente, por exemplo, do que aconteceu com o general Médici.

Hoje, com as disputas de memória construindo e reconstruindo ainda seus heróis e seus algozes, a imagem de Médici está predominantemente ligada ao arbítrio, aos *anos de chumbo* da ditadura. Nem sempre foi assim, no entanto. Mesmo hoje, é conhecida e lembrada a paixão do ex-presidente pelo futebol. Suas idas ao Maracanã eram constantes, e em muitas delas foi intensamente aplaudido. Em fins de janeiro de 1970, Nelson Rodrigues foi convidado pela assessoria da Presidência da República para assistir ao jogo entre São Paulo e Porto, que comemorava a finalização das últimas obras do estádio do Morumbi, ao lado de Médici. Sobre o encontro com o presidente, o dramaturgo escreveu:

> É preciso não esquecer o que houve nas ruas de São Paulo e dentro do Morumbi. No estádio Mário Filho, ex-Maracanã, vaia-se até minuto de silêncio e, como dizia o outro, vaia-se até mulher nua. Vi o Morumbi lotado, aplaudindo o Presidente Garrastazu. Antes do jogo e depois do jogo, o aplauso das ruas. Eu queria ouvir um assovio, sentir um foco de vaia. Só palmas. E eu me perguntava: "E as vaias? Onde estão as vaias?" Estavam espantosamente mudas [Rodrigues, 2008b:127].[286]

Nos dias seguintes à vitória do Brasil no México, Carlos Castello Branco, em sua coluna no *Jornal do Brasil*, se referia a Médici como "o torcedor apaixonado que as circunstâncias elevaram à chefia do governo". E acrescentava:

> Finda a partida [...] sabendo que havia populares em atitude de confraternização nos portões do Palácio, mandou abri-los e foi ao encontro de dezenas de desconhecidos, liberto do seu aparelho de segurança, confiante na emoção generosa. Alguém

---

286. A crônica foi originalmente publicada em *O Globo*, em 28 jan. 1970.

atirou-lhe uma bola, que ele agarrou, pondo-se a brincar como um menino, fazendo embaixada e tirando a bola de letra. Depois, abriu com os dois braços uma Bandeira Brasileira, com a qual saudou seus conterrâneos. [...] Pela primeira vez, desde 1964, abrem-se ao povo os portões do Palácio do Governo. O futebol fez o milagre [Branco, 1970:4].

Consta que, dois dias após a conquista do tricampeonato, quando o presidente recebeu no Planalto Central a seleção brasileira, teria chorado de emoção e declarado: "Este é o maior dia da minha vida" (Guterman, 2004:271). Antonio Carlos Scartezini conta que, em 1982, quando foi entrevistar o então recluso ex-presidente, levou como presente um livro sobre os campeonatos mundiais de futebol, acenando-lhe com "algo que pudesse tocá-lo e tornar menos frio o diálogo" (Scartezini, 1985:15). O *presidente torcedor* parece ter sobrevivido – ao menos até o início da década de 1980 – ao lado do *presidente/ditador* no imaginário coletivo nacional. No entanto, consolidou-se, nesse caso, uma imagem maniqueísta do futebol nos anos da ditadura: manipulável e manipulada, à mercê de um Estado *todo-poderoso* e de seu chefe, um *carrancudo militar* tentando tirar proveito do brilhante futebol da seleção de 1970.

Para além, no entanto, das batalhas de memória, é importante não perder de vista que Médici era efetivamente um *torcedor*. Sua popularidade, no entanto, transcendia o gosto pelo futebol. Ligava-se, antes, ao contexto mais amplo do *milagre*, ao combate à *subversão e ao terrorismo* e às promessas de abertura política ao final do seu mandato (Silva, 2007:258-259). O futebol era, nesse quadro, um dos principais elementos que compunham a conjuntura do *milagre*, visto aqui, em sua complexidade, como uma percepção otimista – algumas vezes até megalômana – quanto ao presente e ao futuro do país.

Nesse sentido, não seria razoável que a propaganda oficial não investisse nesse gosto talvez *exagerado* que o presidente possuía pelo futebol, sobretudo tendo em vista o contexto de auge daquele esporte no país. Assim, a imagem do *torcedor/homem comum* – que começava a delinear-se desde 1969[287] e ganhava

---

287. Nelson Rodrigues contava em uma de suas crônicas que, em 1969, pouco antes de sua indicação à presidência, Médici teria descido ao vestiário do Grêmio para conversar com os jogadores: "Como é, Alcindo, que você me perde aquele gol!?". Cf. Rodrigues (2008a:126). A crônica foi originalmente publicada em *O Globo*, 25 maio 1973.

contornos mais nítidos ao longo de 1970 – foi reforçada pela conquista definitiva da taça Jules Rimet.

O campeonato de 1972, por sua vez, confirmava a imagem do *presidente torcedor*, e Médici foi, naqueles anos, reconhecido como um flamenguista/gremista *roxo*, apoiando suas equipes nos estádios, sempre acompanhado de seu rádio de pilha, como muitos outros torcedores faziam. Um presidente, cuja popularidade e *real* paixão pelo futebol tornavam-no forte o suficiente para enfrentar um Maracanã lotado "serenamente, [...] com seu perfil de selo, de moeda, de cédula" (Rodrigues, 2008a:126). No dia da final da Copa Independência, o *Jornal do Brasil* anunciava sua presença no estádio. Não a do presidente Médici, mas a de *Milito*, "ex-ponta-direita do Bagé" do Rio Grande do Sul.[288] Criavam-se, dessa forma, vínculos de identidade entre Médici e a imensa *torcida nacional*. Laços, no entanto, que somente se tornaram concretos porque baseavam-se em dados reais.

Mas, voltando, enfim, à Taça Independência, devemos analisá-la a partir de uma multiplicidade de fatores para melhor compreendermos seu sucesso. Na verdade, embora seja possível questionar o êxito financeiro do torneio ou mesmo comprovar *matematicamente* seu fracasso e os estádios vazios em alguns jogos, é preciso relativizar tais dados em proveito de uma análise mais aprofundada. Constatar apressadamente o fracasso do campeonato a partir da contabilidade dos jogos é, nesse caso, optar por um ponto de vista que, ao fim, confirma uma interpretação maniqueísta do futebol sob a ditadura, resumindo-o ao sucesso (1970) ou ao insucesso (1972) da ditadura em manipulá-lo a seu favor. É fundamental, no entanto, ultrapassarmos essa visão em proveito de uma análise capaz de compreender o papel do futebol naquela complexa conjuntura.

Assim, em primeiro lugar, não podemos tomar os estádios vazios como elemento definitivo de um suposto *fracasso* do torneio. Isso porque é inevitável em qualquer tipo de competição esportiva que reúna 20 equipes internacionais que se verifique esvaziamento de público em determinados jogos. Particularmente neste caso, não é difícil supor que partidas como Concacaf × Colômbia ou Equador × Ásia, para citar apenas alguns exemplos, não despertassem mesmo o interesse da torcida.

---

288. "Milito, de meia-direita a presidente da República". *Jornal do Brasil*, Rio de Janeiro, p. 63, 9 jul. 1972.

Tome-se como exemplo o caso dos jogos realizados em Salvador: Argentina × África; França × Concacaf; França × Colômbia; Concacaf × África; Argentina × Colômbia; Colômbia × África; Argentina × França.[289] Com raras exceções, talvez feita ao jogo entre Argentina e França, não é propriamente espantoso que jogos como Concacaf × África não tivessem capacidade de empolgar os baianos e lotar o estádio da Fonte Nova. Não obstante, lembre-se mais uma vez a antecedência com a qual os soteropolitanos organizaram excursões de ônibus para irem ao Maracanã assistir à seleção brasileira na final do torneio.[290]

Por outro lado, se em termos financeiros o torneio representou prejuízos para a CBD,[291] o que dizer dos ganhos políticos? Sim, porque se de fato, como anunciava a revista *Veja* em 1972, a competição era o *torneio dos votos de Havelange*,[292] não devemos esquecer que, dois anos depois – certamente dois anos de muito trabalho eleitoral –, João Havelange foi escolhido presidente da Fifa. Para além dos *ganhos políticos* dentro do âmbito restrito da CBD e do mundo do futebol, qual o significado do torneio para o *Brasil do sesquicentenário*?

Certamente, nesse aspecto, a *Minicopa* não se restringiu à celebração da imagem do *presidente torcedor*, tampouco à celebração inócua da seleção tricampeã. É claro que o torneio foi organizado pensando na vitória, em mais uma comemoração em torno dos *heróis canarinhos* e em proporcionar à *nação de torcedores* mais um momento de congraçamento.

Mas a importância do futebol como elemento de consenso vai além das pretensões dos órgãos oficiais, ganhando sentido à medida que tais pretensões encontravam alguma resposta na sociedade. Assim, é importante destacar os estádios sempre lotados em dias de jogos da seleção brasileira. Pelas ruas do país inteiro, as torcidas se reuniam em bares e botequins para torcer pela *seleção canarinho*. Também é importante mencionar a presença significativa de torcedores que acompanharam os jogos da seleção portuguesa, sobretudo no Rio de Janeiro, onde a colônia lusa é bastante significativa. Esses torcedores carregavam as bandeiras que ganharam as ruas do país em todas as comemorações do sesquicentenário: aquelas que reuniam, em uma só, as duas bandeiras. Usavam também faixas na cabeça que misturavam

---

289. "A Taça mais cara do mundo". *O Cruzeiro*, Rio de Janeiro, p. 20, 21 jun. 1972.
290. "Os maxiprejuízos da Taça". *Veja*, São Paulo, p. 52, 12 jul. 1972.
291. Ibid.
292. "Havelange, CBD, o mundo". *Veja*, São Paulo, p. 81, 14 jun. 1972.

as cores brasileiras e portuguesas, e se decepcionaram com o empate em 1 × 1 contra os uruguaios.[293] Igualmente, é importante registrar os aplausos dedicados ao presidente, mais uma vez, no dia da grande final.

Para além disso, no entanto, é importante compreender o Torneio Independência dentro do quadro otimista que se vivia naqueles dias de comemoração. Como já afirmei, o futebol talvez fosse o campo da vida nacional que melhor refletisse os *sucessos* dos *anos de ouro* do *milagre*, as possibilidades, a *genialidade de jovem nação*, a *ginga* tão tipicamente nacional, as perspectivas para o futuro. Veja-se, por exemplo, a pesquisa realizada pelo Instituto Brasileiro de Opinião e Pesquisa (Ibope) no Rio de Janeiro, entre novembro e dezembro de 1970, ou seja, cerca de cinco meses após a conquista do tri. Perguntados se a conquista da seleção brasileira teve algum impacto em seus hábitos cotidianos, os entrevistados não tiveram dúvidas: 70% deles responderam que "não teve qualquer influência". No entanto, 59% responderam que, desde então, sentiam mais orgulho de serem brasileiros e 47% disseram-se mais otimistas com relação ao Brasil.[294] Era esse *otimismo* e esse *orgulho nacional* que deveriam ganhar as ruas e os estádios em 1972. E, em grande medida, ganharam.

Ao mesmo tempo, a *mise-en-scène* espetacularizante própria desse tipo de evento representava muito bem a face *bela* do regime e de um país em festa, suas cores, seus progressos. As transmissões pela televisão dos jogos da seleção brasileira são um bom exemplo de como o regime, através da Taça Independência, pôde se mostrar *belo*, forte. No dia 2 de julho, durante a transmissão da partida entre Brasil e Iugoslávia, por exemplo, o narrador da Rede Brasileira de Televisão anunciava, festivo, aos seus telespectadores:

> Transmissão em cores e de *stand by*. Na expectativa de qualquer eventualidade, uma outra transmissão em preto e branco para os senhores. De maneira que há dupla cobertura aqui do Morumbi, num trabalho espetacular da Rede Brasileira de Televisão.[295]

---

293. "Maracanã, união perfeita". *Jornal do Brasil*, Rio de Janeiro, p. 50, 3 jul. 1972.
294. Arquivo Edgar Leuenroth. Fundo Instituto Brasileiro de Opinião e Estatística (Ibope). Pesquisas de opinião: audiência de rádio e TV, 1972; hábitos de consumo, 1973.
295. Cf. Taça Independência 1972: Brasil 3 × 0 Iugoslávia. Disponível em: <www.youtube.com/watch?v=23GqQlz_TJc&feature=related>. Acesso em: 4 ago. 2011.

A televisão colorida. Mais um símbolo do *país que ia pra frente*, que mostrava ao mundo as cores e o brilho de seu futebol. Como disse Peter Reichel sobre os Jogos Olímpicos de Berlim, em 1936, "a *feiura* não tinha algum lugar naquela imagem grandiosa" (Reichel, 1993:253, grifo meu). A televisão – em cores! –, o rádio e a imprensa uniam o país de ponta a ponta em torno da seleção, *a pátria em chuteiras*, à espera do *delírio universal do gol* (Wisnik, 2008:14).

Aqui, acredito que seja importante retomar as reflexões de Peter Reichel a respeito da Alemanha nazista, que o historiador afirma ter possuído duas *faces opostas* e que, conquanto os alemães insistam, ainda hoje, em identificar somente a *face terrível* do regime, é preciso compreender também que ele possuiu uma *face bela* ou que, ao menos, a realidade do nacional-socialismo pôde ser *embelezada* (Reichel, 1993:7). À reflexão de Reichel pode-se acrescentar uma observação, válida também para pensar os anos 1970 no Brasil: essas duas *faces opostas*, longe de compor dois blocos antagônicos que se negavam – fazendo da *face bela* mero simulacro – eram, antes, os dois lados de uma mesma moeda que organizavam em um todo complexo, porém estimulante, a vida social do país.

Nesse sentido, a Taça Independência foi um sucesso. Cumpriu, juntamente com os demais eventos do sesquicentenário, o papel de mostrar a *face bela* do regime. Compunha – e compôs, particularmente no contexto das comemorações – o quadro de um país que queria se mostrar *grande*, capaz de se superar a cada vitória e que ostentava, orgulhoso, as cores de sua bandeira em forma de uniforme da seleção *canarinho*.

Nesse ponto, é preciso destacar, mesmo se tratando de um torneio oficial, que, quando falo especificamente do futebol como a *face bela* da ditadura, mais uma vez não me refiro a uma possível leitura segundo a qual a ditadura usou e manipulou esse esporte a seu favor. Além de tudo o que já foi dito sobre essa tese, seria também simplificar ao extremo as capacidades de ação e reação daqueles envolvidos no meio futebolístico – dirigentes, técnicos, jogadores – ao supor que eles tenham aceitado, sempre de cabeça baixa, os *usos e abusos* do futebol pelo regime. Antes, não seria o caso de se questionar se a profunda identificação entre ditadura e futebol não teria beneficiado a ambos os lados?

O apito final

Quando o juiz apitou o início da partida entre Brasil e Portugal, a torcida brasileira estava em polvorosa, com os rádios de pilha colados aos ouvidos, prestando atenção em cada movimento dos jogadores em campo. Logo no primeiro minuto de jogo, a seleção teve uma chance de atacar, com Jair pela direita. O Maracanã – da geral às cadeiras, passando pela arquibancada – ia ao delírio. Na tribuna de honra, Médici se agitava e "dava seu primeiro soco no ar".[296]

No entanto, ao contrário do que se esperava de ambas as equipes – um jogo mais aberto e livre –, o que se via nos primeiros 15 minutos eram os times armados defensivamente. O sistema defensivo brasileiro anulava completamente o ataque português. Não obstante, o meio-campo estava lento, sem conseguir armar as jogadas de ataque.[297]

O primeiro tempo foi equilibrado, embora os brasileiros criassem mais oportunidades de gol. Emerson Leão, o goleiro do *escrete canarinho*, quase não teve trabalho.[298] Os portugueses pouco ameaçavam. Aos 40 minutos, a torcida, desesperada, apelava ao senhor juiz: pênalti em Jairzinho! O presidente, até então em silêncio, impaciente, após fumar três cigarros, apontava para o árbitro em sinal de desaprovação.[299] Este nada marcou. "Jogo que segue", como dizem hoje os narradores de futebol. Aos 44 minutos, Jair cruzou pela direita para Tostão finalizar. Messias, o goleiro português, defendeu. No rebote, Rivelino voltou a cruzar para a área, mas Jair errou uma bicicleta. O primeiro tempo terminava em 0 × 0.

No segundo tempo, o time do Brasil voltou mais decidido. No entanto, o gol teimava em não vir. Aos 15 minutos, tentando dar maior mobilidade ao time, Zagalo substituiu Leivinha por Dario.[300] Ele mesmo, o *homem-gol* do Atlético Mineiro. O preferido de Médici. O episódio envolvendo a demissão de João Saldanha da seleção em 1970, em função de uma suposta intervenção de Médici, que queria ver entre os 11 o atacante mineiro, é bastante conhecido tanto na

---

296. "Médici, um torcedor de noventa minutos". *Jornal do Brasil*, Rio de Janeiro, p. 55, 10 jul. 1972.
297. "Brasil luta até o fim por vitória e é o campeão". *Jornal do Brasil*, Rio de Janeiro, p. 54, 10 jul. 1972.
298. "Jair, quando ninguém esperava". *Folha de S.Paulo*, São Paulo, p. 20, 10 jul. 1972.
299. "Médici, um torcedor de noventa minutos". *Jornal do Brasil*, Rio de Janeiro, p. 55, 10 jul. 1972.
300. "Jair, quando ninguém esperava". *Folha de S.Paulo*, São Paulo, p. 20, 10 jul. 1972.

crônica esportiva quanto política nacional. O que talvez seja pouco lembrado é o orgulho que Dario sentia: "Minha responsabilidade é grande, pois represento o Atlético e sua torcida, além de ter a honra de ser o preferido do presidente Médici" (Guterman, 2004:275).

Assim que entrou, Dario teve uma oportunidade de ataque. Chutou para fora. Parecia mesmo que "com Dario, o Brasil conseguiu ser mais agressivo, mas sempre esbarrando num excelente bloqueio tático" português.[301]

O tempo passava: 20 minutos, 30, 35, 40... O Brasil atacava, mas o gol não vinha. Na torcida, apreensão geral. Alguns se irritavam; outros acreditavam no *gol salvador*, no *milagre*. A expressão geral era de impaciência. Aos 44 minutos, quando todos se conformavam já com a prorrogação, Jairzinho sofreu uma falta pela direita, quase na entrada da área. Rivelino pegou a bola para cobrar a falta. O Maracanã parecia em silêncio – um silêncio impossível. Todos concentrados naquele instante, nos mínimos gestos de Rivelino:

> O juiz apita, milhões de pessoas se levantam, no estádio, nas ruas, nas casas. Mas o gênio não tem pressa. Olha mais uma vez para a bola, não se distancia mais de três passos, cada vez mais se percebe a sua superioridade, a sua segurança. Na área, um bolo de jogadores: brasileiros tentando confirmar as glórias de um passado; portugueses vivendo o sonho, a esperança de conseguir ao menos um empate perante os reis do mundo. Um sorriso, o corpo que se move, a perna esquerda que se ergue, o centro que sai perfeito, junto com grito de milhões de pessoas. Gol. É do Brasil.[302]

Jairzinho. Mais uma vez, ele, o *rei da Minicopa*, de cabeça. O Maracanã foi ao delírio. Na tribuna de honra, o *presidente torcedor*, também comemorava: "jogou para o alto o rádio com que ele acompanhava o jogo, levantou-se com os dois braços para cima e lançou um entusiasta grito de gol". Segundos depois, recompondo-se, virou-se para o embaixador português Manuel Fragoso, que assistia ao jogo ao seu lado, e disse: "Nós tivemos mais sorte que vocês".[303]

---

301. "Jair, quando ninguém esperava". *Folha de S.Paulo*, São Paulo, p. 20, 10 jul. 1972.
302. "No gol de Jair, a Taça que fica". *Folha de S.Paulo*, São Paulo, p. 17, 10 jul. 1972.
303. "Primeiro, nervoso; depois, só alegria". *Folha de S.Paulo*, São Paulo, p. 21, 10 jul. 1972.

De repente, ouvia-se o apito final. A Taça Independência era nossa. O Maracanã – torcida, jogadores e o presidente – comemorava. Não poderia ser diferente. Aquele era mesmo um ano *verde-amarelo*. A *seleção canarinho* não podia faltar à festa. E se o futebol – as copas do mundo em particular, mas não apenas – pode ser visto muitas vezes como síntese metafórica da conjuntura nacional, com a *Minicopa* não foi diferente: mostrou uma equipe que passava por mudanças: perdia Pelé, via Gerson envelhecer e Rivelino e Tostão saindo pouco a pouco de forma e de cena. Jairzinho parecia ser "o que restou de 1970".[304] Num certo sentido, as mudanças e as dificuldades que se apresentaram no torneio anunciavam a performance mediana, o insatisfatório quarto lugar na copa da Alemanha em 1974 e as sucessivas derrotas que se acumularam até 1994. De certa forma, anunciavam também as mudanças e as instabilidades que marcaram os anos seguintes para o Brasil. Mas se as mudanças já se anunciavam em 1972, naquele momento o país era ainda campeão. A taça ficava nas mãos dos brasileiros. Naquele dia, acumulava-se mais uma *vitória*. O país podia comemorar.

---

304. "Os maxiprejuízos da Taça". *Veja*, Rio de Janeiro, p. 53, 12 jul. 1972.

CAPÍTULO 5

D. Pedro I vai ao cinema: *Independência ou morte*, as cores do *milagre* e a memória

> Oswaldo Massaini apresenta: Independência ou morte, com todo esplendor que o cinema pode proporcionar.
>
> (Cartaz de divulgação do filme, 1972)

> Não há em "Independência ou morte" nada de que me envergonhe ou que me deixe constrangido. Mas sei que a apropriação do filme pelo regime militar foi uma maldição que vai fazer com que ele nunca seja olhado pelo que ele é e sim pelo que fizeram dele.
>
> (Carlos Coimbra. Depoimento a Luiz Carlos Mertem, 2004:229)

Desde os primeiros meses de 1972, quando as mobilizações em torno dos grandes eventos do sesquicentenário se limitavam ainda aos preparativos, o ano já se anunciava como um grande *espetáculo*. 1972 foi assim: um período de contemplação e, ao mesmo tempo, de participação ativa, de festas para os olhos da sociedade, quando a ditadura e seus correligionários desfilaram pelas ruas a pujança do *milagre*. O *7 de setembro*, o evento que marcava o nascimento da nação e que, então, sintetizava a *nacionalidade* preconizada pelos militares ganhava as ruas e o cotidiano das pessoas ao longo do ano. D. Pedro I adquiria ares de *herói popular*: estampava jornais, revistas, cartazes, sacolas de supermercado, álbuns de figurinhas que as crianças colecionavam meticulosamente. E ganhou também as telas de cinema.

Durante a Semana da Pátria foi lançado em grande estilo, cercado de pompa e *glamour hollywoodiano*, o filme de Carlos Coimbra, com produção de Oswaldo Massaini e estrelado por Tarcísio Meira e Glória Menezes, *Independência ou morte*.

As filmagens, no entanto, começaram ainda nos primeiros dias de abril de 1972 e, desde então, o filme foi tratado pela imprensa como uma *superprodução*: em cores, festejado na época como "o filme mais caro do Brasil",[305] custou a seus produtores cerca de Cr$ 1,7 milhão.[306]

Oswaldo Massaini anunciava orgulhosamente à imprensa que, com *Independência ou morte*, pretendia homenagear as comemorações do sesquicentenário. Para tanto, a fita deveria estrear durante a Semana da Pátria. E assim o foi. O filme ficou pronto em 10 semanas, um recorde! Rigorosamente a tempo de entrar em cartaz no dia 4 de setembro em 17 cidades brasileiras e em Portugal,[307] integrando e aumentando o especial alvoroço que cercou a Semana da Pátria daquele ano.

A expectativa criada em torno do filme foi enorme. Compunha, em certo sentido, o quadro da grande euforia em torno do *Brasil grande* e de suas potencialidades. A produção foi cercada por uma *aura* que a singularizava, a fazia especial. Isso está relacionado, certamente, ao fato de o filme ter sido tratado desde o início – pela imprensa, mas também pelos produtores – como um grande *acontecimento*, não apenas para o cinema brasileiro – que, enfim, dava provas das suas possibilidades de realizar um bom e grandioso espetáculo –, mas para a nação, de um modo geral. Além disso, *Independência ou morte* retratava a vida do herói da grande história que se estava contando em 1972. Nesse sentido, embora o filme transcenda os limites do d. Pedro I oficial que a ditadura festejava, há sempre, na representação do *herói nacional*, algo que remete ao plano do sagrado. Isso se fazia presente no filme de algum modo, e foi simultaneamente reforçado pelo contexto das comemorações do sesquicentenário.

Quando estreou, as multidões lotaram as salas de cinema. A curiosidade era grande, embora a história do filme fosse conhecida de todos. A película contava

---

305. Cf. "Independência ou Morte! – O filme mais caro do Brasil". *Manchete*, Rio de Janeiro, p. 84, 24 ago. 1972.

306. O equivalente, em câmbio da época, a US$ 300 mil. Cf. Fundo Comissão Executiva da Comemoração do Sesquicentenário da Independência. Arquivo Nacional/SDE – Documentos Públicos, código 1J. Pasta 77. Recorte de jornal: "Independência ou Morte entra em cartaz segunda-feira". *Tribuna da Imprensa*, 28 ago. 1972.

307. "Todo cuidado". *Veja*, São Paulo, p. 112, 6 set. 1972.

de forma romanceada a trajetória de d. Pedro I, desde sua chegada ao Brasil em 1808, até a abdicação em 1831, com destaque, obviamente, para o grito do Ipiranga. Em forma de *flash-back*, a história começava a ser contada no dia 7 de abril de 1831, data da abdicação do imperador, quando ele se preparava, melancolicamente, para deixar o país.

A partir daí, os eventos sucediam-se cronologicamente: a infância do menino Pedro, que crescia solto pelas ruas do Rio de Janeiro, convivendo em meio aos escravos e aos pobres; sua juventude boêmia, afastado da corte e cercado de mulheres; o lento amadurecimento pessoal e político a partir do casamento com a princesa Leopoldina e do retorno de d. João VI para Portugal; as *boas* influências da imperatriz e de José Bonifácio e a deletéria amizade com Francisco Gomes da Silva, o Chalaça; a proclamação da independência e sua coroação como primeiro imperador do Brasil; o pulso firme e autoritário no trato dos assuntos da nação e, ao mesmo tempo, a fascinante personalidade do europeu *abrasileirado*, *amolecido* pelos *ares da nova terra*. *Mulherengo*, apaixonado, afável, porém seguro, capaz de exercer toda sua autoridade quando fosse necessário.

A narrativa, portanto, se constrói de forma linear, didática. Produção e direção demonstram preocupação em fazer com que a história seja bem compreendida pelo público. Nesse sentido, recursos como a utilização de legendas explicativas, situando datas, locais e eventos são constantes. A construção dos personagens, no entanto, não obedece a tais *linearidades*, conquanto alguns lugares-comuns sejam reafirmados, uma vez que são importantes para a construção da narrativa. Assim, se temos certos personagens construídos de forma mais complexa, como é o caso de d. Pedro I e a própria marquesa de Santos – que não é a *mocinha*, mas também está longe de ser a vilã –, outros reafirmam determinados *clichês*, como são os casos, mais expressivos, de d. João VI e José Bonifácio. Quanto ao primeiro, o filme confirma a representação do rei despreparado para reinar, gordo, *bonachão*, guloso, ingênuo quanto aos assuntos políticos e, em certa medida, manipulável. José Bonifácio, personagem cuja importância é fundamental para a trama do filme, é confirmado como o *patriarca da independência* – o homem político, arguto e maduro por trás do jovem e imaturo Pedro.

O romance do imperador com Domitila de Castro possui grande centralidade na narrativa, embora a grande *heroína* seja a imperatriz Leopoldina: "a imperatriz possui uma fortaleza moral que faz dela, quem sabe, a mãe da pátria e uma reserva de grandeza face à inconstância do herói" (Mertem, 2004:9). As duas mulheres são, assim, os polos entre os quais oscila o imperador e sua ambivalente personalidade: a esposa e a amante; a sofisticada imperatriz europeia da casa dos Habsburgo e a luso-brasileira de família tradicional paulista a quem o imperador transformou em marquesa de Santos. Ao lado de José Bonifácio, a imperatriz colocou o imaturo príncipe regente no caminho da ruptura com as cortes portuguesas, chamando-o às responsabilidades políticas; ao lado do corrupto Chalaça, a marquesa de Santos conspirava em busca de maior influência nos negócios da corte.

D. Pedro, por sua vez, foi construído de forma bastante ambivalente. É o herói carismático: boêmio, cativante, simpático, belo, apaixonado pelo Brasil. Ao mesmo tempo, é infiel, o que faz sofrer a fiel e dedicada imperatriz; irresponsável, autoritário. Os traços mais violentos e rudes de sua personalidade, no entanto, são escoimados em prol da construção do *herói* que, na fita, transcende o d. Pedro oficial do sesquicentenário, é mais complexo, mais carismático.

De um modo geral, o filme fazia uma leitura bastante tradicional da história da independência do Brasil e da vida do imperador no país. "Patriotismo, coragem, aventura, drama e amor na maior história brasileira jamais filmada", dizia o material de divulgação da fita.[308] Era, portanto, em torno desses valores que a narrativa do filme se estruturava. Tratava-se de uma leitura *patriótica*, à qual se acrescentavam elementos básicos do drama histórico *hollywoodiano*: "aventura, drama e amor". O filme era, ao fim, a transposição para as telas de uma história política tradicional, tributária dos *grandes acontecimentos* realizados pelos *grandes homens*, estudada pelas fontes oficiais. O povo quase não aparece. Não estava no registro dos historiadores consultados pelos roteiristas. Ali, somente os *heróis da pátria*, seus fundadores, guiando, tutelando e decidindo o devir de seus governados. Os *bastidores* da história do Brasil, contada do ponto de vista dos seus homens políticos, de seus *heróis*, transbordando cores, grandes cenários, figurinos e reconstituições de época impecáveis.

---

308. Fundo Comissão Executiva da Comemoração do Sesquicentenário da Independência. Arquivo Nacional/SDE – Documentos Públicos, código 1J. Pasta: 3C. Correspondência recebida.

Por exemplo, para a cena do baile no palacete da marquesa de Santos, foram envolvidos cerca de 300 figurantes, além da participação do corpo de baile do Teatro Municipal do Rio de Janeiro. Já a cena do *grito do Ipiranga* reproduzia detalhadamente o famoso quadro de Pedro Américo – que também se chama "Independência ou morte" –, momento grandioso do filme, no qual o diretor fez questão de colocar em cena o mesmo número de guardas reproduzidos na tela, além de reconstruir o casebre retratado pelo pintor no século XIX.[309] Alguns autores chamam a atenção para o fato de que, para um filme preocupado em criar um *efeito de verdade*, em chegar o mais perto possível da *realidade dos fatos*, a reprodução da tela de Pedro Américo – esta já uma releitura, criada por encomenda do Segundo Império brasileiro em fins do século XIX – incorre em certa impropriedade: "Não há como ignorar a inocência presente na ideia do quadro de Pedro Américo, nascido cerca de duas décadas após a Independência, como uma imagem fiel dos acontecimentos" (Duarte et al., 2000:103).

Todavia, longe de *inocente*, a utilização do quadro de Pedro Américo como base para a cena da proclamação da independência obedecia a critérios bastante coerentes. Em primeiro lugar, porque aquele quadro ficou de tal forma eternizado no imaginário coletivo nacional como *a imagem* do 7 de setembro que, para um filme cujo um dos objetivos principais era dialogar com o público, qualquer outra imagem daquele evento não cumpriria da mesma forma o papel. Para esse fato, a própria reportagem da revista *Manchete* alertava seus leitores, em agosto de 1972:

> Deixar de seguir à risca a disposição de suas figuras e de obedecer aos figurinos que ele criou representaria para o grande público uma fuga à *realidade histórica*, mesmo tendo entrado, nessa composição, alguma fantasia, como em geral acontece nas interpretações artísticas de batalhas e outros feitos históricos.[310]

Além disso, aquele quadro – a *batalha* ali anunciada, a cavalaria a postos e o príncipe regente ao centro, decidindo com pulso firme pela ruptura com Por-

---

309. "Independência ou Morte! – O filme mais caro do Brasil". *Manchete*, Rio de Janeiro, p. 84, 24 ago. 1972.
310. Ibid., p. 90, grifos no original.

tugal – evoca um cenário épico, de *grandeza heroica* e *patriótica* extremamente coerente com a atmosfera festiva e cívica na qual o filme se inseria e da qual se reivindicava como parte.

Ao mesmo tempo, Coimbra retratou o príncipe, às margens do Ipiranga, de cócoras, lavando as mãos, sugerindo que a comitiva havia parado ali naquele momento em virtude de "um desarranjo intestinal" que teria acometido o futuro imperador (Mertem, 2004:227). Jogando o tempo inteiro com o público e o privado, com o luxuoso e o corriqueiro, os roteiristas do filme construíram um d. Pedro carismático, boêmio, romântico e, ao mesmo tempo, forte e imponente, apaixonado pelas mulheres e pelo Brasil. O homem político era assim humanizado por características bastante comuns a determinada cultura política brasileira, sendo, dessa forma, uma boa síntese entre o imperador oficial, que a ditadura reafirmava como herói em 1972, e o homem ordinário, de *carne e osso*; o líder forte que deveria ser – e era – respeitado por todos e, ao mesmo tempo, alguém de hábitos e características comuns, com as quais muitos brasileiros poderiam se identificar.

Em suma, evocando sentimentos e tradições caras ao imaginário coletivo nacional, o filme foi capaz de mobilizar e sensibilizar plateias de todo o Brasil. Contando a história do herói escolhido pela ditadura naquele ano, d. Pedro I, *Independência ou morte* levou para as telas todas as cores e brilho do *Brasil do milagre*.

A festa do imperador

Em abril de 1972, a produtora de cinema Cinedistri, uma das mais importantes do país naquele momento,[311] começou a filmar *Independência ou morte*. Segundo Carlos Coimbra, diretor do filme, a ideia de transportar a história de d. Pedro I para as telas partiu do produtor Oswaldo Massaini, ainda em 1971:

---

311. A Cinedistri havia ganhado muito prestígio no meio da produção cinematográfica desde os anos 1960, quando produziu *O pagador de promessas*, de Anselmo Duarte, o único filme brasileiro que conquistou a Palma de Ouro, prêmio máximo do Festival de Cannes, na França.

Já vinha trabalhando com o [Oswaldo] Massaini há muito tempo. E, então, em 1971, ele decidiu que estava na época de se aposentar, mas antes queria fazer um filme de despedida. Queria encerrar a carreira com chave de ouro, com um filme de grande categoria, de grande repercussão. E decidiu que seria *Independência ou Morte!* [...] O Massaini era esperto e deve ter intuído que havia clima para um filme daqueles. Havia, mesmo, uma onda de nacionalismo muito forte, a partir da conquista do tricampeonato de futebol, no México [Mertem, 2004:215].

A "onda de nacionalismo" desencadeada em 1970 pela conquista do tricampeonato de futebol foi precedida nos anos anteriores e intensificada nos anos seguintes pelas *promessas* e realizações do *milagre* e, particularmente, em 1972, pela centralidade que as comemorações do sesquicentenário da independência ocuparam no cenário político nacional.

Não se tratava, pois, apenas de "intuição", mas novamente, segundo Carlos Coimbra, do "tino comercial", da "grande visão de empresário" (Mertem, 2004:113) do produtor Oswaldo Massaini. Em resumo, Massaini era exatamente um *empresário* da área cinematográfica, não gostava muito de frequentar os *sets* de filmagem, não era um *artista*. Era eficaz na "comercialização e distribuição dos filmes" (Mertem, 2004:164), um profissional que tinha como meta uma dupla questão que sempre foi problemática e difícil de ser solucionada pelo cinema brasileiro: assegurar boa bilheteria e boa frequência de público. Tinha no seu currículo a produção de filmes que renderam boas bilheterias, como os filmes de cangaceiro dirigidos pelo próprio Coimbra, entre eles, *Lampião, rei do Cangaço* (1962), algumas chanchadas ainda nos anos 1950, estreladas por Dercy Gonçalves, como *A baronesa transviada* (1957), as populares pornochanchadas dos anos 1970, como *Lua de mel e amendoim* (1971), além do premiado *O pagador de promessas* (1962), único filme brasileiro ganhador da Palma de Ouro no Festival de Cinema de Cannes.

Em 1972, mais uma vez, Massaini queria fazer um filme que lhe garantisse o que todo *empresário* do ramo do entretenimento deseja: bom desempenho junto ao público, sucesso. Naquele momento, nem Dercy Gonçalves, nem Lampião; tampouco as pornochanchadas. O personagem que faria mais sucesso no ano do sesquicentenário era mesmo d. Pedro I.

Dessa forma, a Cinedistri – produtora e distribuidora que Massaini dirigia – investiu pesado no filme. As especulações acerca dos custos da produção eram frequentes na imprensa; afinal, jamais se investira tanto assim em um filme nacional.[312] A direção do filme foi confiada a Carlos Coimbra, nome importante do chamado *ciclo do cangaço*, gênero muito popular no cinema brasileiro durante os anos 1950 e 1960. Baseado em argumento de Abílio Pereira de Almeida, Anselmo Duarte e Lauro Cesar Muniz, o próprio Coimbra escreveu o roteiro.

Independência ou morte já entrava em fase de finalização quando, entre julho e agosto de 1972, os pesquisadores do Ibope perguntaram às pessoas nas ruas da grande Rio de Janeiro "quais os nomes de atores e atrizes que escolheriam para uma novela a que gostassem de assistir". Entre os atores, Tarcísio Meira liderava a lista com 80,2% das preferências. Entre as atrizes, Glória Menezes aparecia em segundo lugar, citada por 61,9% [313] dos entrevistados. Mas quando a pergunta era qual "dupla amorosa" deveria ser escolhida para protagonizar uma novela, não havia dúvidas: Tarcísio e Glória[314] que, então, eram lembrados em primeiro lugar. Ora, não poderia ser outro o casal protagonista daquele filme: Tarcísio Meira era d. Pedro I e Glória Menezes, a marquesa de Santos. A imprensa noticiava, gerando grande curiosidade no público, que "pela primeira vez, Glória Menezes faria o papel da 'outra' do marido Tarcísio".[315] Outros atores famosos e conhecidos do grande público, fosse pelas telenovelas ou pelo cinema, integravam o elenco do filme: Kate Hansen, Dionísio Azevedo, Vanja Orico, José Lewgoy, Carlos Imperial, propondo assim à plateia "um divertido jogo de adivinhação: qual será a próxima cara conhecida a entrar em cena?".[316]

A opção pela utilização de um elenco "televisivo" fazia parte da lógica da produção do filme no sentido de agregar popularidade ao produto final. Isso porque, ao escolher os astros das telenovelas, a produção do filme refletia

---

312. "Independência ou Morte! – O filme mais caro do Brasil". *Manchete*, Rio de Janeiro, 24 ago. 1972.
313. A atriz que liderou a pesquisa foi Regina Duarte, que naquele ano vivia Simone, a protagonista de *Selva de pedra*, uma das novelas de maior sucesso da Rede Globo.
314. Arquivo Edgar Leuenroth. Fundo Instituto Brasileiro de Opinião e Estatística (Ibope). Pesquisa de opinião: audiência de rádio e TV, 1972.
315. "Independência ou Morte". *O Cruzeiro*, Rio de Janeiro, p. 26, 6 set. 1972.
316. "Todo cuidado". *Veja*, São Paulo, p. 112, 6 set. 1972.

um comportamento social relativamente novo naquele momento, mas cada vez mais intenso e popular: o hábito e o gosto de assistir à TV,[317] a troca cada vez mais acelerada que a sociedade brasileira realizava nos anos 1960 e 1970 do rádio e mesmo do cinema e do teatro pela TV,[318] transformada, ao lado ainda do automóvel, no símbolo do *milagre* e da entrada definitiva – da classe média, sobretudo – na sociedade de consumo. Nesse sentido, as *estrelas* que compunham o elenco do filme proporcionavam mais que "um divertido jogo de adivinhações"; expressavam e afirmavam, também nesse aspecto, o triunfo do *Brasil moderno*.

Aliás, é preciso dizer, talvez um dos elementos responsáveis pelo sucesso de *Independência ou morte* seja suas semelhanças com as telenovelas. Nos anos 1970, esse gênero, já bastante popular no país desde a década anterior, explodiria em todo o Brasil (Ortiz, 1988:44). O *boom* das novelas e da televisão de um modo geral representava bem o acelerado processo de modernização pelo qual o país passava. De acordo com Renato Ortiz, a própria possibilidade de realização de um produto diário como as telenovelas necessitava de uma "estrutura empresarial sólida" (Ortiz, 1988:44), que então o *Brasil do milagre* adquiria e aperfeiçoava. Para além disso, *Independência ou morte* possuía também em comum com este gênero a forma de contar a história. O público reconhecia ali todos os elementos que compunham a narrativa da telenovela: um herói de personalidade forte, honesto, dividido, porém, entre os prazeres do amor carnal e as obrigações, a família e o casamento; um amor tornado impossível pelas convenções sociais (entre d. Pedro I e a marquesa de Santos); uma *mocinha* (a imperatriz Leopoldi-

---

317. No Recife, por exemplo, o Ibope constatava, em 1972, que os aparelhos de televisão dos entrevistados tinham sido adquiridos em média havia cerca de três anos e cinco meses a quatro anos e 10 meses. Cf. Arquivo Edgar Leuenroth. Fundo Instituto de Brasileiro de Opinião e Propaganda (Ibope). Pesquisa sobre penetração da imagem e som da TV Globo de Recife. Recife, jun./jul. 1972, p. 2.

318. Outra pesquisa do Ibope, dessa vez realizada em São Paulo, indicava que, perguntados sobre a quais "passatempos" dedicavam a maior parte de suas horas de folga, 40% do total responderam, "assistir à televisão". Apenas 8% preferiam o rádio, 5% ir ao cinema e 2% ao teatro. É preciso, obviamente, considerar a comodidade, o baixo custo e o fácil acesso à TV, na medida em que ela dispensa o deslocamento, diferentemente do cinema e do teatro. Não obstante, é impressionante a discrepância entre os que preferiam a TV ao rádio. Cf. Ibid. Pesquisa de opinião pública sobre o teatro profissional realizada na cidade de São Paulo, por solicitação da Comissão Estadual de Teatro e do Conselho Estadual de Cultura. São Paulo, out. 1969, p. 10.

na) de caráter firme, esposa dedicada e fiel ao marido. Como pano de fundo, uma história de ação (a história da independência do Brasil), contada didaticamente, movimentada, capaz de prender o público até o fim, na qual iam surgindo aos poucos *heróis* e *vilões*.

O filme foi, portanto, idealizado e feito para ser um grande sucesso de público. E foi. Marcado para estrear em 17 cidades do Brasil e em Portugal durante a Semana da Pátria, *Independência ou morte* levou quase 3 milhões de espectadores ao cinema; era referido pela revista *Filme Cultura*, publicação oficial do Instituto Nacional de Cinema (INC) e da Empresa Brasileira de Filmes (Embrafilme), como "a produção de Oswaldo Massaini que bateu nas bilheterias brasileiras *The godfather* (*O poderoso chefão*), o novo recordista mundial".[319] Uma enquete da *Folha de S.Paulo* dava conta de que, na capital paulista, entre os espectadores de *Independência ou morte*, 79,7% julgavam o filme "ótimo"; 18,9% o achavam bom e apenas 1,4% achou o filme regular. Ninguém marcou a opção "ruim" para o filme.

Em geral, as críticas da imprensa também foram positivas ou ao menos condescendentes: para o crítico do *Jornal do Brasil*, "a produção atinge seus objetivos, e se mostra um dos momentos mais felizes do cinema brasileiro na seara do espetáculo popular".[320] "A *Folha de S.Paulo* destacou o aspecto '*hollywoodiano* do filme, isto é, sua grandiosidade, exuberância e sofisticação', ao mesmo tempo que explicitava os limites desse modelo cinematográfico" (Almeida, 2009:88). O crítico Fernando Ferreira, de *O Globo*, também observou em *Independência ou morte* a *fatura artesanal* e *tecnicamente irrepreensível* que caracteriza as produções *comerciais* estrangeiras. Mas, para ele, "o filme tem as virtudes e os deméritos que se encontram no mais das vezes nas superproduções românticas em torno de personalidades históricas [...] A direção de Carlos Coimbra tem o que se pode chamar de acabamento artesanal e meticuloso [...]" e os atores estão corretos.

---

319. "O filme histórico brasileiro". *Filme Cultura*, Rio de Janeiro, n. 23, p. 32-35, jan./fev. 1973. A revista *Filme Cultura* era uma publicação do Instituto Nacional do Cinema (INC) e da Embrafilme. Criada em 1965, circulou até 1988 e surgiu a partir de sugestão do Grupo Executivo da Indústria Cinematográfica (Geicine) (1961-1965), destinada a "contribuir para o debate e a informação sobre os diversos problemas do cinema e outros setores da cultura".
320. "O festivo filme da Independência". *Jornal do Brasil*, Rio de Janeiro, p. 8, 10 set. 1972. Caderno B.

Em suma, o filme tinha seus méritos, embora o tradicional *bonequinho* do jornal apenas olhasse, sem aplaudir.[321] Para a *Filme Cultura*, publicação oficial do INC e da Embrafilme, o diretor dava "aos fatos da história brasileira uma digna montagem, num filme ágil que prende o espectador sem dificuldade".[322]

Carlos Coimbra fora festejado como um cineasta de qualidades admiráveis: destacavam-se sua *afinidade* com o grande público e seu talento para dirigir filmes de ação.[323] Mais uma vez a *Filme Cultura* ia mais longe e, em entrevista realizada em 1973, apresentava o diretor como "modesto e competente":

> uma carreira de 18 anos, com 11 filmes, que começa com *Armas da Vingança*, filmado no interior de São Paulo quase amadoristicamente e chega a *Independência ou Morte*, uma complexa superprodução, cujos resultados reconciliam o público brasileiro com o seu cinema. Entre o drama rural de 1955 e a evolução histórica de 1972, vários prêmios importantes, críticas elogiosas nos jornais e a recompensa que, no fundo, todo artista persegue: o comparecimento maciço do público.[324]

Mas por que tanto sucesso? As reflexões sobre cinema que mencionam *Independência ou morte* costumam atribuir sua boa recepção ao ufanismo do contexto dos primeiros anos da década de 1970, mas, principalmente, à forte campanha publicitária que cercou seu lançamento, ao carisma do casal protagonista, Tarcísio Meira e Glória Menezes, e ao grande investimento financeiro.

Conquanto todos esses fatores possam ter contribuído, e de fato contribuíram, para o sucesso do filme, é preciso não deixar de considerar seu poder de *fascinar* e o *encantamento* que provocava. A história do filme era conhecida

---

321. Fundo Comissão Executiva da Comemoração do Sesquicentenário da Independência. Arquivo Nacional/SDE – Documentos Públicos, código 1J. Pasta 77. Recorte de jornal: "Brasil, de Pedro a Pedro". *O Globo*, 6 set. 1972.
322. "Carlos Coimbra – as virtudes da modéstia". *Filme Cultura*, Rio de Janeiro, n. 23, p. 21-26, jan./fev. 1973.
323. Cf. Fundo Comissão Executiva da Comemoração do Sesquicentenário da Independência. Arquivo Nacional/SDE – Documentos Públicos, código 1J. Pasta 3C. Publicidade do filme *Independência ou morte*; "Independência ou Morte! – O filme mais caro do Brasil". *Manchete*, Rio de Janeiro, p. 89, 24 ago. 1972.
324. "Carlos Coimbra – as virtudes da modéstia". *Filme Cultura*, Rio de Janeiro, n. 23, p. 21-26, jan./fev. 1973.

de todos; a novidade estava na maneira de contá-la, didática e romanticamente, misturando o público ao privado, o nascimento da nação à vida íntima de seu fundador: a fuga da família real para o Brasil e a infância livre nas ruas do Rio de Janeiro; o amadurecimento político, o Dia do Fico e o casamento com d. Leopoldina; a proclamação da independência e a relação com a marquesa de Santos; o rompimento com Domitila, o segundo casamento com d. Amélia e a decisão de abdicar e retornar a Portugal.

Um d. Pedro ambivalente é o grande personagem do filme: "liberal que se torna absolutista, dinasta que renuncia a dois tronos, pai amoroso e marido infiel",[325] mas nem por isso pouco simpático. Ao contrário, o d. Pedro do filme tinha o carisma do maior galã das telenovelas brasileiras. Pai amoroso, monarca dedicado, apaixonado pelo país onde cresceu, forte, ousado, determinado, vencedor em 1822 no Brasil, vencedor na disputa travada com o irmão, Miguel, pelo trono português, em 1834.

Independência ou morte foi um sucesso porque aqueles valores, aquelas características representadas por d. Pedro dialogavam diretamente com o cotidiano das pessoas comuns. O filme correspondia à ideia do *herói nacional* ensinada nas escolas e, ao mesmo tempo, a superava; circulava entre o desconhecido e fascinante meio das intrigas palacianas, sem deixar de frequentar as tabernas; expressava o consentimento com uma determinada forma de pensar o país e sua relação com o passado; conformava uma antiga cultura política, permeada por intenso sentimento cívico e patriótico e uma noção de tempo histórico, de acordo com a qual as glórias do presente são sempre tributárias das conquistas passadas.

Assim, quando o filme estreou, em setembro, de alguma maneira, ele deu forma à figura, talvez pouco palpável, do imperador que desde abril desfilava pelo país numa urna. E isso era fascinante: a unificação do presente e do passado, o herói que era também humano e que errava – o filme já começava com sua "derrocada", com a abdicação. O galã na pele do imperador e vice-versa. Tudo isso trazia à história um aspecto tangível, a possibilidade de o público se identificar com um personagem, com um evento, características que raramente o

---

325. Cf. cenas finais de *Independência ou morte*.

tempo passado possui. Por tudo isso foi que o d. Pedro de *Independência ou morte* foi capaz de exercer verdadeiro *fascínio* sobre a plateia que o assistiu.

Assim, se retomarmos a ideia de *fascínio* da forma como é empregada por Peter Reichel, ou seja, em seu sentido *ativo, consciente*, é que se poderá dizer que o filme era *fascinante*: correspondia às expectativas de grandes parcelas da sociedade que viveram 1972 de forma entusiasmada; transportava para as telas as cores e a beleza daqueles *tempos de comemoração*. Por fim, o filme era fascinante porque misturava a história oficial e os bastidores palacianos, a reconhecida autoridade do imperador e o *herói macunaímico*; recuperava com otimismo a história do Brasil, reafirmando a importância de seus heróis. Afinal, era necessário, em tempos de ditadura, *oferecer* heróis à nação. E o d. Pedro I de Carlos Coimbra demonstrou ser não apenas o herói perfeito para ser *glorificado* pelos militares, mas também o herói que a sociedade reconhecia como tal. E foi antes em virtude desse segundo aspecto que o filme se transformou num grande sucesso.

Mas não se pode ignorar que há também outro aspecto dessa fascinação: a proximidade com o *poder*, o consentimento do governo, do presidente Médici em pessoa com relação ao filme, gerando uma expectativa geral de consentimento. Após assistir ao filme em sessão especial, Médici enviou o seguinte telegrama ao produtor Oswaldo Massaini:

> Acabo de ver o filme *Independência ou Morte* e desejo registrar a excelente impressão que me causou. Está de parabéns toda a equipe, diretor, atores, produtores e técnicos pelo trabalho realizado que mostra o quanto pode fazer o cinema brasileiro inspirado nos caminhos de nossa história. Este filme abre amplo e claro horizonte para o tratamento cinematográfico de temas que emocionam e educam, comovem e informam as nossas plateias. Adequado na interpretação, cuidadoso na técnica, sério na linguagem, digno nas intenções e, sobretudo, muito brasileiro, *Independência ou Morte* responde à nossa confiança no cinema nacional [Bernardet, 1979:54].

O telegrama foi incorporado à publicidade do filme (Bernardet, 1979:54) e, em seguida, o presidente recebeu a equipe de *Independência ou morte* em Brasília, a quem fez elogios e de quem recebeu elogios. Um dos diretores do filme declarou que "ao estudar profundamente a vida de d. Pedro I, concluiu pela existência de um paralelo entre a atuação do Imperador e a do Presidente Médici, especialmente pela 'coragem de enfrentar os problemas'".³²⁶

Assim, o imperador e o ditador apareciam lado a lado. Como já havia acontecido muitas vezes naquele ano. Portanto, se d. Pedro I era capaz de *fascinar* o país que comemorava sua independência política, Médici também *fascinava* aquela sociedade que vivia um *milagre*. Dias antes da recepção presidencial, em 7 de agosto, Oswaldo Massaini escrevera ao presidente da comissão que organizava os festejos informando que o filme havia, enfim, sido terminado a tempo de estrear durante a Semana da Pátria. Enfatizava que, com ele, prestava sua colaboração às comemorações do sesquicentenário e "rogava" apoio "no sentido de que esse nosso filme seja incluído no programa oficial dos festejos comemorativos ao sesquicentenário da Independência da nossa querida Pátria".³²⁷

A possível oficialização do filme e sua associação direta com as festas e com o presidente Médici pareciam ter a capacidade de aumentar a boa repercussão que o filme vinha tendo. Mais adiante abordarei as questões relativas à memória construída sobre *Independência ou morte*, bem como as polêmicas criadas em torno do filme a partir do processo de redemocratização do país. Por hora, é preciso ressaltar que *Independência ou morte*, bem como seu diretor, Carlos Coimbra, nunca foram *perdoado*s por determinada memória coletiva. Para a memória que vastos segmentos da sociedade brasileira construíram a partir dos anos 1980 sobre sua relação com a ditadura, aquele filme era mesmo *imperdoável*. Um filme que carregava em sua grandeza e em seu colorido os *tons* comemorativos daqueles anos havia se tornado um incômodo diante de uma sociedade que preferiu "esquecer", *silenciar* sobre suas relações nem sempre conflituosas com o passado ditatorial. Tornara-se difícil lidar com a popularidade do filme e com suas ligações com o poder. Pior ainda: com Médici, que se tornou o mais detestado entre os ditadores, o que encarnava o *terror*, a *barbárie* dos *anos de chumbo*.

---

326. Fundo Comissão Executiva da Comemoração do Sesquicentenário da Independência. Arquivo Nacional/SDE – Documentos Públicos, código 1J. Pasta 77. Recorte de jornal: "Filme abre nova era, diz Médici". *O Estado de S. Paulo*, 1 set. 1972.
327. Ibid. Pasta 3C. Correspondência recebida.

A partir da redemocratização, uma certa memória construída sobre a ditadura "esqueceu", ou antes, *silenciou* que, para muitos, Médici havia sido também o presidente do *milagre*, das expectativas em torno de um "Brasil potência", das grandes obras e grandes comemorações, dos *anos de ouro* (Cordeiro, 2009b). Assim, se quisermos transcender os limites das *batalhas de memória*, é preciso não perder de vista a importância da ligação do filme com as comemorações do sesquicentenário, bem como a opinião positiva do presidente Médici. Ambos os aspectos tiveram um papel para o sucesso de *Independência ou morte*, muito embora seu êxito venha de algo mais complexo que isso: da sua capacidade de dialogar e de expressar sentimentos e expectativas difusos na sociedade.

De toda forma, é importante não esquecer que "o filme mais caro do Brasil" foi feito pelo produtor mais bem-sucedido do país, que possuía "grande tino comercial". E, na época, ele não se constrangia de maneira alguma ao declarar que o filme era sua contribuição à festa. Ora, um empresário como Oswaldo Massaini não investiria tanto em um filme para em seguida associá-lo a uma festa, a um governo e a um presidente específicos se estes não fossem capazes de tornar ainda mais popular seu filme. Por isso a insistência do produtor em tentar associar, oficialmente, o filme com a festa.

Cabe aqui destacar que, no que tange às tentativas de tornar o filme oficial, é importante observar que há ressalvas a serem feitas. Em primeiro lugar, não há, no acervo da CEC, resposta aos telegramas em que Oswaldo Massaini solicitava a integração oficial do filme às festividades. Além disso, no relatório final que produziu a respeito das comemorações, o general Antônio Jorge Corrêa listou todos os eventos incluídos no calendário oficial da festa, entre os quais não constava a produção/exibição de *Independência ou morte* (Corrêa, 1972:95-103). No entanto, o jornal *Correio Braziliense* noticiava, em 29 de agosto de 1972, que no dia seguinte o filme seria lançado em sessão especial pelo Ministério da Educação e Cultura (MEC):

O filme "Independência ou Morte", produzido por Oswaldo Massaini, será lançado *oficialmente* amanhã, quarta-feira, dia 30, às 21 horas, no Cine Atlântida, pelo Ministério da Educação e Cultura, *dentro das comemorações do Sesquicentenário*. O Ministro Jarbas Passarinho convidou para a sessão todos os ministros de Estado, altas autoridades civis e militares, parlamentares, ministros dos Tribunais e representantes diplomáticos.[328]

A sessão contaria também, segundo o jornal, com a presença dos atores Tarcísio Meira, Glória Menezes, Kate Hansen e Dionísio Azevedo. Por outro lado, não foi mencionada a presença de membros da comissão organizadora dos festejos, o que, de certa forma, confirma as restrições por parte da CEC em incorporar o filme a seu calendário, fechado antes mesmo do começo das filmagens de *Independência ou morte*.

Todavia, essa aparente recusa por parte da CEC, provavelmente apenas por uma questão de agenda, não impossibilitava o estabelecimento de um diálogo entre o filme e o governo, bem como o *consentimento* por parte deste com relação ao primeiro que acabou por lhe dar ares *oficiais*. Ou seja, houve mais que uma *aprovação* do governo com relação ao filme. Houve também uma *identificação* tornada pública pela recepção oferecida aos diretores e atores pelo presidente Médici, pela sessão especial realizada pelo MEC, pela incorporação do telegrama do presidente à publicidade do filme e pela disposição de Médici em atuar diretamente junto ao serviço de censura para que fosse revista a classificação etária do filme, estabelecendo para ele a classificação "livre" e não mais "proibido para 10 anos".[329]

Aliás, sobre esse assunto, em 6 de setembro, uma semana após o encontro da equipe do filme com o presidente Médici, Oswaldo Massaini escreveu ao Departamento de Polícia Federal pedindo a revisão da censura de *Independência ou morte*. À carta do produtor estava anexada uma nota do *Jornal do Brasil*, noticiando que, apesar de continuar proibido para menores de 10 anos, o filme vinha sendo exibido no Rio de Janeiro com censura livre, "por determinação da Presidência da República". O gerente do cine Roxy explicou que "a proibição da censura foi respeitada, até que veio uma nova orientação da

---

328. Fundo Comissão Executiva da Comemoração do Sesquicentenário da Independência. Arquivo Nacional/SDE – Documentos Públicos, código 1J. Pasta 77. Recorte de jornal: "MEC lança filme da Independência". *Correio Braziliense*, 29 ago. 1972, grifos meus.

329. Ibid. Recorte de jornal: "Filme abre nova era, diz Médici". *O Estado de S. Paulo*, 1 set. 1972.

Cinedistri".[330] Ao que parece, a Cinedistri confiava na interferência do presidente Médici em favor do filme.

Não obstante, o Departamento de Polícia Federal (DPF) indeferiu o pedido de Massaini, mantendo a classificação etária de 10 anos e alertando para que fosse enviado rádio aos cinemas que exibiam o filme com censura livre quanto à impropriedade da atitude.[331] Ainda assim, é importante recordar que o fato de a censura ter encaixado o filme em alguma classificação etária não significava que os censores não tenham gostado do filme. Ao contrário, *Independência ou morte* teve um parecer muito elogioso. A proibição para menores de 10 anos, mínima, aliás, certamente estava relacionada ao grande espaço que o romance extraconjugal de d. Pedro com a marquesa de Santos ocupava na obra.

De toda forma, como indicam as ausências de resposta da CEC aos telegramas de Massaini e os *contratempos* com o DPF, não houve exatamente uma oficialização do filme, mas sim um *reconhecimento oficial*, sobretudo por parte da Presidência da República. Por outro lado, é preciso fazer uma distinção entre um *filme oficial* e um *filme que tinha pretensões de ser integrado à festa oficial*. Definitivamente, não se trata da mesma coisa. Filmes oficiais, a CEC produziu ou apoiou algumas dezenas deles. Mas nenhum deles provocou o mesmo impacto que *Independência ou morte*. Este foi muito além do papel dos meros filmes oficiais, os quais não têm outra coisa a dizer se não a *versão do Estado* para os fatos, e acabam funcionando muito bem como propaganda, mas não possuem, na maioria das vezes, o poder de mobilização e de *fascinação* que teve o filme de Carlos Coimbra.

Independência ou morte transcendia os limites do oficial, onde não caberia, para ficar em um único e maior exemplo, a centralidade que o romance do imperador com a marquesa de Santos ocupava na obra. E é justamente por ir além do oficial, mas ao mesmo tempo representando valores e tradições partilhadas pelo governo, que o filme teve tão boa recepção. Fazia a ponte entre sociedade e ditadura, refletindo as relações – múltiplas – entre ambas as partes.

Assim, se a festa do sesquicentenário optou por construir uma imagem oficial de d. Pedro I extremamente tradicional e mesmo conservadora, o sucesso de

---

330. Arquivo Nacional de Brasília. Processo de censura *Independência ou morte*.
331. Ibid.

Independência ou morte se explica justamente por ele ter sido capaz de, ao mesmo tempo, partilhar essa versão oficial do imperador e também de transcendê-la. Se a CEC deixou a cargo dos intelectuais do IHGB, do Conselho Federal de Cultura (CFC) e da Associação Brasileira de Imprensa (ABI) – órgãos que faziam parte da comissão – a elaboração da imagem oficial, os produtores de *Independência ou morte* também contrataram o historiador Péricles Pinheiro e leram centenas de livros que "esmiuçaram a história do Império" em uma tentativa de "traçar um retrato fiel do período" (Mertem, 2004:216-217). Mas, combinado ao d. Pedro oficial, aparecia o "aventureiro, impulsivo, amante das mulheres e rebelde [...]" (Mertem, 2004:217). Se a CEC se empenhava na construção do *herói* no estilo mais tradicional do termo, *Independência ou morte* aceitava, incorporava e festejava esse herói, ao mesmo tempo que dava a ele características *mundanas* sobre as quais a história oficial construída pelo sesquicentenário preferia silenciar.

Em *Independência ou morte*, d. Pedro I era o herói tradicional e, simultaneamente, o marido infiel, o "homem que foi, sobretudo, um macho, na acepção mais crua da palavra, no que esta tem de sensual e de rude, mas também de valente" (Lustosa, 2006:21). É certo que o filme talvez recuperasse mais o *sensual* e o *valente* que o *rude*. De toda forma, era a partir da interseção entre os *dois Pedros* – o do mundo público e o do mundo privado – que residia o poder de mobilização de *Independência ou morte*. O diálogo entre o imperador oficial recuperado pela ditadura e aquele com feições populares foi o grande feito do filme de Carlos Coimbra. Não que a história tradicional desconhecesse esse d. Pedro *mulherengo, macho*. Mas, em 1972, o *herói* tradicional, forte, imponente e militarizado, tão ao gosto da ditadura, se sobrepôs àquele.

Em suma, o êxito de Massaini e Coimbra esteve justamente em conseguir ser o *complemento* essencial à festa, dando à lúgubre cerimônia de trasladação e peregrinação dos restos mortais do imperador um aspecto menos fúnebre,[332] associando à figura aparentemente séria e oitocentista de d. Pedro I o rosto de Tarcísio Meira. O filme foi capaz, melhor do que qualquer outro evento oficial, de, a partir da figura de d. Pedro I, estampar as *cores* e a modernidade do *Brasil*

---

332. Como analisei no capítulo 2, o fato de a cerimônia ser fúnebre não a fazia necessariamente impopular.

que ia pra frente; encarnava a concretização de todas as possibilidades do *milagre*; mostrava com grandeza o passado histórico e, como consequência, a fé no presente e a esperança no futuro; dava ao público um herói brasileiro, que era, ao mesmo tempo, Macunaíma e autoritário.

Assim, se quisermos de fato começar a compreender o "emblema" de *Independência ou morte*, é preciso ir além da simples associação do filme com a ditadura e da *acusação* de filme encomendado. Ele não foi incorporado oficialmente pela CEC – apesar da vontade insistente de seu produtor; também não recebeu tratamento especial da censura, embora tivesse deixado o governo bastante satisfeito. Não obstante, é preciso reconhecer o sucesso de *Independência ou morte* porque ele era, antes de tudo, uma manifestação que emanava da sociedade e não do poder. Era a representação de uma gente que cantava com voz forte o progresso de seu país e que não vivia a ditadura como uma situação conflituosa, sintetizando em sua representação da independência o consenso social estabelecido em torno do regime.

É somente nesse sentido que se pode dizer que *Independência ou morte* representava a ditadura: porque simbolizava as relações estabelecidas entre esta e a sociedade, porque apontava para a grandiosidade do *milagre*, para a euforia com a qual segmentos expressivos da sociedade viveram aquele período. Enfim, era um filme que mostrava a *outra face* da ditadura e do Brasil: para além da violência, a *beleza* do regime. "O decoro, as *mises-en-scènes*, as criações de mitos" (Reichel, 1993:16), elementos tão importantes para a sustentação de qualquer regime, inclusive os que se baseavam também na força. Dessa forma, o filme é representativo menos da ditadura e mais de vastos segmentos sociais que viveram os primeiros anos da década de 1970 como anos de ouro.

De grande sucesso a grande *bode expiatório*

Apesar do grande sucesso em 1972, a memória construída a respeito de *Independência ou morte* e que cerca o filme ainda hoje é bastante representativa, de modo mais amplo, da que foi construída sobre a ditadura durante o processo de redemocratização. Sobre *Independência ou morte* pesa a *acusação* de filme "colaborador", comemorativo, oficial, que teria feito o *jogo da ditadura*. A memória a seu respeito oscila entre o silêncio constrangido e conciliador da sociedade que quer *virar a página* e, simultaneamente, a acusação de *colaboração*. O *bode expiatório*. O *caso único* de filme comemorativo sob a ditadura. Anos mais tarde, o diretor Carlos Coimbra declarou a seu respeito que a película se tornou uma espécie de *maldição* para sua vida, para sua carreira.

É certo que o caso de *Independência ou morte* está particularmente ligado às questões relativas à construção de uma memória sobre o cinema brasileiro dos anos 1960 e 1970. É relativamente comum entre intelectuais, e também na sociedade, a visão de que, nos anos 1970, a esquerda era hegemônica no campo cultural, de modo geral. Tal raciocínio pode ser válido para pensar certos setores do cinema, da música ou do teatro. Essa perspectiva, por sua vez, "legitima uma memória da *resistência* que apaga e/ou simplifica a força das direitas, transformando personagens em heróis e vilões desproporcionais às suas próprias ações enquanto indivíduos" (Alonso, 2006:18). Especificamente no caso do cinema, essa ideia da hegemonia da esquerda, construída em grande parte *a posteriori*, consolida a produção daquele período como essencialmente resistente, reduzindo-a ao movimento do Cinema Novo. Nesse sentido, *Independência ou morte* seria o *anticinema novo*, a negação da resistência, a *colaboração*.

Assim, temos de um lado o *bom cinema*, o Cinema Novo, este, sim, verdadeiramente *nacional* porque comprometido com o *nacional popular*. Fortemente atingido pelo golpe civil-militar de 1964 e cada vez mais sentindo os efeitos da repressão, sobretudo a partir de 1968, *forçado a resistir*, censurado, perseguido – a imagem ideal, não apenas do cinema brasileiro, mas deste como reflexo do comportamento que se queria atribuir à sociedade em geral. De outra parte, o *cinema alienado*, que não tomava conhecimento dos problemas sociais do país e que, portanto, não compartilhava da *missão conscientizadora* das massas da qual alguns cineastas do movimento cinemanovista se julgavam imbuídos.

Dentro desse quadro, que reflete muito bem os termos a partir dos quais as batalhas de memória foram travadas no Brasil a partir da década de 1980, *Independência ou morte* representa um caso ainda mais particularizado da simplificação entre um *cinema resistente* e engajado e um *cinema alienado*. Isso porque, se pensarmos na utilização do termo *alienado*, que se tornou popular em determinados meios durante os anos 1960 e 1970 como aquele que não tem *consciência* dos problemas sociais que o cercam e que, por essa razão, não toma parte, não se engaja em suas soluções, o filme de Carlos Coimbra possui uma diferença. Se o *cinema alienado* pode ser entendido como aquele que não fazia nenhuma *opção* política, *Independência ou morte*, ao contrário, fazia uma opção clara: a opção pela ditadura. É esse o quadro pintado pela memória: a associação direta e estreita entre o filme e o regime, embora o primeiro fosse autônomo em relação ao segundo.

Independência ou morte representa, no que tange às batalhas de memória, esse tipo de filme propagandístico, aliado ao Estado, seu *porta-voz*. Oscila entre o *silêncio* em torno do seu grande sucesso e sua transformação numa espécie de *Geni* do cinema nacional – a famosa personagem de Chico Buarque –, em que todos podem atirar pedras, reconfortando-se ao localizar exclusivamente naquele filme um tipo de comportamento – a colaboração, promoção e aliança com o regime – que hoje é em grande parte rejeitado pela sociedade.

Não obstante, como vimos, na época de seu lançamento, o filme foi um grande sucesso de público: "[...] bateu *O Poderoso Chefão* [em 1972] nos cinemas brasileiros [...], tendo permanecido como a segunda maior bilheteria nacional entre 1970-1975, [...], só perdendo para *O Jeca Macumbeiro* (Pio Zameiner, 1974) do popular Mazzaropi" (Pinto, 2002:64) e até hoje figura na lista dos filmes mais vistos do cinema nacional,[333] aproximando-se da casa dos 3 milhões de espectadores, uma bilheteria considerada alta para os filmes nacionais, mesmo em tempos de *retomada*.[334] Foi exibido em escolas, reexibido em salas de cinema

---

333. *Independência ou morte* levou 2.974.083 espectadores ao cinema e é, ainda hoje, uma das 50 maiores bilheterias do cinema nacional (Maria do Rosário Caetano. "As maiores bilheterias do cinema nacional". Disponível em: <http://pt.wikipedia.org/wiki/Lista_de_filmes_de_maior_bilheteria#Maiores_bilheterias_no_Brasil>. Acesso em: 1 fev. 2009).

334. A título de comparação, até o lançamento de *Tropa de elite 2* (José Padilha), em 2010, e seus impressionantes 11,1 milhões de espectadores pagantes, os filmes mais vistos da chamada "retomada do cinema brasileiro", ou seja, de 1995 em diante eram *Se eu fosse você 2* (Daniel Filho, 2009) e *Dois filhos de Francisco* (Breno Silveira, 2005), ambos na casa dos 5 milhões de espectadores. Sucessos de público como *Cidade de Deus* (Fernando Meireles, 2002) e *O auto da compadecida* (Guel Arraes, 2000) tiveram, respectivamente, cerca de 3 e 2 milhões de espectadores. *Carlota Joaquina, princesa do Brasil* (Carla Camurati, 1995), marco inicial da chamada "retomada", teve 1,5 milhão de espectadores, aproximadamente (cf. <http://top10mais.org/top-10-maiores-bilheterias-de-filmes-brasileiros-na-historia-do-cinema/>; <http://pt.wikipedia.org/wiki/Lista_de_filmes_de_maior_bilheteria#Maiores_bilheterias_no_Brasil>. Acesso em: 11 mar. 2009).

nos anos seguintes durante a Semana da Pátria, fez parte da grade de filmes da Rede Globo durante os anos 1980, sempre apresentado no 7 de setembro (Duarte et al., 2000:7).

Todavia, da mesma maneira que o consenso em torno do período Médici foi *esquecido*, restando como memória daqueles tempos somente a ideia dos *anos de chumbo*, que não dá conta de explicar a diversidade social daquele momento, no caso de *Independência ou morte*, a grande popularidade que obteve foi silenciada e o filme ficou reduzido ao *outro polo*, à colaboração, à imagem daquilo que *não* se deve fazer em cinema. Tal imagem ganhava força na mesma medida em que a memória do Cinema Novo resistente se consolidava como *a* memória que se queria guardar do cinema brasileiro sob a ditadura. No entanto, é preciso superar as polarizações e buscar o terceiro aspecto que essa memória da resistência não considera: entre um *cinema resistente* e um *colaborador*, aliado do *Estado policialesco*, existe o *público*, este elemento tão fundamental e tão menosprezado pela memória que, em certa medida, reproduzindo o discurso de alguns cinemanovistas, era considerado *alienado*, uma massa que era preciso *conscientizar*. Mas a que, de fato, o público assistia? E por que assistia ao que assistia? Quem produzia para esse público?

Se quisermos compreender de forma mais complexa o cinema como meio de expressão dos embates e das *opiniões* sociais, é preciso, no caso específico do Brasil dos anos 1970, voltar os olhos também para o cinema dito *popular*. Pensar nos filmes a que efetivamente a população assistia: as *pornochanchadas*, as comédias de Mazzaropi e Os trapalhões; para os anos 1960, os filmes de cangaço, dirigidos também por Carlos Coimbra, e, por fim, o próprio *Independência ou morte*. Porque, se de maneira geral a frequência do público não é um dado a partir do qual se possa avaliar a qualidade do filme, em história ela é um aspecto importante. Afinal, se grupos expressivos se deslocaram até os cinemas para assistir a determinada obra, isso significa que, de alguma forma, esta lhes despertou algum interesse. As opiniões formuladas a partir do momento em que as luzes da sala de projeção são acesas, que podem variar desde a mais entusiasmada defesa do filme à sua recusa peremptória e mesmo a indiferença absoluta, são difíceis de apreender, mas representam a consequência final do primeiro impulso, que é o de ir assistir a determinado filme. Assim, é preciso compreender que contextos, debates e investimentos geraram esse *impulso* inicial de comparecer ao cinema.

Em suma, já que a questão da frequência do público reflete, de certa forma, a opinião social sobre as questões abordadas por ele e, no caso específico de *Independência ou morte*, pode contribuir também para entendermos os comportamentos sociais diante da *espetacularização* da ditadura, é preciso analisarmos por que sua enorme popularidade foi, de certa forma, *esquecida*. Por que *Independência ou morte* passou a ser visto apenas pelo espelho da colaboração e não pelo do consenso? E aqui é importante precisar esses aspectos: quando afirmo que o filme é lembrado pelo viés da colaboração e não do consenso, isso significa, nesse caso específico, que as construções de memória se fixam muito mais na *acusação* de colaboração para alguns envolvidos com o projeto do filme e desconsideram o imenso sucesso de público obtido por ele, ou o reduzem a mero objeto de manipulação por parte da propaganda oficial.

Assim, apesar do sucesso evidente em 1972 e mesmo nos anos seguintes, com o passar dos anos e com o processo de redemocratização do país avançando, o filme foi-se transformando em algo *constrangedor*, um tipo de manifestação artística que não condizia mais com aquela sociedade que se metamorfoseava em direção à democracia. O telegrama elogioso de Médici, à época anexado com orgulho à publicidade do filme, a utilização, por parte da Aerp, de algumas de suas cenas para promover a Semana da Pátria nos anos posteriores a 1972, sua associação com o sesquicentenário, tudo isso foi-se transformando em critérios para sua *condenação* pública.

Acredito que o processo que resultou na transformação de *Independência ou morte* nessa espécie de *antifilme*, de *caso único*[335] do cinema nacional, seja consequência de uma série de fatores: em primeiro lugar, o fato de o filme representar tão bem o ponto de vista, a visão de passado e as expectativas futuras daqueles vastos segmentos sociais que viveram os anos do *milagre* de forma entusiasmada. Ou seja, o filme e as reações mais arrebatadas que ele foi capaz de provocar em 1972 são bastante representativos do que poderíamos chamar de *sociedade do milagre*,

---

335. Cf. "Morre o cineasta do ciclo do cangaço Carlos Coimbra". *O Estado de S. Paulo*, São Paulo, 15 fev. 2007.

do vasto consenso que se formou em torno das esperanças de um *Brasil potência*. Uma vez que a memória coletiva guarda desse período outra lembrança, ou seja, aquela de uma sociedade resistente, as vias pelas quais o consenso foi expresso nos anos 1970 são silenciadas ou transformadas em mero objeto de manipulação do governo que nunca teria contado *verdadeiramente* com a simpatia popular.

Mas para além dessa questão, acredito que outra, ligada sobretudo à trajetória de Carlos Coimbra e, ao mesmo tempo, ao contexto de redemocratização do país, tenha contribuído para consolidar uma imagem de *Independência ou morte* como um filme a serviço da ditadura e de Coimbra como uma espécie de versão masculina e brasileira da cineasta alemã Leni Riefenstahl, como "mal comparou" o próprio biógrafo de Coimbra (Mertem, 2004:17).

Trata-se de um episódio ocorrido em 1979. No início daquele ano ficava pronto o novo filme de Carlos Coimbra: *Iracema, a virgem dos lábios de mel*. Baseado no livro homônimo de José de Alencar, o filme trazia no papel-título a musa das pornochanchadas brasileiras, a atriz Helena Ramos, e pretendia, de acordo com o cineasta, prestar homenagem ao sesquicentenário do nascimento do escritor cearense.[336] Nas entrevistas de divulgação da nova película, Coimbra justificava a importância desse tipo de filme para a *formação da cultura nacional* e para a manutenção das *nossas tradições*. Evocava a contribuição que havia dado nesse sentido em 1972, ao dirigir *Independência ou morte*:

> Estou plenamente convencido de que "Independência ou Morte", que eu realizei em 1972, contribuiu – nestes poucos sete anos – para a divulgação e assimilação de uma importante fase de nossa história incomensuravelmente mais do que muitos e muitos anos de estudos nas salas de aulas, devido à inegável força de comunicação que a imagem viva representa.[337]

Com *Iracema, a virgem dos lábios de mel*, Coimbra esperava despertar os mesmos sentimentos que, em 1972, tinham levado tantas pessoas ao cinema para ver d. Pedro I. Entendia seu último filme como uma contribuição de teor educativo

---

336. Fundação Nacional de Arte (Funarte). Rio de Janeiro. Dossiê Carlos Coimbra. Recorte de jornal: "Carlos Coimbra fala de seu 'Iracema'". *O Estado de Minas*, 21 ago. 1979.
337. Ibid.

à nação brasileira: "Espero que com 'Iracema' eu consiga transmitir ao público de cinema o interesse pela leitura, desta e de outras obras literárias".[338]

Acontece que naquele mesmo ano, após uma longa batalha contra a censura, finalmente seria liberado outro filme que também fazia referência em seu título à personagem de José de Alencar. Tratava-se do filme de Jorge Bodanski e Orlando Senna, *Iracema, uma transa amazônica*. Mas, ao contrário do filme de Coimbra, que se pretendia um retrato *fiel* da obra literária, o filme de Bodanski e Senna utilizava o nome da heroína alencariana de forma irônica, para denunciar o estado de miséria em que viviam as populações em torno da rodovia Transamazônica, a grande obra do governo Médici. O filme contava a história de uma "menina do interior do Pará que foi à festa do Círio de Nazaré em Belém, terminou na prostituição e foi rolando de boteco em boteco ao longo da Transamazônica". Pronto em 1975, *Iracema, uma transa amazônica* somente foi liberado pela censura em novembro de 1979, já no governo Figueiredo, quando teve início o processo de revisão de uma série de filmes que foram sendo gradativamente liberados (Simões, 1999:203).

Ora, ocorre que, quando soube da possível liberação do filme de Bodanski e Senna, Coimbra teria escrito para o chefe do departamento de censura, Rogério Nunes, receoso da liberação do filme, alegando que "se o outro filme for liberado com o mesmo título, poderá trazer incalculáveis prejuízos e grande confusão para o público espectador. Termina solicitando ao chefe da censura federal que lhe reserve o direito de utilizar com exclusividade o título de *Iracema*", uma vez que, ao contrário do seu, o filme de Bodanski não tem nada a ver com a obra alencariana (Simões, 1999:204).

Obviamente, Coimbra negava esse episódio, atribuindo a reação negativa da classe intelectual para com seu *Iracema* a uma má vontade que vinha desde *Independência ou morte*:

> Essa Iracema [a de Bodanski e Senna] foi proibida pela censura e, aí sim, os intelectuais que já não tinham gostado do *Independência ou Morte*, achando que eu me ligara à ditadura, reagiram contra a minha Iracema. Surgiram histórias de que eu

---

338. Ibid.

tive interferência nesse episódio de censura e eu não tive. Juro por Deus, palavra de honra [Mertem, 2004:253].

Não obstante, o que é interessante nesses acontecimentos é o momento no qual eles ocorreram: 1979, justamente quando tinha início o processo de abertura política. Quando ventos democráticos tornavam a soprar no país, Coimbra realizava outro filme comemorativo, transbordando sentimentos cívicos, de exaltação à pátria e à literatura nacional tão ao gosto da ditadura.[339] Além disso, supostamente, fazia-se valer do prestígio que adquiriu junto ao Estado com *Independência ou morte* para garantir que sua *Iracema* não teria concorrência. Assim, Coimbra se transformou no grande *bode expiatório* do cinema nacional, uma espécie de Wilson Simonal do campo cinematográfico.[340] Sobretudo porque, em 1979, era enorme o esforço da sociedade de maneira geral e de algumas figuras públicas em particular no sentido de se desvincular da ditadura.

Nesse aspecto, Coimbra seguia na contramão da história, insistindo na difusão de sentimentos que, se em 1972 foram capazes de mobilizar fortemente a sociedade, já não comoviam em 1979, quando o *milagre* tinha, há muito, esgotado suas possibilidades, os militares ensaiavam sua saída de cena, segmentos de direita e de esquerda convergiam para a restauração democrática e os movimentos sociais pró-democracia ganhavam as ruas.

Em um determinado sentido, pode ser interessante comparar a trajetória de Coimbra em 1972 e 1979 com a da cantora Elis Regina nos mesmos anos. Assim, conquanto essas duas figuras possam ter, em diversos aspectos, biografias que as afastem, episódios de 1972, ligados às comemorações do sesquicentenário, as aproximam. Mais ainda, as posturas opostas adotadas em 1979 explicam em parte os processos seletivos a partir dos quais a memória coletiva opera. Em 1972, portanto, enquanto Carlos Coimbra conquistava o sucesso e ao mesmo tempo homenageava o sesquicentenário da emancipação política do Brasil com *Independência ou morte*, Elis Regina aparecia na TV, no dia 21 de abril – início

---

339. Em 1971, por exemplo, o então ministro da Educação, Jarbas Passarinho, convocava a classe cinematográfica a filmar a vida dos grandes heróis nacionais, e em 1973, o Estado instituía um prêmio de Cr$ 200 mil para o melhor filme baseado em obra literária (cf. Ramos, 1983:97).
340. Sobre Wilson Simonal e a ideia do *bode expiatório*, cf. Alonso (2007).

oficial dos festejos –, regendo um coral de artistas que cantavam o hino brasileiro (Araújo, 2003:288 apud Alonso, 2011a:307). Antes disso, como vimos no capítulo 3, Elis gravou pequeno filme publicitário divulgando e convidando a população a participar do Encontro Cívico Nacional.

Elis Regina não foi a única *estrela* que participou da abertura das comemorações. Ao contrário, muitos artistas tomaram parte, de formas diversas, na grande abertura da festa. A aparição da cantora, no entanto, foi uma das mais comentadas e polêmicas, sobretudo nos meios de esquerda. Imediatamente, Elis passou a ser chamada pelo *O Pasquim* de "Elis Regente" e Henfil a enterrou no cemitério dos mortos-vivos do Cabôco Mamadô, personagem a partir do qual o cartunista enterrava figuras públicas que, de alguma forma, trabalharam para o regime (Alonso, 2011a:307-308).[341] Assim, na semana seguinte ao Encontro Cívico Nacional, a edição nº 147 de *O Pasquim* trazia Elis Regina regendo um coral de *mortos-vivos*: Roberto Carlos, Pelé, Paulo Gracindo e Marília Pêra. Todos artistas que participaram das campanhas publicitárias que convocavam a população a participar da abertura dos festejos.[342]

Foi enterrado, inclusive, o casal protagonista de *Independência ou morte*, Tarcísio Meira e Glória Menezes – o que, de maneira alguma, gerou a mesma polêmica que o *enterro* de Elis Regina –, muito embora os atores não tenham entrado para a memória coletiva como colaboradores do regime, como aconteceu com Coimbra.

As *patrulhas* de esquerda foram particularmente duras com Elis Regina, de forma que, na época, o então marido da cantora, Ronaldo Bôscoli, imediatamente divulgou a versão de que Elis fora obrigada a cantar sob ameaça de prisão. Na semana seguinte, diante dos protestos de Elis Regina, Henfil publicava uma segunda charge, ainda mais severa que a primeira. A *historinha* daquela semana era anunciada da seguinte forma: "Henfil apresenta, *com tristeza n'alma*, Cabôco Mamadô e seu fantástico cemitério dos mortos-vivos".[343] Ao que se seguia um irritado monólogo da personagem que representava Elis Regina:

---

341. Sobre outras charges de Henfil e os "enterros" promovidos pelo *Cabôco Mamadô*, ver capítulo 7 deste livro.
342. *O Pasquim*, n.147, p. 3, 25 abr./1 maio 1972.
343. *O Pasquim*, n. 148, p. 3, 2-8 maio 1972, grifos meus.

Vocês humoristas são engraçados! Querem ser guarda-moral de todo mundo!
Não querem que nós cantores façamos concessões...
Podem me chamar de Elis Regente de Comerciais Silva! Mas vocês acham que eu não preciso desse dinheiro pra viver?
Rendo... Não preciso não.
Acabe com essa agonia Cabôco Mamadô! Me reencarne logo!³⁴⁴

Assim, Henfil fazia Elis Regina reencarnar em Maurice Chevalier, importante cantor francês que, em janeiro de 1945, convidado por Hitler, fez grande show na Alemanha nazista.³⁴⁵ Elis ficou com a imagem prejudicada diante de seu público. Este, que se identificava culturalmente como de esquerda, era preponderante entre os admiradores da chamada música popular brasileira. E era esse, também, majoritariamente, o público de Elis Regina. Ela, que chegou a receber duras *vaias* durante uma apresentação no festival *Phono 73*, sentiu necessidade de recuperar o prestígio entre seu público. Aos poucos, a cantora tratou de *apagar* sua passagem pela festa da independência. Assim, no momento da abertura política, Elis estava *em outra*, e "cantava afinada com os desejos das *patrulhas*" (Alonso, 2011a:307-308). Ela própria, em entrevista à revista *Veja*, já em outubro de 1979, confirmava a versão de que cantara sob ameaças, mas, naquele caso, nas Olimpíadas do Exército de 1969:

> Eu cantei nessas Olimpíadas e o pessoal da Globo todo também participou. Todos foram obrigados a fazer. E você vai dizer que não? Eu tinha exemplos muito recentes de pessoas que disseram não e se lascaram, então eu disse sim. Quando apareceu isso eu procurei o Aldir Blanc e disse: "Poxa, que sacanagem". E ele falou: "Você cedeu como cederam os 90 milhões". Agora é fácil acusar [...] E tem mais, numa situação excepcional, idêntica, eu não sei se faria de novo. Porque eu morro de medo.³⁴⁶

No momento da abertura, Elis Regina endossava um discurso que ia ao encontro das expectativas daquela sociedade que aos poucos se democratizava. A

---

344. Ibid.
345. Ibid.
346. *Veja*, p. 6, 25 out. 1979.

ideia de acordo com a qual *você cedeu como cederam 90 milhões* soava harmoniosa, favorecia a visão dos *anos de chumbo* como uma imposição, algo completamente dissociado do ânimo social; fortalecia, naquele momento, o discurso da conciliação nacional: da sociedade consigo mesma e com seu passado, reconfortada então pela ideia de que *todos* cederam porque *tiveram* de ceder. Antes dessa entrevista, ainda em 1978, Elis Regina gravou a música que ficou conhecida como o hino da volta dos exilados, *O bêbado e a equilibrista*, de Aldir Blanc e João Bosco. É dessa Elis que a memória coletiva se lembra, aquela do hino da anistia. O próprio Henfil, implacável com suas *vítimas*, declarou mais tarde: "Eu só me arrependo de ter enterrado duas pessoas – Clarice Lispector e Elis Regina" (Arashiro, 1995:194 apud Alonso, 2007:199).

As trajetórias de Elis Regina e de Carlos Coimbra diferem em muitos aspectos. A começar pela evidente distância que o cineasta possuía com relação aos círculos intelectuais de esquerda, diferentemente da cantora. Elis, ao contrário, cantou músicas engajadas ao longo de toda a ditadura (Ridenti, 2014) – embora as mais populares, *Como nossos pais* (Belchior, 1976) e *O bêbado e a equilibrista* (João Bosco e Aldir Blanc, 1979), entre outras, datassem somente da segunda metade da década de 1970. Quanto a Carlos Coimbra, ele próprio declarou anos depois:

> Minha preocupação principal sempre foi fazer filmes para o público, para conquistar o público. É claro que, desta maneira, eu sempre me coloquei na contramão do pessoal do Cinema Novo. Nunca fiz cinema como uma bandeira. Para mim era mais uma comemoração que compartilhava com o público [...] [Mertem, 2004:194].

A presença de Coimbra na direção do filme que se tornou um dos grandes eventos da festa e talvez o maior realizado fora do âmbito oficial, não era, portanto, surpreendente. Como fica evidente ao analisarmos sua trajetória e alguns depoimentos seus, Coimbra se filiava desde muito cedo a uma tradição que o colocava em um campo diametralmente oposto ao da esquerda. Era declarado admirador do cinema norte-americano produzido em *Hollywood* e de cujas referências *Independência ou morte* era bastante tributário. Começou sua carreira frequentando, como jornalista, os estúdios da Atlântida. Fazia um tipo de cinema popular. Pode-se dizer, de acordo com suas próprias palavras, que a ideia de popularizar o cinema nacional, no sentido e no estilo *hollywoodiano*, era para ele uma missão:

Quando comecei a fazer cinema, tive, desde o começo, uma diretriz. Queria fazer filmes para o público, que levassem multidões aos cinemas. Pensava que o cinema nacional só podia se desenvolver e conquistar seu público dialogando com os espectadores brasileiros. Naquela época, filme brasileiro era sinônimo de fracasso. [...] Queria, portanto, dialogar com o público, fazendo filmes que fossem atraentes para as massas [...] Queria contar histórias baseadas na realidade e na experiência brasileiras. Se você prestar atenção, vai ver que sempre fiz questão de colocar, em todos os meus filmes, um traço da nossa identidade, da nossa cultura [Mertem, 2004:84-85].

Seu discurso e sua preocupação quanto à *grandeza do cinema nacional*, no que tange sobretudo à sua capacidade de atrair multidões, se aproximavam, em grande medida, de uma demanda já antiga do meio cinematográfico nacional e que a ditadura foi capaz de incorporar muito bem, como demonstram a criação do Instituto Nacional do Cinema (INC) em 1966 e, mais tarde, da Empresa Brasileira de Filmes (Embrafilme), em 1969 (Ramos, 1983:51). Essa demanda por público e a eficiência com que a Embrafilme foi capaz de solucioná-la está no centro da posterior aproximação que os cinemanovistas fariam com relação a essa instituição. Por sua vez, o que distanciava Coimbra das esquerdas – mas que também o aproximava da forma como o Estado pensava o cinema a partir de 1964 – reside em seu modo de ver a atividade cinematográfica como um processo industrial/comercial. Não passava pela obsessão *conscientizadora* que marcou a primeira fase do movimento do Cinema Novo, embora tivesse uma preocupação com o *elemento nacional*. Seu cinema não era *conscientizador, revolucionário*, mas se pretendia *educativo* e valorizador da cultura nacional. Daí os inúmeros filmes sobre cangaço,[347] daí *Independência ou morte*, daí *Iracema, a virgem dos lábios de mel*. Por isso também o frutífero diálogo que *Independência ou morte* foi capaz de estabelecer não apenas com o público, mas também com o Estado.

Sobretudo para o que nos interessa aqui, basta dizer que, quando analisamos a filmografia de Coimbra ou quando acompanhamos o longo depoimento dado

---

[347]. Os filmes de cangaço constituem, talvez, o núcleo mais importante da obra de Carlos Coimbra. Entre os mais importantes, podemos citar: *A morte comanda o cangaço* (1960), *Lampião, o rei do cangaço* (1962), *Cangaceiros de Lampião* (1966) e *Corisco, o diabo louro* (1969).

para a "Coleção Aplauso", fica evidente que, de alguma maneira, o cineasta era portador de uma determinada cultura política muito marcada por um sentimento nacionalista permeado por forte sentimento *cívico* e por uma noção tradicional de história. Três filmes seus, por exemplo, prestavam homenagem a datas históricas: *Independência ou morte*, pelo sesquicentenário da independência; *Iracema, a virgem dos lábios de mel*, pelo sesquicentenário de nascimento de José de Alencar, e um projeto para filmar a vida do padre Anchieta, em 1997, mas que nunca chegou a sair do papel. Este em homenagem aos 400 anos da morte do "apóstolo do Brasil" (Mertem, 2004:28).

Em suma, se os códigos culturais do cineasta correspondiam ao Brasil de 1972, quando se respirava civismo, o mesmo não acontecia em 1979. Naquele momento, a sociedade buscava os caminhos da reconciliação nacional, os quais Elis Regina soube expressar cantando *O bêbado e o equilibrista* ou declarando o *medo* como o motivo maior que fez com que ela e toda a sociedade *cedessem*. A fala de Elis e a música interpretada por ela refletiam, então, o restabelecimento no país da confiança de que a democracia sempre foi um valor, e a ditadura, uma imposição. Assim, poucos se lembram da Elis Regina que cantou para os militares. E quando esses poucos retomam essa história, fazem-no como de resto é feito quando a sociedade se propõe olhar para o passado ditatorial: de forma conciliadora. Era na *Elis que cedeu por medo* que a sociedade queria se reconhecer e não no cineasta relativamente desconhecido que exaltava a *história pátria* em duros momentos de repressão.

Assim, ao comparar Elis Regina e Carlos Coimbra, é importante, principalmente, não perder de vista – como tentei ressaltar – as enormes diferenças entre as duas figuras e, sobretudo, os distintos *trabalhos de memória* realizados sobre cada um. Na memória coletiva sobre o período, a cantora gaúcha ocupa o espaço de cantora do *hino da anistia*. Enquanto isso, o filme e a suposta carta de Coimbra à censura em 1979 colocavam novamente a questão da colaboração. Um descompasso diante daquela sociedade que buscava, lentamente, incorporar a democracia. Parecia que o cineasta não tinha sabido acompanhar as mudanças pelas quais passava o país. Seus filmes de exaltação patriótica em 1972 e em 1979 não tinham mais lugar. Acabou *esquecido*, silenciado, ocupando o espaço no qual a sociedade não queria se ver, o da colaboração.

Na entrevista biográfica que concedeu a Luiz Carlos Mertem, Carlos Coimbra considerava que a apropriação de *Independência ou morte* pela ditadura se transformou em uma *maldição* (Mertem, 2004:229) e, de certo modo, foi mesmo. Mas é preciso acrescentar que, embora a *maldição* esteja fundamentalmente no filme de 1972, o mais conhecido e mais popular, realizado num contexto sobre o qual a memória consolidou uma imagem bastante simplificada, foi *Iracema, a virgem dos lábios de mel*, que confirmou essa condição. E muito se deve ao contexto do fim dos anos 1970, profundamente marcado pelas disputas de memória e pela consolidação do mito da sociedade resistente.

Assim, de diretor celebrado em 1972, Coimbra passou a *maldito* a partir dos anos 1980. Seu último filme foi lançado em 1982. A partir de então, alguns trabalhos para a televisão, a expectativa frustrada de refilmar seus filmes de cangaço, o isolamento, a necessidade da negação do passado, a velhice, a morte em 2007. A partir dos anos 1990, sempre que as questões que envolviam *Independência ou morte* vinham à tona, o diretor e outras pessoas ligadas ao filme passaram a negar sua associação com a ditadura.

Foi o que fez o crítico de cinema Luciano Ramos em 1994, no vídeo de apresentação da versão em VHS do filme que integrava a coleção *Isto é cinema brasileiro*, lançada pela revista *Isto É*. Em sua fala, o crítico lembrava que o filme foi um "campeão de audiência" e feito para comemorar o sesquicentenário da independência. Era também uma forma de espetáculo que fazia lembrar uma "Vera Cruz renascida e modernizada". Seguia dizendo que o filme foi discriminado pela imprensa,[348] que acreditava que ele havia sido encomendado pela ditadura. Imediatamente o crítico corrigia: tratava-se de um equívoco. O filme foi feito integralmente pela produtora de Massaini, e o governo somente tomou conhecimento quando foi encaminhado para a censura. Essa versão, inclusive, seria reiterada de formas variadas por Coimbra ou por Aníbal Massaini, filho de Oswaldo e diretor executivo de *Independência ou morte*. Por ocasião da morte de Coimbra, em 2007, Aníbal Massaini foi aos jornais "em defesa" do filme e do cineasta:

---

348. Aqui, não é demais lembrar que, discriminado pelos críticos de esquerda, o filme foi muito bem recebido pelos órgãos de tendência liberal e também pelas publicações especializadas em cinema financiadas pelo Estado.

> *Independência ou Morte* foi uma iniciativa nossa, produzido integralmente com recursos próprios e nunca submetido a qualquer crivo, análise, sugestão ou imposição [...] Como sempre acontece, todos os Presidentes querem sempre recepcionar os vencedores de todas as atividades. Com *Independência ou Morte*, não foi diferente, até porque, de fato, aquele Governo nada fez de expressivo para as comemorações da nossa independência e pegou carona com o filme. Sei que ele [Carlos Coimbra] gostaria que isso fosse escrito, por ele, ou pelo meu pai, ou por mim.[349]

Interessante observar alguns aspectos da declaração do produtor: primeiramente, a ideia de que o governo "nada fez de expressivo para as comemorações da nossa independência" reforça a questão, que aprofundaremos no capítulo 6, a respeito do silêncio ao qual as comemorações foram relegadas pela memória coletiva. Em segundo lugar, a tentativa de dissociar o filme da ditadura reafirma o que observamos no depoimento de Luciano Ramos em 1994: o filme não foi encomendado pela ditadura porque foi feito com recursos da própria produtora.[350] Mas aqui aparece um argumento que, como veremos a seguir, permeia toda a memória narrada por Coimbra em 2004: foi a ditadura que se apropriou do filme. Assim, se em 1994 bastava esclarecer que o filme não havia sido *encomendado*, como de fato não fora, após, essa informação sofria uma espécie de deslocamento de sentido, indicando, talvez, a centralidade que o papel da *vítima* alcançou nas sociedades que viveram experiências autoritárias: o filme não apenas não foi encomendado, como a ditadura se aproveitou de seu sucesso.

No depoimento de Coimbra a ideia segundo a qual produtores e diretores nada podiam fazer contra a apropriação do filme fica ainda mais clara:

> O regime era antidemocrático, havia tortura, violência. Neste quadro, podia parecer que a utilização do filme pelo governo fosse algo planejado, mas não foi. Aconteceu simplesmente. [...] Queríamos aproveitar a data, o Sesquicentenário da Indepen-

---

349. "Independência ou Morte: filme patriótico?". Luiz Zanin: cinema, cultura e afins. *Estadão.com.br/blogs*, 23 fev. 2007. Disponível em: <http://blogs.estadao.com.br/luiz-zanin/independencia-ou-morte-filme-patriotico/>. Acesso em: 8 jun. 2010.
350. De toda forma, é importante mencionar que a Cinedistri teria recebido cerca de Cr$ 200 mil da Embrafilme em 1970, segundo dados apresentados por Tunico Amâncio (2000:139), para realização de *Independência ou morte*.

dência. Queríamos resgatar um sentimento nacional, não servir ao regime. Talvez se tivéssemos recusado o oferecimento do Governo para lançar o filme, isso ficasse mais evidente, mas eu realmente não tinha esse poder e nem sei como reagiria se o tivesse [...] depois de tanto esforço, de tanto murro em ponta de faca, eu também queria que o filme fosse visto [Mertem, 2004:223-224].

Assim, a iniciativa de *promover* o filme veio do governo. Produtores e diretores apenas *aceitaram, se renderam* à ideia, *permitiram* que a ditadura se apropriasse dele. Há, portanto, um *silêncio* em torno do fato de que a associação do filme com as comemorações do sesquicentenário fosse algo pretendido pela Cinedistri, como demonstram os dois telegramas enviados por Oswaldo Massaini à CEC: o primeiro em 10 de fevereiro de 1972, quando tiveram início as filmagens, e o segundo em 7 de agosto, quando o filme se encontrava em fase de finalização.[351] Em ambos, o produtor solicitava sua incorporação oficial ao calendário dos festejos. A CEC não atendeu às solicitações da Cinedistri o que, por outro lado, não impediu que o governo, sobretudo através do presidente Médici e do ministro da Educação, Jarbas Passarinho, encampasse o filme.

É interessante observar os deslocamentos de sentido operados pela memória coletiva. Em 1972 foram inúmeras as declarações de Oswaldo Massaini afirmando que *Independência ou morte* era sua forma de prestar homenagem às comemorações do sesquicentenário da independência. No primeiro telegrama que enviou à CEC, inclusive, o produtor esclarecia: "Para que esta nossa realização seja coberta do mais completo êxito, estamos recebendo todo o apoio do Ministério da Educação e Cultura, que colabora conosco em todas as fontes de nosso trabalho".[352]

Não obstante, com o passar dos anos, essa associação do filme com a ditadura passou a pesar negativamente. Com isso, veio a *necessidade* de silenciar sobre a tão desejada *homenagem* ao sesquicentenário que Massaini afirmava realizar com *Independência ou morte*. Assim, em 2004, Coimbra contava:

---

351. Fundo Comissão Executiva da Comemoração do Sesquicentenário da Independência. Arquivo Nacional/SDE – Documentos Públicos, código 1J. Pastas 3E e 3C, respectivamente. Correspondência recebida.
352. Ibid. Pasta 3E. Correspondência recebida.

> Ele [Oswaldo Massaini] fez a petição e conseguimos a autorização para filmar no Itamaraty, mas essa foi a única facilidade oficial que tivemos para fazer o filme que tanta gente considera uma peça institucional do governo militar [Mertem, 2004:221].

Depois, o cineasta prosseguia explicando a inexistência do vínculo oficial uma vez que lhes foram negados os empréstimos das fardas dos Dragões da Independência, bem como uma carruagem de época, peça de um museu do Rio de Janeiro:

> Nem as fardas, nem a carruagem. Não conseguimos nada do governo, que se mantinha à distância e foi muito bom assim. Quando o *Independência ou Morte* ficou pronto, mandamos uma cópia pra Brasília, para a censura, porque todo filme precisava de aprovação para passar. E foi aí que alguém viu e alertou o governo de que havia um filme como o nosso, capaz de engrandecer os festejos do sesquicentenário da Independência. O presidente, que era o General Médici, pediu para assistir ao filme e nós fomos em bloco até Brasília [...]. Foi aí que eles viram o filme pela primeira vez e decidiram que iam participar do lançamento [Mertem, 2004:222-223].

Em suma, em 1972 não parecia desabonador fazer um filme como *Independência ou morte* e querer que ele fosse associado ao regime. Na verdade, a associação com o regime somente se tornou um fardo para algumas pessoas à medida que o processo de redemocratização avançava e a memória de uma sociedade resistente prevalecia sobre a ideia da existência de um diversificado consenso social em torno do regime. Assim, o caso de *Independência ou morte* é exemplar, pois, como manifestação social, exprime muito bem o consenso em torno da ditadura, ao mesmo tempo que reflete de forma particularmente significativa os silêncios sobre os comportamentos a favor do regime. Silêncio curioso, que reduz o filme a *peça institucional da ditadura*, quando ele vai, na verdade, muito além disso, refletindo a pujança do *milagre*, confirmando uma determinada visão de história e conformando certa identidade a partir de sua leitura do passado e de seu entusiasmo pelo presente. É interessante perceber, nas memórias de Coimbra, o *desaparecimento* da insistência de Massaini em associar o filme à festa. Para ele, foi a ditadura que se apropriou de *Independência ou morte*, e isso somente aconteceu quando o filme passou pela censura.

Sua versão silencia sobre o primeiro telegrama enviado pelo produtor à CEC ainda em fevereiro de 1972. Silencia também sobre o alvoroço que o filme causou na grande imprensa, que acompanhou passo a passo as filmagens durante todo o ano, noticiando a homenagem que o filme pretendia prestar às comemorações do sesquicentenário. Sobretudo, sua versão endossa a ideia de um Estado todo-poderoso e de uma sociedade que nada podia contra ele; transforma as ações e vontades do regime numa espécie de *devir irresistível*, contra o qual não adiantava se opor, *desresponsabilizando* a sociedade que nada podia contra aquele Estado *monstruoso*, aquela espécie de *Leviatã*; absolvendo seu filme que, portanto, nada podia contra o desejo do Estado de "participar do seu lançamento"; *silenciando* sobre o fato de que o *monstro*, o *Leviatã* é, antes de mais nada, fruto de um pacto social.[353]

Retomando Pierre Laborie, há nesse comportamento uma espécie de *silêncio da memória*, ou seja, certa "má consciência" com relação ao passado, a dificuldade de assumir, pessoal ou coletivamente, a convivência ou a conivência com relação às atrocidades do passado (Laborie, 2003:58). Assim, é curioso notar, como em todo o depoimento que concedeu a Luiz Carlos Mertem, no qual Coimbra avisava que ia "contar tudo sobre *Independência ou morte*", em nenhum momento o cineasta mencionava a boa acolhida junto ao público que o filme teve. As atenções se voltaram de tal modo para a *apropriação* do filme pela ditadura que, mesmo entre os responsáveis pelo projeto, tornou-se mais importante apontar sua *inocência* do que enfatizar seu sucesso. Talvez porque lembrar a boa acolhida do filme seria confirmar o consenso em torno do *milagre*, em torno do presidente Médici, em torno da ditadura. Com essa lembrança, não é possível conviver em sociedade. Assim, o sucesso é preterido em nome de uma desejada inocência.

Em 1972, no entanto, seria impossível pensar que um filme sobre a independência do Brasil não tivesse ligação com o sesquicentenário e, por consequência, com a ditadura. Isso porque, em 1972, as comemorações estavam no centro dos acontecimentos políticos do país. No presente, Carlos Coimbra somente pôde negar a ligação do filme com a ditadura ou, por outra parte, a sociedade somente pode condená-lo[354] por sua ligação com aquela porque, assim como todas as ati-

---

353. Para uma releitura do *Leviatã*, de Hobbes, cf. Ginzbourg (2006); Reis (2010c).
354. Ou absolvê-lo, como alguns o fazem, sempre destacando que o fazem "apesar" do tom oficialesco e da ligação com a ditadura.

tudes a favor da ditadura – que não foram raras –, o sesquicentenário também foi "esquecido"/*silenciado* pela sociedade.

Assim, negar a ligação do filme com a festa e com o Estado se tornou possível porque a importância e a centralidade que as comemorações tiveram naquele ano de 1972 foram silenciadas. A colaboração, a participação entusiasmada, a adesão, a indiferença, enfim, os comportamentos sociais que, de maneira geral, ajudaram a formar o consenso em torno da ditadura oscilam entre o silêncio e a condenação. O consenso em torno da ditadura foi *esquecido* pela sociedade. Os vestígios, as provas que ainda sobrevivem desse consenso são condenadas, apontadas como *bodes expiatórios*, que servem, antes, para eximir a sociedade de sua eventual *responsabilidade* com relação às atrocidades do passado, mas que dificultam a compreensão deste. Assim aconteceu com *Independência ou morte* e com Carlos Coimbra: "esquecidos", *silenciados*, transformados em *bodes*.

Por fim, cabe mencionar uma questão que acredito ser de suma importância para compreendermos especificamente a memória construída em torno dos festejos do sesquicentenário e que perpassa todo o depoimento de Carlos Coimbra. Trata-se de uma distinção que se tornaria comum na silenciosa memória sobre o sesquicentenário: aquela entre os segmentos sociais que estariam mais interessados em comemorar 1822 e os que viam naquela grande exaltação do passado os ecos fortes do *milagre* dos anos Médici. Em diversos momentos, Coimbra menciona que, com *Independência ou morte*, ele pretendia "resgatar um sentimento nacional, não servir ao regime militar" (Mertem, 2004:224). Ou ainda:

> Vou dar um exemplo. Agora mesmo comemoram-se os 450 anos da fundação de São Paulo. Todo mundo quis pegar carona na festa e você acha que, por isto, todas essas entidades e pessoas estão dando seu apoio à administração do PT, que está na prefeitura? Com a gente foi a mesma coisa [Mertem, 2004:223-224].

Como podemos perceber, o cineasta se definia como pertencendo ao grupo que *apenas* festejava a data histórica. No entanto, o processo é mais complicado. Conquanto a participação ou não numa festa de grandes proporções não possa ser definida em termos precisos como atitudes contra ou a favor do regime ou da administração vigentes, é preciso observar as formas diversas a partir das quais se dá a participação social, tendo em vista a complexidade do consenso. Este não significa somente a participação ativa e entusiasmada, mas indica que, em muitos momentos, a ditadura se incorporou ao cotidiano das pessoas e foi capaz de estabelecer um vasto diálogo com segmentos expressivos da sociedade.

Assim, penso não ser possível separar 1822 de 1972, naquele contexto. Os que pareciam mais entusiasmados com d. Pedro I e a independência do que com Médici e a "revolução" de 1964, embora portadores de modos de pensar específicos, convergiram no compartilhamento de determinadas tradições e opiniões que são muito próximas àquelas de alguns partidários mais entusiasmados da ditadura, que viam nas festas do sesquicentenário um momento privilegiado para comemorar o presente. Ambos conformavam uma mesma cultura política, permeada por intenso sentimento cívico e patriótico e uma noção de tempo histórico linear, de acordo com a qual as glórias do presente são sempre tributárias das conquistas passadas e podem ser aproveitadas para nutrir perspectivas de futuro.

Além disso, ao evocar 1822, a ditadura evocava, na verdade, a *pátria*, um valor transcendental, capaz de superar as batalhas e oposições políticas em benefício de um sentimento superior, que unia – ou deveria unir – todos os brasileiros, qual seja, o *patriotismo*, o *amor à pátria*. Foi a partir desse aspecto que a ditadura conseguiu, no ano do sesquicentenário, unir 1972 a 1822 e, assim, estabelecer amplo diálogo com a sociedade. Nesse sentido, a distinção entre "aqueles que estavam comemorando 1822" e "aqueles que estavam comemorando 1972" torna-se muito mais uma construção *a posteriori*, recorrente em relatos sobre o período, fruto de elaborações de memória de segmentos da sociedade que, no presente, sentem dificuldade em lidar com a lembrança de um convívio muitas vezes pouco conflituoso – quando não harmônico – entre ditadura e sociedade.

CAPÍTULO 6

A Comissão Executiva Central

Quando observamos os grandes eventos que marcaram as comemorações do sesquicentenário – o traslado, peregrinação e inumação dos restos mortais de d. Pedro I; o Encontro Cívico Nacional em homenagem a Tiradentes; a Taça Independência –, é impossível deixar de observar o meticuloso protocolo que cercou todas essas efemérides. Por trás desses eventos imponentes, grandiosos, que pretendiam envolver todo o país, havia a Comissão Executiva Central (CEC), que os articulava, estruturava, conferia a ordem e a *organicidade* necessárias para dar a tais acontecimentos sua dimensão de *integração nacional*, tão cara ao regime. Mais que isso, partiu da CEC a seleção dos eventos, as escolhas das datas nacionais e, de certo modo, a forma como seria contada a *história pátria* durante as comemorações do sesquicentenário.

Constituída em janeiro de 1972, a CEC, como já vimos, era presidida pelo general de divisão e em seguida general de exército,[355] Antônio Jorge Corrêa, e composta por representantes dos ministérios – *civis* e militares – e por instituições da sociedade civil, a maior parte delas voltada para a elaboração de políticas culturais e de patrimônio, como o Conselho Federal de Cultura (CFC), por exemplo, ou aquelas comprometidas com o estudo e a divulgação da *história pátria*, como era o caso do Instituto Histórico e Geográfico Brasileiro (IHGB).

Desse ponto de vista, a CEC constituiu-se como espelho interessante para observarmos a dinâmica entre civis e militares durante a ditadura. Mais que des-

---

355. O general Antônio Jorge Corrêa foi promovido a general de exército em julho de 1972, em pleno decorrer das comemorações do sesquicentenário da independência. Cf. *Dicionário histórico e biográfico brasileiro*/Centro de Pesquisa e Documentação de História Contemporânea do Brasil (DHBB/Cpdoc). Verbetes: Antônio Jorge Correia. Disponível em: <www.fgv.br/CPDOC/BUSCA/Busca/BuscaConsultar.aspx>. Acesso em: 18 jan. 2012.

trinchar seus modos de funcionamento, no entanto, acredito que seja interessante pensarmos a CEC como expressão das relações que se estabeleceram nos âmbitos mais diversos da vida pública nacional entre instituições civis e militares, fazendo da ditadura uma complexa construção social e não apenas uma imposição da caserna a seus *tutelados* civis. As diversas instituições da sociedade civil que se reuniram para formar a CEC, sob a liderança do general Antônio Jorge Corrêa, demonstram de forma expressiva que, mais que uma relação entre *militares todo--poderosos* e *civis indefesos*, as relações entre sociedade civil e ditadura envolviam negociações, jogos de interesse e de prestígio, projetos, concepções de *história* e de *nação* em comum. Demonstram a existência de um profícuo diálogo entre determinados setores da sociedade – nesse caso específico, entre determinados setores da intelectualidade nacional – e a ditadura. Através da ação desses intelectuais, cuja forma de atuação no aparelho do Estado é muito anterior a 1964 (Maia, 2010), é possível captar importantes aspectos das numerosas tradições que a ditadura foi capaz de preservar e *reatualizar*.

Ao estudar o caso das cerimônias cívicas e o investimento em eventos culturais do regime nazista na Alemanha, Peter Reichel chama atenção para o fato de que tais cerimônias reuniam esforços no sentido de conferir ao regime uma *bela aparência*. A *estetização* do regime, e da vida sob o nazismo, era uma forma de realçar e dar destaque aos preceitos básicos do regime, mesmo àqueles relativos às suas "bases biológicas e sociodarwinianas" (Reichel, 1993:349). Constituiu-se, desse ponto de vista, em importante meio através do qual a ditadura de Hitler pôde organizar o pacto social em torno do regime.

Nesse aspecto, o que Peter Reichel chama de *estetização do nazismo*, ou seja, a "*mise-en-scène*, o *décor* e a ritualização da política" – fosse através da arquitetura, do rádio, do cinema, dos grandes espetáculos cívicos ou esportivos – "tinha por objetivo dotar o regime de brilho e satisfazer as necessidades de identificação, de comunhão, de diversão e de beleza experimentadas pelas massas" (Reichel, 1993:352). Interessante observar nas análises do historiador alemão, além da importância da *estética* ou da *boa aparência* para a construção do consenso nazista, o processo de *ritualização* política e a *mise-en-scène* do *belo* como demandas sociais. E, mais que isso, o fato de que as ditaduras, apesar de serem regimes identificados com a, e baseados na violência, são efetivamente capazes de atender a tais demandas.

As comemorações do sesquicentenário da independência tinham também este objetivo de satisfazer as necessidades sociais de *comunhão, identidade* e *beleza*. Foram, talvez, o momento mais expressivo em que a ditadura foi capaz de colocar nas ruas seu lado *belo* ou, dito de outra forma, de ritualizar festivamente suas concepções da *história pátria* e, ao mesmo tempo, de *teatralizar* a *boa aparência* do *milagre*, do presente que ela se esmerava, juntamente com a sociedade e segundo seu próprio discurso, em construir. Por trás desse processo de *estetização* do regime, uma comissão nacional e dezenas de comissões estaduais, as quais, efetivamente, trataram de atender às demandas por *beleza*.

É certo, porém, que para a ditadura nazista o investimento na questão da estética era muito mais central do que o foi no caso da ditadura civil-militar brasileira pós-1964. Para além disso, não se deve esquecer que a ênfase da ditadura em 1972 esteve também, e talvez até mais, em suscitar orgulho, entusiasmo, integração, respeito e veneração do que propriamente bordar sobre o *belo*, embora esse tenha sido, como em toda comemoração, também um importante ingrediente.

Assim, as formas a partir das quais a sociedade expressou seu consentimento em relação às tentativas de suscitar o orgulho e o entusiasmo nacionais, bem como a esse processo de *estetização* do passado e do presente da nação, podem ser percebidas de maneiras diversas. Uma delas, sem dúvida, é a significativa correspondência recebida pela CEC de pessoas e instituições as mais diversas que expressavam seus sentimentos, sua vontade de aderir, de tomar parte naquele imenso *ritual cívico* que teve lugar em 1972. Assim, se a comissão em si pode ser vista como uma expressão da participação civil-militar na ditadura e como importante espaço a partir do qual o *consenso* social em torno do regime se manifestava de forma concreta, ela também foi vista por inúmeras pessoas e associações como espaço a partir do qual a sociedade poderia expressar seu *consentimento*, não apenas com relação à festa, mas com relação ao regime.

Aqui, é importante estabelecer uma diferença fundamental, embora sutil, por vezes difícil de ser percebida, entre *consenso* e *consentimento* no contexto de regimes autoritários. Concordo com Didier Musiedlak quando este afirma que "mais que opor consenso e consentimento, parece legítimo insistir na sua imbricação" (Musiedlak, 2010:156). Todavia, acredito que seja importante estabelecer determinadas diferenciações, inclusive semânticas.

Assim, se *consenso* pode designar um *acordo* que diz respeito a um conjunto de pessoas, *consentimento* é, antes, *aceitação*, e pode dizer respeito a uma única pessoa. Tal *aceitação* pode também se apresentar em diferentes formas, engendrando *reações* distintas à mesma situação. Esse conjunto de reações, individuais e/ou coletivas, expresso pelo que chamamos *consentimento*, gera o que podemos designar como uma *atmosfera consensual*, na qual vislumbramos o *pacto*, o consenso ou, nas palavras de Daniel Aarão Reis, o *acordo de aceitação do regime* (Reis, 2010a). O consentimento, portanto, compõe o consenso, mas este é mais amplo que aquele.

Observar, portanto, os modos de funcionamento da CEC, bem como as formas a partir das quais a sociedade se dirigia a ela, reivindicando participar, tomar parte nas comemorações, é um interessante espelho para compreendermos as maneiras diversas a partir das quais inúmeras pessoas expressaram seu consentimento em relação à festa e/ou com relação ao regime. Ao mesmo tempo, ajuda a melhor compreender em que sentido a ditadura, através da CEC e do sesquicentenário, criou arranjos eficazes no sentido de consolidar o pacto social em torno do regime.

Este capítulo é, pois, uma análise das comemorações do sesquicentenário como uma expressão do que chamamos de *ditadura civil-militar*. Ou seja, de como a festa – da mesma forma que a ditadura – foi construída com a participação e o *desejo de colaborar* de expressivos segmentos da sociedade. Tanto do ponto de vista institucional e oficial, como foi o caso das associações que compuseram a CEC, quanto do ponto de vista *não oficial* daqueles que escreviam à comissão reivindicando o *direito* de dar sua *colaboração*.

Uma comissão *civil-militar*

A Comissão Executiva Nacional (CEC) foi criada em janeiro de 1972 para "dirigir e coordenar" as comemorações do sesquicentenário da independência, em âmbito nacional, inclusive com poder para interferir diretamente nas comissões executivas estaduais (CEEs). Seu presidente e demais membros deveriam ser designados pelo presidente da República, que escolheu para os dois cargos máximos, o de presidente e o de secretário, dois colegas de farda: o general Antônio Jorge Corrêa e o coronel Luiz José Torres Marques (Corrêa, 1972:14, 21).

Antes porém de a CEC ser constituída em janeiro de 1972, em outubro de 1971 foi criada, pelo Decreto nº 69.344, uma comissão nacional para "programar e coordenar" as comemorações do sesquicentenário da independência. Esta era presidida pelo ministro da Justiça, Alfredo Buzaid, e composta pelos ministros da Marinha, do Exército e da Aeronáutica: almirante de esquadra Adalberto de Barros Nunes, general de exército Orlando Geisel e tenente-brigadeiro Joelmir Campos de Araripe; pelo ministro das Relações Exteriores, embaixador Mário Gibson Alves Barbosa; ministro da Educação e Cultura, Jarbas Passarinho; pelos chefes dos gabinetes Civil e Militar da Presidência da República: dr. João Leitão de Abreu e general João Baptista Figueiredo, respectivamente; pelos presidentes do Instituto Histórico e Geográfico Brasileiro (IHGB), Pedro Calmon; da Associação Brasileira de Imprensa (ABI), Adonias Aguiar Filho; do Conselho Federal de Cultura (CFC), Arthur César Ferreira Reis; da Associação Brasileira de Emissoras de Rádio e TV (Abert), João Jorge Saad, e da Associação Brasileira de Rádio e TV, Eugênio Afonso da Silva (Corrêa, 1972:20-21).

Uma das funções atribuídas à comissão nacional pelo decreto de 1971 era justamente "designar uma Comissão Executiva Central e as Subcomissões que se fizerem necessárias" (Corrêa, 1972:13). Assim, a CEC ganhou subcomissões especiais, uma vez que as comemorações deveriam possuir "natureza variada, cobrindo todos os campos de interesse nacional [...] cultural, histórico, diplomático, cívico, desportivo, artístico, popular e desenvolvimentista" (Corrêa, 1972:14-15). As subcomissões pretendiam, portanto, abranger e organizar essa *natureza variada* que as comemorações deveriam possuir. Eram elas: Subcomissão de Assuntos Culturais, de Assuntos Diplomáticos, de Assuntos Desenvolvimentistas, de Assuntos Desportivos, de Assuntos Cívicos e de Festejos Populares (Corrêa, 1972:22).

Entre elas, algumas adquiriram maior visibilidade, como a Subcomissão de Assuntos Culturais, sobretudo através das figuras de Pedro Calmon e Arthur César Ferreira Reis, presidentes do IHGB e do CFC, respectivamente, que já compunham a comissão nacional e se mantiveram na CEC. Além destes, é importante lembrar, mais uma vez, o papel central que possuiu, na Subcomissão de

Assuntos Desportivos, o presidente da CBD, João Havelange. Como vimos, a ele e à instituição que dirigia coube a organização do maior evento esportivo do sesquicentenário, o torneio de futebol *Taça Independência*. Também a Subcomissão de Assuntos Diplomáticos, responsável por gerir principalmente as questões relativas à transferência dos restos mortais de d. Pedro I para o Brasil, bem como a participação de Portugal nas comemorações, assumiu grande importância.

E o que dizer, por exemplo, da Subcomissão de Assuntos Desenvolvimentistas? Mostrar o quadro de *desenvolvimento* das potencialidades econômicas do Brasil era um dos objetivos centrais das comemorações do sesquicentenário, as quais deveriam possuir "o adequado esplendor; à semelhança das festas memoráveis do Centenário, mas orientadas e dimensionadas no quadro palpitante das realidades brasileiras" e que demonstrassem, "pelo índice de seu desenvolvimento, a convergência patriótica das energias do nosso povo no efetivo progresso da Nação" (Corrêa, 1972:9).

Assim, eventos como a "Exposição Fotográfica de Indústria, Comércio, Turismo e Cultura" que aconteceu em Brasília, entre a última semana de abril e a primeira de maio, ou a "Conferência Especializada Interamericana sobre a Aplicação da Ciência e Tecnologia ao Processo de Desenvolvimento Econômico da América Latina", também realizada em Brasília, ou ainda o ciclo de conferências "Painel sobre o Desenvolvimento Brasileiro", que aconteceu em junho, no Rio de Janeiro, integraram oficialmente o calendário da CEC e deveriam ficar a cargo da Subcomissão de Assuntos Desenvolvimentistas. Tudo isso deveria compor um quadro amplo, qual seja, aquele do *empenho brasileiro* em construir, nos últimos 150 anos de história, o *progresso da nação*. Sobretudo, o sucesso da *revolução* pós-1964 em viabilizar, em tornar realidade o empenho no sentido da conquista do progresso.

Não obstante, a subcomissão que cumpriu o papel de maior destaque foi mesmo a de Assuntos Culturais, na medida em que coube a ela estabelecer o sentido *cívico-patriótico* das comemorações. Tal papel se fez notar, principalmente, através das instituições que estiveram à frente da subcomissão, o IHGB e o CFC, ambas marcadas, em suas ações e pensamentos, por um profundo senso de civismo, comprometidas com determinada visão de história, pátria e nação.

O IHGB, como se sabe, foi criado em 1838, com o patrocínio do imperador d. Pedro II. O instituto deveria "dedicar-se à escrita da história do país, num processo simultâneo de construção dessa história e de afirmação do papel do Estado como criador e garantidor de nossa nacionalidade" (Gomes, 1996:15). A rigor, conquanto os primeiros anos da República tenham evidenciado certo afastamento do IHGB com relação ao Estado, cedo tal situação seria contornada e o instituto se reafirmaria como importante espaço do pensamento *histórico- -nacional* (Almeida, 2009:62), tendo se mantido como tal, embora já não tivesse mais, no pós-1964 particularmente, a mesma visibilidade que o notabilizou nos tempos do imperador.

Não obstante, o instituto, amplamente identificado com os processos de construção da nacionalidade, criado com o patrocínio do Império brasileiro não poderia ficar à margem das comemorações do sesquicentenário da independência. Afinal, em que espaço poderia se pensar melhor o nascimento da *nação*? Além disso, desde 1964 a instituição procurou aproximar-se do regime, recebendo seus representantes, fazendo deles seus *presidentes de honra*.

Na verdade, é importante mencionar que em 1841, pouco depois de sua fundação, o IHGB havia instituído o cargo de *presidente de honra* do instituto, cargo com o qual pretendia homenagear personalidades ilustres, nacionais e estrangeiras. Em 2009, o "Noticiário" dos meses de janeiro e fevereiro do IHGB trazia pequena matéria a respeito da sua "galeria ilustre" de presidentes de honra. Durante o período republicano e até 2009, dos 35 presidentes da República, 23 haviam sido contemplados com o título. Entre estes, todos os cinco generais- -presidentes da ditadura civil-militar.[356] De maneira geral, as relações entre ditadura/ditadores e instituto foram extremamente harmônicas. Em 1967 Costa e Silva transformou o IHGB em órgão de utilidade pública da União (Almeida, 2009:62). Em junho de 1970, Médici tomou posse como presidente de honra. No auditório da antiga sede do instituto, antes de pronunciar-se, o general ouviu do presidente da casa, Pedro Calmon, palavras elogiosas:

> A sua vida é um exemplo de dedicação exclusiva ao Exército e ao País. Surpreendeu- -o a escolha para dirigir a Nação quando comandava V. Exa. o terceiro exército,

---

356. "Presidentes de Honra, uma galeria ilustre". Noticiário, *Revista do Instituto Histórico e Geográfico Brasileiro*, n. 237, jan./fev. 2009. Disponível em: <www.ihgb.org.br/noticiario. php?n=00237&s=o>. Acesso em: 20 jan. 2012.

naquele quartel-general de Porto Alegre [...]. Recebeu-a como uma convocação. Nome indicado para assumir em tão delicadas circunstâncias a presidência da República, abonou-o, antes de tudo, a confiança que inspirava. Quem serve mais de 40 anos a pátria sem dela se servir; quem se mantém fiel aos compromissos da mocidade e cada dia os confirma no silêncio, na correção, no dever; quem merece de sua classe, de sua terra, de sua gente, a alta consideração que desfruta; quem fez do destino sem ambição uma trajetória limpidamente coerente, apresentando como título, à esperança depositada no seu descortino, os antecedentes de honrado patriotismo, podia governar o Brasil – voltado para os interesses, para as premências, para os anseios do Povo.[357]

O professor terminava seu discurso afirmando que o instituto partilhava as premissas fundamentais do novo governo, as quais, dois anos mais tarde, orientaram e conferiram sentido às comemorações do sesquicentenário, alinhando o passado da nação ao presente que se construía e ao futuro triunfante que se desejava: "Olhamos ombro a ombro as mesmas perspectivas – em que a grandeza nacional se delineia no seu perfil iluminado de velhas epopeias e triunfos desejados".[358] E concluía aludindo a uma já antiga reivindicação do IHGB, qual seja, aquela relativa à construção de sua sede: "Lamentamos não poder oferecer-lhe os salões compatíveis com a importância do acervo".[359]

Na verdade, a questão da construção/reforma de uma sede era já uma demanda antiga do instituto. No início do século XX, após funcionar provisoriamente no terceiro pavimento do antigo Convento do Carmo e no Real Gabinete Português de Leitura, em 1913 o "Conde de Afonso Celso instalou o Instituto 'na ala que edificara para sua sede, ao flanco do Silogeu, na esquina das avenidas Augusto Severo e Teixeira de Freitas'".[360] Uma lei de 1955, sancionada durante o governo do presidente Café Filho, autorizou que fosse cedido ao instituto "o

---

357. Posse na presidência de honra do Instituto Histórico e Geográfico Brasileiro do presidente da República, general de exército Emílio Garrastazu Médici. Sessão solene em 3 de junho de 1970. Saudação do professor Pedro Calmon. *Revista do Instituto Histórico e Geográfico Brasileiro*, Rio de Janeiro, v. 288, p. 314, jul./set. 1970.
358. Ibid., p. 315.
359. Ibid.
360. *Site* do IHGB. Disponível em: <www.ihgb.org.br/ihgb25.php>. Acesso em: 20 jan. 2012.

terreno em que foi edificado o Silogeu", devendo o instituto cumprir uma série de obrigações, entre elas atender ao "recuo exigido pelos planos urbanísticos municipais".[361] Não obstante, o anteprojeto, traçado em 1958, foi rejeitado pela prefeitura do Rio de Janeiro e, com o passar dos anos, as dificuldades relativas à construção da nova sede somente aumentaram. Em 1969, o Conselho Administrativo da Associação Brasileira de Imprensa interveio e "solicitou aos Ministérios do Planejamento e da Educação e Cultura que fornecessem ao IHGB as verbas necessárias para a conclusão da nova sede" (Almeida, 2009:63). Todavia, as verbas que viabilizariam as obras vieram somente mais tarde.

Em 1970, quando de sua posse como presidente de honra do IHGB, Médici adiantou que:

> Meu Governo conta com as instituições docentes e culturais, ligadas à História, e especialmente com este Instituto, para o relevo maior da comemoração do sesquicentenário de nossa independência, à maneira que fez o Presidente Epitácio em 1922.[362]

Àquela época, parece que o presidente ainda não estava certo do caráter *grandioso*, refletindo a *grandeza nacional* que as comemorações do sesquicentenário adquiririam em 1972. Pensava as festas de forma mais "austera" e, embora citasse as comemorações do centenário, fazia questão de demarcar as diferenças que os eventos de 1972 deveriam possuir:

> Trocando o efêmero de uma Exposição Internacional [como a realizada em 1922], pelo definitivo de uma construção universitária, pretendemos dar às comemorações projetadas o cunho da austeridade consentânea com as premências da educação e da cultura nacional.[363]

---

361. Ibid.
362. Posse na presidência de honra do Instituto Histórico e Geográfico Brasileiro do presidente da República, general de exército Emílio Garrastazu Médici. Sessão solene em 3 de junho de 1970. Discurso do sr. presidente Emílio Garrastazu Médici. *Revista do Instituto Histórico e Geográfico Brasileiro*, Rio de Janeiro, v. 288, p. 319, jul./set. 1970.
363. Ibid.

Médici se referia especificamente à construção de um novo campus para a Universidade Federal do Rio de Janeiro (UFRJ), na ilha do Fundão. Todavia, a construção da sede do IHGB poderia também ser contemplada pelo espírito de transformar o *efêmero em definitivo*. E assim o foi. Com empréstimos da Caixa Econômica Federal, facilitados e garantidos pela própria Presidência da República e Ministério da Educação, o instituto pôde, enfim, recomeçar suas obras há muito paralisadas. Em outubro de 1971, as obras encontravam-se já adiantadas e Pedro Calmon escrevia ao presidente Médici para dar notícias sobre o andamento da situação:

> Senhor Presidente,
> O edifício-sede do Instituto Histórico e Geográfico Brasileiro, sob a Presidência de Honra de Vossa Excelência, será, sem dúvida, o monumento que no Rio de Janeiro perpetuará o 150º aniversário da Independência do Brasil. [...] Dada a sua urgência, e tendo em consideração o estimulante interesse de Vossa Excelência pelas iniciativas que visam à comemoração condigna do Sesquicentenário, é com prazer que levo ao conhecimento de V. Excelência que as referidas obras prosseguem em ritmo acelerado.[364]

De fato, a nova sede ficou pronta a tempo de ser inaugurada no mesmo dia em que algumas instalações da Cidade Universitária da UFRJ, no dia 5 de setembro de 1972, em plena Semana da Pátria do sesquicentenário. As inaugurações contaram, inclusive e como não poderia deixar de ser, com a presença do presidente da República.[365] Os sócios do IHGB saudaram, satisfeitos, a conclusão das obras no relatório de atividades do instituto de 1972, que narrava da seguinte forma a inauguração das novas instalações:

> Pela terceira vez, o Relatório anual das atividades culturais do Instituto faz referência à construção da nova sede; nas duas primeiras ela se prendia à esperança de contar

---

364. Fundo Comissão Executiva da Comemoração do Sesquicentenário da Independência. Arquivo Nacional/SDE – Documentos Públicos, código 1J. Pasta 3E. Correspondência recebida.
365. "Médici abre esta manhã a Cidade Universitária". *Jornal do Brasil*, Rio de Janeiro, p. 1, 5 set. 1972.

com a nova sede em tempo útil, desta vez, porém a esperança transformou-se numa imponente realidade. Dentro do prazo e de forma excelente. No dia 5 de setembro de 1972, por volta das 16 horas, foi inaugurado o novo edifício do IHGB por S. Exa. o General Emílio Garrastazu Médici, Presidente da República e nosso Presidente de Honra. Esta nota festiva do relatório corresponde a um estado d'alma comum a todos os sócios, ao qual queremos dar expansão antes de relatar resumidamente as ocorrências ordinárias do exercício em pauta [Pedrosa, 1972:243].

As comemorações do sesquicentenário pareciam o momento ideal para que o governo, finalmente, atendesse às demandas dos membros do IHGB em benefício da construção de sua sede definitiva. Afinal, não seria naquela ocasião que se comemoraria a história do nascimento da nação? E não havia sido aquele instituto criado para construir/escrever a história da nação? Nesse sentido, o IHGB assumiu importância central na CEC. Em 1970, Médici convocou a casa e seus historiadores para contribuírem com o "relevo maior" das comemorações. Em 1972, foi atendido.

Assim, em 26 de abril de 1972, o general Antônio Jorge Corrêa, representando a CEC, e o professor Pedro Calmon, em nome do IHGB, assinaram convênio pelo qual a CEC repassaria ao instituto a quantia de Cr$ 400 mil para que fossem editados ou coeditados livros e documentos alusivos à independência do Brasil, que deveriam ser "selecionados pela Subcomissão de Assuntos Culturais e aprovados pelo Presidente da Comissão Executiva Central".[366] Tais livros e documentos destinavam-se à formação da Biblioteca do Sesquicentenário, abrigada ainda hoje no IHGB e deveriam "esclarecer o alvorecer do país", atendo-se ao período entre 1808 e 1825 ou a outros que a subcomissão julgasse "úteis ao esclarecimento do processo de Independência".[367] O IHGB ficava encarregado não apenas da edição dos livros e documentos, mas também da distribuição e venda.

Um dos livros organizados, talvez o mais expressivo deles, foi a coletânea *História da independência do Brasil*, em quatro volumes, dirigida pelo acadêmico Josué Montello e com textos de renomados intelectuais, tais como Raymundo

---

366. Biblioteca do Sesquicentenário. *Revista do Instituto Histórico e Geográfico Brasileiro*, Rio de Janeiro, v. 295, p. 264, abr./jun. 1972.
367. Ibid.

Faoro (Revolução constitucionalista de 1820: a representação brasileira às cortes gerais), Evaristo de Morais Filho (A Constituinte de 1823) e Gilberto Freyre (A união nacional do Império) (Almeida, 2009:67).

Em junho, o IHGB concedeu ao general Antônio Jorge Corrêa o título de *sócio honorário* do instituto (Pedrosa 1972:247), em razão dos serviços prestados à nação como presidente da CEC. Na mesma época, homenageou o presidente de Portugal, Américo Tomás, como seu presidente de honra. Sobre este último, justificava:

> A grande motivação para esta proposta envolvendo o chefe do Estado da nação portuguesa foi a sua pronta aquiescência em atender ao pedido feito pelo Brasil, através da Presidência da República, para que os restos mortais de d. Pedro I fossem devolvidos ao Brasil para terem, no monumento do Ipiranga, o seu túmulo condigno ao lado da Imperatriz D. Leopoldina [Pedrosa 1972:243].

Enfim, em 1974, seis meses após deixar a presidência, Médici ainda era lembrado, e convidado, com gratidão, pelo IHGB. Então, em outubro daquele ano, o instituto completava 136 anos e Médici, presidente de honra da casa, foi chamado para compor a mesa das homenagens. Aquela era a primeira sessão que acontecia no Salão Nobre "desde que se fizera a mudança do Silogeu para a nova sede" (Pedrosa, 1975:184). Mais um motivo para que o general fosse convidado: a inauguração do Salão Nobre do prédio que havia sido construído e entregue, dois anos antes, com pompa pelo então presidente da República. Na ocasião, Pedro Calmon se dirigiu da seguinte forma ao general Médici: "A Casa é sua porque V. Exa. a fez" (Pedrosa, 1975:186).

De forma similar ao IHGB, a participação do Conselho Federal de Cultura (CFC) nas comemorações do sesquicentenário da independência tinha o objetivo de orientar o sentido cívico e histórico que as comemorações deveriam assumir. Não é demais lembrar que muitos dos sócios do IHGB eram conselheiros do CFC. É o caso do próprio presidente do instituto, Pedro Calmon, mas não apenas. Arthur César Ferreira Reis, presidente do CFC em 1972, era também membro do IHGB; Josué Montello, primeiro presidente do conselho e a quem se atribui a própria ideia da criação de um órgão federal para gerir a *cultura nacional* (Maia, 2010:19), era sócio do instituto desde 1963 e foi, como vimos, responsável por uma das mais importantes publicações que integraram a Biblioteca do Sesquicentenário, sob responsabilidade do IHGB, a coletânea *História da independência do Brasil*.

O CFC foi uma criação da própria ditadura. Instituído em 1966 pelo presidente Castello Branco, tinha como objetivo "elaborar o Plano Nacional de Cultura e coordenar as atividades culturais do MEC, definindo os rumos da cultura nacional" (Maia, 2010:11). Nomes importantes da cultura nacional compunham suas fileiras. Além daqueles já mencionados, também faziam parte do conselho intelectuais como Gilberto Freyre, Raquel de Queiroz, Adonias Aguiar Filho, Afonso Arinos de Mello Franco, Cassiano Ricardo, Raymundo Faoro, Renato Soeiro, Roberto Burle Marx e Ariano Suassuna, entre outros.[368]

Sua criação significava o início da implementação do projeto da ditadura para a cultura nacional, o qual, a partir de então, adquiriria contornos cada vez mais nítidos. Tal projeto é extremamente tributário da noção de *integração nacional*, a qual, de acordo com Renato Ortiz, "servia de premissa a toda uma política que procura coordenar as diferenças, submetendo-as aos chamados Objetivos Nacionais" (Ortiz, 1985:82). Para o autor, a política cultural sob a ditadura se constituía da seguinte forma:

> O Estado deve estimular a cultura como meio de integração, mas sob o controle do aparelho estatal. As ações governamentais tendem assim a adquirir um caráter sistêmico, centralizadas em torno do Poder Nacional. [...] O Estado procura, dessa forma, integrar as partes a partir de um centro de decisão. Dentro desse quadro a cultura pode e deve ser estimulada. Não estou sugerindo com isto que esse controle é absoluto. Existe, evidentemente, um hiato entre o pensamento autoritário e a realidade. O que gostaria de ressaltar é que esta ideologia não se volta exclusivamente para a repressão, mas possui um lado ativo que serve de base para uma série de atividades que serão desenvolvidas pelo Estado [Ortiz, 1985:83].

---

368. Cf. Ata da 312ª sessão plenária do Conselho Federal de Cultura, realizada em 5 de abril de 1972. *Boletim Conselho Federal de Cultura*, ano 2, n. 6, p. 109-113, abr./jun. 1972; Maia (2010).

Assim, a criação do CFC, ainda em 1966, sintetizava e preconizava qual deveria ser o modelo estatal de intervenção na cultura a partir de então. Os intelectuais que atuaram no conselho trabalhavam dentro do Ministério da Educação, reeditando, nesse aspecto, importante semelhança com a atuação intelectual no interior do então Ministério da Educação e Saúde, desde que ele fora criado em 1931 (Maia, 2010:13). Os conselheiros eram escolhidos pelo próprio ministro e empossados pelo presidente da República. As políticas culturais empreendidas guiavam-se pelas ideias de "defesa do patrimônio e de difusão da cultura nacional" (Maia, 2010:13).

Em seu estudo sobre o CFC, Tatyana de Amaral Maia explica a importância do conceito de *civismo* e de uma visão otimista com relação ao passado do país como aspectos norteadores da ação dos intelectuais do CFC no Ministério da Educação e Cultura (MEC):

> A formação de uma "consciência cívica" necessária à convivência harmônica entre o Estado e a sociedade civil será considerada pelos conselheiros a função prioritária das políticas culturais. Essa "consciência cívica" surge na ditadura civil-militar como radicalização do "espírito da nacionalidade" elaborado na Era Vargas (1930-1945). O civismo estará ancorado no otimismo, buscando no passado as experiências consideradas constitutivas da cultura nacional. A radicalização da noção de civismo, já existente no pensamento político brasileiro desde os primórdios da República, marcará as especificidades do projeto elaborado pelos intelectuais do Conselho na ditadura civil-militar [Maia, 2010:15].

Interessante observar, no trecho citado acima, as conexões que a autora percebe entre o conceito de cultura e as formas de recuperação do passado estabelecidas na ditadura através do CFC e aquelas que foram concebidas pelos intelectuais atuantes na esfera estatal durante a ditadura do Estado Novo. Para tanto, a historiadora analisa a noção de *espírito da nacionalidade*, compreendida por Ângela de Castro Gomes como o "construto, ao mesmo tempo buscado e criado por nossa intelectualidade" como algo que poderia ser "encontrado/criado [...] nos costumes da tradição, da religião, da raça, da língua e da memória do passado" (Gomes, 1996:140-141).

Assim, de forma similar ao que ocorreu durante a ditadura varguista, a ditadura civil-militar pós-1964 também realizou um retorno ao passado, com o objetivo de reforçar/celebrar os *valores da nacionalidade*. Para Tatyana de Amaral Maia, a *consciência cívica* tal como era buscada pelos intelectuais do CFC era uma espécie de radicalização do *espírito da nacionalidade* que definiu a política cultural de recuperação do passado durante a era Vargas. A rigor, talvez fosse mais adequado, ao invés de falar em *radicalização* do "espírito da nacionalidade", falar em *desdobramento* ou *reinvenção* ou ainda *reatualização* sob novos padrões da "consciência cívica" a partir da conjuntura do pós-1964.

É certo que a *busca/criação* da *consciência cívica* pelos intelectuais atuantes na esfera estatal no pós-1964 baseia-se em determinados pressupostos específicos daquele contexto, como as questões já mencionadas da segurança e integração nacionais. Não obstante, havia determinados aspectos que remetiam às formas de atuação intelectual no Estado que eram muito anteriores a 1964. Assim, da mesma forma como para os intelectuais dos anos 1930/1940, comprometidos com determinado conceito de *nação* e de *passado nacional*, no pós-1964 o "esforço de recuperação do passado" também se fazia a partir da consideração de que *os tempos de outrora* eram "postulados como um 'manancial de inspiração'" (Gomes, 1996:142).

Foi nesse sentido que tanto o CFC quanto o IHGB se empenharam na recuperação do passado nacional, mais especificamente em contar a história da independência do Brasil, em 1972. Ou seja, o passado deveria ser um *manancial de inspiração* cívico e patriótico para a nação. A história, o passado, possuía um sentido cívico, que deveria reforçar o sentimento de pertencimento a uma mesma *comunidade imaginada* (Anderson, 1993). Desse modo, o CFC atuou junto *ao* e no interior *do* MEC, primeiramente no sentido de viabilizar, segundo o então presidente do conselho, Arthur Reis, a própria constituição da comissão nacional e, em seguida, da CEC:

> Informou [o presidente do CFC] que [...] em decorrência da iniciativa do Conselho, o Senhor Ministro constituíra a Comissão das Comemorações do Sesquicentenário da Independência do Brasil, sob a direção do Presidente do Conselho Federal de Cultura, que traçara as linhas gerais das festividades, tendo depois o Senhor Presi-

dente da República instituído uma Comissão Nacional que adotara todas as sugestões da primeira comissão.[369]

Na verdade, uma vez que as discussões sobre as comemorações do sesquicentenário tiveram lugar no conselho ainda no decorrer de 1971 e, mesmo antes, o órgão reivindicava sua primazia no que tange aos debates relativos aos eventos que teriam lugar em 1972,

> o Presidente [do Conselho] informou que, convocado pelo Senhor Ministro da Educação e Cultura, participara em Brasília de uma reunião de dirigentes de órgãos do Ministério, onde fizera uma exposição sobre os trabalhos do Conselho e os seus projetos para o ano corrente, respondendo a diversas indagações que permitiram realçar a atuação do Órgão, inclusive quanto à primazia na iniciativa de providências visando às comemorações do Sesquicentenário da Independência do Brasil.[370]

Cerca de um ano antes do início das comemorações, portanto, podemos observar o CFC atuando junto aos conselhos estaduais de cultura, incentivando sua participação nas comemorações do ano seguinte:

> A presidência do Conselho já se dirigiu a todos os Conselhos Estaduais de Cultura, encarecendo a necessidade de, aproveitando os arquivos existentes e possuidores de ampla documentação, sejam realizadas exposições comemorativas as quais demonstrariam que mesmo antes do 7 de setembro de 1822 já havia uma efetiva consciência nacional. A esse respeito, o prof. Arthur Reis citou a série de documentos oriundos das câmaras municipais de todo o Brasil instando o príncipe d. Pedro a proclamar a independência. Esses documentos serão objetos de publicações a serem promovidas pelo Conselho Federal de Cultura.[371]

---

369. Ata da 298ª sessão plenária do Conselho Federal de Cultura, realizada em 3 de janeiro de 1972. *Boletim Conselho Federal de Cultura*, ano 2, n. 5, p. 109-113, jan./mar. 1972.
370. Ata da 302ª sessão plenária do Conselho Federal de Cultura, realizada em 1 de fevereiro de 1972. *Boletim Conselho Federal de Cultura*, ano 2, n. 5, p. 126-130, jan./mar. 1972.
371. "O CFC e o Sesquicentenário da Independência". *Boletim do Conselho Federal de Cultura*, ano 1, n. 2, p. 185, abr./jun., 1971.

A mobilização dos conselhos estaduais de cultura teve fundamental importância no sentido de reforçar um dos componentes essenciais do discurso que envolveu as comemorações do sesquicentenário, qual seja, aquele que dizia respeito às necessidades de *integração nacional*. As festas de 1972 foram abundantes em referências ao passado e ao herói – d. Pedro I – que a nação possuía em comum. Ao mesmo tempo, a evocação do passado comum servia, antes de tudo, como forma de legitimação do tempo presente, rico em referências ao projeto do Estado – que ganhava as ruas e as gentes – de integração nacional. Assim, convocar todo o país, através dos órgãos estaduais de cultura, a pensar junto um processo que foi extremamente multifacetado e diversificado como a independência do Brasil servia, antes de tudo, para legitimar o discurso presente a respeito dos processos de modernização do país que pretendiam expandir as fronteiras nacionais, dominando todo o território, *integrando-o*.

Simultaneamente, a solicitação da presença e participação das diversas regiões do país não deixava de significar o reconhecimento das diferenças regionais que, quer no passado ou no presente, caracterizaram ou caracterizam o país. A convocação para que cada região trouxesse, das mais variadas formas, seu passado, sua história e tradições era o reconhecimento da grande diversidade cultural, histórica e regional que compunha – e compõe ainda – o país. Nesse sentido, a ditadura soube muito bem articular, através das comemorações do sesquicentenário, a evocação do passado comum da nação com suas especificidades regionais. Tais especificidades, importantes e enriquecedoras da história pátria, não se contrapunham ou se contradiziam, segundo o discurso oficial. Ao contrário, engrandeciam o glorioso passado nacional e compunham um quadro mais vasto e complexo, o qual a figura de d. Pedro I e seu gesto heroico foram capazes de unir, de *integrar*.

Aliás, essa preocupação com o *regional* norteou a publicação mais importante a cargo do CFC durante as comemorações do sesquicentenário da independência: o *Atlas Cultural do Brasil*, coordenado pelo presidente do conselho, Arthur César Ferreira Reis. No prefácio da obra, cujo maior mérito seu organizador considerava o de ter "escapado a quaisquer demonstrações ufanistas ou pessimistas sobre a trajetória nacional" – sendo, portanto, um estudo *neutro*, baseado em rigorosos métodos científicos –, o conselheiro demonstrava preocupação com o entendimento do *processo cultural* brasileiro tendo em vista suas diferenças regionais. Ao mesmo tempo, saudava a *harmonia* e *unidade* com as quais os diferentes povos que deram origem ao país sempre conviveram:

> O processo cultural, aqui compreendido como expressão de sua inteligência e como atitude em face do mundo físico de que dispõem, vem sendo um processo em que se pode encontrar, apesar da variedade regional, uma unidade real, que se consolida efetivamente nos dias de hoje pela execução mais veloz da política de integração, que não desestimula a riqueza regional, mas vincula, mais intensamente, todo o vasto arquipélago no sentido mais forte da nacionalidade [Reis, 1972:10 apud Maia, 2010:155].

O IHGB e o CFC constituíram-se em verdadeiros baluartes "cívico-culturais" das comemorações do sesquicentenário. Em virtude das funções que exerciam, das finalidades para as quais o CFC foi criado e da tradição que envolvia o IHGB, coube a tais instituições não apenas *pensar*, mas também *divulgar* a história oficial que seria contada pelas comemorações do sesquicentenário. Assim foi feito, através da organização de livros, congressos e do apoio que as instituições, através da Subcomissão de Assuntos Culturais, deram a diversos eventos país afora.

Através da voz e da *pena* desses intelectuais, d. Pedro I foi (re)afirmado e festejado como herói nacional, e a *história do Brasil*, dotada de sentido *cívico-patriótico*, mas também de *métodos científicos*, ganhou as ruas do país, ratificando a *vocação nacional* para a paz e a harmonia social, para o congraçamento regional e racial, enfim, para a grande obra de *integração nacional* iniciada pelo imperador ao manter a unidade territorial do país-continente e confirmada pelo *vibrante* processo de modernização vivido então.

A participação de determinada intelectualidade nas comemorações e no Estado demonstra mais que a *colaboração* de determinados segmentos da sociedade com o regime. Indica, antes, a convergência de interesses, a existência de *modos de pensar* comuns, de projetos semelhantes e da manutenção de diálogos com importantes tradições, os quais foram, ao fim, capazes de *manter* determinada intelectualidade em torno do Estado. É nesse sentido que, acredito, não seja o caso de compreender a participação desses intelectuais nas comemorações através do espelho – sempre redutor – de colaboracionismo acrítico ou submisso. Como nos explica Pierre Laborie para o caso francês, "as atitudes sob Vichy e a Ocupação são rebeldes a toda classificação simples e transparente" (Laborie, 2001:331). Também para o caso do Brasil, a definição categórica de *colaboracionista* – e no outro extremo, de *resistente* – reflete apenas "problemas de consciência individual" (Laborie, 2001:331), mas não nos ajuda a compreender a ditadura como construção social, tampouco as complexas relações que ela foi capaz de estabelecer e as diversas reações que despertou.

Nesse aspecto, é bastante expressiva a trajetória de Pedro Calmon, que em 1972 ocupava a presidência do IHGB e era conselheiro do CFC. Como vimos no capítulo 2, Calmon foi o único a discursar no dia 6 de setembro durante a cerimônia de inumação dos despojos mortais de d. Pedro I no Ipiranga. Desempenhou papel fundamental, tanto no instituto quanto no conselho, no que tange ao posicionamento dessas instituições ao longo do ano festivo de 1972.

No CFC, por proposta sua, o ano do sesquicentenário foi aberto em 9 de janeiro com pronunciamento sobre o Dia do Fico.[372] Liderou também um grupo de conselheiros que propunham que os recursos financeiros destinados ao CFC em 1972 fossem "aplicados, prioritariamente, em obras, melhoramentos e auxílios que convirjam para a condigna celebração do Sesquicentenário da Independência do Brasil".[373] Lá, no palanque erguido no Ipiranga, esteve ao lado de Médici e Marcelo Caetano, falando como *porta-voz* da história, com a *autoridade* a ele concedida pela *ciência histórica*.

Quem poderia dizer que as comemorações do sesquicentenário e a sensação de *arrebatamento cívico-patriótico* que elas foram capazes de provocar não lhe eram profunda e particularmente sensíveis? Contudo, suas posições políticas e sociais são bastante mais complexas do que sugere a definição pretensamente *transparente* de colaboração. Sem nos estendermos muito, tomando como referência somente sua trajetória como reitor da Universidade do Brasil (UB) no contexto das agitações políticas da primeira metade da década de 1960, veremos

---

372. Ata da 299ª sessão plenária do Conselho Federal de Cultura, realizada em 4 de janeiro de 1972. *Boletim Conselho Federal de Cultura*, ano 2, n. 5, p. 113-116, jan./mar. 1972.
373. Noticiário. *Boletim do Conselho Federal de Cultura*, ano 1, n. 4, p. 193-194, out./dez. 1971.

um reitor paciente, atento e sensível às demandas estudantis. Ficou famoso o episódio no qual, diante de uma crise estudantil, um policial tentou entrar à força em uma das faculdades da UB para retirar um estudante e Calmon, então, "pôs-se à sua frente de braços abertos, embargando-lhe os passos com as seguintes palavras: 'Alto lá. Aqui só se entra com exame vestibular'".[374]

Atuou sempre como mediador nos confrontos entre estudantes e governo. Seu *lema* para intervir nesses conflitos era bastante expressivo daquilo que Pierre Laborie denominou *zona cinzenta*, e demonstra a ambivalência – de forma alguma se tratava de ambiguidade – das relações entre sociedade e ditadura. Dizia o professor: "Paciência com os estudantes e lealdade para com o governo". A *paciência* com os estudantes, todavia, não o impediu de, um ano após o golpe e a decretação do primeiro Ato Institucional, dissolver, na qualidade de presidente do Conselho Universitário, a diretoria do Centro Acadêmico Cândido de Oliveira (Caco) da Faculdade Nacional de Direito.[375] Simultaneamente, a *lealdade* para com o governo não evitou que, em outubro de 1966, a ditadura o substituísse na reitoria da UB e o enviasse para a vice-presidência do CFC. Ali, sua contribuição para a cultura nacional seria reconhecida, ao mesmo tempo que uma das maiores universidades do país não estaria mais sob comando de um reitor tão *paciente* em um momento no qual cresciam a agitação estudantil e a insatisfação com o governo.

Também do ponto de vista das ambivalências com relação à ditadura, é importante mencionar a participação da Associação Brasileira de Imprensa (ABI) nas festas de 1972. Essa associação, da mesma forma que o IHGB e o CFC, compôs a comissão nacional de elaboração do programa das comemorações e, mais tarde, a própria CEC. Todavia, se as relações do IHGB e do CFC com a ditadura e com as festas do sesquicentenário foram mais estreitas, em função mesmo das circunstâncias que as cercavam, o mesmo não se pode dizer da ABI. De acordo com Denise Rollemberg, a *ambivalência* marcou, desde o início, as relações da associação com o regime, e é somente a partir de 1974 que se verifica

---

374. Cf. *Dicionário histórico e biográfico brasileiro*/Centro de Pesquisa e Documentação de História Contemporânea do Brasil (DHBB/Cpdoc). Verbete: Pedro Calmon. Disponível em: <www.fgv.br/CPDOC/BUSCA/Busca/BuscaConsultar.aspx>. Acesso em: 20 jan. 2012.
375. Ibid.

uma postura mais firme da instituição em direção à *resistência democrática*, posição que, mais tarde, seria alçada à condição de *memória oficial* da ABI durante toda a ditadura. Para a historiadora:

> A história da ABI nesses anos [1964-74] é a história da defesa da liberdade de expressão e também a história dessas relações cinzentas com a ditadura. Essa ambivalência estrutura a instituição nesses dez anos e não se explica exclusivamente, *nem sobretudo*, em função de uma disputa *entre* grupos, facções ou tendências. Trata-se de uma realidade *dentro* dos grupos, facções ou tendências; de uma realidade que define individualmente muitos dos membros da ABI, que dá o tom às suas atuações [Rollemberg, 2010:132, grifos no original].

Assim, observar as formas a partir das quais se deu a participação da ABI nas comemorações do sesquicentenário ajuda-nos a compreender o consenso de forma mais ampla. Apesar dos debates que se estabeleciam na casa em defesa dos jornalistas presos e/ou perseguidos pelo regime, bem como em defesa da liberdade de imprensa, a associação se aproximou do regime em muitos momentos, particularmente quando dos festejos de 1972. Dessa forma, em outubro de 1971, quando a ABI foi convidada a tomar parte na comissão nacional para elaborar o programa das comemorações, a notícia foi recebida com grande satisfação pela diretoria:

> Com a palavra, o Diretor Secretário Fernando Segismundo comunicou haver o Senhor Presidente da República indicado o Presidente da ABI como um dos integrantes da Grande Comissão dos festejos comemorativos ao 150º aniversário da Independência do Brasil. Depois de mostrar o significado de tal escolha, propôs um ato de congratulações com o Governo e que fosse enviada uma mensagem ao Chefe da Nação demonstrando a satisfação da Casa do Jornalista em fazer parte de tão importante comissão. A Diretoria, por unanimidade, aprovou as propostas do Diretor Secretário Fernando Segismundo.[376]

---

376. Ata da 159ª reunião ordinária da diretoria da Associação Brasileira de Imprensa, realizada em 11 de outubro de 1971. *Livro de Ata da Diretoria*, n. 5, p. 102, 2 dez. 1970/20 de fev. 1974.

Na reunião do dia 24 de janeiro de 1972, o então presidente da ABI, Danton Jobim, comunicava à diretoria a respeito de sua atuação junto à comissão nacional para planejar as comemorações, bem como a indicação do vice-presidente, Adonias de Aguiar Filho, para compor a CEC, então recém-formada e com a qual a ABI já mantinha "estreitos contatos".[377] Na mesma ata, ficou definido que a ABI se comprometeria com a realização de um congresso de história, o qual, mais tarde, os diretores acharam por bem transformar em um ciclo de conferências, em função da "exiguidade do tempo".[378]

O ciclo de conferências realizou-se entre os dias 18 de agosto e 6 de outubro de 1972 e recebeu o título de "A imprensa no movimento de independência". Entre os conferencistas, José Honório Rodrigues, Barbosa Lima Sobrinho, Miguel Costa Filho, Arthur César Ferreira Reis, Pedro Calmon. O então senador e ex-presidente da ABI, Danton Jobim, proferiu palestra intitulada "A liberdade de imprensa". Especificamente com relação ao ciclo de conferências proposto pela associação, da mesma forma como para a participação na CEC de modo mais amplo, Denise Rollemberg volta a observar a manutenção das relações de *ambivalência* entre ABI e regime:

> Entretanto, ao mesmo tempo em que participava da festa do regime, a ABI usou-a para falar de liberdade de imprensa, recuperando outros períodos da História nos quais os jornalistas atuaram sob censura. Assim, recorria também ao passado para aludir ao presente [Rollemberg, 2010:115].

Não obstante, nesse caso específico, ao falar em censura e liberdade de imprensa às vésperas da independência, a ABI não aproveitava para formular um discurso alternativo aos problemas do tempo presente. A formulação desse discurso viria apenas mais tarde, no pós-1974, como demonstra a própria historiadora.

De toda forma, como aponta a participação da ABI nas comemorações, a ditadura conseguiu incorporar distintas tradições e conduzi-las ao estuário das

---

377. Ata da 171ª reunião ordinária da diretoria da Associação Brasileira de Imprensa, realizada em 24 de janeiro de 1972. *Livro de Ata da Diretoria*, n. 5, p. 125, 2 dez. 1970/20 fev. 1974.
378. Ata da 200ª reunião ordinária da diretoria da Associação Brasileira de Imprensa, realizada em 24 e 25 de maio de 1972. *Livro de Ata da Diretoria*, n. 5, p. 142, 2 dez. 1970/20 fev. 1974.

festas, viabilizando a participação de pessoas e instituições que formulavam restrições mais ou menos fortes à existência do regime, mas que puderam se reunir, naquele ano, em torno da leitura do passado proposta pela ditadura.

Ao analisar as instituições da sociedade civil que tomaram parte na CEC, podemos bem compreender como a comissão foi, na verdade e antes de tudo, expressão do diálogo, muitas vezes fértil, que a ditadura foi capaz de manter com a sociedade. Esse diálogo, em 1972, esteve baseado sobretudo no retorno ao passado e na celebração dos ganhos do presente. Essa comissão *civil-militar* foi a responsável pela organização e estruturação da proposta de retorno ao passado. Constituiu-se, dessa forma, em importante espaço conformador do pacto social estabelecido em torno do regime em 1972. Por isso, era a ela que a sociedade recorria quando sentia necessidade de estabelecer algum diálogo direto com o regime sobre as comemorações, como veremos a seguir a partir da correspondência recebida ao longo de 1972.

Assim, a CEC foi, a um só tempo, *agente do consenso* – através das instituições que a compunham e que *pensavam* a festa e seu discurso, contribuindo para o processo de *estetização* do regime – e espaço a partir do qual a sociedade pôde expressar seu consentimento com relação à ditadura, como demonstra a vasta correspondência recebida.

Ficaríamos felizes se nos fosse permitido colaborar:[379] a correspondência recebida pela CEC

É certo que em muitos aspectos o desejo de participação nas comemorações do sesquicentenário da independência expressou um desejo de *comunhão patriótica* que foi além do consentimento com relação ao regime. A *independência*, como acontecimento histórico, expressa o *nascimento da nação*. Como ser contra tal acontecimento? Todavia, as formas a partir das quais o evento foi recuperado

---

379. Trecho da carta enviada à CEC pelo Comitê Brasileiro da Organização Mundial para a Educação Pré-Escolar. Fundo Comissão Executiva da Comemoração do Sesquicentenário da Independência. Arquivo Nacional/SDE – Documentos Públicos, código 1J. Pasta 3. Correspondência recebida.

em 1972 expressavam, antes, a leitura que a ditadura fazia de tal evento. Da mesma forma, as comemorações voltavam-se, de modo firme e categórico, para o presente, desejando expressar toda a grandeza do *Brasil potência* que o *milagre* vinha construindo. Nesse sentido, as manifestações de apoio às comemorações e o gesto de *oferecer-se* para colaborar ou de comunicar sua colaboração são muito expressivos do diálogo que, em 1972, a ditadura conseguiu estabelecer com a sociedade e da liderança que assumiu, expressando-se de maneira muito diversificada.

Ao longo de todo o ano comemorativo, a CEC acumulou vasta correspondência. Grande parte dela, burocrática, referia-se aos trâmites relativos à organização dos eventos e incluía as diversas comissões executivas estaduais (CEEs), as instituições da sociedade civil que a compunham e o MEC, por exemplo. Outra parte, no entanto, veio da sociedade civil: associações de bairro, desportivas, escolas, pequenos jornais, empresariado. Muitas eram manifestações individuais, pessoas que, de formas e por motivos diversos, procuravam a CEC oferecendo sua colaboração, parabenizando pelos eventos transcorridos, querendo aderir. Parte dessa correspondência será analisada a seguir. Trata-se de um material extremamente rico e revelador das formas a partir das quais o pacto social em torno da ditadura se estruturou nesses primeiros anos da década de 1970. Demonstra que a ênfase dada à recuperação cívico-patriótica do passado nacional não era sensível apenas aos intelectuais que *pensaram* a festa, mas também, e principalmente, tocava profundamente no imaginário coletivo de expressivos segmentos da sociedade.

As inúmeras pessoas que acompanhamos nas ruas ao longo dos quatro capítulos anteriores, muitas vezes com os rostos diluídos na multidão, uníssonas, ganham voz própria, contornos mais nítidos e reais através da correspondência. Expressam desejos, valores, tradições. Os vastos segmentos sociais que desfilaram ou aplaudiram os desfiles país afora ganham nome, sobrenome e endereço.

Muitos músicos – alguns desconhecidos do público, outros nem tanto assim – procuraram a comissão para mostrar suas músicas e solicitar que elas fossem integradas oficialmente às comemorações. Um deles foi Mário Zan, acordeonista famoso pela composição de algumas das mais populares canções de festas juninas do país, compositor de mais de 100 músicas, algumas gravadas por cantores como Roberto Carlos, Sérgio Reis e Almir Satter, e chamado por Luiz Gonzaga de "o verdadeiro rei da sanfona".³⁸⁰ Em maio de 1972, Zan se dirigia ao general Antônio Jorge Corrêa:

> Sabedor do interesse de V.Sa. em relação à participação de todo o povo brasileiro nos festejos do Sesquicentenário da Independência do Brasil, e seguindo a orientação de V.Sa. no sentido de que as iniciativas devam partir do próprio povo, eu, como acordeonista e compositor, venho oferecer minha modesta contribuição, representada pelas músicas "150 anos de Independência" e "Transamazônica". Tenho viajado por todo o país, desde as metrópoles até os menores povoados, levando minha mensagem musical, encarando essas viagens como uma missão patriótica.³⁸¹

Mário Zan lembrava que em 1954 havia feito uma canção que ficou famosa em homenagem ao IV centenário da cidade de São Paulo e que, da mesma forma como aconteceu com a primeira, *150 anos de independência* também poderia se transformar em grande sucesso, uma vez que já era "executada por bandas e fanfarras, e cantada por orfeões e corais em inúmeros estabelecimentos de ensino, dado o seu caráter altamente cívico, sua letra simples, de fácil comunicação [...], ritmo alegre e marcial".³⁸² Por isso, vinha solicitar apoio ao governo através da CEC:

> Em razão da aceitação que este meu trabalho vem tendo, sem qualquer outro apoio, venho solicitar ao representante deste simpático e humano Governo, na Comissão de Festejos do Sesquicentenário da Independência, a oficialização desta composição como Hino representativo das comemorações deste aniversário tão importante. Acompanhando os gestos humanos do chefe do Governo é que este humilde compositor encorajou-se a vir à vossa presença, sabendo que V.Sa. não deixará de se interessar por essa iniciativa que parte de um homem do povo, que neste momento tem a certeza de se dirigir a outro homem do povo.³⁸³

---

380. Cf: "Mario Zan, o soberano da canção popular na sanfona". *Portal Terra*, [s.d.]. Disponível em: <www.terra.com.br/musica/2002/06/21/007.htm>. Acesso em: 21 jan. 2012.
381. Fundo Comissão Executiva da Comemoração do Sesquicentenário da Independência. Arquivo Nacional/SDE – Documentos Públicos, código 1J. Pasta 3A. Correspondência recebida.
382. Ibid.
383. Ibid.

Mário Zan ficou famoso nos anos 1940 e 1950, cantando músicas regionais típicas. Nos anos 1970 era ainda importante referência da chamada *música caipira* para os novos músicos que surgiam, mas já não fazia mais tanto sucesso.[384] Seu apelo à CEC relacionava-se, de certa forma, a essa conjuntura específica de sua carreira. Em certo sentido, assemelha-se ao caso da produtora Cinedistri, quando esta resolveu investir em um filme como *Independência ou morte*, que pudesse ser associado às comemorações do sesquicentenário. Zan também acreditava – e ele já possuía experiência positiva no caso da música composta para o IV centenário de São Paulo – que uma música que pudesse ser associada às comemorações de 1972 poderia beneficiar sua carreira. Mas sua participação não pode ser compreendida apenas por esse viés.

A música *150 anos da independência* evocava a imagem do grito do Ipiranga: "Mil oitocentos e vinte e dois/ o povo de uma nação sorriu/ foi o grito de Dom Pedro I/ Que o mundo inteiro/ respeitoso ouviu".[385] Aliás, um dado interessante da biografia de Mário Zan é que ele se declarava admirador de d. Pedro I e, principalmente, de sua amante mais famosa, a marquesa de Santos. Nutria profundo encantamento pela história da marquesa, a ponto de assumir, durante 15 anos, a manutenção de sua sepultura no cemitério da Consolação. Também conseguiu adquirir um túmulo diante da sua sepultura, pois seu "último desejo" era passar a "eternidade" diante da marquesa.[386]

A profunda admiração que sentia pela marquesa de Santos tornava-o também um curioso da história da independência do Brasil. Gostava, ao mesmo tempo, das festas cívicas, como atesta sua participação nas comemorações do IV centenário de São Paulo. Não deixaria, portanto, de dar sua contribuição para as festas do sesquicentenário. Sua colaboração deve, portanto, ser compreendida por sua identificação com a história que estava sendo contada e com aquele tipo de festa cívica. Mas não era somente ao imperador e ao grito do Ipiranga que a

---

384. Sobre música caipira e música sertaneja nos anos 1970, cf. Alonso (2011b). Agradeço a Samantha Viz Quadrat e Gustavo Alonso algumas importantes referências sobre a carreira de Mário Zan.
385. Fundo Comissão Executiva da Comemoração do Sesquicentenário da Independência. Arquivo Nacional/SDE – Documentos Públicos, código 1J. Pasta 3E. Correspondência recebida.
386. "Mário Zan". *Recanto caipira*, [s.d.]. Disponível em: <www.recantocaipira.com.br/mario_zan.html>. Acesso em: 25 dez. 2012.

música fazia referências. Na segunda estrofe entoavam-se vivas ao presidente e ao tempo presente:

> Salve o povo brasileiro
> Salve o nosso presidente
> E unidos, lado a lado, no mesmo passo
> O trabalho, o estudo, o abraço
> O futuro é nosso presente.[387]

A associação da independência conquistada em 1822 com aquela que o processo de modernização trazia em 1972 foi uma constante durante as comemorações. Era, na verdade, o pressuposto básico que estruturou o ato de comemorar em 1972. Como podemos notar, não ficou restrito somente ao discurso oficial. Ao contrário, ganhou as ruas, os versos populares.

Além de Mário Zan, o compositor Radamés de Almeida Mercuri escrevia à CEC explicando que havia composto o que ele próprio chamara de *hino oficial do sesquicentenário*, e desejava saber, naquela que já era a segunda carta enviada, a opinião do presidente da comissão a respeito de outra composição sua, intitulada *Canta Brasil*, desta vez em homenagem às "Gloriosas Forças Armadas do Brasil". A letra da música, no entanto, não mencionava as Forças Armadas. Era, antes, uma exaltação da natureza local e de figuras e lugares históricos do país: "Canta Brasil, a beleza/ das montanhas fulgurantes/ de teus rios na correnteza/ das cascatas espumejantes [...]/ Lembra as glórias do grande Ruy/ Castro Alves em sua eclosão/ Carlos Gomes no Guarany/ Santos Dumont, pai da aviação".[388]

Mas não foi apenas a história pátria, as belezas e os heróis nacionais que foram cantados. Médici e a *revolução* também receberam homenagens, como podemos observar na carta enviada por Antônio Carvalhal Costa, de Salvador, na qual postava a letra da música "Ninguém segura mais este Brasil", de sua própria autoria e letra do professor Antonino Rocha. Utilizando como título o *slogan* intensamente utilizado pelas agências de propaganda da ditadura e originado de

---

387. Fundo Comissão Executiva da Comemoração do Sesquicentenário da Independência. Arquivo Nacional/SDE – Documentos Públicos, código 1J. Pasta 3E. Correspondência recebida.
388. Ibid.

frase atribuída ao próprio Médici, Antônio Carvalhal explicava que com a música pretendia homenagear, além do presidente Médici, "nossas gloriosas Forças Armadas de terra, mar e ar, da nossa Pátria Brasileira":

"NINGUÉM SEGURA MAIS ESTE BRASIL"/
Na sua marcha ardente e triunfal/
Rebrilhou o seu céu puro de anil/
A sua glória sublime e sem rival/
Em 64, partiu para a arrancada/
Sorrindo decidido, impávido, viril/
Entoando a sentença, agora demarcada/
"NINGUÉM SEGURA MAIS ESTE BRASIL"/
Brasil presente estás na História/
De um povo que se fez vitória/
Sublime de sonhos sempre definidos/
Em fastos de glória difundidos/
Brasil que alçou o 2 de julho/
E em março, mais forte, o seu orgulho/
Cantando em coro com as Forças Armadas/
O Hino palpitante das cruzadas/
[...]
Trazer/
A minha Pátria nos braços/
Não há, nem pode haver/
Para mim, alegria melhor/
Porém/
Se ela estiver em perigo/
Farei/
Ó! Meu amigo/
O sacrifício maior/
[...]
Feliz terra e esplendorosa/
Pátria de Médici e Ruy Barbosa/

Bonita a Pátria da verdade/
Apoteosando a mocidade/
De Castro Alves – versos brilhantes
[...]
Marchando o povo brasileiro/
Mais destemido alegre e varonil/
Cantando altivo, valoroso/
Pra frente, meu Brasil!/
Eia, pois: – gritemos todos/
"NINGUÉM SEGURA MAIS ESTE BRASIL"/.[389]

A música contém elementos bastante expressivos de determinado imaginário cívico-patriótico que, não apenas as comemorações de 1972 foram capazes de enfatizar, mas, de modo mais amplo, caracterizaram o próprio pacto ditatorial, em particular nos primeiros anos da década de 1970. Aqui aparecem relações entre passado e presente menos evidentes que aquelas, tão comuns no sesquicentenário, entre 1822 e 1972. A letra apresenta 1964 como marco fundamental, quando o país arrancou para sua "marcha ardente e triunfal" que, então, oito anos depois, o governo confirmava com sucesso. Há uma associação entre o 2 de julho, a grande festa cívica baiana, e 1964, como dois momentos nos quais os brasileiros se mostraram *orgulhosos* de seu Brasil.

As Forças Armadas também são homenageadas. Fala-se no hino de uma *cruzada* que a sociedade entoa juntamente com *seus* homens de farda. Os versos deixam explícita a associação íntima entre *civis* e *militares*, lutando juntos em uma *cruzada* a qual supõe, portanto, um *inimigo comum*. De fato, parece que a distinção entre *civis* e *militares* que transformou o regime em *ditadura militar* foi uma construção *a posteriori*, fruto das batalhas de memória que se construíram a partir da abertura e da necessidade de se construir, então, o consenso em torno da democracia. Para muitos, como deixa evidente a expressiva música dos compositores baianos, os civis estiveram ao lado de militares, lutando a mesma luta, empenhados na construção do *Brasil potência*.

---

389. Ibid.

Além de colocar o golpe de 1964 e a ditadura como desdobramento da história nacional, como mais um dos momentos em que *o povo se fez vitória*, a música também coloca Médici ao lado de grandes figuras nacionais, como Ruy Barbosa e Castro Alves. Médici, o grande homenageado pela música, de acordo com os próprios compositores, merecia lugar de destaque no panteão dos grandes homens da nação.

Acredito que seja fundamental demonstrar o fascínio que o general Médici foi capaz de exercer sobre vastos segmentos da população. A figura de *homem comum* de um senhor já de certa idade, discreto, de pouca fala, mas apaixonado por futebol, flamenguista, que gostava de receber crianças no Palácio do Planalto[390] e que, ao mesmo tempo, comandava com rigor e seriedade um país que passava por intensas transformações em ritmo acelerado, constituiu-se em importante agente do consenso ditatorial naqueles tempos de *milagre*.

Médici personificava para expressivos segmentos, a um só tempo, tudo o que se esperava da *revolução* de 1964: *austeridade* no que tangia à recuperação econômica do país, *firmeza* no combate ao comunismo e um *carisma* originado, sobretudo, do seu popular gosto pelo futebol, mas não apenas. Seu *espírito cívico-patriótico*, incentivador das rememorações que recuperavam o passado e, ao mesmo tempo, crente e incentivador das *possibilidades nacionais*, foi capaz de despertar admiração em muitas pessoas.

Veja-se também o esforço empenhado por diversos setores ligados às associações estaduais de letras e instituições similares no intuito de inserir as festas estaduais do livro no calendário oficial da CEC. Expressiva correspondência foi enviada à comissão dos mais diversos estados da federação solicitando que tal inclusão fosse realizada. A correspondência enviada de Fortaleza, por pessoas que se identificavam como "homens de letras do Ceará", se fazia acompanhar de um panfleto, patrocinado pela Câmara Brasileira do Livro (CBL) e pela empresa Transportes Aéreos Portugueses (TAP) e anunciava a expectativa de poder realizar, com as feiras do livro, uma "Festa do Povo em homenagem a Médici". O texto do panfleto justificava suas intenções:

---

390. "Médici – um dia na vida do Presidente". *Manchete*, Rio de Janeiro, p. 44, 8 abr. 1972.

Suponho que esteja sorrindo e se perguntando a si mesmo: — Mas como ousa, pretensiosamente, antecipar o calendário de uma série gigantesca de festas turístico-culturais, revelando confiança demasiada nos dirigentes do país — se não possui nenhuma credencial para fazê-lo?

Respondo: — Minha credencial é meu profundo amor ao Brasil e à sua gente. Não basta? Confio nos homens ilustres que dirigem os Estados — seus Governadores, cuja mentalidade se amolda, harmoniosamente, por força da cultura e espírito de brasilidade, ao programa de integração nacionalista do Presidente Médici — cidadão exemplar que, convocado para servir a pátria, tornou-se, na sua humildade, o símbolo do brasileiro autêntico que ama o Brasil e, trabalhando sem alarde, mas seguro de si mesmo, legará ao povo um país confiante no seu grandioso futuro. É esse o Homem que, através das FESTAS ESTADUAIS DO LIVRO, em 1972, receberá a sincera homenagem do Brasil.[391]

É interessante observar o que significava eleger Médici como o *símbolo do brasileiro autêntico*. O que queria dizer isso? O que representava, a partir dessa definição, o *brasileiro autêntico*? Tais questões são respondidas em seguida: Médici pode ser considerado brasileiro autêntico porque *amava o Brasil* e era, antes de tudo, um *bom soldado* que, convocado para cumprir uma missão, para *servir* à Pátria, o fez com humildade e sem alarde, porém, *seguro de si*, com firmeza e autoridade. Aqui, elementos fundamentais para compreendermos determinado imaginário coletivo conservador, ao fim, crucial para entendermos a forma como se estruturou o pacto social em torno da ditadura nos primeiros anos da década de 1970.

Esse pacto conforma-se, de uma só vez, a partir da ideia de *confiança* em seus líderes, os quais, embora não fossem *eleitos* diretamente, eram dignos de confiança porque despertavam nas pessoas as sensações de *segurança, autoridade, patriotismo* e *amor ao país*. Além disso, a ideia da necessidade de *amoldar-se* ao programa de *integração nacionalista* do presidente remete à ideia da necessidade de união nacional em torno da construção do *Brasil potência*. Segmentos expressivos da sociedade estavam de fato entusiasmados pelas possibilidades que o *milagre* foi capaz de suscitar.

---

391. Fundo Comissão Executiva da Comemoração do Sesquicentenário da Independência. Arquivo Nacional/SDE – Documentos Públicos, código 1J. Pasta 3A. Correspondência recebida.

É interessante observar a carta citada anteriormente, quando os autores da canção *Ninguém segura este Brasil* mencionam a existência de uma *cruzada*, a qual as Forças Armadas venciam com ajuda popular, bem como sua disposição em realizar o *sacrifício máximo* pela pátria. Nesse trecho, a ideia de uma *cruzada*, violenta, guerreira, não está associada especificamente à figura do presidente Médici, mas sim às Forças Armadas de maneira mais geral. Ao contrário do que aparece na carta seguinte, e em muitos outros momentos, à figura de Médici estavam associadas as referências ao *Brasil grande*, à *construção do futuro*, ao projeto ultramoderno de *integração nacional*.

Em suma, acredito que para significativos setores da sociedade a figura de Médici, durante os anos de seu mandato, estava muito mais relacionada à ideia de *anos de ouro* que a dos *anos de chumbo*. O que surpreende, como acompanhamos no capítulo 1, é a rapidez com a qual o *cidadão exemplar* de 1972 se transformou, em cerca de uma década ou ainda menos, no *grande carrasco* da ditadura. De toda forma, acredito que seja fundamental considerarmos esses setores tão significativos da sociedade para os quais, nos anos do *milagre*, a imagem de Médici era muito mais a de *cidadão exemplar*, que inspirava confiança e admiração, do que a do *carrasco*.

Como é de se supor, no entanto, as cartas enviadas à CEC não continham somente *odes* e homenagens ao presidente. Os *heróis nacionais* – Tiradentes e, em especial, o *herói da ditadura*, d. Pedro I – foram muito lembrados. Principalmente através de poesias. Assim, às vésperas do 21 de abril, Moacyr de Moraes Oliveira encaminhava à comissão a poesia de sua autoria intitulada "Tiradentes". Falava em um homem que encarou a morte, diante da multidão, com o "olhar altivo" e o "porte grave". Sem se deixar aparentar vencido. E conclamava os brasileiros a cultuar sua memória:

> Brasileiros: cultuai sua memória, é justo!
> No solo que pisais, rolou sublime e augusto
> Dando glória ao Brasil, e exemplo à mocidade.[392]

Em certo sentido, o apelo do autor para que os brasileiros não deixassem de cultuar a memória de Tiradentes recuperava os debates verificados na imprensa

---

392. Ibid.

às vésperas do 21 de abril que analisei no capítulo 3. Ou seja, embora se admitissem a centralidade e preponderância de d Pedro I nas comemorações de 1972, era importante preservar o culto a Tiradentes; afinal, seu sangue – assim como seu corpo – rolou "no solo que pisais" e em *defesa deste solo*. Além disso, seu martírio, sua disposição heroica ao sacrifício da vida pela *liberdade da pátria* constituía *exemplo à mocidade*. Em certo sentido, como veremos no capítulo seguinte sobre o filme *Os inconfidentes*, de Joaquim Pedro de Andrade, foi também a leitura do *sacrifício cívico* de Tiradentes como bom exemplo a ser dado à juventude que deixou os censores tão animados com relação ao filme, livrando-o de qualquer corte e percebendo, mesmo nas cenas mais duras, seu potencial *cívico-educativo*.

Mas afinal, como era de se supor, as homenagens mais expressivas foram feitas ao imperador, Pedro I, o herói eleito pela ditadura. Algumas das mais expressivas foram as duas poesias enviadas pelo aposentado Militão Lima, 80 anos, que escrevia do Rio Grande do Norte. Não encaminhava suas correspondências à CEC, mas diretamente ao presidente da República. A primeira datava de maio de 1972 e se intitulava "Pedro Primeiro"; a segunda, de julho, "Fico", em homenagem ao Dia do Fico. Ambas possuíam o mesmo teor e incorporavam de forma muito expressiva as relações entre 1822 e 1972 traçadas pelo discurso oficial. Na primeira delas, podia-se ler:

> Teu "Fico" despertou jovem gigante
> Para as aspirações, grandes destinos.
> Hoje um Brasil ao som dos belos Hinos.

E na poesia intitulada "Fico", descrevia da seguinte forma o imperador e seu gesto:

> Exemplo de fé cívica e tocante,
> Milagre fez, parece um grande sonho:
> Hoje um Brasil feliz, livre, risonho!
> Tudo é "Fico" no "Brado retumbante"![393]

---

393. Fundo Comissão Executiva da Comemoração do Sesquicentenário da Independência. Arquivo Nacional/SDE – Documentos Públicos, código 1J. Pasta 3B. Correspondência recebida.

As poesias escritas pelo senhor Militão Lima sintetizam perfeitamente a incorporação do discurso rememorativo em voga em 1972. Demonstram a relevância e o impacto que a associação entre a *independência política* realizada em 1822 e a *independência econômica* conquistada em 1972 adquiriu no seio da sociedade. Apontam para o fato de que as associações entre passado e presente propostas pela ditadura no ano do sesquicentenário puderam ser compartilhadas, tendo em vista determinado imaginário *cívico-patriótico* nacional, que via em d. Pedro I e em seu *grande gesto* exemplo de "fé cívica e tocante" que esteve na origem do *Brasil feliz, livre e risonho* no qual muitas pessoas acreditavam estar vivendo em 1972.

Na correspondência acumulada pela CEC podemos observar como se manifestava, de maneira significativa, a ligação entre passado e presente. Seja através do *sacrifício exemplar* de Tiradentes, seja através do *gesto audacioso* de d. Pedro I. Ali, no passado, estava a *semente* do *novo Brasil*, país do presente, fruto não apenas do martírio e do heroísmo dos grandes homens do passado, mas também do pulso firme e convicções patrióticas dos líderes de então. Outros tantos prefeririam escrever não sobre os heróis de outrora, mas sobre os *grandes homens* e os eventos do presente: Médici, as Forças Armadas, a *revolução* e o *milagre*. A maioria, no entanto, não conseguia separar um do outro

Passado e presente, 1822 e 1972, d. Pedro I e Médici habitavam, simultaneamente, as imaginações populares e davam o tom das comemorações do ano do sesquicentenário.

CAPÍTULO 7

O sesquicentenário das vozes dissonantes

Nem tudo foi festa em 1972. Ou antes, nem todos viam motivos para comemorar naquele ano. Houve quem protestasse; houve quem marcasse um ponto de vista alternativo; houve quem divergisse. Se a sociedade teve ouvidos para ouvi-los? Certamente que importantes segmentos foram sensíveis às vozes que protestavam, que destoavam do *coro dos contentes*. Outros tantos, todavia, vieram em defesa da ditadura: aos que ousavam denunciar a inexistência de um Estado de direito no país, argumentava-se com as benfeitorias do *milagre* e com a "tolerância" do regime para com o próprio formulador daquela *denúncia*; para os que clamavam por anistia e abertura política, havia os que respondiam: "precisamos de repressão", "o problema do país é a falta de repressão". O fato é que os que arriscaram uma interpretação menos conformista, e portanto menos festiva da independência, não obtiveram o mesmo sucesso daqueles que festejaram. Não obstante, é fundamental distinguir o espaço da *dissonância* em 1972, inclusive porque tal espaço demarca importantes diálogos e debates presentes na sociedade naquele momento. Ajuda-nos mesmo a compreender o espaço do consenso, na medida em que tais *vozes dissonantes* aparecem como uma espécie de contraponto, um *contradiscurso* ao discurso dominante, comemorativo.

Assim, chamar atenção para a pluralidade de *opiniões* na sociedade ajuda-nos a melhor compreender, nas palavras de Pierre Laborie, os modos de funcionamento do que consideramos a *opinião social dominante*. Como venho tentando demonstrar, acredito que a *opinião dominante* no Brasil de 1972 estava baseada no sentido da *comemoração patriótica*. Esta, por sua vez, adquiria significados diferentes, os quais, no contexto da época, eram principalmente complementares e não excludentes. Nesse sentido, festejar a pátria significava rememorar o passado cívico, o nascimento da nação, a reafirmação da identidade e a adesão a essa *entidade suprema* que é a *mãe pátria*. Ao mesmo tempo, o retorno ao passado, acionado *no* e *pelo* tempo presente, estava impregnado por suas referências: as noções de *grandeza nacional*, de *construção do futuro* e de *Brasil potência* eram, por exemplo, ideias-força fundamentais que uniam, no ano do sesquicentenário, passado, presente e futuro, e conformavam aquilo que podemos compreender como *opinião dominante*.

Pierre Laborie, ao analisar os comportamentos sociais dos franceses sob Vichy, define *opinião social* como

> um fenômeno coletivo, reflexo e afirmação de uma posição dominante no interior de um grupo social. Ela deve, como tal, ser nitidamente diferenciada da expressão conflituosa de diversas correntes minoritárias, sem que isso possa, entretanto, desconhecer a interação de seus efeitos: eles pesam sobre a evolução da opinião comum e um dentre eles pode portar em germe uma atitude potencialmente majoritária [Laborie, 1988:103].

Eis o sentido das propostas deste capítulo: analisar algumas correntes de opinião que, em 1972, no auge do *milagre brasileiro* e do triunfo dos aparelhos repressivos sobre os *inimigos do regime*, foram capazes de expressar suas divergências contra este último, mais especificamente contra as comemorações patrióticas do sesquicentenário da independência. Trata-se, de certa forma, seguindo ainda o raciocínio proposto por Laborie, de um esforço no sentido de diferenciar a – ou antes – *as opiniões dominantes*, a partir da análise e compreensão da "expressão conflituosa de diversas correntes minoritárias". Como observou o historiador francês, compreender as formas a partir das quais se manifestaram tais opiniões é fundamental, na medida em que elas podem interferir sobre a *opinião dominante*, a qual não é estática. Ao contrário, para Laborie, a opinião é a "instabilidade", a "adaptação incessante à conjuntura", algo que deve ser compreendido a partir da ideia de *movimento*.

Daí o autor falar em *movimentos de opinião*. Daí a importância de analisar o discurso *dissonante*, pois esse pode portar "em germe uma atitude potencialmente majoritária". E, embora escape aos objetivos deste trabalho, seria um exercício interessante pensarmos em que medida os discursos e as manifestações *dissonan-*

tes de 1972 não traziam já em si elementos que concorreram para a lenta metamorfose democrática pela qual passou a sociedade brasileira a partir da segunda metade da década de 1970 e, sobretudo, a partir de 1979.

Em suma, a definição de *opinião* proposta pelo referido autor, na medida em que procura observar o movimento de uma *opinião dominante* no seio da sociedade sem deixar de levar em consideração a multiplicidade de opiniões que emergem nesta mesma sociedade, permite, para o caso do estudo das atitudes coletivas sob a ditadura civil-militar brasileira, observar a formação do consenso em torno do regime sem perder de vista a riqueza dos comportamentos. Ainda de acordo com Laborie:

> Não há uma contradição irredutível entre a realidade incontestável de uma muito grande diversidade de atitudes no seio de uma população e a existência, nessa mesma população, de uma linha tendencial evolutiva, de um sentimento comum mais ou menos difuso, mas majoritariamente partilhado [Laborie, 2003:42].

Portanto proponho, neste capítulo, analisar algumas dessas manifestações *minoritárias*, *destoantes*, mas que são extremamente importantes para melhor compreendermos aquela sociedade e as metamorfoses que se originaram daquele momento em diante. Sobretudo a forma como algumas dessas manifestações dissonantes foram recebidas e contestadas por simpatizantes da ditadura é fundamental para entendermos melhor em que termos o discurso pró-regime se estruturava.

Assim, escolhi algumas *vozes dissonantes* que, partindo de segmentos distintos da sociedade, encontraram também meios diversos para se expressar. Suas opiniões, suas reivindicações, e mesmo suas desilusões expressavam-se por meios diferentes, mas todos marcavam posturas destoantes. Através do deboche que era também *patrulha*, do *desbunde*, da reflexão cuidadosa sobre as comemorações, do protesto institucionalizado no Congresso ou da leitura beirando o *subversivo* dos heróis da República e da ditadura, disseram *não* à versão oficial proposta pelo regime para o ano de 1972. Ofereceram à sociedade a possibilidade de um ano *sem d. Pedro I*, embora *com Tiradentes*. Afinal, que nação não precisa de heróis? De todo modo, recusaram o *elogio da autoridade* que a ditadura propunha através da figura do imperador. Alguns deles constataram a derrota da revolução armada. Outros deixavam entrever que nunca a apoiaram, embora também recusassem a ditadura. Em alguns momentos, reconheceram mesmo o sucesso alcançado pelo regime. Pediram anistia. Não tiveram. Outros, *desbundaram*. Recusaram a *caretice* da sociedade capitalista e também da socialista (Alonso, 2013).

Assim, analisarei no item "Intelectuais e políticos: o sesquicentenário e os desejos de *reconciliação nacional*" artigos do pensador católico Alceu Amoroso Lima e os discursos de alguns deputados do Movimento Democrático Brasileiro (MDB) pronunciados em sessões plenárias da Câmara. Em seguida, tratarei do filme *Os inconfidentes*, de Joaquim Pedro de Andrade, lançado ainda no primeiro semestre daquele ano. Evidentemente, não foram as únicas manifestações destoantes em 1972, mas foram, talvez, algumas das mais expressivas do sentido do debate em torno da ditadura, de como seus adeptos e seus opositores se colocavam socialmente – sobretudo em um momento em que as ações armadas contra o regime eram já escassas. Indicam como, para determinados setores da sociedade, a convivência com o regime de exceção não se deu sem conflito.

Dessa forma, não seria possível deixar de lado as críticas elaboradas pelo semanário *O Pasquim*, um dos mais conhecidos opositores do regime, ao menos para determinada memória da resistência. Seja como for, *O Pasquim* assumiu grande importância no debate que se estabeleceu em 1972. Talvez tenha sido em suas páginas que melhor se estruturou – para depois se transformar, oficialmente, em política de memória, e, ao mesmo tempo, em política de *silêncio* – uma espécie de *bipolarização* da sociedade. Especificamente no contexto da festa, o jornal era claro: ou você participa das comemorações – e assim se coloca ao lado da ditadura – ou você não participa. Dito de outra forma, ou você *colabora* ou você *resiste*. Contudo, como as charges do jornal foram citadas e trabalhadas, limitar--me-ei a uma análise breve. Da mesma forma, como tratar das vozes dissonantes no Brasil em 1972 sem mencionar o famoso verão de Ipanema daquele ano? Ali, se esboçaram mudanças comportamentais expressivas. A *contracultura* mostrava--se forte e Ipanema aparecia como a síntese de um comportamento contestador urbano que, embora minoritário e de expressão limitada naquele momento, talvez seja fundamental para compreendermos posteriores mudanças que a sociedade brasileira vivenciaria, inclusive porque, em outros lugares, outras praias do país, então menos frequentadas e quase desertas, como no sul da Bahia, observa-se o mesmo movimento. Ambos, os *desbundados* de Ipanema e *O Pasquim*, serão analisados a seguir, na próxima seção.

Como dizia o editorial de Millôr Fernandes para a edição comemorativa dos 150 números de O *Pasquim*, cada um faz "o Sesquicentenário que pode, aguentam ou deixam" (Fernandes, 1972:3).

O píer e a *patota* de Ipanema: entre *desbunde* e *patrulhas*

Ipanema, 1972. Ali, em uma das praias mais famosas do Brasil, onde mais tarde seria o famoso Posto 9, entre as ruas Farme de Amoedo e Montenegro (atual Vinícius de Moraes) seria construído um emissário submarino. Com o objetivo de viabilizar a obra, a empresa responsável construiu um píer que avançava algumas dezenas de metros no mar (Fernandes, 1972:4). "Para fixar as pilastras, toneladas de areia foram retiradas do fundo do mar e espalhadas na praia, formando dunas artificiais",[394] mais tarde batizadas – e tornadas célebres – como *as dunas da Gal*, por ser o lugar frequentado pela cantora.

O *píer de Ipanema* tornou-se o grande *point* da juventude "alternativa" do verão de 1972, um dos mais famosos verões que o Rio de Janeiro e o Brasil conheceram. A construção do píer alterou, primeiro, a paisagem e a geografia locais:

> Quando a corrente vinha dos lados do Leblon, encontrava uma barreira formada pelos pilares e pelas chapas de ferro que formavam o emissário submarino, ali em frente à Farme de Amoedo. A onda então recuava um pouco, como se fosse empurrada para trás, elevando e aplanando o fundo de areia, deixando-o na medida para o surfe.[395]

Assim, os surfistas foram os primeiros a chegar ao local. Em seguida vieram os *hippies* e muitas outras *tribos*: "lá instaurou-se gradualmente uma coletividade

---

394. "Houve uma vez um verão". Revista *O Globo*, Rio de Janeiro, p. 57, 4 dez. 2011.
395. Ibid.

que cada vez mais se integrava ao que mundialmente ficou conhecido como *contracultura*" (Alonso, 2013:4). Nesse sentido, se a primeira grande mudança que a construção do píer provocou em Ipanema foi paisagística, a mais significativa foi, sem dúvidas, comportamental. Em determinado aspecto, um desdobramento dos movimentos de 1968, sobretudo do *pacifismo*, tão presente em algumas das mais importantes manifestações *soixante huitardes* pelo mundo, como nos Estados Unidos.

Mas se o 1968 brasileiro foi marcado pela busca dos caminhos da *revolução*, para a geração que fez o *verão do píer* em 1972 já não se tratava mais disso. A revolução já havia sido derrotada, a ditadura mostrava sua força, seu poder e sua popularidade. Além disso, a *geração 72* começava mesmo a questionar o sentido da *revolução*:

> Esta passou a ser vista com reticências, já que era filha da mentalidade iluminista que resguardara o homem no racionalismo. [...] A revolução passou a ser "careta" demais quando limitou o homem à prisão da tradição racional. A razão, esse "bom carcereiro", passou a ser uma prisão do corpo, diante das possibilidades infinitas da mente, esta sim uma revolução de fato e impossível de ser restringida a um lugar, a um sistema social ou a um discurso político [Alonso, 2013:2].

Ali, nas *dunas da Gal*, a própria e outros tantos *descolados* e *cabeludos* de toda sorte se reuniam para surfar, conversar, tocar violão. Falava-se muito de música. Do *deus Caetano*[396] principalmente, o grande *guru* daqueles jovens libertários, então recém-chegado de seu exílio londrino. O fotógrafo Frederico Mendes, inclusive, frequentador da região na época, sublinhou que "as dunas eram um reflexo direto do Tropicalismo. Da música ao jeito de se vestirem, tudo levava ao movimento".[397] E havia também as drogas. Maconha e ácido. Afinal, era importante *libertar o corpo e a* mente, *viajar*, soltar as amarras de toda e qualquer forma de repressão. Era preciso ser livre. Ali, também, muitas *garotas de Ipanema* se bronzeavam. Aliás, foi bem na região das dunas, em 1972, que aconteceu o

---

396. Cf. "Caetano no templo do caetanismo". *Veja*, São Paulo, p. 62-67, 19 jan. 1972.
397. "Houve uma vez um verão". Revista *O Globo*, Rio de Janeiro, p. 60, 4 dez. 2011.

primeiro *topless* de Ipanema.[398] A moda não pegou, mas deixou a *boa e tradicional família carioca* escandalizada.

O verão de 1972 em Ipanema foi o verão do *desbunde*. Palavra "inventada pelos caras 'duros' de vanguarda que, assim, se referiam desprezivelmente a todos que não viam com bons olhos a aventura das esquerdas armadas".[399] Mas, ali em Ipanema, *desbundar* significava mais que a rejeição à *aventura revolucionária*. Significava o nascimento de uma nova *cultura* que rejeitava a *força*, a *ordem*, a *autoridade* – viessem elas das esquerdas ou das direitas –, as convenções sociais. Ao menos algumas delas. Eram alternativos, libertários. Não deixavam de ser, de alguma forma, a expressão do Brasil que se modernizava. De forma diferente da modernização preconizada pela ditadura, evidentemente, mas uma geração que refletia as intensas transformações pelas quais o país passava naquele momento. Uma *modernização alternativa à conservadora*, mas que, afinal, só pôde vir à luz no quadro modernizante então proposto pelo regime.

A *banda* do sesquicentenário certamente não passou pelas *dunas da Gal*. Aparentemente, comparar esses dois *movimentos da sociedade* – as comemorações do sesquicentenário e a juventude *desbundada* do píer de Ipanema – pode parecer falar de dois *Brasis* que não se encontravam. E, de certa forma, é. As festas representavam tudo o que aqueles jovens rejeitavam: a exaltação da *ordem*, da *autoridade*, do poder, do *oficial*. Naquela festa estavam os *quadrados*, os *caretas*. Não obstante, é fundamental não perdermos de vista que o nascimento daquela geração – que não se restringiu a Ipanema – estava indissociavelmente ligado e somente foi possível dentro do quadro do *Brasil moderno*. O que podia ser, aparentemente, *dois Brasis* distantes um do outro, que não se comunicavam, era, na verdade, um único Brasil, ambivalente, complexo.

Não se tratava de uma geração e de pessoas que *protestavam* contra a ditadura. *Rejeitavam-na*, mas não de modo direto, aberto, como num panfleto. A *revolução* ali era muito mais comportamental. Um comportamento que, devidamente moldado – e metamorfoseado – talvez tenha sido ainda mais fundamental para compreendermos a mudança que, mais tarde, a sociedade faria lentamente no sen-

---

398. Ibid.
399. Cf. depoimento de Daniel Aarão Reis (Kushnir, 2010:286).

tido da democracia. Bem ali, em Ipanema, na recusa da *autoridade* ditatorial e, ao mesmo tempo, na descrença da revolução como *redenção da humanidade*; bem ali, em 1972, no auge da popularidade do regime, ancorado nos *progressos modernizantes* da ditadura, talvez estivesse o germe de um *movimento de opinião* que foi, aos poucos, contribuindo para que se formasse outra maioria que, juntamente com outras propostas e outras opiniões teriam levado, todas, em seu conjunto e em sua complexidade, a sociedade para a construção do *consenso democrático* a partir da segunda metade dos anos 1970 e ao abandono da sua, até então, *amada ditadura*.

Não obstante, na época, essa postura *desbundada* dos jovens de classe média de Ipanema rendeu muitas críticas, não somente das *famílias tradicionais* escandalizadas com o uso de drogas, com a liberação sexual dos corpos, mas também das esquerdas tradicionais. Estas cobravam uma posição mais engajada. Ora, o *desbunde* era visto como *passividade*, uma *não ação*, encarada por alguns como uma ação a favor da ditadura – ou, ao menos, a favor do *sistema*, que, então, a ditadura representava.

Foi nesse contexto que Henfil imaginou – e desenhou – um de seus personagens mais famosos, o *Tamanduá*, tentando *atacar* uma das jovens figuras *modernas* típicas de Ipanema para um número especial de *O Pasquim* sobre o bairro e suas *modas*. O *Tamanduá*, personagem criado em 1971, era definido por Henfil como aquele que "chupa cérebros para revelar as faces ocultas de pessoas que aceitam as condições políticas e culturais vigentes" (Pires, 2006:97). Ou seja, a caça empreendida pelo *Tamanduá* aos personagens de Ipanema era clara no que tange ao julgamento que a *patota do Pasquim* – ela também fortemente identificada ao bairro carioca – fazia a respeito dos *desbundados* da região e do Brasil. Ao encontrar sua vítima, o *Tamanduá* é convencido pela própria a não sugar seu cérebro, afinal, ele, o *desbundado*, era apenas uma figura de Ipanema que gostava de ir à praia e nada mais. Talvez fosse melhor o *Tamanduá* sugar o cérebro daqueles que realmente são responsáveis pelas *mazelas do país*. Convencido, o personagem vai embora atrás de sua nova vítima. Nesse momento, quando o *desbundado* se vê livre de seu algoz, imediatamente liga para seu pai e avisa: "Está indo aí um cara sugar o seu cérebro. Talvez seja melhor adiantar minha mesada".[400]

---

400. *O Pasquim*, n. 137, p. 8, 15-21 fev. 1972.

A ideia era clara: o *desbunde*, entendido muitas vezes como *falta de posicionamento*, era *financiado* por aqueles que efetivamente colaboravam com o regime – naquele caso particular, pelos pais dos jovens de classe média da Zona Sul carioca. Não tomar partido, não *resistir* era também, de alguma forma, *colaborar*, de acordo com as *patrulhas* de O Pasquim.

Em 1972, no entanto, o personagem mais impactante do semanário foi o já referido *Cabôco Mamadô*, também uma criação de Henfil, de janeiro de 1972. Esse personagem possuía um curioso cemitério de *mortos-vivos* onde enterrava os colaboradores do regime e os fazia reencarnar, algumas vezes em situação inusitada. Muitos personagens ilustres foram *enterrados* por Henfil. Entre eles, tradicionais apoiadores do regime, como Nelson Rodrigues, Raquel de Queiroz e Flávio Cavalcanti; além deles, os cantores Wilson Simonal e Miguel Gustavo, a dupla Don e Ravel e o grupo musical Os Incríveis. A lista do *Cabôco Mamadô* era extensa. Incluía também personagens mais polêmicos, como era o caso de Elis Regina, por sua participação nas comemorações do sesquicentenário, e dos demais artistas que também participaram das comemorações.

Não obstante, dois dos *enterros* mais emblemáticos promovidos pelo personagem de Henfil em 1972 não estão relacionados às comemorações do sesquicentenário e às inúmeras personalidades que delas participaram. Talvez a grande polêmica em torno do *enterro* de Elis Regina – originada inclusive em razão dos protestos da cantora – tenha encoberto outros interessantes. Mesmo porque, na medida em que o *cemitério dos mortos-vivos* servia para criar uma dualidade social entre aqueles que *colaboravam* e aqueles que *resistiam* – polaridade que as batalhas de memória tomariam mais tarde como espelho do passado –, chamava atenção para um tipo de comportamento que, para Henfil e para O Pasquim, talvez fosse tão incômodo quanto a *colaboração*. Tratava-se daquilo que eles consideravam a *passividade*. A falta de ação, de atitude. Em depoimento a Denis Moraes, Zuenir Ventura analisa essa conclamação à *resistência democrática* então proposta por Henfil em seu *cemitério dos mortos-vivos*:

> Um desesperado, às vezes injusto e extremado gesto de conclamação à resistência democrática. [...] Hoje a minha leitura daquele sectarismo aparente de Henfil leva-me a crer que o Cemitério dos Mortos-Vivos embutia uma metáfora: quem não está lutando

e resistindo está morrendo ou já morreu. Ele ressaltava essa morte simbólica e nos dizia: precisamos resistir de alguma maneira [Moraes, 1996:134 apud Pires, 2006:98].

É nesse sentido que *O Pasquim* pode ser considerado um dos espaços mais importantes que fundamentam, em parte, a *memória da resistência* contra a ditadura: na medida em que dividia a sociedade entre *resistentes* – e trata-se de um tipo de *resistência* específica: a *democrática*, na qual pode ser incluída, pelos trabalhos de memória, toda a sociedade – e *colaboradores*. Mas essa é apenas uma leitura parcial que se pode fazer do *sectarismo aparente*, para usar a expressão de Zuenir Ventura, de Henfil.

Apesar do tom inquisitorial e acusatório de suas charges, particularmente no caso do *Cabôco Mamadô*, podemos perceber através delas como era importante o espaço da *indiferença* entre os comportamentos coletivos durante a ditadura. Aspecto crucial para compreendermos a *zona cinzenta* definida por Pierre Laborie, e mesmo a formação do consenso, como o define Ian Kershaw, atribuindo à *apatia* e ao *desinteresse* grande peso, talvez definitivo, para a sustentação da ditadura nazista. Veja-se, retomando-se *O Pasquim*, o enterro de Clarice Lispector, uma das *mortas-vivas* que, mais tarde, ao lado de Elis Regina, Henfil declararia ter se arrependido de *enterrar*.

Na edição de 22 a 28 de fevereiro de 1972, a escritora aparecia *enterrada* no cemitério dos *mortos-vivos*, para espanto do próprio *Cabôco Mamadô*: "Êta ferro! O filho da D. Maria [Henfil] não tá livrando a cara nem dos intelectuais de centro", exclamava o personagem. Na charge, Clarice Lispector demonstrava não saber o que estava acontecendo: "Estou chocada! Traumatizada com tanta agressividade contra esta pura e ingênua poeta [...] Por quê? Por quê? Sou uma simples cronista da flor, dos pássaros, das gentes, da beleza de viver..."

Por fim, Clarice Lispector reencarnava como Pôncio Pilatos, o juiz que, de acordo com a Bíblia, condenou Jesus a morrer na cruz, apesar de não ter encontrado nele culpa alguma. Como Pilatos, Clarice aparecia *lavando as mãos*, envolta em uma espécie de redoma, cercada pelos pássaros e flores de suas poesias e de costas para o local onde os soldados romanos crucificavam Jesus.[401]

---

[401] *O Pasquim*, n. 138, p. 8-9, 22-28 fev. 1972.

Mais que constatar a conclamação de Henfil para que os "intelectuais de centro" tomassem partido, acredito que seja importante analisar o enterro de alguém que o cartunista qualificava, ironicamente, como *pura* e *ingênua*. Na verdade, Henfil dizia, através do enterro de Clarice Lispector, que não *existia pureza e ingenuidade*. Não *tomar partido* era o mesmo que *tomar partido a favor* da ditadura. Todavia, o que isso pode nos dizer a respeito dos comportamentos sociais sob a ditadura? Acredito que os estudos das *vozes dissonantes* sejam de fundamental importância para o estudo do *consenso* social em regimes autoritários. Na medida em que o espaço da *dissensão*, oposição e resistência – sem que se considerem os três como sinônimos – é definido e construído como tal, podemos compreender melhor o vasto espaço do consenso a partir de múltiplas atitudes que o compõem.

Assim, retomo mais uma vez as reflexões de Ian Kershaw a respeito da *opinião* alemã sobre a perseguição aos judeus empreendida pelo nazismo. Para o autor, à exceção de algumas fases durante as quais a questão judaica ocupou um papel preponderante, o assunto não teria interessado à grande maioria dos alemães. "Mas, para Kershaw, foi precisamente nessa atmosfera de desinteresse e de apatia que o antissemitismo radical de uma pequena minoria pôde prosperar" (Longerich, 2006:15).

A importância que o historiador inglês atribui ao papel de sentimentos como a *indiferença* e a *apatia* é fundamental para pensarmos os comportamentos sociais sob a ditadura civil-militar brasileira. Demonstra, como indica Pierre Laborie, que entre os extremos da resistência e colaboração há uma vasta *zona cinzenta* que enseja a essência do equilíbrio do regime. Era contra esse tipo de comportamento que a *patota do Pasquim* e Henfil em particular se batiam. Mais que a constatação das *patrulhas ideológicas*, de resto amplamente acionadas pelo periódico e já bastante estudadas, o incômodo com relação à indiferença e à apatia não indicaria, como aponta Kershaw, sua importância para a sustentação do regime?

Assim, em editorial do número 134, da primeira semana de fevereiro de 1972, Millôr Fernandes questionava:

Não vai dizer que você, ao ver a página do Henfil, não pensou na sua própria personalidade. Você merece estar vivo? Você tem certeza de que está vivo? O Henfil esqueceu de você? Você acha isso bom ou uma tremenda injustiça?[402]

---

402. *O Pasquim*, n. 134, p. 6, 25 jan./1 fev. 1972.

Por fim, poucos meses depois, Henfil realizava o mais sintomático *enterro* do *Cabôco Mamadô*. Dizia o personagem:

> Hoje eu poderia reencarnar um dos meus mortos-vivos mais ilustres como o [Gustavo] Corção, Nelson Rodrigues ou Blochs! [...] Mas, não! Hoje vou reencarnar um morto-vivo muito especial! Um morto-vivo que se esconde no anonimato dos milhares de leitores desta vibrante folha... Um morto-vivo cretino, sem-vergonha e pulha! Assim, senhoras e senhores! O Cabôco Mamadô vai reencarnar o camuflado, digo, o mais camuflado dos mortos-vivos. VOCÊ! Não vai passando a página não! Não estou me referindo a nenhum tipo de leitor em especial! É você mesmo(a)! Se prepare morto-vivo safado! Vou te reencarnar na tua real e exuberante personalidade do dia a dia![403]

E assim, o *Cabôco Mamadô* transformava *você*, ou seja, todos os potenciais mortos-vivos em baratas, em um primeiro momento, para em seguida fazê-los aparecer na forma de um homem, malvestido, se arrastando de quatro pelo chão e lambendo uma grande bolsa, um saco, que um homem vestido de rei carregava em suas costas. A *indiferença* e a *apatia* do dia a dia, da reprodução contínua e ampliada do cotidiano *alienante* e *alienador*. A grande *zona cinzenta*, cujo silêncio permitiu que a colaboração engajada *de uma pequena minoria pudesse prosperar*. Era contra tal situação que Henfil se batia através do seu *cemitério dos mortos-vivos*.

Não obstante, há que se destacar certa arrogância dos jornalistas do semanário na sua *cruzada* contra o *colaboracionismo* e a *indiferença*, arvorando-se, muitas vezes, como o grande *porta-voz* da *resistência democrática*, acusando e apontando o dedo, ignorando as complexidades do social. Contribuía, em certo sentido e num primeiro momento, para denunciar a ditadura e aqueles que, de alguma forma, estavam à sua volta. Não ajudava, no entanto, a compreender suas raízes sociais, tornando-se, com o passar dos anos, um importante pilar estruturante da *memória da resistência*, redutora, como toda memória.

---

403. *O Pasquim*, n. 143, p. 9, 28 mar./3abr. 1972.

Intelectuais e políticos: o sesquicentenário e os desejos de *reconciliação nacional*

No dia 7 de setembro de 1972, quando o país vivia o ápice das comemorações do sesquicentenário, o encerramento daquele grande *ano cívico*, o *Jornal do Brasil* publicava a coluna que o intelectual católico Alceu Amoroso Lima escrevia habitualmente para o jornal. O pensador, que afirmara ter escrito aquele artigo com mais de um mês de antecedência, colocava-se na expectativa quanto ao fim das comemorações e fazia contundente crítica ao regime. Assinando através de seu tradicional pseudônimo, *Tristão de Athayde*, dizia ele:

> Se, no dia 7 de setembro de 1972, o Governo não decretar uma Anistia Geral para os "delitos" e "crimes" de ordem política e não abrir novas perspectivas para a efetiva participação do povo no Governo, pela restituição das liberdades cívicas e a total abolição do funesto AI-5 – ao menos para mim o dia do Sesquicentenário não será de festa, mas de luto. [...] Eis porque aguardo o próximo 7 de Setembro em plena disponibilidade interrogativa. Será o dia da festa nacional da reconciliação? Ou apenas uma conta a mais no rosário das desilusões? [Lima, 1972a:8, aspas no original].

A festa *nacional da reconciliação* seria, para o autor, aquela originada de uma eventual abertura política, que colocaria fim ao arbítrio, ao *funesto* AI-5 e que fosse capaz de abarcar toda a nação, apesar de suas *patéticas* e *irredutíveis* divergências, como disse o intelectual em outro trecho do artigo.

Passada uma semana do grande encerramento das festas, não viera, como de fato era de se supor, a *anistia*. Amoroso Lima voltava a utilizar seu espaço no *Jornal do Brasil* para criticar a *oportunidade perdida* do governo de, com o sesquicentenário, realizar uma anistia:

> Foi-se a esperança de que o Sesquicentenário, tão falado e preparado, não fosse apenas uma comemoração decorativa ou uma propaganda política, mas uma efetiva reconciliação dos brasileiros, para um esforço coletivo pelo desenvolvimento nacional, na base da liberdade e da justiça. Foi-se a esperança. Mas ficou a paciência [Lima, 1972b:6].

Amoroso Lima qualificava as comemorações de *frias, sem alma* e *sem entusiasmo*. O 7 de setembro e o fim das festividades não foi, contudo, o único momento no qual se manifestou contra as festas. Ao contrário, desde os primeiros meses do ano, quando as notícias sobre as comemorações do sesquicentenário preparadas pela ditadura começaram a ganhar as ruas, o intelectual já demarcava sua posição. Defendendo sempre a posição segundo a qual o *verdadeiro sesquicentenário* somente ocorreria se o governo aproveitasse a data para, enfim, restabelecer um estado de direito. Assim, ainda em fevereiro, afirmava:

> Aliás, a melhor das comemorações desses históricos 150 anos, pelo Governo de 1972, seria o restabelecimento, entre nós, de nossa verdadeira independência, que só se operará de modo autêntico, pela volta a um estado de direito, em pleno jogo de suas liberdades cívicas e da participação real do povo no Governo de sua nação livre. É o que seria e poderá vir a ser, a verdadeira afirmação de 1789 e de 1822, de Tiradentes a d. Pedro I [Tristão de Athayde, 1972 apud Lima, 1974a:187].

Um dos mais importantes intelectuais do laicato nacional, Alceu Amoroso Lima se converteu ao catolicismo em 1928, aos 35 anos de idade. Sua conversão se fez justamente quando a Igreja romana vivia um momento de forte conservadorismo. Assim,

> o registro inicial do catolicismo amorosiano é, pois, conservador, tributário do pensamento de Jackson [de Figueiredo]. Alceu será fiel colaborador de D. Leme, prelado muito próximo a Vargas, especialmente através das Ligas Eleitorais Católicas e Ação Católica e do Centro D. Vital [Costa, 2001:167].[404]

Aos poucos, no entanto, movimentos renovadores dentro da própria Igreja Católica o inspiraram a uma abertura de horizontes, "viagem reflexiva e longa, que o levaria de uma ala mais conservadora a um posicionamento claramente liberal – caracterizado desde seu entusiasmo pelo Vaticano II à simpatia que vai nutrir, no fim da vida, pela Teologia da Libertação" (Costa, 2001:167).

---

[404]. Jackson de Figueiredo, jurista brasileiro, que se converteu ao catolicismo em 1918, "intelectual polêmico, reacionário, que no seu ardor apologético traduziu de forma fiel o movimento romanizador da Igreja brasileira" (Cf. Costa, 2001:167).

Com relação à ditadura, pode-se dizer que, desde 1964, Amoroso Lima se colocou em posição de ceticismo com relação ao golpe e ao regime que se seguiu. Não se pode dizer que tivesse se colocado veementemente *contra* a ascensão dos militares desde o início. Esta é uma postura construída com o tempo, baseada na própria trajetória do crítico literário, mas também nos processos de endurecimento do regime, que não tardou a se verificar. Em seu estudo a respeito da vida e obra de Amoroso Lima, Marcelo Timotheo da Costa analisa que os primeiros dias que sucederam à queda de Jango encontraram no *dr. Alceu*, como era chamado, um "observador cauteloso" (Costa, 2006:301), tateando ainda o terreno. À semelhança de outros intelectuais, mostrava-se temeroso com relação a radicalismos de ambos os lados. Desconfiava também das intenções de João Goulart. E, nesse contexto, em artigo de 17 de abril, pouco depois da posse do marechal Castello Branco como presidente, avaliava dessa forma a conjuntura do golpe:

> O processo de alimentação recíproca da violência, que é tão velho quanto a natureza humana e a vida social, se agravou de modo catastrófico com as ameaças do "continuísmo", com a pregação aberta da revolução violenta em comícios públicos, na presença do Chefe do Estado e culminou com os episódios dos marinheiros e dos sargentos. A polarização esquerdista se configurou alarmante e quebrou nitidamente o equilíbrio político que, bem ou mal, se vinha mantendo, provocando a passagem do problema da área civil para a militar. Daí resultou o movimento, ao mesmo tempo, civil e militar de 30 de março, sem derramamento de sangue, segundo a lei tradicional de nossa evolução histórica [Lima, 1964b:6].

No contexto do imediato pós-golpe, as críticas feitas à *revolução*, ou ao *movimento de março* – somente mais tarde Amoroso Lima passou a adotar termos como *ditadura* –, iam no sentido de evitar uma *radicalização à direita*, da mesma forma como o *erro* de João Goulart teria sido não conseguir evitar uma *radicalização à esquerda*:

> O perigo que nos ameaça, no momento, é precisamente essa gangorra política. Assim como o regime de JG caiu por se ter inclinado perigosamente para a esquerda, estamos agora ameaçados de pender para o polo oposto, na base das tendências

extremistas dominantes. Ora, a ação reacionária é tão perigosa e unilateral como a ação revolucionária. O direitismo é tão antidemocrático como o esquerdismo [...] [Lima, 1964b:6].

É interessante observar as posições políticas adotadas por Amoroso Lima em 1964 e suas transformações até 1972, no contexto das festas. Sua postura no momento do golpe talvez seja uma das mais expressivas e interessantes que nos permitem compreender de forma complexa aquela conjuntura, a derrota das esquerdas e a vitória das direitas. Ao mesmo tempo, possibilita a compreensão dos movimentos de opinião em toda a sua riqueza. Sua postura, naquele momento, é bastante representativa daquilo que Ian Kershaw chamou, para o caso da Alemanha nazista, de *dissensão*. Esse autor prefere empregar o termo *dissensão* em vez de *oposição* ou *resistência* para designar determinados tipos de opiniões e ações que "não aprovam tais ou tais aspectos do nazismo", sem que isso configure, no entanto, oposição ou resistência efetiva ao regime. Para ele, "o termo 'dissensão' parece, portanto, cobrir melhor a expressão das atitudes, frequentemente espontâneas e sem ligação alguma com uma ação precisa, crítica ou dirigida contra o nazismo" (Kershaw, 2002:34-35).

Especificamente, para a postura adotada por Amoroso Lima nos primeiros dias de abril, e mesmo depois, à medida que sua crítica ia se aprofundando, parece-me se tratar mais de movimentos que possuíam o sentido do *dissenso* que propriamente da *oposição* ou *resistência*. Isso porque fica evidente que o professor discordava da intervenção militar, vendo-a como uma *quebra da ordem jurídica e legal* (Lima,1964a:6). É interessante, não obstante, observar o temor de que essa quebra da ordem viesse também por parte das esquerdas. Não que a hipótese de um *golpe direitista* o confortasse, mas, em um primeiro momento, o pensador parecia ver na *revolução* a capacidade de manter a *tendência nacional* (Lima,1964b:6) de resolver seus problemas de forma pacífica. Acredito que seja fundamental esse retorno a 1964, uma vez que nos demonstra determinadas nuanças do pensamento do autor – como o *medo do golpe janguista* e da *revolução pela esquerda* – que desapareceram de seu discurso na proporção em que o regime pós-1964 se fortalecia e concretizava seu poder, mas que são extremamente importantes para compreendermos as bases a partir das quais suas críticas eram formuladas.

Assim, à medida que a nova situação nacional foi se definindo e se tornando mais complexa, não tardou Amoroso Lima a se confirmar como um expressivo crítico do regime e a alertar para os "desvirtuamentos da revolução" e a importância da manutenção das tradições democráticas, por exemplo, a preservação das eleições. Ainda segundo Kershaw, a respeito da *dissensão*, esta poderia se transformar em oposição, mas não necessariamente. Foi, contudo, exatamente o caso de Amoroso Lima. Muito antes de 1972, momento que nos interessa particularmente, o intelectual se aproximou cada vez mais de uma posição firme contra o regime. Veja o artigo publicado em dezembro de 1964, sobre a intervenção federal em Goiás e a deposição do governador eleito, Mauro Borges:

> Aceitar [a decisão do Supremo contra a intervenção naquele estado] resmungando e contrariar de fato, intervindo, é que não fica bem. Aceitar, mas declarando que o faz de má vontade, e que a deliberação contraria os interesses nacionais e protege a contrarrevolução, para logo depois depor o Governador eleito, é que representa uma dualidade de propósitos indefensável. É um bifrontismo que não engana ninguém, que não satisfaz a quem quer que seja e só consegue aumentar o estado de tensão e inquietação sombria em que vivemos desde abril e que pensávamos ter começado a clarear com o esgotamento dos prazos punitivos do famoso Ato Institucional de tenebrosa memória [Lima, 1964c:6].

Neste texto, o que nos idos de abril era denominado *movimento de março* foi citado, em trecho posterior, como *golpe vitorioso*. Algumas vezes utilizado como sinônimo de "revolução", mas esse termo, então, adquiria expressivo tom pejorativo. Aliás, uma forma interessante de observar como se deu a rápida afirmação de uma postura política no sentido da oposição à ditadura, nos textos de Amoroso Lima, é acompanhar a nomenclatura utilizada para definir o regime. Se inicialmente não havia dúvidas quanto à origem *revolucionária* do movimento, sendo os termos *revolução* ou, quando muito, *movimento de 30 de março* os mais utilizados para defini-lo, não tardou para que o primeiro, sobretudo, ganhasse adjetivos: *revolução direitista* (Lima, 1968a:12),[405] ou então *revolução reacionária*

---

405. Artigo publicado em jul. 1964.

(Lima, 1968b).[406] De toda forma, nunca é demais lembrar que, não sendo Amoroso Lima um adepto das *transformações revolucionárias*, nem à direita, tampouco à esquerda, a utilização do termo pressupõe sempre uma crítica subjacente. Já em janeiro de 1965, o que era *movimento de 30 de março* se transformara em *movimento de abril*, *revolução de abril* ou *abrilada*.

Como notou Marcelo Timótheo, o

> complemento cronológico [da expressão Revolução de Abril] aparentemente neutro [...] não apenas negava a sua data oficial (31 de março), como de forma implícita (mas bastante efetiva), associava-o ao início do mês seguinte. Mais exatamente, ao dia 1º de abril, dia da mentira [Costa, 2006:308].

Enfim, em artigo de dezembro de 1965, menos de dois meses após ser baixado o AI-2, Amoroso Lima utilizava a expressão "*ditadura* instalada a 1º de abril" para se referir ao novo regime (Costa, 2006:308, grifo meu).

Observar essas transformações na utilização dos termos é fundamental para compreendermos as metamorfoses sofridas, por esse autor especificamente, no que concerne à sua crítica à ditadura – metamorfose a qual, de resto, e muito mais lentamente, a sociedade acompanharia mais tarde, uma vez que, a partir da redemocratização principalmente, o que era uma *revolução* em 1964 transformou-se, definitivamente, em *ditadura*. Para além disso, gostaria de chamar atenção para um aspecto sobre o qual Pierre Laborie nos convida a refletir. Diz o historiador sobre os anos 1940 na França: devemos prestar atenção às palavras de 1944. Elas designam "modos de presença no mundo" e chamam atenção para "códigos culturais" que caracterizaram determinada época os quais podem ter se tornado completamente estranhos ao tempo presente, ou, ao menos para determinada "história-memória" dominante no tempo presente (Laborie, 2001:23). Para o caso do Brasil, acredito também que devemos refletir a respeito das palavras de 1964, os sentidos que possuíam para as pessoas que as utilizavam então.

Hoje, se pode nos parecer absurda a utilização do termo *revolução* para definir o golpe de Estado que deu origem à ditadura em 1964, para os contemporâneos

---

406. Artigo publicado em jul. 1964.

ao evento não teria a palavra um significado expressivo, que nos diz a respeito dos modos de pensar e estar no mundo das pessoas em uma dada temporalidade? Marcelo Timotheo sublinha, para o caso específico de seu personagem, que a utilização do termo *revolução* "não significava alinhamento com a retórica oficial – antes ao contrário", em artigos posteriores, Amoroso Lima passaria a indicar uma "banalização do termo 'revolução' pela semântica do primarismo ou do oportunismo atual" (Costa, 2006:306).

Acredito que mais que demarcar o sentido supostamente atribuído ao termo *revolução* para se referir ao golpe e à ditadura, seria importante observar a mudança operada no sentido que lhe era atribuído por Amoroso Lima. Os artigos mencionados por Timotheo nos quais seu autor contesta a utilização da palavra *revolução* datam de 1967, momento no qual a ditadura já havia dado claros sinais de endurecimento. Mais que isso, os termos nos quais Amoroso Lima faz sua crítica à utilização da tal palavra demonstram que seu uso era generalizado, para além do discurso oficial, a ponto de o autor falar em *banalização*. Nesse aspecto, sua utilização nos primeiros meses pós-golpe pelo dr. Alceu e a persistência de seu uso pela sociedade – ainda hoje, alguns contemporâneos do golpe se referem a ele pelo nominativo *revolução*, para muito além das casernas – não seriam indicativo de algo mais complexo que o alinhamento ou não com relação ao discurso oficial?

É nesse sentido que Laborie explica a importância de identificar as formas de ser e sentir, de reencontrar as sensibilidades específicas que traduziam os modos de presença ao evento, de desmontar os mecanismos que tiveram importância no quadro das transformações e rupturas (Laborie, 2001:23). Portanto, observar a utilização do termo revolução por segmentos expressivos da sociedade de um modo geral, mais que adesão, indica o prevalecimento de atitudes ambivalentes (Laborie, 2001:23). Ainda mais, expressa, de alguma forma, a adaptação, ainda que para alguns desconcertante – como é o caso do próprio Amoroso Lima –, à conjuntura.

Em seu caso específico, a mudança relativamente rápida na utilização dos termos *revolução* ou *movimento de março* para *golpe*, *ditadura* etc. é bastante representativa dos movimentos de opinião na sociedade. Um movimento, há que se ponderar, que não foi uma *tendência majoritária* da opinião, mas nem por isso menos importante. Ao contrário, analisando de forma retrospectiva, podemos dizer hoje – e mais uma vez de acordo com Laborie –, que tal comportamento *portava em germe* uma atitude que se tornou majoritária, sobretudo à medida que a sociedade incorporou a democracia como valor, a partir da segunda metade da década de 1970.

Assim, na proporção em que a ditadura aumentava a repressão contra os *inimigos do regime*, vemos, da mesma forma, radicalizar-se a oposição de Amoroso Lima. Em 1968, por exemplo, em artigo de abril que posteriormente viria a integrar a coletânea *Em busca da liberdade*, se solidarizava com os estudantes, "de todo o coração", com "a sua mais que legítima revolta contra a violência de que foram e continuam sendo as primeiras vítimas" (Lima, 1974b:61). A constante defesa dos estudantes rendeu muitos comentários por parte de seu *habitual crítico*, Nelson Rodrigues. Em artigo de 1971, sobre o *jovem*, o jornalista dizia:

> Portanto, são os velhos, sacerdotes, psicólogos, professores, artistas, sociólogos, que dão total cobertura à imaturidade [...] o Dr. Alceu. É um sábio católico. Não há dúvida. Ou, pelo menos, muitos acreditam em sua autoridade moral e o leem, como a um santo. Quando o leio, fico imaginando: "Se eu fosse jovem, depois de ler isso, sairia por aí decapitando velhinhas como um Raskolnikov". Até hoje, não sei bem que ideia faz da juventude o nosso Tristão de Athayde [...] Eu sei que o Dr. Alceu, de uns tempos pra cá, tem feito promoção da imaturidade como se esta fosse sabonete ou refrigerante [Rodrigues, 2008c:619-620].[407]

Em outro artigo, Nelson Rodrigues concluía: "O problema do 'Dr. Alceu' é o da repressão. É contra qualquer repressão" (Rodrigues, 2008c:619-620).[408] Referindo-se à liberação do uso de drogas – tema caro ainda hoje ao pensamento conservador –, a frase é muito expressiva e representa muito bem como a *repressão* era aspecto importante da sustentação do regime, não apenas em seu sentido *prático* – da ação repressora/punitiva de manutenção da ordem – mas também como demanda, passível de ser internalizada e incorporada ao universo

---

407. Artigo publicado em 1971.
408. Id.

de referências de determinados setores da sociedade como espelho através do qual podiam se reconhecer.

Com relação ao sesquicentenário, foram inúmeras as ocasiões em que Amoroso Lima se utilizou das comemorações para fundamentar suas críticas ao regime. Da mesma forma que a ditadura o fazia, evocava, naquele ano simbólico, a pátria e seus mártires – com objetivos diferentes, contudo. Dizia ele:

> Mas o que Tiradentes certamente proporia, se pudesse ser consultado lá do empíreo de onde contempla os feitos e os desfeitos dos seus comemoradores, seria a revogação pura e simples de todos os atos políticos em vigor, como o famigerado AI-5, que contradizem formalmente a nossa independência autêntica e coletiva como povo, e constituem obstáculo intransponível para que se comemore o nosso sesquicentenário com algum feito, como seria o de uma larga Anistia política [...] [Lima, 1974c:196].[409]

Na verdade, esse artigo, de fim de março de 1972, foi um dos mais contundentes escritos por Amoroso Lima contra a festa. Diante da intensa propaganda que cercou a abertura das comemorações e da divulgação do cronograma das festas que teriam lugar entre 21 de abril e 7 de setembro, escrevia o *dr. Alceu*:

> Antes de tudo, o exagero do oficialismo. Tudo nele vem de cima, do alto, do Governo, dos planejadores. Nenhuma espontaneidade. Nenhuma participação popular. Nenhum indício dessa unanimidade cívica que se pretende, sem que exista, na realidade presente, essa reconciliação prévia indispensável para que não haja apenas, como vai acontecer, uma cúpula que se enfeita, sem a participação das bases do monumento [Lima, 1974c:194].

É interessante observar como os artigos escritos especificamente sobre as comemorações do sesquicentenário são unânimes na reivindicação de uma *reconciliação nacional*, que deveria vir sob a forma de anistia política. Adiante, quando analisarmos os discursos parlamentares sobre a festa, veremos que alguns deputados retomam os artigos de Amoroso Lima justamente nesse ponto.

---

409. Artigo publicado em 24 mar. 1972.

Tal reivindicação, nesse momento em particular, tem razão de ser. Funda-se, em certo sentido, como veremos, nas promessas do próprio presidente Médici, quando de sua posse, no sentido de redemocratizar o país.

Por ora, todavia, acredito que seja interessante discutir a demanda por *reconciliação nacional* no contexto das comemorações. Ela faz sentido, sobretudo, porque as festas são, por excelência, tempos de *trégua*, de *paz*, de reflexão sobre a *guerra*, o conflito, os problemas que dividem a sociedade. Se pensarmos, sobretudo nas grandes festas católicas – referência central para Amoroso Lima –, o Natal e a Páscoa – marcos fundamentais do calendário cristão – estabelecem, de alguma forma, um *novo começo*, através das metáforas do *nascimento* e da *ressurreição*. Propor *anistia* naquele momento evocava esse sentido das comemorações: rememorar o *nascimento da nação* deveria supor, necessariamente, um novo começo, o qual, para Amoroso Lima, faria sentido se viesse com a *revogação de todos os atos políticos em vigor*, o que possibilitaria a *reconciliação nacional*.

Ora, a questão que se coloca, no entanto, é a seguinte: até que ponto o desejo de *reconciliação nacional* era compartilhado socialmente? Dito do outro modo, no contexto das festas, do *milagre*, sentia a sociedade, de forma expressiva, necessidade de *reconciliação nacional*? Partir de tal pressuposto em um momento no qual importantes segmentos da nação se encontravam em festa colocava em dúvida a questão central que envolvia as comemorações e a própria ditadura naquele contexto de exacerbação das *potencialidades nacionais*, qual seja, a participação popular na festa. O consenso. Como uma sociedade *partida*, que necessita reconciliar-se consigo mesma, pode estar em festa? Nesse sentido, como descreve Amoroso Lima, as comemorações somente poderiam ser mesmo uma emanação oficial, *fria*, uma *cúpula* devidamente adornada sem a *base* para sustentá-la.

Esse discurso, tão bem sintetizado pelo *dr. Alceu*, não foi raro à época. Ao contrário, foi absolutamente comum entre os opositores do regime e refletia muito bem os *movimentos de opinião minoritários*. Representava a forma encontrada pelos segmentos da sociedade que foram perseguidos pelo regime, que se opuseram a ele, que resistiram, de conviver com uma realidade tornada, quando não impossível, extremamente pesada. A negação do consenso como forma de conviver com parcelas da sociedade que deram seu consentimento ao arbítrio, à perseguição. Negava-se aí o apreço pela *ordem*, pelo "oficialismo" exagerado – segundo a expressão de Amoroso Lima – e as euforias que o *milagre* foi capaz de suscitar.

Trata-se de um discurso que, embora minoritário e bem localizado socialmente, tornou-se predominante com o passar dos anos e as batalhas de memória impondo as reconstruções da história. Nesse ponto, *memória* e *opinião* se encontram. Por isso é fundamental compreender os movimentos de opinião em sua especificidade, considerando a *instabilidade* e *incessante adaptação à conjuntura* como características que os definem (Laborie, 1988:104). Do contrário, corre-se o risco de confundir, retrospectivamente, o que era uma *corrente de opinião minoritária*, mas que se tornou gradativamente majoritária com comportamentos que as construções de memória atribuem homogeneamente ao passado.

É importante destacar que a rejeição à ditadura e seu entendimento como algo imposto à sociedade era opinião bem localizada socialmente, entre os grupos de matizes diversas que se opuseram a ela. Aos poucos, a democracia foi ganhando as mentes e os corações, e a ditadura, perdendo sua base social de apoio. Esse é um processo que envolve lentas metamorfoses, que deve passar por uma análise complexa dos comportamentos sociais na vigência do regime, para muito além das simplificações da memória, a qual atribui à sociedade sob a ditadura uma estática divisão entre resistentes e colaboradores.

Além dos artigos de Alceu Amoroso Lima, os discursos proferidos por deputados na Câmara Federal constituem-se também como espaço interessante para observarmos a manifestação de eventuais *vozes dissonantes* contra as comemorações do sesquicentenário da independência. Antes de prosseguir a análise, contudo, é preciso especificar os termos a partir dos quais propus a pesquisa dessas fontes: estabeleci como marcos cronológicos os meses de abril e setembro, meses que definem o início e o encerramento oficial das comemorações. A pesquisa encontrou 37 discursos que mencionavam as festas do sesquicentenário da independência. Destes, apenas cinco se pronunciavam contra as comemorações, ou questionavam determinados aspectos das festas. Todos esses discursos foram proferidos por deputados do Movimento Democrático Brasileiro (MDB), partido oficialmente de oposição. Na realidade, os deputados que expressavam sua opinião contrária às comemorações pertenciam quase invariavelmente ao grupo de parlamentares que ficou conhecido como os *autênticos do MDB*.

Esse grupo constituiu-se após a catastrófica derrota do MDB nas eleições parlamentares de 1970.[410] À crise de 1968 que resultou na outorga do AI-5, seguiu-se uma série de cassações de mandatos que atingiu principalmente a oposição. Então, o MDB teve cerca de 60 de seus 139 deputados cassados (Motta, 1997:134). O período que se abriu pós-1968, como é de se supor, viu a crise se agravar e, nesse sentido, a derrota eleitoral de 1970 foi o principal sintoma. Todavia, foi justamente nesse contexto que foi eleito um grupo de deputados disposto a rever os rumos do partido: "preocupados com o crescente isolamento social da oposição, esses deputados, na maioria experimentando seu primeiro mandato, lançaram-se à tarefa de tornar o MDB mais agressivo" (Motta, 1997:140). Segundo Rodrigo Patto, o nome *autênticos* foi cunhado para marcar uma diferença com relação aos moderados e aos adesistas do partido. Os *autênticos* propunham fazer uma oposição, real, "autêntica", diferente daquela *consentida* que julgavam prevalecer até então (Motta, 1997:140). Foi desse grupo[411] que vieram as manifestações parlamentares que marcaram sua clara divergência com relação às comemorações do sesquicentenário.

De toda forma, nunca é demasiado lembrar que entre os 32 discursos restantes, congratulando-se com o Executivo e com a CEC pelas comemorações que se realizavam, existiam inúmeros deputados do MDB, evidenciando a diversidade de opiniões dentro do *partido de oposição*, mas também como as comemorações do sesquicentenário tiveram o poder de transcender as divergências político-partidárias em nome de um valor superior, a *pátria*, e, nesse sentido, estabelecer profícuo diálogo entre diversos setores da sociedade.

Assim, a primeira manifestação que se verificou na Câmara partiu do deputado Dias Menezes, do MDB de São Paulo. No dia 20 de abril, véspera da grandiosa

---

410. As eleições de 1970 caracterizaram o pior desempenho eleitoral do partido durante toda a sua existência. Em 1966, o partido elegeu 139 deputados federais. Em 1970, esse número caiu para 89, o que representou, então, apenas 21,3% do total de votos, sendo a porcentagem de votos nulos e brancos mais expressiva: 30,3% (cf. Motta, 1997:136-137).

411. Segundo alguns estudos realizados sobre o MDB, o número de deputados que compunha o grupo dos *autênticos* variava em torno de 20 a 22 parlamentares. Em seu depoimento ao Cpdoc/FGV, Fernando Lyra, um dos líderes do grupo, afirmava que 13 deputados constituíam os *autênticos*. Todavia, o grupo contava com apoio de outros parlamentares do partido em votações importantes, ampliando seu raio de atuação conforme a conjuntura política ou a ocorrência de determinados episódios (cf. Costa e Gagliardi, 2006:205).

abertura das comemorações, o deputado lia em plenária um dos artigos de Alceu Amoroso Lima a respeito do início das comemorações. O deputado se limitou a reproduzir as palavras – contundentes – do pensador católico:

> A vinda dos despojos de d. Pedro I está sendo comemorada de maneira errada. O governo desperdiça mais uma oportunidade de devolver a liberdade política ao povo e toda a propaganda que envolve as festividades do sesquicentenário, típica de regimes ditatoriais, contraria o espírito histórico [...] O clima criado para os 150 anos da Independência dá a impressão de que d. Pedro outorgou a liberdade, quando na verdade ela foi conquistada pelo povo [...].[412]

Dessa forma, o deputado reforçava as demandas pela concessão de uma anistia capaz de *reconciliar a nação*, que tanto mobilizou Amoroso Lima em 1972. Recuperava a sugestão do pensador católico no sentido de tomar as comemorações do sesquicentenário como um *recomeço*, um retorno ao passado que deveria ensejar um *novo começo*. Nesse sentido, chamava atenção para um aspecto das rememorações da independência que foi, de certa forma, secundarizado pelas comemorações oficiais: a *liberdade*. Ora, ao escolher d. Pedro I como *herói do sesquicentenário*, a ditadura pretendia festejar menos a *liberdade* e mais a *autoridade*, como valor. Festejava-se a *independência* e não propriamente a *liberdade*. Quando muito, como destaquei no capítulo 2, festejava-se a *liberdade da pátria* no concerto das nações – aspecto em que o *slogan* de acordo com o qual 1822 representava a independência política e 1972 a independência econômica é muito expressivo –, mas não as *liberdades individuais, democráticas*. Por sua vez, era esse o sentido dos protestos de Alceu Amoroso Lima e do deputado Dias Menezes: as *liberdades democráticas*.

Mas o deputado paulista não foi o único emedebista que recorreu aos discursos de Amoroso Lima. Em setembro, os deputados Fernando Lyra e Marcos Freire, ambos do MDB de Pernambuco e importantes lideranças do grupo dos *autênticos*, manifestaram sua frustração diante do fim das comemorações também através das palavras de Amoroso Lima. Assim, no pequeno expediente de 8 de

---

412. *Diário do Congresso Nacional*, p. 442, seção I, 21 abr. 1972.

setembro, Fernando Lyra leu a íntegra do artigo – citado no início deste tópico – "Reconciliação ou decepção", publicado no dia 7 de setembro pelo *Jornal do Brasil*. Nesse discurso, *Tristão de Athayde* enfatizava mais uma vez a *liberdade* em detrimento da *autoridade*, como valor a ser comemorado pelas festas da independência: "É justamente por não vermos essa autoridade firmada na liberdade e sim no arbítrio da força e não na justiça, que hesitamos em face do próprio 7 de setembro do Sesquicentenário".[413]

Já no fim do mês, o deputado Marcos Freire, por sua vez, retomava Amoroso Lima para externar seu protesto e sua demanda por anistia. Dizia o deputado:

> a nação toda preparou-se para comemorar festivamente o Sesquicentenário da nossa Independência política. Armou-se mesmo uma estrutura publicitária condizente aos sentimentos de confraternização. Infelizmente, a data de Sete de Setembro, cognominada de Dia do Amor e da Paz, passou em brancas nuvens, sem que houvesse por parte do Governo federal um gesto de grandeza que nos levasse à aspirada conciliação nacional.[414]

E então, partia para a leitura de Amoroso Lima:

> No dia 7 de setembro de 1972 não pensei, nem nos mortos, nem nos presentes. Nem nos mártires de nossa Independência, de Bequimão a Tiradentes. Nem nos seus próceres imediatos [...]. Muito menos em todos os presentes aos desfiles militares, espetáculos de som e luz, inaugurações diversas [...]. Nesse dia, só pensei nos ausentes. Perambulou meu pensamento por três continentes. Pousou em Paris, em Londres, em Argel, em Santiago do Chile, no rio da Prata, em Nova Iorque ou México. Em todos os lugares conhecidos ou desconhecidos, por onde ainda peregrina, ganhando como pode o duro pão do exílio, a nossa *diáspora* política. Tive por um momento, a inocência de julgar possível, e mesmo altamente favorável ao crédito das autoridades públicas e do movimento desenvolvimentista vigente, a volta dos emigrados.

---

413. *Diário do Congresso Nacional*, p. 3343 seção I, 9 set. 1972.
414. *Diário do Congresso Nacional*, p. 3806, seção I, 26 set. 1972.

Como também a abertura das prisões políticas e o encerramento dos processos que se eternizam na morosidade dos trâmites burocráticos.[415]

A rigor, não se pode deixar de notar que, ao contrário do que afirmava Amoroso Lima, as expectativas – ou antes, as *cobranças* – no sentido de uma abertura política não eram *inocentes*, ingênuas. Ao contrário, possuíam fundamentos concretos. Veja-se, por exemplo, o discurso do deputado Fernando Lyra na sessão de 18 de setembro em que o parlamentar relembrava as palavras do presidente Médici quando de sua posse:

> Toda a imprensa, jornais, rádios e televisão, assinalam o evento com uma frequência contínua – 1822-1972, 150 anos. [...] Conferências, encontros, desfiles, missas, campeonatos, programas de TV, todos homenageiam os nossos heróis. [...] O regime consolidado. Os atos *terroristas* anulados, as loas ao milagre brasileiro sempre entoadas, o partido que apoia o governo supermajoritário. Então, o que esperar? Um grande gesto de pacificação nacional, com a abertura política. [...] Surge, então, o primeiro fato comprometedor da esperada abertura política: o governo envia ao Congresso a Emenda Constitucional número 2, [...] prorrogando as eleições diretas de governadores para 1978. E recorda-se nestes instantes as promessas de institucionalização do País. E as palavras do Presidente Médici são lembradas: "Homem da lei, sinto que a plenitude democrática é uma aspiração nacional".[416]

Interessante notar, a partir da fala do deputado Fernando Lyra, que, da mesma forma como acontece com o termo revolução – para o qual chamei atenção anteriormente, utilizado inclusive por opositores do regime para designar o movimento que deu origem ao golpe civil-militar de 1964 –, é preciso enfatizar a utilização do termo terrorista, também pela oposição, para se referir aos militantes dos grupos de esquerda que aderiram à luta armada contra a ditadura. O mesmo acontece com outros termos como subversão/subversivo. Ao que parece, o vocabulário próprio do regime – alguns termos próprios da repressão

---

415. *Diário do Congresso Nacional*, p. 3807, seção I, 26 set. 1972, grifo no original.
416. *Diário do Congresso Nacional*, p. 3616, seção I, 19 set. 1972, grifo meu.

– foi amplamente internalizado por extensos segmentos da sociedade, não apenas entre os partidários do regime.

Mas, sobre as perspectivas de abertura, é preciso destacar que, desde meados do governo Médici, ganhavam força as negociações no sentido da realização de uma abertura política no fim de seu mandato (Silva, 2007:258-259). Uma vez que se consolidava a sensação de que *a casa estava em ordem*, por que não cogitar um processo de abertura? Não somente dentro da oposição, como também entre os próprios militares. Assim, a ideia segundo a qual o fim do mandato de Médici seria o melhor momento para dar início a um projeto de abertura política era partilhada entre setores da oposição e do próprio governo. Mais tarde, a memória militar diria mesmo que o próprio Médici concordava ser esse o melhor momento.[417]

Desse ponto de vista, não havia melhor tempo para *abrir*: a sociedade estava *de bem* com sua ditadura. Seus ditadores poderiam voltar aos quartéis com a sensação do dever cumprido. Neste contexto, manifestava-se o deputado Marcos Freire, em agosto de 1972:

> no alvorecer deste ano de 1972, na cidade do Rio de Janeiro, em conversa com a imprensa brasileira, tive a oportunidade de expor minha ideia de que o Governo poderia, neste ano, aproveitando o clima de confraternização que se estava criando em face das comemorações do Sesquicentenário, dotar a Nação de uma nova Carta Constitucional. Aproveitaríamos, portanto, esse ensejo para desarmar os espíritos, aproveitaríamos essas comemorações para unir a família brasileira.[418]

No entanto, não foi o que se verificou. Ao contrário, naquele momento o que os parlamentares do MDB observavam e denunciavam era a manutenção de prerrogativas – ou a criação de outras – no sentido de manter o regime fechado, como foi o caso da prorrogação das eleições diretas para governador para 1978 ou do discurso do presidente Médici citado em sua fala do mesmo dia pelo deputado Marcos Freire:

---

417. Cf. Depoimento do general Roberto França Domingues apud Silva (2007:259).
418. *Diário do Congresso Nacional*, p. 2582, seção I, 11 ago. 1972.

Sonhei [com a possibilidade de distensão política]. Mas se ainda estivesse a sonhar, teria acordado quando do último pronunciamento do Sr. Presidente da República, em que S. Ex., ao inaugurar a nova sede do Palácio da Justiça diz enfática e peremptoriamente que não abrirá mão dos poderes outorgados, dos poderes de exceção que detém.[419]

Assim, se entre a *autêntica* oposição ao governo e algumas vozes da intelectualidade, como a de Amoroso Lima, o sucesso das festas – o momento de confraternização inerente às datas comemorativas – deveria servir para inspirar a abertura política, sentido do *verdadeiro sesquicentenário*, para usar a enfática expressão do pensador católico, o mesmo não pensavam as lideranças da ditadura. Como indica a menção do deputado ao discurso de Médici, a festa serviu, antes de tudo, para confirmar a popularidade da ditadura e de seu ditador.

Ficou famosa uma frase de Médici, à época em que as obras da ponte Rio-Niterói começaram a se arrastar. Nesta ocasião ele teria chamado o ministro Mario Andreazza e proposto "desapropriar a obra, formar uma empresa e terminá-la", o próprio governo. Indagado pelo ministro se poderiam tomar tal atitude, Médici teria respondido: "Eu posso. Eu tenho o AI-5 na mão e, com ele, posso tudo. Se eu não posso, mais ninguém pode.[420]

A frase é muito expressiva. Demonstra, antes de tudo, a centralidade do AI-5 e de outros atos autoritários de mesmo teor para viabilizar o *milagre*. Dito de outra forma, demonstra a importância dos mecanismos de exceção para a construção do *Brasil potência*, ideia-chave para compreender a formação do consenso em torno do governo Médici. Mais que isso, tais mecanismos compunham o quadro de *estabilidade* e *ordem* que caracterizou, para muitos, esse período da ditadura. Coerção e consentimento, mais que os *dois lados da mesma moeda*, compunham, nesse aspecto, elementos de uma mesma paisagem que fizeram do sesquicentenário e do governo Médici, para muitos, um grande sucesso. Por que, então, abrir mão de um dos aspectos mais importantes que compunham tal paisagem? Assim, pelo menos em 1972, a abertura não viria. E não veio também em 1973-74.

---

419. Ibid.
420. "A morte de um símbolo". *Veja*, São Paulo, p. 37, 16 out. 1985.

Os inconfidentes: o herói *subversivo* também foi ao cinema

No capítulo 5, analisei o filme *Independência ou morte*, de Carlos Coimbra, seu registro *colorido* e vibrante do processo de independência brasileira e da vida de d. Pedro I, o *herói* que a ditadura tomava como *seu* em 1972. Todavia, nem tudo era festa em 1972. Muito ao contrário, se a ditadura podia se mostrar *bela* e nobre, como o príncipe de *Independência ou morte*, ela também tinha sua *feiura*, seu lado *sujo*. Os *anos de ouro*, que mostravam toda a sua força e beleza no filme de Carlos Coimbra, foram também, e para muitos, *anos de chumbo*: prisões, torturas, mortes, suicídios, intolerâncias, derrotas, *inconfidências*. É desse outro lado da *mesma* moeda que trata o filme *Os inconfidentes*, de Joaquim Pedro de Andrade.

Lançado em 10 de maio, pouco depois do dia de Tiradentes, baseado nos Autos da Devassa, narrava a história da conspiração de 1788 com base nos depoimentos de Tiradentes e dos demais inconfidentes, além da poesia dos árcades e do Romanceiro da inconfidência, de Cecília Meireles. "A conspiração aparece reconstituída a partir da cadeia" e vai se transformando num "inventário de culpas".[421] Somente Tiradentes resiste às sessões de interrogatório; os demais vão sucumbindo um a um, acusando-se mutuamente. Joaquim Pedro usava a Inconfidência Mineira para tratar de assuntos como tortura, prisão política e revolução. A inconfidência como metáfora da revolução fracassada; os militantes dos grupos armados de esquerda falando pelas palavras dos inconfidentes; o século XVIII como espaço cronológico para tratar de assuntos tão caros ao século XX.

No filme, Tiradentes é o que "rompe o exclusivismo elitista do grupo e espalha a semente da *subversão*".[422] É o impaciente, que deseja a revolução a todo custo e é por isso rejeitado pelos companheiros que o tacham de *fanático*. À margem, o herói de uma conjuração frustrada, devotado, bem-intencionado.

O roteiro de Joaquim Pedro de Andrade mostrava uma dura reflexão sobre a história do Brasil, mas sobretudo sobre seu próprio tempo. Destoava gritantemente do tom comemorativo que marcou o ano de 1972. O filme, à exceção de

---

421. Cf. Fundação Nacional de Arte (Funarte). Rio de Janeiro. Dossiê Joaquim Pedro de Andrade. "O diretor fala do filme". *Os inconfidentes* – a história de *Tiradentes* que os livros *não contam*. Mimeo, p. 4, grifos no original.
422. Ibid., p. 1.

Tiradentes, trata de heróis fracos, covardes, da falência do projeto da revolução e de um herói que, condenado, morre sozinho pela defesa de seus ideais. *Os inconfidentes* é o *outro lado da moeda* que ficou tão pouco evidente se pensarmos no delírio comemorativo que marcou o ano do sesquicentenário. Ainda assim, é preciso ter cuidado para não reduzi-lo a uma mera manifestação de *resistência*. Mais que isso, o filme propunha uma discussão dos impasses aos quais haviam chegado as esquerdas brasileiras naquele momento, sobretudo a esquerda armada. A partir do fracasso da Inconfidência Mineira, questionava-se por que a revolução nos anos 1960-1970 também não havia saído do papel.

Não se tratava, contudo, de um protesto direto contra as festas do sesquicentenário. Mesmo porque o filme começou a ser pensado muito antes e foi lançado quando a CEC apenas dava início às comemorações. Em 1970, Joaquim Pedro de Andrade já falava de um projeto para um filme sobre a Inconfidência Mineira (Ramos, 2002:58). Logo em seguida, com apoio da TV italiana RAI, que na época promovia o programa *A América Latina Vista por seus Diretores*, o cineasta fez *Os inconfidentes*, exibido na Itália sob o titulo de *La Conjura*.[423] A crítica italiana, aliás, recebeu muito bem a obra, considerando-a "um exemplo da maturidade e convicção com que se faz um filme".[424]

Antes, no entanto, ainda em 1966, Joaquim Pedro teve uma curta experiência na prisão que o teria marcado profundamente: foi preso junto com Glauber Rocha, Mário Carneiro, Antônio Callado, Flávio Rangel, Márcio Moreira Alves, Carlos Heitor Cony e o embaixador Jaime Rodrigues quando abriram uma faixa – "*Abaixo a ditadura*" – em frente ao hotel Glória, no Rio de Janeiro, durante uma conferência da Organização dos Estados Americanos (OEA), diante da figura do então presidente, marechal Castello Branco.

A ideia de filmar *Os inconfidentes* teria surgido anos mais tarde, em virtude dessa experiência: "Foram liberados os Autos da Inconfidência, um calhamaço fantástico com os depoimentos dos presos, arrancados sob tortura... me lembrou a nossa experiência na prisão. Acho que vou fazer um filme sobre isso". Assim teria dito Joaquim Pedro de Andrade a Mário Carneiro (Bentes, 1996:65). Não

---

423. Fundação Nacional de Artes (Funarte). Dossiê Joaquim Pedro de Andrade. Recorte de jornal: "Crítica italiana aplaude película de Joaquim Pedro". *Jornal do Brasil*, [s.d.].
424. Ibid.

que os "oito do Glória" – como os chamou Glauber Rocha – tivessem sido torturados durante a prisão, mas a experiência foi marcante. Para além de sua experiência pessoal, Joaquim Pedro se dizia

> muito impressionado com aquelas pessoas [os presos políticos], pareciam zumbis, que apareciam na televisão para renegar seus ideais. A tortura tinha quebrado a moral desses caras. O tema do filme era esse desbunde diante da ameaça de morte e a luta para prorrogar a mísera vida, que seria mísera mesmo, depois de um episódio desses [Bentes, 1996:109].

Aí, a associação entre os presos políticos do século XVIII e os do século XX. O fracasso da conspiração setecentista e também o da revolução dos anos 1960-1970. Sob essas impressões é que *Os inconfidentes* foi realizado. Usava a inconfidência para tratar de assuntos como tortura, prisão política e revolução – ou, antes, da impossibilidade de se fazer a revolução –, do trágico destino que tiveram aqueles que ousaram tentar romper com a ordem estabelecida. A ação do filme se passava a maior parte do tempo na cadeia. Os *inconfidentes/revolucionários* sucumbiam um a um, de maneira infame e degradante diante da prisão, diante da tortura: "Que o remorso me persiga ou devo preferir a brasa, a roda, o repuxão dos cavalos? Eu sei como se castiga. Direi o quanto me ordenarem, o que sei e o que não sei. Depois peço perdão, esqueço" (Bentes, 1996:109), dizia o poeta Alvarenga Peixoto (Paulo César Pereio) à sua mulher (Teresa Medina).

O aparente pessimismo do cineasta diante da miséria da prisão e do que se tornou a vida daqueles homens desaparecia na figura de Tiradentes. O mesmo Joaquim Pedro de Andrade que em 1969 filmou *Macunaíma* – "a história de um brasileiro que foi comido pelo Brasil", o *herói sem nenhum caráter*, o anti-herói – mostrava ao público brasileiro, em 1972, o herói máximo da nação, "o anti--Macunaíma [...] o herói com caráter, o sacrificado, o esquartejado". Enquanto os demais inconfidentes eram fracos, "a única figura intocada é o Tiradentes de José Wilker" (Bentes, 1996:110). Tiradentes é quem redime os demais inconfidentes, é aquele que não renega seus ideais, que não *desbunda* diante da ameaça de morte. É o *autêntico revolucionário*.

É importante destacar que a abordagem "revolucionária" e *positiva* da imagem de Tiradentes não é algo raro nas representações da esquerda. A imagem de um *Tiradentes intocado*, como disse Ivana Bentes a respeito do filme de Joaquim Pedro de Andrade, não é única entre as esquerdas do período. Para ficarmos com um exemplo das décadas de 1960-1970, basta lembrar o espetáculo teatral *Arena conta Tiradentes* (1967), de Augusto Boal e Gianfrancesco Guarnieri. Augusto Boal, por exemplo, era categórico ao afirmar que "não se deve pensar em Tiradentes como mártir da Independência, mas como um homem revolucionário, 'transformador de sua realidade'" (Boal e Guarnieri, 1967:39 apud Carvalho, 2007:6). *Arena conta Tiradentes* seria o ápice de um processo de autocrítica iniciado pelo teatro de arena ainda em 1966 com a encenação de *Arena conta Zumbi* e que evidenciaria a aproximação do grupo com as propostas de enfrentamento armado à ditadura (Ridenti, 2000:156-157). Por isso a crença nesse herói *transformador da realidade* que, mais que um herói, encarnava a "proposta de um 'revolucionário ideal'" (Goldfeder, 1977:37-39 apud Oliveira, 2003:111).

Para Gilda de Mello e Souza, o Tiradentes de *Os inconfidentes* guarda muitas semelhanças com o do espetáculo teatral, retomando, dessa forma, o *lugar-comum* das representações de Tiradentes entre as esquerdas dos anos 1960. De acordo com a filósofa, o ponto no qual o filme se assemelha à peça diz respeito sobretudo ao tratamento dado pelo cineasta ao poeta Tomás Antonio Gonzaga:

> Ao se desinteressar do comportamento irrepreensível de Gonzaga nos interrogatórios, para louvar apenas a coragem admirável de Tiradentes na tortura, o cinema aderiu, como o teatro já havia feito, à visão *obreirista* dos acontecimentos. Era uma perspectiva possível, mas extremamente partidária. Não parecia condizer com o temperamento cético e racional de Joaquim Pedro [...] [Souza, 1972:231, grifo no original].

De fato, a figura do Tiradentes conservava-se *intocada* no filme de Joaquim Pedro de Andrade, indicando talvez a permanência da *fé* no *homem do povo*, que aparece com grande força em *Arena conta Tiradentes*. Essencialmente, o que difere o filme da peça são os contextos que os cercavam: se em 1967 o teatro de arena tomava para si a missão de *ganhar* seu público para a causa da luta armada, em 1972 – ou 1970, quando o projeto de *Os inconfidentes* começou a ser executado – os diversos grupos guerrilheiros espalhados pelo Brasil já haviam sido derrotados.[425] A realidade que Boal e Guarnieri pretendiam ver revolucionadas em 1967 era outra, completamente diferente daquela que Joaquim Pedro de Andrade vislumbrava. Em 1972, a revolução havia sido derrotada. Tiradentes estava, de fato, morto, e a *conjura/revolução* não havia saído do papel. O filme de Joaquim Pedro tratava justamente dessa derrota e do papel do intelectual diante dela. Louvava o comportamento do *plebeu* Tiradentes e questionava o papel dos poetas/intelectuais.

O filme de fato pretendia tratar das questões de seu tempo. Polêmico, propunha falar aos intelectuais representados no filme – divididos ali entre *falsos* e *verdadeiros* revolucionários –, queria agredir. E o fazia. Já na abertura, o título surgia aos poucos, como vindo de dentro de um pedaço de carne sangrando, em putrefação, rodeado por moscas. Na cena final, do enforcamento de Tiradentes, enquanto o carrasco puxava a corda, ouviam-se aplausos – o público aplaudindo o enforcamento do *herói/revolucionário*. Mas aí, o cineasta corta para outro plano e joga com as possibilidades: os aplausos vêm de colegiais que assistiam, em 1971, à encenação do enforcamento nas comemorações do 21 de abril em Ouro Preto. Mas afinal, em 1971 o público aplaudia somente a encenação? O sacrifício do herói pela liberdade do povo? Ou continuava valendo a afirmativa – *o público aplaudia o enforcamento do revolucionário*? Em seguida, passamos a assistir às cenas da comemoração oficial. O *revolucionário* apropriado como *herói* pelo presente. O Estado que torturava, prendia e matava, celebrando o Tiradentes, "que morreu pela *liberdade* desta terra", dizia o discurso oficial.

As cenas da festa de 1971 são entrecortadas pela imagem daquele mesmo pedaço de carne sangrenta, envolvido pelas moscas, mas que agora era também batido, esmurrado, cortado na tela. Ivana Bentes, em seu livro sobre a obra do cineasta, escreve a respeito dessas cenas finais: "Joaquim Pedro de Andrade ironiza esta 'aula de civismo e amor à Pátria'" (Bentes, 1996:112). Ali, muito mais que ironia, a associação latente entre o poder, a *mise-en-scène* oficial e a violência praticada pelo próprio poder.

---

425. Exceção feita à guerrilha comandada pelo PCdoB na região do Araguaia.

Na sinopse do filme, o diretor afirma que o que lhe interessa é o "estudo do comportamento de presos políticos, especialmente de formação burguesa, submetidos ao terror da repressão com poder absoluto".[426] E, descrevendo o desenrolar da história: "A repressão se abate cruel e concreta sobre os sonhos dos inconfidentes. São três longos anos de prisão incomunicável, de interrogatórios, ameaças e horrores que torcem as ideias, o caráter e a memória dos presos (século dezoito ou século vinte no Brasil?)".[427] Pergunta o cineasta entre "parênteses" evidentes, que saltam aos olhos.

Mais que falar de seu tempo, Joaquim Pedro falava aos seus pares, aos intelectuais de origem burguesa e de esquerda. De acordo com Jean-Claude Bernardet, o golpe de 1964 mudou, de maneira geral, a temática do Cinema Novo, que deixava de ser popular, rural, nordestina. A preocupação dos cineastas se voltava para uma tentativa de compreender seu próprio papel – eram mesmo revolucionários? Para Bernardet, *Os inconfidentes* é o ápice desse tipo de questionamento.[428] E podemos ainda ir mais longe: se eram mesmo revolucionários, como a esquerda pudera ser derrotada em 1964? Uma derrota, que como ficava evidente nesse filme de 1972, só fazia ser aprofundada. O intelectual diante da derrota. Aqui, é interessante observar o relato de Sarah de Castro Barbosa, primeira mulher de Joaquim Pedro de Andrade, sobre as impressões do casal diante do golpe:

> Eu dizia pro Joaquim, o Brasil inteiro vai parar. Nenhum operário vai aparecer na obra. E quando saímos ficamos chocados com a "normalidade" das coisas. Não havia indício de nada. As pessoas continuavam levando a vida da véspera. Fomos à UNE, vimos gente festejando o golpe na praia. Os operários vieram trabalhar. Que ilusão, a nossa! [Bentes, 1996:61].

O intelectual diante não apenas da derrota, mas também diante da hipótese – que aos poucos se tornava certeza – de que *o povo* não compartilhava dos seus

---

426. Fundação Nacional de Arte (Funarte). Rio de Janeiro. Dossiê Joaquim Pedro de Andrade. "O diretor fala do filme". *Os inconfidentes* – a história de *Tiradentes* que os livros *não contam*. Mimeo, p. 2, grifos no original.
427. Ibid., p. 1.
428. Entrevista concedida por Jean-Claude Bernardet a Alice de Andrade que integra a edição restaurada em DVD do filme *Os inconfidentes*.

ideais. *Os inconfidentes* é um filme sobre o aprofundamento dessa derrota. Nele, *o povo*, que Joaquim Pedro esperava ver mobilizado em 1964, já não aparecia mais. Em 1972, *o povo* estava "em outra", comemorando os 150 anos da independência do país, comemorando seu *milagre*, embora isso não esteja no filme. E, no entanto, ali, o culto ao povo continua, tanto que Tiradentes, representado como *homem do povo*, é o único que resiste.

De toda forma, diante da derrota, o filme se dirigia aos intelectuais, em linguagem de intelectuais. Questionava-os sobre seus papéis. Seriam todos *Claudios Manoéis da Costa, Alvarengas Peixotos, Tomás Antonios Gonzagas?* Seriam todos *falsos revolucionários*, capazes de negar seus ideais diante da ameaça de morte? Seria legítimo, ou ao menos humano, fazê-lo diante da morte? Ou deveriam ser como Tiradentes? *Autênticos revolucionários*, capazes do sacrifício máximo? Uma vez derrotada a revolução, morreriam dignamente ou *desbundariam*? Eram esses os questionamentos do filme, os quais, para se mostrar com a força que de fato possuíam, procediam a uma espécie de bipolarização dos personagens. Os poetas eram representados, segundo Alcides Freire Ramos, a partir de três características principais: eram homens eminentemente voltados para as ideias, que mantinham determinado afastamento com relação às camadas sociais oprimidas e cuja superficialidade era o traço mais marcante de seu discurso (Ramos, 2002:150). Eram, em suma, *homens da palavra*, enquanto Tiradentes era o *homem de ação*.

Essa polaridade, de forma alguma estranha às discussões que mobilizavam as esquerdas da época, constituía o cerne do debate proposto em *Os inconfidentes* e, ao mesmo tempo, a causa própria da derrota. Como interpretou, na época, o crítico italiano Ugo Buzzolan, o filme ressaltava que "quem vive falando de revolução, mas vive como burguês não tem convicção de nada e explora os que verdadeiramente sofrem as injustiças".[429] Uma discussão, de fato, muito mais à moda dos anos 1960-1970 do que propriamente do século XVIII. E para se chegar a ela, de acordo com Gilda de Mello e Souza, os roteiristas do filme apagaram "a resistência inabalável de Gonzaga diante dos inquiridores durante

---

429. Fundação Nacional de Artes (Funarte). Dossiê Joaquim Pedro de Andrade. Recorte de jornal: "Crítica italiana aplaude película de Joaquim Pedro". *Jornal do Brasil*, [s.d.].

o ano e meio que durou o processo", a qual representava "a crença no poder da inteligência e na força invencível das palavras" (Souza, 1972:231).

Ainda assim, um filme duro, que mostrava sem meios-tons a força da repressão, a barbárie da prisão e da tortura, os conspiradores sucumbindo um a um, o poder absoluto do Estado. Impossível alegar que a tortura e a barbárie estavam nos *porões*. Joaquim Pedro traz para o pátio da cadeia a rainha, Maria I, em pessoa para dar a sentença a cada um dos condenados, que se apresentavam maltrapilhos, famintos, machucados. Visivelmente *torturados*. Não há *porões*, o Estado está ali, dentro da cela, é ele quem dita as sentenças.

Mas, apesar disso, *Os inconfidentes* não escapou, de certa forma, ao *delírio comemorativo* de 1972. No dia 12 de abril, em meio às expectativas do início das comemorações do sesquicentenário, o censor Sebastião Minas Brasil Coelho, do Serviço de Censura de Diversões Públicas, emitia o seguinte parecer sobre a classificação etária para o filme:

> Do ponto de vista plástico, a fita apresenta algumas cenas que em outras situações poderiam ser consideradas na fixação da classificação etária. Todavia, em vista de tratar-se de uma obra que enfoca a história do protomártir de nossa independência, creio que as cenas acima mencionadas seriam até necessárias, principalmente para incutir no adolescente e na juventude de modo geral, o sacrifício de um punhado de homens, capazes de tudo para a nossa liberdade, não hesitando mesmo em sacrificar o seu bem mais precioso que é a vida, exemplo dignificante a serem seguidos [*sic*] por todos.[430]

Um filme sobre a *Inconfidência Mineira* que, de alguma forma, resgatava a figura heroica do Tiradentes, naquele momento em que a nação se preparava para rememorar os eventos da independência, não podia ser de todo malvindo. E sob esse aspecto o censor pôde se sentir à vontade para encaixar o filme na classificação etária "Livre", concluindo pela contribuição *cívica* que ele poderia prestar à formação dos jovens, ensinando o valor do sacrifício pela *pátria*, tra-

---

430. Parecer do Serviço de Censura de Diversões Públicas favorável à liberação do filme *Os inconfidentes*. Projeto Memória da Censura no Cinema Brasileiro – 1964-1988. Disponível em: <www.memoriacinebr.com.br>. Acesso em: 26 out. 2009.

duzido em *exemplo dignificante* a ser seguido. Chama atenção o fato de que, na sequência, o censor fez uma interessante observação que justificava sua opção pela liberação do filme para todas as idades. Segundo ele:

> Assim como os filmes que enfocam a vida de Cristo, onde este é sacrificado e martirizado, inclusive crucificado, são liberados sem nenhuma restrição etária, ao nosso ver a presente obra, [embora] não se trate de cunho religioso, [mas sim] dos heróis da nossa história, responsáveis pela nossa liberdade e soberania e que ao nosso ver, data vênia, merece um tratamento semelhante.[431]

A semelhança entre o martírio de Cristo e Tiradentes é, como já mencionamos, um elemento crucial que faz com que o mito em torno do alferes tenha forte aceitação social (Carvalho, 1990), sobretudo entre as camadas mais conservadoras da sociedade. Mas não somente entre elas. No próprio filme, na cena em que o carrasco vai buscar Tiradentes para levá-lo à forca, o alferes vira-se para seu algoz e diz ironicamente: "Não, amigo. Eu é que devo te beijar os pés e as mãos". E após, despindo-se, completou: "Cristo também morreu nu". Ou seja, se as esquerdas, ainda que por caminhos diferentes, comparavam também o martírio de Tiradentes ao de Jesus Cristo, ambas – esquerdas e direitas – encontravam nesse ponto um elemento comum, a partir do qual podiam reconhecer-se.

Outro aspecto que pôde facilitar a aceitação e, em certa medida, a incorporação do filme por órgãos do governo e – por que não? – por determinados segmentos da sociedade, é o fato de que, por certa perspectiva, ele recuperava a visão oficial dos eventos de 1789. Para Gilda de Mello e Souza, a partir da suposta oposição entre os (maus) valores e atitudes da intelectualidade *versus* os (bons) valores e as atitudes do *homem de ação* – representado por Joaquim José –, o filme retornava à visão tradicional/romântica da história. De acordo com a autora, "de certo modo, a valorização irrestrita do Alferes, significava um retorno à interpretação oficial da Inconfidência e ao conceito estereotipado de heroísmo, que, no início, o diretor parece ter querido evitar" (Souza, 1972).

---

431. Parecer do Serviço de Censura de Diversões Públicas favorável à liberação do filme *Os inconfidentes*. Arquivo Nacional de Brasília.

Tal supervalorização do Tiradentes não é, portanto, de forma alguma, estranha aos segmentos mais conservadores da sociedade, tão apegados à história oficial. Não podemos esquecer, por exemplo, que as próprias comemorações do sesquicentenário foram organizadas em grande parte pelo IHGB, apreciador de uma concepção de história bastante tradicionalista que valorizava os grandes homens e os grandes acontecimentos. Nesse sentido, os técnicos de censura e o público que assistiram ao filme nos cinemas, e logo em seguida na Rede Globo,[432] ainda em junho de 1972, puderam reconhecer naquela *supervalorização* do Tiradentes elementos da história oficial, tão cara ao regime e que também não era de forma alguma estranha a esses segmentos sociais.

Assim, outros pareceres endossavam aquele que atribuía ao filme a classificação etária "Livre". Alguns, porém, preferiram enquadrá-lo como proibido para menores de 10 anos, chancela com a qual o filme acabou saindo. O parecer do técnico de censura Tabajara Fabiano de Santana Ramos, emitido em 28 de fevereiro de 1972 concedendo ao filme o certificado de "Livre para exportação", classificava o filme como proibido para menores de 18 anos. Não obstante, aquele era um caso à parte, já que Joaquim Pedro de Andrade solicitou ao serviço de censura que antecipasse a análise sobre a liberação do filme para exportação, na medida em que o filme já havia sido vendido à TV italiana. Assim, os censores realizaram uma primeira análise do filme sem que ele contivesse ainda a trilha sonora. O certificado foi concedido, ficando o filme sujeito a uma segunda avaliação para liberação no Brasil após ser acrescentada a trilha sonora. Já nesse primeiro parecer, o técnico de censura reconhecia na película aspectos positivos da nossa história, que deveriam ser vistos e apreciados pelo público:

> transmite, sem nenhum "chauvinismo" e sectarismo, o "modus vivendi" de então, onde não falta o amor à Pátria (civismo) e o lirismo de Gonzaga, fechando o filme com o romper de "uma música forte, de exaltação cívica, que acompanha cenas modernas de atualidades tomadas no dia 21 de abril (1971) em Ouro Preto mostrando cerimônias oficiais em que Tiradentes é venerado como herói Nacional".[433]

---

432. O filme foi exibido na Rede Globo ainda no final de junho de 1972, ou seja, menos de dois meses após a estreia nos cinemas.
433. Parecer do Serviço de Censura de Diversões Públicas. Projeto Memória da Censura no Cinema Brasileiro – 1964-1988. Disponível em: <www.memoriacinebr.com.br>. Acesso em: 26 out. 2009.

No segundo parecer, com data de 12 de abril, o mesmo censor explicava:

> Quando li o "script" do filme para ser gravado na Itália, apontei a impropriedade de 18 (dezoito) anos porque à página 41 do script consta: "sequência 30 – noite de núpcias – um grande leito nupcial, Gonzaga e Marília *seminus...*", que não aparece no filme. Mas há suicídio, o esquartejamento do protomártir de nossa independência [...], a sordidez do ambiente de prisões; donde a minha sugestão de que o filme seja liberado com a impropriedade até 10 (dez) anos, deixando positivado o meu conceituamento de tratar-se de uma produção enaltecedora de nossos valores históricos.[434]

Interessante observar que a cena que realmente incomodou o censor na primeira leitura e fez com que o filme fosse enquadrado por ele na classificação etária de 18 anos dizia respeito a *aspectos morais*: a noite de núpcias entre Marília e Gonzaga, que os mostrava seminus. No mais, conquanto em geral o filme contivesse muitas cenas duras, fortes e mesmo "sórdidas", o filme merecia, no máximo, a proibição para menores de 10 anos; afinal, como fez questão de destacar o técnico de censura, tratava-se de obra "enaltecedora dos nossos valores históricos".

Curiosamente, 10 anos foi a mesma classificação com a qual saiu *Independência ou morte*, filme que se tornou uma espécie de *anti-inconfidentes*, apontado e reconhecido como *colaboracionista*. E, a rigor, não há grandes diferenças no tom do parecer do censor do filme de Carlos Coimbra com relação ao de Joaquim Pedro. Talvez apenas um pouco mais de entusiasmo pelo primeiro:

> Trata-se de um filme excelente sobre a vida de d. Pedro I, seus amores, sua política, sua corte, seus triunfos e seus fracassos como homem e Imperador. [...] Filme de ótima qualidade, digno do povo e de suas tradições, em face do equilíbrio, bom senso e fidelidade ao enfocar os personagens e a ambiência históricas, no Brasil, de 1816 a 1831. Pelo exposto, sugerimos a liberação do filme em pauta – Independência ou Morte – para maiores de 10 (DEZ) ANOS sem qualquer restrição [Martins, 2009:91].

---

434. Parecer do Serviço de Censura de Diversões Públicas favorável à liberação do filme *Os inconfidentes*. Arquivo Nacional de Brasília, 12 abr. 1972, grifo no original.

É importante perceber os pareceres dos censores como lugares privilegiados para observarmos os movimentos de certa *opinião popular*,[435] comumente difusa entre segmentos mais conservadores da sociedade. Alguns elementos que compõem os pareceres – o sacrifício e o amor à pátria, o *civismo*, a exaltação do passado (da história pátria) são componentes fundamentais de certa cultura política brasileira, característica, por exemplo, de vastos segmentos sociais responsáveis pelo sucesso do golpe em 1964,[436] pela sustentação da ditadura e, mais particularmente, pelo sucesso das comemorações do sesquicentenário em 1972.

É preciso, então, olhar para a censura e para os censores com outros olhos e compreender que "é do pacto entre governo e sociedade que a necessidade e materialidade desse defensor se concretiza" (Kushnir, 2004:156). É preciso, como analisa Beatriz Kushnir, entender a censura a partir desses dois *polos*, já que somente foi possível que ela tivesse existido na medida em que houve uma *demanda* ou ao menos o *consentimento* nesse sentido. É preciso buscar na prática da censura não apenas o Estado repressor, mas também o outro *polo*, a sociedade que consentia, tácita ou explicitamente. O censor, o funcionário público, não é uma *entidade* à parte – *a censura* –, não está descolado da sociedade. É parte e produto dela, podendo expressar, sob vários aspectos, a *opinião* dos setores mais conservadores da sociedade, dessas muitas pessoas que acreditavam nos efeitos benéficos da atividade desse tipo de profissional e que não se constrangiam em demandar deles uma ação mais eficaz (Fico, 2002:251-286).

Os pareceres sobre *Os inconfidentes* e *Independência ou morte* e as muitas semelhanças e poucas diferenças entre ambos são bastante representativos de uma determinada *opinião* a respeito daquele momento histórico. Podem expressar valores e sentimentos que já estão mais ou menos difusos na sociedade, constituindo-se, repetindo Pierre Laborie, em "reflexo e afirmação de uma posição dominante no interior de um grupo social" (Laborie, 1988:103).

---

435. A expressão é de Ian Kershaw (2002:35).
436. São elementos, por exemplo, muito parecidos ou/e partilhados com aqueles que compõem a cultura política dos diversos grupos femininos que legitimaram a intervenção militar em 1964, como é o caso das mulheres militantes da Campanha da Mulher pela Democracia (Camde), entre outros. Sobre a Camde, ver Cordeiro (2009a).

Abril de 1972 marcava a abertura dos festejos do sesquicentenário. A partir de então, estenderam-se cinco meses de comemorações. A nação estava em festa. Em meio à chegada do navio *Funchal*, trazendo os restos de d. Pedro I, que em seguida começaria sua peregrinação pelo Brasil e em meio também à grande mobilização que foi o "Encontro Cívico Nacional", *Os inconfidentes* vinha a público.

Envolvidos pela atmosfera das festas, como não ver naquele filme uma parte dessa grande onda comemorativa? Mesmo não sendo Tiradentes, e sim d. Pedro I, o herói do sesquicentenário, como não reconhecer o *mártir da independência* como elemento fundamental daquele evento que se estava rememorando? Como não ver o *espírito do sacrifício cívico* mesmo num acontecimento histórico considerado *subversivo* por definição, como era o caso da mal chamada *Inconfidência* Mineira? Um relatório de julho de 1972, do Serviço Nacional de Informação (SNI) sobre o filme, por exemplo, dizia que:

> Quanto ao "Dado Conhecido" de que há suspeita de que o filme apresente conotações subliminares de caráter subversivo, seria difícil negar, em um filme que trata do tema da Inconfidência Mineira, seu caráter subversivo.[437]

Mesmo assim, o SNI mandou liberar o filme, reafirmando apenas a orientação do DPF de "escoimar, ou mesmo interditar" as eventuais referências ideológicas negativas ao regime. De toda forma, esse parecer demonstra que os serviços de informação do governo – assim como a sociedade – não eram inocentes. O *caráter subversivo* da obra era patente. Em 27 de abril, afinal, a *Tribuna da Imprensa* divulgou uma nota na qual afirmava que Joaquim Pedro de Andrade estaria *eufórico*: isso porque *Os inconfidentes* havia sido liberado pela censura *sem nenhum corte*. O jornal enfatizava ainda que aquele era um fato raro nos últimos tempos.[438] Aliás, os dois longas anteriores de Joaquim Pedro tiveram problemas

---

437. Relatório do Serviço Nacional de Informação, 10 jul. 1972. Projeto Memória da Censura no Cinema Brasileiro – 1964-1988. Disponível em: <www.memoriacinebr.com.br>. Acesso em: 26 out. 2009.
438. Fundação Nacional de Arte (Funarte). Rio de Janeiro. Dossiê Joaquim Pedro de Andrade. Recorte de jornal sem título. *Tribuna da Imprensa*, 27 abr. 1972.

sérios com a censura: *O padre e a moça* (1966) e *Macunaíma* (1969) desagradaram profundamente os censores.

O primeiro, liberado inicialmente para maiores de 18 anos, teve problemas quando de sua estreia na capital mineira e foi proibido pelo Departamento de Censura do Juizado de Menores de Belo Horizonte, a pedido de "autoridades eclesiásticas e de membros da tradicional família mineira". Após muitas polêmicas, o filme passou por um processo de *recensura* e a nova análise proibia o filme para menores de 18 anos, mas dessa vez com três importantes cortes (Pinto, s.d.a). Já no caso de *Macunaíma*, posteriormente um grande sucesso de público, a censura foi mais violenta: em 28 de julho de 1969, os censores sugeriram a proibição do filme para menores de 18 anos, com 15 cortes de cenas inteiras, "a maioria de peitos e nádegas nuas, alguns palavrões e o texto: 'muita saúva e pouca saúde os males do Brasil são'" (Pinto, s.d.b). Após muitas idas e vindas, o filme foi liberado em outubro de 1969 para maiores de 18 anos, com os cortes reduzidos para três; no entanto, permanecia o veto para exibição na televisão (Pinto, s.d.b). Joaquim Pedro de Andrade era considerado, então, uma espécie de diretor *manjado*, seus filmes eram quase sempre *problemáticos* para os censores. Mas, em 1972, com *Os inconfidentes* havia sido diferente: nenhum corte!

Antes de mais nada, é preciso reconhecer a *unanimidade* de Tiradentes como herói nacional. Como demonstrei no capítulo 2, trata-se de um personagem reivindicado e cultuado tanto pelas esquerdas – mesmo as mais radicais, como era o caso do Movimento Revolucionário Tiradentes (MRT) – quanto pelas direitas. Tal *unanimidade* está no cerne da boa aceitação do filme pelos censores. Não obstante, se os pareceres dos técnicos de censura podem indicar ou condensar uma opinião difusa socialmente, é preciso então refletir se aqueles pareceres favoráveis não indicariam também o sucesso da festa do sesquicentenário: a peculiar apropriação do filme e a *possibilidade* de ver naquela leitura quase cruel da história do Brasil a exaltação do civismo e do amor à pátria, não são representativas da euforia comemorativa que marcou os primeiros anos da década 1970 e, particularmente, 1972? O olhar condescendente para com o passado – e com o presente – que faltava ao cineasta sobrava em parcelas significativas da sociedade. Joaquim Pedro de Andrade oferecia ao público o difícil exercício da reflexão, a confrontação com a tortura, com a morte, com a violência da repressão, com o *desbunde* de alguns condenados. Mas a sociedade via o civismo, o amor à pátria, a exaltação ao valente Tiradentes. E silenciava sobre os outros temas. Afinal, era o ano do sesquicentenário e todos queriam comemorar.

Assim, não foi rara a associação direta do filme com as comemorações do sesquicentenário. Além do que já foi mencionado, *Os inconfidentes* entrou em circuito nacional de exibição em 1º de maio, apenas 10 dias após o início grandioso das comemorações – por sinal, no dia de Tiradentes. As relações entre um e outro foram, portanto, construídas e ampliadas: no próprio acervo reunido pela CEC e doado ao Arquivo Nacional do Rio de Janeiro. Entre os recortes de jornal sobre "cinema e sesquicentenário" encontramos algumas matérias sobre *Os inconfidentes* – importante indicação de que, apesar da dureza do filme, ele não escapou de ser apropriado, ainda que de forma periférica, pelos organizadores da festa. Também na imprensa da época, o filme não ficou imune às associações com as comemorações. O *Última Hora* divulgou um pequeno artigo no qual dizia: "Joaquim Pedro, belo e cineasta, espiava sempre primeiro as belezas do seu *Os Inconfidentes*, filme comemoração de todo um Sesquicentenário. [...]".[439]

Esse tipo de associação não era, absolutamente, algo incomum, sobretudo se pensarmos que o filme recuperava a trajetória de um dos maiores heróis nacionais – ou mesmo *o maior* –, que não foi de forma alguma esquecido pelas comemorações e cujo martírio possuía grande poder mobilizador também entre os segmentos mais conservadores da sociedade. Jean-Claude Bernardet, analisando a relação existente entre *Os inconfidentes* e o sesquicentenário, observou: o que ocorre com *Os inconfidentes* e que permite que ele não escape à euforia comemorativa de 1972 é que ele diverge, se opõe [ao espaço legal], mas o faz sobre o terreno proposto pelo poder. Situa-se no campo da *contraproposta*. E continua:

> Essa ambiguidade foi tão funcional que o programador de um cinema de elite em São Paulo entusiasmou-se com o filme, insistindo em programá-lo, pois permitia-lhe ao mesmo tempo não se excluir da onda que cercou o Sesquicentenário, sem por isso entrar no oba-oba oficial [Bernardet, 1979:50].

---

[439]. Fundo Comissão Executiva da Comemoração do Sesquicentenário da Independência. Arquivo Nacional/SDE – Documentos Públicos, código 1J. Pasta 77. Recorte de jornal: "Uma foto com um lindo detalhe". *Última Hora*, abr. 1972.

Para além disso, o fato é que se *Os inconfidentes* retratava um Tiradentes *revolucionário* — derrotado, porém revolucionário! — mais à esquerda, ele recuperava, ao mesmo tempo, um martírio que nunca foi desdenhado pelas culturas políticas conservadoras do nosso país. A ideia do *sacrifício* é essencial ao imaginário coletivo militar. Tiradentes é, assim, unanimidade, à esquerda e à direita, cada qual o reconstruindo a seu próprio modo.

Os inconfidentes, diferentemente de *Independência ou morte*, não foi indicado pelas professoras aos alunos nas escolas, não foi um festejado sucesso de bilheteria. Silêncios que mais uma vez confirmam que o desejo era mesmo de festejar e de construir e não de deprimir e destruir. O lugar que *Os inconfidentes* ocupou socialmente em 1972 foi o mesmo que a festa do sesquicentenário relegou a Tiradentes: reconhecia-se sua importância, mas *reconhecer-se*, a sociedade o fazia diante de d. Pedro I, do aventureiro, do *belo*, não diante do revolucionário, do subversivo, do esquartejado.

Assim, o filme de Joaquim Pedro de Andrade foi, em 1972, uma espécie de *antifilme comemorativo*. Todavia, não deixa de ser curioso notar que, apesar da crueza com a qual expunha as mazelas de um país que torturava seus *heróis*, a imagem do *filme antissesquicentenário* somente se consolidou na medida em que *Independência ou morte* passou a ser visto como o *filme comemorativo* do ano. Num certo sentido, é em virtude sobretudo das formas como se travam as batalhas de memória a respeito da *resistência* e *colaboração* com a ditadura que esses filmes passaram a ser vistos dessa maneira: um, a antítese do outro. *Os inconfidentes*, mesmo com seu lançamento antecedendo em quatro meses ao de *Independência ou morte*, transformou-se na *resposta* da *resistência* à *colaboração*. Mas, em 1972, nada era tão simples assim. A realidade mostrava-se muito mais complexa do que a memória do passado a faz parecer. A rigor, é bom que se diga, ambos os filmes também são muito mais ricos e complexos do que indicam as associações de um à *resistência* e de outro à *colaboração*.

De toda forma, é interessante observar como as polarizações da memória acabaram aproximando — pelos extremos — duas obras completamente diferentes em termos de narrativa e estética, que têm em comum tão somente o ano de lançamento e a abordagem do tema da independência.[440] É sintomático, por exemplo,

---

440. Mesmo assim, a *concepção de história* é completamente diferente de um caso para outro.

que, na cinebiografia de Joaquim Pedro de Andrade escrita por Ivana Bentes, o capítulo dedicado a *Os inconfidentes* se intitule "Independência ou morte!". Mais que isso, a autora inicia a abordagem do filme contextualizando-o com relação ao momento em que foi lançado e também com relação ao outro filme:

> Chegamos a 1972. O Brasil vive o auge da ditadura. A tortura e o exílio tornam-se praxe. O Cinema Novo está diluído como movimento [...] Os 150 anos da Independência seriam festejados com pompa e circunstância pela ditadura. A festa tinha a cara de Tarcísio Meira, um Dom Pedro I canastrão, num filme cafona e enfatuado feito especialmente para a data, *Independência ou Morte*, dirigido por Carlos Coimbra e com Glória Menezes de Marquesa de Santos.
>
> Não havia o que comemorar. O regime impunha luto, dor e morte entre intelectuais, estudantes e descontentes. Joaquim Pedro, num gesto de ironia e audácia, lança nas telas sua versão da "Independência" [Bentes, 1996:105].

Este é apenas um entre os muitos registros, feitos sobretudo a partir dos anos 1980, nos quais *Os inconfidentes* e *Independência ou morte* são comparados de maneira *polarizada*, evocando muitos *lugares-comuns* da memória coletiva que se estabeleceu como oficial a respeito da ditadura. Todavia, se podemos — e/ou devemos — comparar as duas obras, devemos tentar transcender o quanto possível os limites impostos pelas batalhas de memória. Sobre os filmes, pode-se dizer que ambos são muito representativos dos comportamentos coletivos na primeira metade dos anos 1970. Fica evidente que havia, naquela sociedade, os que não viam motivos para comemorar — os que olhavam para o *Brasil do milagre* e viam ali um amontoado de crimes, prisões, mortes, exílios, torturas, delações. A tortura "quebrando a moral daquela gente" (Bentes, 1996:109) que ousava desafiar o regime, como teria dito Joaquim Pedro de Andrade. Mas, tão grande era a euforia comemorativa que, entre silêncios, apropriações, ressignificações, prevalecia o desejo de comemorar, de participar, o *consentimento* ao regime.

Em suma, não se pode ignorar que, em meio às comemorações do sesquicentenário da independência, o cinema ofereceu aos espectadores duas visões muito diferentes da história do Brasil. Uma delas foi capaz de mobilizar mais a sociedade, indicando que provavelmente as pessoas estivessem mais interessadas em uma história romantizada, cujo protagonista era um d. Pedro I de personalidade forte, o próprio *elogio da autoridade* política. Por outro lado, não obstante suas qualidades artísticas, é provável que o retrato traçado por Joaquim Pedro de Andrade dos *inconfidentes* e de sua conspiração fosse demasiado diferente da atmosfera festiva que contagiava o país em 1972. Que filme era aquele, "claustrofóbico", (Bentes, 1996:107) que contrastava tanto com as *muitas cores* de *Independência ou morte?* Que contrastava com um país que passava por um *milagre?* Que filme era aquele que falava de um país cuja história estava marcada pelas manchas da tortura? E tortura dos que mais tarde seriam seus heróis, como Tiradentes.

Talvez *Os inconfidentes* seja muito mais um filme que possa ser apropriado por uma determinada *memória da resistência*, que transformou mais tarde em heróis os presos políticos de que fala a película. Mas não um filme que pudesse ser apropriado por uma sociedade que estava, em grande parte, em festa em 1972. Aquela sociedade não se reconhecia em *Os inconfidentes*, não reconhecia aquela dura versão da história do Brasil contada por Joaquim Pedro de Andrade, mas se reconhecia na romântica história da independência e do primeiro imperador do Brasil contada por Carlos Coimbra.

As múltiplas formas de manifestação das *vozes dissonantes* e a questão da resistência

Neste capítulo pretendi analisar algumas manifestações sociais que, de formas distintas, marcaram seu *protesto*, sua divergência com relação ao contexto festivo predominante em 1972. Foram atitudes bastante diferentes entre si. Marcaram, no entanto, pontos de vista extremamente importantes e movimentos de opinião que, se minoritários naquelas circunstâncias, tornar-se-iam, no futuro, expressões de comportamentos majoritários.

Preferi denominá-las *vozes dissonantes*, em referência ao fato de se constituírem como espaços onde prevaleceu o quadro de *discordância*, destoando do discurso oficial e, ao mesmo tempo, englobando gamas variadas de atitudes, as quais, por sua vez, se relacionavam a universos simbólicos distintos, ao menos em parte. Assim, decidi utilizar termos como *dissensão* ou oposição em vez de *resistência*, pois, da mesma forma que Ian Kershaw, acredito que o uso disseminado deste último conceito estendeu-se sobremaneira, "ao ponto de cobrir tudo o que não revelava uma sustentação entusiasmada do regime" (Kershaw, 2002:13).

Para Jacques Semelin, "resistir é, primeiramente, encontrar forças para dizer não". Mesmo que não se tenha ainda uma ideia muito clara daquilo a que se aspira, o primeiro impulso é o de dizer não (Semelin, 2011:27). No entanto, esse primeiro impulso se desdobra em formas bastante distintas de afirmar o *não*. Para Semelin, se a resistência nasce de uma ruptura individual, ela somente se transforma em tal a partir do momento em que consegue se exprimir coletivamente (Semelin, 2011:28). Assim, para o autor, no quadro da ação individual, termos como *dissidência* e *desobediência* parecem mais adequados. Estes, por sua vez, podem se desdobrar em ações de resistência, mas não necessariamente.

Portanto, mesmo no quadro de uma definição ampla de *resistência*, como a proposta por Semelin, há nuances importantes a destacar. Acredito, no entanto, que para as finalidades propostas neste trabalho seja mais interessante adotar as definições de Kershaw, para o qual as abordagens mais próximas ao *social* do conceito de resistência permitem colocar em evidência os diversos aspectos do conflito entre regime e sociedade (Kershaw, 2002:14). É por isso que o historiador prefere utilizar o termo *dissensão*, pois assim chama atenção para o "largo inventário de formas de comportamentos menores, que não pertencem, contudo, aos limites do conformismo" (Kershaw, 2002:14).

Dessa forma, no quadro das *vozes dissonantes* observadas ao longo do ano de 1972 no Brasil, as proposições de Kershaw ajudam-nos a compreender mais que as expressões de *resistência*, ou antes, de *dissensão* como tais. Permitem-nos compreendê-las a partir do contexto complexo e instável dos movimentos de opinião, a dinâmica estabelecida entre *dissensão e consentimento*, termos que parecem se opor, mas que fazem parte do "mesmo problema de compreensão e interpretação" (Kershaw, 2002:14).

As formas a partir das quais essas *discordâncias* ou *dissensões* se manifestaram no Brasil foram bastante diversas: na praia de Ipanema e em outras pelo Brasil, o *desbunde* libertário daqueles que recusavam a *caretice* da sociedade capitalista e também da socialista; no semanário *O Pasquim*, a resistência *pura* e muitas vezes *dura*, a convocação da sociedade a escolher seu *lado*. Ou se estava com eles e contra a ditadura ou se estava a favor da ditadura, contra eles e, portanto, contra a resistência. Colaborando. Nesse cenário, não era possível escolher meios-termos, titubear. Não era *permitida*, para *O Pasquim*, a apatia, a indiferença. Não havia distinções entre esses comportamentos e a colaboração ativa, engajada. Aí, a base do discurso que, mais tarde, estruturaria a memória coletiva sobre as relações da sociedade com a ditadura, reduzindo-as a polos simetricamente opostos, binários, simplificadores da complexa realidade.

No pensador católico Alceu Amoroso Lima, interessantes e importantes metamorfoses, representativas das relações que setores significativos da sociedade estabeleceram com o regime. Assim, em um primeiro momento prevaleceu o comportamento definido por Pierre Laborie como *attentisme*. A palavra francesa, derivada do verbo *attendre*, esperar, é utilizada pelo historiador para se referir às atitudes dos franceses que não tomaram posição definida quando da derrota da França para os nazistas, da ocupação e do estabelecimento do regime de Vichy durante a II Guerra. Preferiram esperar os desdobramentos do conflito (Laborie, 2010:35).[441] É importante destacar que esse termo não significa, longe disso, *oportunismo*. Ao contrário, trata-se de um modo de se posicionar diante de uma situação tornada difícil, cujos desdobramentos, ao menos em um momento inicial, pareciam imprevisíveis.

No caso brasileiro, o *attentisme*, em 1964, da forma como se expressou nos primeiros artigos de Amoroso Lima após o golpe, designava principalmente uma insatisfação com a conjuntura precedente. Tal comportamento foi mais comum do que imaginamos e ajuda a explicar, em parte, a grande adesão em torno da intervenção militar em 1964 e o posterior afastamento de parcelas significativas da sociedade com relação ao regime, seus atos institucionais e suas intenções de se perpetuar no poder. Foi nesse momento que Amoroso Lima começou a elaborar suas críticas, cada vez mais contundentes, ao regime, chegando a 1972 com um discurso absolutamente definido, articulado contra a ditadura, convocando também, mas de forma distinta da que propunha *O Pasquim*, à *resistência*.

Em um sentido diferente, compondo mais a *oposição* que a resistência, os *autênticos* do MDB apareciam como a expressão de uma nova tendência demo-

---

441. Cf. nota das organizadoras, no fim da página.

crática, reformista, moderada, favorável ao jogo político institucional, agindo a partir dele. Compreender o impacto e a importância desse tipo de ação política na conjuntura festiva do sesquicentenário é fundamental, pois, se suas propostas saíram derrotadas em 1972, elas transformaram-se, na sequência, talvez no mais expressivo germe das metamorfoses que a sociedade brasileira faria, a partir da segunda metade da década de 1970, no sentido da democratização. Foi através desses valores e da aceitação do jogo político institucional como forma de superar a ditadura que teve início a longa abertura política brasileira.

Por fim, no quadro das *vozes dissonantes* de 1972, *Os inconfidentes*, de Joaquim Pedro de Andrade, apareceu como expressão desiludida das vanguardas armadas, que então amargavam a derrota. Fazia um inventário, através da Conjuração Mineira, da revolução malfadada, fracassada, da luta perdida antes mesmo de engrenar.

O que têm em comum essas diferentes tendências? Atuavam todas no marco legal, apesar de criticá-lo; deixaram para trás, por motivos distintos, eventuais simpatias pela luta armada. Amoroso Lima nunca as nutrira; Joaquim Pedro de Andrade, por outro lado, embora constatasse a derrota, fazia o elogio ao *militante perfeito*, aquele que não *foge à luta*, capaz de sacrificar a vida pela *revolução*. Verificava, desiludido, no entanto, o desbunde e a derrota da maioria daqueles que se arriscaram na aventura revolucionária.

De modo geral, todos esses segmentos da sociedade solicitavam as liberdades democráticas, explicita ou implicitamente. Por tudo isso, constituíam, embora não exclusivamente, sementes da *opinião majoritária* futura.

CAPÍTULO 8

A modernidade sem lágrimas: o 7 de setembro e a apoteose final da ditadura

> Um regimento passa, a caminho, ao que parece, dos confins da Terra, lançando no ar dos bulevares, seus toques de trombeta como alada e comovedora esperança; e num instante, Monsieur G. terá visto, examinado e analisado a sustentação e os aspectos externos dessa companhia. Equipagens luzidias, música, olhares audaciosos, determinados, bigodes pesados e solenes – ele absorve tudo isso, em desordem, e em poucos momentos o "poema" daí resultante poderá ser composto. Veja como sua alma se aviva com a alma desse regimento, marchando como um só animal, imagem orgulhosa de alegria e obediência.
>
> (Baudelaire, 1995:24 apud Berman, 2007:164)

> Esses são os soldados que mataram 25 mil parisienses e abriram caminho para Napoleão III em dezembro de 1851. Em ambas as ocasiões, Baudelaire foi às ruas para lutar contra esses homens [...] cuja "alegria e obediência" animalesca tanto o atraem agora. A passagem acima devia alertar-nos para um fato da vida moderna que estudantes de arte e poesia costumam esquecer com facilidade: a tremenda importância de um desfile militar – importância psicológica e política – e seu poder de cativar mesmo os espíritos mais livres. Paradas militares, de Baudelaire ao nosso tempo, desempenham um papel decisivo na visão pastoral da modernidade: equipagens reluzentes, colorido vistoso, formações fluentes, movimentos rápidos e graciosos, a modernidade sem lágrimas.
>
> (Berman, 2007:165)

Brasil, 7 de setembro de 1972

O Brasil completava 150 anos de emancipação política. Em todo o país as tradicionais paradas militares comemoraram o evento. Nas capitais, as festas foram grandiosas. Na Guanabara, tradicional centro dos acontecimentos, não se pôde deixar de notar certo esvaziamento em função do deslocamento do desfile principal para São Paulo. Foi a primeira vez, desde a proclamação da República, que o desfile da avenida Presidente Vargas não contou com a presença do presidente.[442] Por ali, além dos 25 mil homens das três Forças Armadas que desfilaram, estiveram também cerca de 60 mil pessoas.[443] Número menos expressivo se comparado ao meio milhão de São Paulo, mas ainda assim um pouco acima da média do desfile realizado em 1971, quando 50 mil pessoas assistiram ao evento[444] e daquele que se verificaria em 1973: 40 mil pessoas.[445]

Em Brasília, 50 mil pessoas estiveram ao longo do eixo rodoviário em "um dos desfiles mais concorridos" a que a jovem capital já havia assistido.[446] No Recife, em Belo Horizonte, enfim, em todas as capitais, nas pequenas e grandes cidades, as paradas militares se multiplicaram. Em Salvador, ao término dos desfiles, o que se viu foi uma extensão da festa e a transformação do tom solene, estruturado e hierarquizado dos desfiles em um grande carnaval, com direito a trios elétricos, escolas de samba e apresentações de capoeira.[447] Em Porto Alegre, da mesma forma como havia acontecido em abril, quando da passagem dos restos mortais de d. Pedro I pela cidade, um dos maiores públicos do país: cerca de 100 mil pessoas foram à avenida João Pessoa assistir aos desfiles.[448]

Mas as atenções de todos estavam voltadas para São Paulo, o *berço do Brasil independente*. Dezoito mil homens, sob 82 aviões da Força Aérea Brasileira (FAB) desfilaram pelas ruas da avenida Paulista. Ao longo de toda a imensa avenida,

---

442. Fundo Comissão Executiva da Comemoração do Sesquicentenário da Independência. Arquivo Nacional/SDE – Documentos Públicos, código 1J. Pasta 71A. Recorte de jornal: "Guanabara faz desfile de vinte e cinco mil homens". *Jornal do Brasil*, 8 set. 1972.
443. Ibid.
444. Cf. *Jornal do Brasil*, p. 1, 8 set.1971.
445. Cf. *Jornal do Brasil*, p. 3, 8 set.1973.
446. Fundo Comissão Executiva da Comemoração do Sesquicentenário da Independência. Arquivo Nacional/SDE – Documentos Públicos, código 1J. Pasta 71A. Recorte de jornal: "Brasília assiste desfile". *Jornal do Brasil*, 8 set. 1972.
447. "Músicas populares no desfile baiano" *Folha de S.Paulo*, São Paulo, 8 set. 1972.
448. Fundo Comissão Executiva da Comemoração do Sesquicentenário da Independência. Arquivo Nacional/SDE – Documentos Públicos, código 1J. Pasta 61B. Recorte de jornal: "Cem mil pessoas assistiram aos desfiles do dia da Independência". *Correio do Povo*, 9 set.1972.

cerca de 500 mil pessoas assistiram aos desfiles.⁴⁴⁹ Foi também a primeira vez que um chefe de Estado brasileiro presidiu em São Paulo a parada militar de 7 de setembro. Ao lado de Médici, no palanque oficial, estavam o presidente do Conselho de Ministros de Portugal, Marcelo Caetano, que na véspera acompanhara o general presidente brasileiro na cerimônia de inumação dos restos mortais de d. Pedro I, o governador do estado de São Paulo, Laudo Natel, e outras autoridades.⁴⁵⁰

A capital paulista, ao mesmo tempo *coração* do Brasil independente e síntese do *Brasil pra frente*, do *Brasil do milagre*, acordou no dia 7 sob um *raro calor*.⁴⁵¹ Depois de dias inteiros chuvosos, o tempo amanheceu ensolarado em São Paulo. O céu estava claro, muito azul.⁴⁵² Os desfiles, marcados para começar às 9h. Portanto, bem cedo começou a movimentação de estudantes e populares em geral na avenida Paulista. Procuravam seus lugares, empunhavam suas bandeiras – do Brasil, de Portugal, de São Paulo. Desde 8h da manhã, a aglomeração popular era grande na altura do parque Siqueira Campos.

O palanque oficial foi montado em frente ao Museu de Arte de São Paulo. As autoridades que tomariam seus lugares ali começaram a chegar também por volta de 8h. Vestiam fraques e, alguns, usavam também cartolas. As senhoras usavam elegantes e imensos chapéus. Nos vestidos predominavam os tons de verde e branco.⁴⁵³ Um *espetáculo* contrastante com aquele oferecido pelo público, mas do qual este se admirava, *fascinado* por poder assistir. Ali, sob os olhares e vestimentas de gala dos diplomatas e adidos militares de diversos países, o povo proporcionava outro tipo de espetáculo: enquanto a Polícia do Exército estendia o cordão de segurança em torno do palanque, um ciclista aparecia em alta velocidade, equilibrando precariamente sete garrafas na cabeça. A bicicleta, toda coberta por bandeiras nacionais, não conseguiu avançar muito: foi rapidamente

---

449. Fundo Comissão Executiva da Comemoração do Sesquicentenário da Independência. Arquivo Nacional/SDE – Documentos Públicos, código 1J. Pasta 71A. Recorte de jornal: "Meio milhão de paulistas viu parada do Sesqui". *O Globo*, 8 set.1972.
450. Ibid.
451. Ibid.
452. Ibid. Pasta 74A. Recorte de jornal: "Sob um céu claro, o maior desfile". *O Estado de S. Paulo*, 8 set.1972.
453. Ibid. *Veja*, São Paulo, p. 17, 13 set. 1972.

detida por soldados que obrigaram o ciclista a se retirar sem que pudesse receber os aplausos que esperava.[454]

Os ambulantes se espalhavam pela avenida Paulista. Em algumas barracas podia-se encontrar de tudo: chocolate, biscoito, amendoim, pipoca, batatas fritas, sorvete. Um bilheteiro anunciava que estava "vendendo a *sorte*". No entanto, os ambulantes mais procurados eram aqueles que vendiam bandeiras nacionais. Custavam Cr$ 0,50 cada e estimava-se que pelo menos 50 mil haviam sido vendidas. Um dos vendedores anunciava uma promoção aos berros: "Sete bandeiras do *setecentenário* por 1.000 cruzeiros velhos".[455] Do alto dos prédios da Paulista, muitos moradores agitavam as próprias bandeiras e promoviam pequenas chuvas de papel picado.[456] Muitos chapéus verde-amarelos com dizeres patrióticos cobriam as cabeças do público, protegendo-os do sol forte. Em suas cabeças podiam-se ler frases como "Avante, Brasil, avante"; "Brasil no ano do sesquicentenário" e "Brasil, conte comigo".[457]

Médici chegou ao palanque por volta das 8h45min, acompanhado de d. Scyla. Vestia também um fraque, como mandava o protocolo oficial. Às 9h7min, o presidente chegou à tribuna de honra, colocando-se à vista de todos aqueles que conseguiram um lugar nas proximidades do grande palanque oficial. Foi a hora de demorados aplausos por parte do público e acenos de milhares de bandeirinhas. 9h20min. Em frente ao palanque, ouvia-se uma das melodias mais entoadas em 1972: *Marco extraordinário/ Sesquicentenário da Independência/ Potência de amor e paz/ Esse Brasil faz coisas/ Que ninguém imagina que faz*. Era a banda do II Exército que surgiu executando a *Marcha do sesquicentenário*. Tinha início o desfile.[458]

---

454. Fundo Comissão Executiva da Comemoração do Sesquicentenário da Independência. Arquivo Nacional/SDE – Documentos Públicos, código 1J. Pasta 74A. Recorte de jornal: "Sob um céu claro, o maior desfile". *O Estado de S. Paulo*, 8 set. 1972.
455. *Veja*, São Paulo, p. 17, 13 set. 1972.
456. Fundo Comissão Executiva da Comemoração do Sesquicentenário da Independência. Arquivo Nacional/SDE – Documentos Públicos, código 1J. Pasta 71A. Recorte de jornal: "Um intervalo e o desfile segue". *Folha de S.Paulo*, 8 set. 1972.
457. Ibid.
458. Ibid. Recorte de jornal: "As três horas do grande desfile do Sesquicentenário". *Folha de S.Paulo*, 8 set. 1972.

A parada durou cerca de duas horas e meia. Durante esse tempo, Médici fumou seis cigarros e aplaudiu, sorridente, o desfile. Sentiu-se especialmente comovido quando passaram os cadetes da Academia Militar das Agulhas Negras,[459] de onde havia sido comandante até 1964. As pessoas na rua, porém, preferiam o desfile das bandas de música aos soldados armados. Tocavam solenes marchas militares, mas também *Amada amante*, sucesso de Roberto Carlos em 1971 e o *hit Those were the days*, sucesso de Mary Hopkins produzido por Paul McCartney em 1968.[460] As pessoas acompanhavam, solenes, como mandava o ritual, porém cantarolantes. Cantavam também os hinos da independência, nacional e o do sesquicentenário (Branco, 1970:4).

Quando terminaram os desfiles, mais uma vez, como vinha sendo comum em São Paulo durante a Semana da Pátria, desde que o presidente chegou à cidade, populares tentavam se aproximar. Afinal, era ele o presidente mais popular da *revolução*, aquele que abrira as portas do Palácio do Planalto para o povo, como disse Carlos Castello Branco (1970:4); era um homem que não era *uma casaca*, que *ainda falava em Pátria*, como descrevia Nelson Rodrigues (2008a:122-127);[461] que fazia embaixadinhas, que gostava de futebol; que estampava capas de álbuns de figurinhas que as crianças colecionavam devotadamente.[462] Enfim, era o presidente da *Transamazônica*, da *integração nacional*, do *Brasil pra frente*; era o presidente cantado em prosa e verso por diversos cantores populares.[463] Encarnava, naquele momento, os projetos de construção de uma grande potência. Naquele dia em que se rememorava o nascimento da nação, sua figura representava, para muitos, as possibilidades de um *grande futuro*. Queriam vê-lo, portanto. Assim, quando o desfile foi encerrado,

---

459. *Veja*, São Paulo, p. 17, 13 set. 1972.
460. *Those were the days* é a versão em inglês para a canção russa *Dorogoi dlinnoyu*, composta pelo músico Boris Fomin, com letra do poeta Konstantin Podrevskii no início do século XX. Em 1968, foi uma das músicas mais executadas no Reino Unido e Estados Unidos. No Brasil, embora já fosse popular desde então, como demonstra sua execução pelas bandas militares no 7 de setembro, ela ficou mais conhecida a partir de 1973, quando o apresentador Sílvio Santos passou a utilizá-la em seu programa *Show de Calouros* para anunciar a chegada de seus jurados.
461. A crônica foi originalmente publicada em *O Globo*, 25 maio 1973.
462. Cf., por exemplo, *Álbum Brasil pátria amada*. São Paulo: Saravan, 1972.
463. Para as músicas apologéticas ao regime e ao presidente Médici, cf. Alonso (2011b).

uma pequena multidão correu no rastro deixado pelo Regimento de Cavalaria da Polícia Militar, que havia cortado a avenida ao som da "Cavalaria Ligeira" de Von Suppé. Todos queriam ver o presidente, mas numa das transversais foram contidos pelos agentes de segurança. Sem desânimo, cantaram o Hino Nacional e retiraram-se [Alonso, 2011b].

Não foi a primeira vez, ao longo das festas do sesquicentenário, que a população tentava se aproximar do presidente e era impedida por sua equipe de segurança. Quando alguém conseguia se aproximar, apesar dos esforços dos responsáveis, Médici era sempre simpático, acolhedor. Mas havia que se respeitar as solenidades das festas patrióticas, havia que se respeitar a autoridade presidencial. A verdade é que as festas da independência não eram lugares apropriados para *banhos de povo*. A verdade é que os militares não gostavam desses tipos de aproximações populares. Associavam-nas ao que para eles era o *populismo* de herança varguista e as repudiavam.

Em virtude da própria estrutura da corporação militar, altamente hierarquizada e formal, esse contato estreito entre o *líder* e *seu povo* não se verificava entre os militares. Tratava-se mais, do ponto de vista da corporação militar, de uma relação entre *tutores* e *tutelados* e não entre *líder* e *povo*. Os destinos da pátria, *em perigo*, foram confiados às Forças Armadas. Cabia, portanto, cumprir a *missão* para a qual foram convocados. Era necessário estabelecer certa distância para que o essencial dessa relação – que envolvia *proteção*, *defesa*, *amparo*, mas também *ordem*, *autoridade* e respeito à *hierarquia* – se cumprisse.

Além disso, a própria figura do *presidente* envolve certa mítica, daquele que deixou de ser um cidadão comum, que foi *o escolhido* – ou, no caso dos militares a partir de 1964, *convocados* para uma *missão* e que possui e exerce determinada autoridade que o separa, o distingue do *povo*. Os generais presidentes a partir de 1964 mantinham, nesse aspecto, um duplo afastamento com relação ao público: como *generais* e como *presidentes*. A imagem rígida, por vezes sisuda, associada aos homens de farda era acentuada quando estes ocupavam o cargo de presidente. Ainda mais, presidentes de um governo que se julgava *revolucionário*, portador de uma missão *ordenadora* e *pacificadora* da sociedade.

Assim, das figuras da maior parte dos generais presidentes transbordavam noções como as de *mando*, *autoridade* e *severidade*, condizentes com a missão para a qual foram convocados em 1964. Mas mantinham uma distância por vezes demasiado grande com relação ao *povo*. O general João Baptista Figueiredo talvez seja o caso mais extremo, beirando mesmo o caricatural. Sua figura parecia extremamente antipática e mesmo elitista. As tentativas de popularizar o ainda candidato à sucessão de Geisel em 1978, chamando-o de *João do povo*, não resistiram à sua personalidade e a algumas frases infelizes proferidas não raramente e em público. A mais famosa delas se deu ainda antes da posse, quando declarou preferir o cheiro de seus cavalos ao cheiro do povo.[464] Mesmo Castello Branco, festejado no momento do golpe e após, como o *grande líder do movimento de 1964*, e Ernesto Geisel,[465] que desfrutavam de certa popularidade, mantinham-se à distância e evitavam contatos populares.

Em muitos aspectos, a figura de Médici como presidente da República confirmava o aspecto rígido, austero que cercava os generais presidentes. Quem haverá de dizer que sua figura não impunha respeito e mesmo certo temor? Médici, "com seu semblante de estátua talhada em pedra clara, olhos de água fria e azulada, era a própria imagem da autoridade que falava e mandava cumprir cada uma de suas advertências" (Barbosa, 2005:245).

Todavia, em outros aspectos, Médici se diferenciava. Sua figura, embora severa e grave, podia ser ao mesmo tempo *popular*, maleável e mesmo complacente. As razões dessa diferenciação são muitas.

Primeiramente porque houve, desde o início de seu governo, grande preocupação e pesado investimento em propaganda. Diferentemente dos governos anteriores, que associavam a criação de uma agência de propaganda ao Departamento de Imprensa e Propaganda (DIP) do Estado Novo e, portanto, ao varguismo, do qual se esforçavam por se demarcar (Fico, 1997:90), o governo Médici se mostrou, desde o início, sensível a essa possibilidade e às benesses que poderiam resultar de tal investimento – ao contrário de Castello Branco,

---

464. "Figueiredo disse que preferia o cheiro do cavalo". *Folha on line*, São Paulo, 2 nov. 2000. Disponível em: <www1.folha.uol.com.br/folha/brasil/ult96u10538.shtml>. Acesso em: 5 jan. 2012.
465. Cf. "TV aumenta prestígio de Presidente". *Jornal do Brasil*, Rio de Janeiro, p. 3, 23 abr. 1977. O instituto Gallup mostrava, que, neste período, mesmo com sérios desgastes que o governo vinha sofrendo em função de medidas governamentais relativas ao aumento do preço da gasolina ou outras relacionadas com o custo de vida e salário real dos trabalhadores, o presidente chegava a alcançar índices de popularidade de 63% na cidade do Rio de Janeiro.

por exemplo, que era categórico ao afirmar sua recusa em recorrer a qualquer tipo de propaganda. O povo deveria *saber reconhecer* o empenho da *revolução* em *salvá-lo* dos perigos e ameaças que o rondavam.

Tal decisão levou determinados setores da sociedade civil, empenhados na defesa do regime, a se dirigirem ao governo sugerindo que se comprometessem com a realização de algum tipo de propaganda que pudesse esclarecer o povo sobre os objetivos da *revolução*. Foi o caso de manifesto redigido pela Campanha da Mulher pela Democracia (Camde), em 1966. Embora louvassem a iniciativa "austera" do governo em seu objetivo de "renovação" do país, sem, contudo, recorrer ao "aparato de um DIP para alardear as suas realizações", chamavam atenção para a necessidade de uma "divulgação popular, que estabeleça a ligação direta entre o governo e o povo, mantendo vivos os ideais da Revolução", já que, de acordo com a Camde, "o povo [...] não compreende que seu sacrifício e seu zelo darão frutos seguros".[466]

Essa iniciativa *austera* que os grupos femininos tanto prezavam em 1966 refletia, por outro lado, determinado elitismo característico de uma cultura política ainda marcadamente udenista. Todavia, sobretudo a partir de 1968, com a popularidade da ditadura e dos ditadores em baixa, era preciso deixar de lado tanta *austeridade* e *elitismo*. Era preciso se fazer *popular*. Nesse aspecto, o governo Médici foi capaz, através da Assessoria Especial de Relações Públicas (Aerp), de realizar a *ligação direta entre governo e povo* que as senhoras da Camde reclamavam, já em 1966, ao seu reconhecido líder, Castello Branco.[467]

Mas, para além do investimento em propaganda, outro aspecto fundamental que diferenciava Médici dos demais presidentes militares, tornando-o uma figura mais *popular* e menos *sisuda*, era, sem dúvida, o gosto pelo futebol. Este, como já analisamos, o *popularizava* não apenas no sentido de torná-lo célebre, mas também porque o aproximava do *povo*, do *popular*. Lembremos as *repetidas vezes* — como era de seu costume — em que Nelson Rodrigues dizia ser impossível imaginar qualquer outro presidente entrando no estádio Mário Filho:

---

466. Cf. Fundo Campanha da Mulher pela Democracia. Arquivo Nacional/Codes. Documentos Privados, código PE. Caixa 38. Pasta 1. Recorte de jornal: "Camde: povo ignora fruto do sacrifício". (*Diário de Notícias*, 30 jun. 1966 apud Cordeiro, 2009a:87.)
467. Sobre a adesão dos grupos femininos, em particular da Camde, à figura de Castello Branco, cf. Cordeiro (2009).

Vocês imaginem um Delfim Moreira ou Rodrigues Alves ou Epitácio perguntando ao índio Alcindo, ainda arquejante e lustroso: – "Como é que você me perde aquele gol!?". Epitácio morreu sem saber em que time joga o bandeirinha. [...] Mas o presidente Médici é o primeiro que sente o futebol como uma das linguagens mais belas do Brasil [Rodrigues, 2008a:126].[468]

Por fim, Médici representou, nos quatro anos em que esteve à frente do Executivo, o *Brasil do milagre*, vitorioso, que acreditava em suas capacidades. E também, certamente, o Brasil que conseguia vencer o *perigo comunista* e a *subversão*. Nesse sentido, representava, para os segmentos da sociedade que apoiaram o golpe em 1964, a definitiva *vitória da revolução* que, afinal, havia sido convocada para *conter o avanço comunista* e realizar uma *obra saneadora* no país, não apenas com relação aos *bons costumes*, mas também à economia.

As pessoas comuns gostavam de se aproximar do presidente. As crianças tinham simpatia por aquele *velhinho que gostava de futebol*. Veja-se, por exemplo, a crônica de Arnaldo Bloch, na qual o autor *confessa* que achava Médici "um velhinho simpático", cujo "único defeito era ser Flamengo" (Bloch, 2010:12) ou o texto do jornalista Sérgio Farias sobre o livro de Gustavo Alonso, *Simonal, quem não tem swing morre com a boca cheia de formiga*, no qual relata:

> No final de 1973, eu estava andando com meu pai a caminho do "nosso jornaleiro" na Av. Ns. de Copacabana com a rua Santa Clara. Só para ilustrar: meu pai sim, um direitista assumido. Quando estávamos próximos à banca de jornal, o senhor português, que era o dono da banca, estava do lado de fora falando alto, repetidas vezes: "Extra! Extra! General Geisel Presidente do Brasil!" Assim que ouvi disparei a seguinte pérola para meu pai, que deve ter ouvido com muita satisfação: "Que pena, né, pai, um presidente tão bom quanto o presidente Médici indo embora".[469]

---

468. A crônica foi originalmente publicada em *O Globo*, 25 maio 1973.
469. "Análise do livro 'Simonal: quem não tem *swing* morre com a boca cheia de formiga'" por Sérgio Farias. Disponível em: <http://cadaumtemolivroquemerece.blogspot.com/search?updated-max=2011-12-26T16:20:00-08:00&max-results=20>. Acesso em: 7 jan. 2012.

Determinadas políticas, como a de modernização do campo, com a criação de programas como o ProTerra e o ProRural fizeram de Médici muito popular entre determinados segmentos da sociedade atingidos diretamente por tais medidas. É o que demonstra Gustavo Alonso em sua tese de doutorado, sobre o processo de modernização do campo no país:

> O decreto que criou o ProRural foi assinado em 25 de maio de 1971. Tratava-se de um programa que garantia aos camponeses direitos sociais como aposentadoria, pensões, auxílio doença, maternidade e outras garantias sociais já comuns aos trabalhadores urbanos. O presidente Médici defendeu a legitimidade social dos camponeses excluídos até então da Previdência Social e dois anos mais tarde, em 1973, também incluiu as empregadas domésticas e os pescadores artesanais nos mesmos direitos, visto que estes grupos historicamente estavam excluídos da legislação do trabalhador urbano [Alonso, 2011b:194].

Sobre os *pescadores artesanais* mencionados no trecho acima, é interessante lembrar a visita dos *jangadeiros cearenses* feita ao Presidente Médici em fins de 1972. Não foi a primeira viagem empreendida por representantes de jangadeiros cearenses para reivindicar seus direitos. Em seu estudo sobre os *jangadeiros de Vargas*, Berenice Abreu de Castro Neves analisa as duas viagens realizadas em 1941 e em 1951 com o objetivo de, chegando até o presidente Getúlio Vargas, "*pedir* direitos", como dizia um dos jangadeiros (Neves, 2011:5) e, 10 anos depois, para cobrar reivindicações que não haviam sido atendidas.

No caso da viagem de 1941, a autora explica que "os trabalhadores se enxergavam referidos no discurso do Estado Novo de Vargas e sentiam-se 'autorizados' a empreender seus protestos e demandas". Ainda segundo a autora, mas agora a respeito da viagem de 1951, os ganhos simbólicos que caracterizaram o *pacto trabalhista* durante o Estado Novo "continuam funcionando como elemento impulsionador e legitimador das viagens com fins reivindicatórios, ocorridas na década de 1950" (Neves, 2011:5). O interessante, contudo, é que a historiadora finaliza sua análise retomando a viagem que os jangadeiros teriam realizado anos depois, então nos *anos dourados* do desenvolvimentismo juscelinista:

Com a morte do Presidente Vargas, foram silenciadas as vozes dos "pescadores do Norte"? A pergunta vai ficar, pelo menos por enquanto, sem resposta. Ao invés de respondê-la, informo ao leitor que, em 1958, nas águas desenvolvimentistas do período JK, ainda tremulava a vela de uma jangada, rumo [...] a Buenos Aires. O nome da jangada, estampada na branca vela, não era mais a de um santo, mas sim outra homenagem aos trabalhistas: Maria Tereza Goulart, nome da esposa do Vice--Presidente João Goulart – um "amigo do presidente Vargas", como disse um dos tripulantes dessa jangada, o pescador Zé de Lima [Neves, 2011:11].

O texto não menciona que, não apenas a voz dos jangadeiros não se calou com a morte de Vargas, como também, além da viagem de 1958, outras foram realizadas na época da ditadura: uma em 1967 – entre Fortaleza e Santos – e outra em 1968 – entre Maceió e Rio de Janeiro.[470] Todavia, talvez a mais importante delas tenha se realizado em 1972, "a única que resultou em benefícios reais para os pescadores".[471] Então, mais uma jangada zarpou de Fortaleza, desta vez com destino a Ilhabela, no litoral paulista. Os jangadeiros partiram em julho, justamente no período das homenagens a d. Pedro I e ao marechal Castello Branco, que tiveram lugar em Fortaleza, como parte do programa oficial de comemorações do sesquicentenário. Liderados por João Eremilson Silva, seis jangadeiros partiram de Fortaleza e 101 dias depois aportaram em Ilhabela. Não parece um acaso que os jangadeiros tivessem escolhido, no ano do sesquicentenário, o litoral paulista como lugar de chegada, estado escolhido como centro do encerramento das comemorações. Chegaram, no entanto, mais de dois meses após o fim apoteótico das festas.

No dia 24 de novembro, levados até o Rio de Janeiro, foram recebidos pelo presidente no Palácio Laranjeiras. Da mesma forma que as viagens realizadas nos governos de Vargas, a de 1972 também tinha caráter reivindicatório: exigiam o "direito de se aposentarem pelo INPS, inclusive para os que já tinham mais de 60 anos, e a reorganização das colônias de pesca, 'que estão muito confusas'",[472]

---

470. Cf. "Jangadeiros". Disponível em: <http://clubedavela.com.br/artigos.asp?cdartigo=93>. Acesso em: 12 out. 2011.
471. Ibid.
472. "Jangadeiros pedem INPS a Médici". *Folha de S.Paulo*, São Paulo, p. 3, 25 nov. 1972.

diziam. Fundamentavam suas demandas de acordo com o tom do discurso desenvolvimentista da época: "se não, o Brasil continuará desenvolvido apenas em uma banda".[473]

Na bagagem, além das reivindicações, também muitos presentes para o presidente: um cavalo-marinho envernizado, um amuleto da sorte que "só funciona depois de rezado e após receber uma cusparada do dono", ritual que Médici prometeu cumprir; o traje de jangadeiro que mestre Eremilson usou durante a travessia e um mapa do litoral brasileiro, no qual estavam assinalados os novos limites litorâneos brasileiros, que incluíam o avanço de 200 milhas na costa brasileira, medida alardeada pelo governo como mais uma das que davam prova da *grandeza nacional*. No mapa que os jangadeiros ofereceram a Médici podia-se ler: "navegamos com orgulho mais de 4 mil km". Por fim, fizeram a doação simbólica ao governo federal da jangada utilizada na travessia. Após os abraços de despedida, enquanto os jangadeiros se retiravam, Médici teria comentado com um de seus assessores: "Com gente dessa fibra o Brasil só tem mesmo que ir para a frente".[474]

Nas diversas viagens reivindicatórias dos jangadeiros do Nordeste ao *Sul maravilha* mais um interessante aspecto das inúmeras continuidades estabelecidas entre a ditadura do Estado Novo (1937-1945) e a civil-militar pós-1964, de um lado e, de outro, a euforia desenvolvimentista dos anos 1950 e aquela que caracterizou os anos do *milagre*. Ou seja, da mesma forma que aqueles pescadores se sentiam *autorizados* pelo discurso estado-novista a "empreender seus protestos e demandas", o mesmo não seria válido para explicar a viagem dos jangadeiros em 1972? Não se sentiam *autorizados* a reivindicar seu lugar naquele quadro de grande modernização e desenvolvimento vivido no país? Não queriam também fazer parte daquele *Brasil que vai pra frente*? Não teriam reconhecido em Médici uma liderança confiável, que saberia entender os problemas que enfrentavam?

Não esqueçamos que Médici realizou, em 1970, uma viagem pelo Nordeste, começando justamente pelo Ceará – pelo sertão, mas no Ceará, no Nordeste – durante uma das piores secas já enfrentadas na região. Foi nessa ocasião que o

---

473. Ibid.
474. Ibid.

presidente reconheceu que "a economia vai bem, mas o povo vai mal". Médici era o "primeiro presidente do Brasil a visitar o Ceará em plena seca",[475] dizia a imprensa. Na região de Crateús, sertão cearense, teria ouvido de um dos flagelados: "Hoje, abaixo de Deus, só o senhor pode ajudar a gente".[476]

Um ano depois da visita ao sertão, Médici concluía:

> Decorrido um ano de minha visita aos sertões na hora da calamidade, o mesmo homem que, faz um ano, disse à Nação que o Nordeste haveria de mudar, vem agora dizer que, em verdade, o Nordeste está começando a mudar.[477]

Ou seja, não seria este homem capaz de inspirar confiança não apenas aos flagelados da seca, mas também aos pescadores ainda sem direitos trabalhistas? É certo que o imaginário coletivo que estruturava o *pacto trabalhista* em 1941, reatualizado em 1951, era bastante distinto daquele que organizava o *pacto* em torno do *milagre* e da ditadura em 1972, mas não se pode negar que havia importantes continuidades entre passado e presente. E isto é importante observar: as inúmeras formas a partir das quais a ditadura soube tecer continuidades com relação ao passado.

Enfim, por um lado, da mesma forma que os demais generais presidentes, Médici prezava a manutenção de certa distância com relação às *massas* – e, desse ponto de vista, as festas do sesquicentenário foram fecundas em situações nas quais o presidente buscava manter determinada distância, reafirmando a hierarquia como valor e as festas patrióticas como celebrações estruturadas, nas quais cada um desempenha um papel que foi previamente definido e que não pode ser alterado.

Ao mesmo tempo, embora a demanda social pelo contato com o presidente seja algo constante na história da República brasileira, e não algo que caracterize somente aquele momento, tal demanda encontrou em Médici uma via por

---

475. "Médici promete a flagelado melhorar a vida no Ceará assolado pela seca". *Jornal do Brasil*, Rio de Janeiro, p. 3, 5 jun. 1970.
476. Ibid.
477. Emílio Garrastazu Médici. "Mensagem dirigida ao Nordeste no encerramento da última das frentes de trabalho, abertas quando da grande seca de 1970". *O povo não está só*, 1971, p. 23.

onde se expressar, a qual, desde 1964, estava fechada. Nesse aspecto, Médici se diferenciava do tom excessivamente sério e austero que cercava os outros dois presidentes que o sucederam. Médici representava um *Brasil colorido*, moderno, *pra frente*, com o qual muitas pessoas sentiam-se integradas. Respeitavam, no entanto, a autoridade do cargo que ele representava e, portanto, se o protocolo tentava mantê-las afastados do presidente, como ocorreu no encerramento das paradas militares em São Paulo, nada restava a fazer se não *retirarem-se, cantando o hino nacional*.

Havia, no entanto, outras formas, mais respeitadoras da solene figura do general presidente, de expressar a vontade do contato com o chefe da nação. Veja-se, por exemplo, a carta enviada à CEC pelo bancário Antônio Vicente Galante, 28 anos, que escrevia de Guaranésia, interior de Minas Gerais. Em sua carta, o bancário solicitava à comissão um convite para assistir aos festejos do dia 7 de setembro, "principalmente os desfiles". Fazia isso porque, uma vez que em 1972 os desfiles se realizariam em São Paulo, ele teria maior facilidade de comparecer. Mas, sobretudo, o pedido se justificava porque ele se declarava "um fã do nosso Presidente Médici". E completava: se a CEC atendesse seu pedido, ele teria seu "sonho realizado".[478]

A *realização do sonho* que o autor da carta mencionava situava-se entre o desejo de acompanhar os desfiles de 7 de setembro e sua admiração pelo presidente Médici. O que faz pensar, simultaneamente, no poder de atração e fascinação que esse tipo de evento cívico exercia sobre diversos segmentos da sociedade e em que medida o presidente foi capaz de personificar essa capacidade de atração e fascinação cívica. Nesse sentido, as comemorações do sesquicentenário favoreceram a construção de uma imagem do então presidente a partir da qual sua aceitação pela população estava diretamente relacionada aos sentimentos cívicos despertados pelos festejos.

A evocação da ordem, da hierarquia, a sacralização do espaço público, elementos fundamentais que compõem a *mise-en-scène* das comemorações cívicas, são todos valores caros ao imaginário coletivo nacional. Tais valores, naquele

---

[478]. Fundo Comissão Executiva da Comemoração do Sesquicentenário da Independência. Arquivo Nacional/SDE – Documentos Públicos, código 1J. Pasta 3B. Correspondência recebida.

momento, se expressavam não apenas através da recuperação militarizada do grande herói das comemorações, de d. Pedro I, mas também do próprio general presidente da vez, que encarnava, em sua farda, a defesa da ordem, o respeito pela hierarquia e, mais que isso, representava a prosperidade do *milagre* e um presente que reconciliava o país com seu passado de glórias, do qual o imperador era o mais lídimo representante.

Som, luz e exportações

Por volta das 13h, quando os ambulantes começavam a desmontar suas barracas na avenida Paulista, as festas na *capital nacional do sesquicentenário* estavam ainda longe de terminar: à noite, Médici inauguraria o espetáculo de som e luz no Ipiranga, um espetáculo grandioso, que envolvia refinada tecnologia e seria encenado pela primeira vez no país. Na verdade, seria a primeira vez que um espetáculo daquele tipo seria encenado em toda a América Latina, gabava-se a organização do evento.

O tema do espetáculo: os *quatro séculos de nossa história*,[479] com ênfase no processo de independência, certamente, mas sem esquecer, por exemplo, dos grandes heróis, desbravadores do *Planalto Paulista*, os bandeirantes: "Far-se-á um resumo da história brasileira a partir da fundação da cidade de São Paulo, de 1553 aos dias atuais",[480] explicava o panfleto informativo do espetáculo. Atores conhecidos do público, como Rubens de Falco, Dionísio Azevedo, Célia Helena e Lima Duarte emprestaram suas vozes aos diversos personagens da história do Brasil e da independência.[481] Jornais por todo o país anunciaram com grande ênfase o espetáculo, sobretudo durante a Semana da Pátria, o que favoreceu a grande afluência de público ao Ipiranga. Os cálculos variaram, dando conta de

---

479. Fundo Comissão Executiva da Comemoração do Sesquicentenário da Independência. Arquivo Nacional/SDE – Documentos Públicos, código 1J. Pasta 67. Encarte de divulgação do espetáculo de luz e som.
480. Ibid.
481. Ibid. Recorte de jornal: "Espetáculo de som e luz no 7 de setembro". Última Hora, 26 abr. 1972.

que entre 150 mil e 300 mil populares se aglomeraram nos jardins do Museu do Ipiranga desde as 16h.[482]

No entanto, o espetáculo que prometia ser uma grande comemoração popular enfrentou problemas no que diz respeito à forma como foi organizado. Segundo reportagem da revista *Veja*:

> Como o noticiário publicado durante toda a semana não lembrara que o espetáculo só poderia ser corretamente apreciado dos lugares destinados para as autoridades, milhares de pessoas aglomeraram-se nos jardins desde as 16 horas.

Enfim, a reportagem concluía: "O espetáculo, apesar de sua grandiosidade, não arrancou grandes aplausos".[483] Era, no entanto, de certa forma, um tipo de evento que não poderia faltar àquela festa. Sintetizava, de certa forma, o próprio *consenso* em torno do *Brasil potência* que se queria festejar no sesquicentenário. Nos elementos básicos do espetáculo – *luz* e *som* – estavam a força, a beleza e a técnica de um país que se enxergava *grande* e se queria como tal. Projetados nas paredes e nos jardins do Museu do Ipiranga, a história do Brasil tornava-se, mais uma vez, um grande espetáculo, e colocava o país em pé de igualdade com o restante do mundo. O próprio panfleto que anunciava o espetáculo dizia:

> Antes de mais nada, o que é "Som e Luz"? O que vem a ser esse espetáculo em voga atualmente na Europa e outros continentes (palácio de Chambord e na Notre Dame de Paris, na França; na Acrópole, de Atenas, Grécia; nas pirâmides do Egito, enfim, em Portugal, na Espanha, na Itália, etc.)? O que é o espetáculo que o xá da Pérsia acaba de realizar em Persépolis, como parte das comemorações de 2.500º aniversário do Império persa e assistido por mais de 30 reis de todo o mundo, além de presidentes, ministros e dignitários vindos de todos os continentes?[484]

---

482. *Veja*, São Paulo, p. 17, 13 set. 1972.
483. Ibid., p.17, 19.
484. Fundo Comissão Executiva da Comemoração do Sesquicentenário da Independência. Arquivo Nacional/SDE – Documentos Públicos, código 1J. Pasta 67. Encarte de divulgação do espetáculo de luz e som.

Seguia-se às interrogações uma explicação técnica do espetáculo. A resposta para a pergunta *o que é "Som e Luz"?*, no entanto, estava implícita na própria formulação das questões: ora, *"som e luz"* era um espetáculo cuja grandeza era digna somente de grandes civilizações, como a grega, a egípcia ou o Império persa. Era um espetáculo que somente aquele *Brasil pra frente* poderia realizar. Era o único país em toda a América Latina capaz de realizá-lo. A maciça presença do público, apesar das condições desfavoráveis de visualização, apontava, mais uma vez, como de resto uma série de outros eventos ao longo do ano demonstraram, o interesse e a curiosidade não apenas que a encenação da história pátria despertava, mas também o entusiasmo com relação às capacidades do *Brasil do milagre*.

Por fim, durante a noite, através de uma cadeia nacional de rádio e televisão, o presidente Médici dirigiu a todo o país a mensagem de encerramento das comemorações. Chamava o 7 de setembro daquele ano de *dia maior que todos os dias*, relembrava o ano festivo e as emoções *simples e justas* que os brasileiros viveram desde o início das comemorações:

> O abraço a nossos irmãos portugueses, o recebimento e a peregrinação dos despojos do nosso primeiro imperador, ofícios religiosos, festas populares, competições esportivas e manifestações culturais. A luz do passado iluminou estes dias de celebração, em estudos e pesquisas, cultos e evocações, reminiscências, análises, retrospectos, legados e tradições [...].[485]

E encerrava as comemorações do sesquicentenário da independência conclamando o país a se voltar para a *obra de renovação e mudança, em que estamos todos empenhados*:

> Certo de que a História deve ser entendida como um processo de mudança, valendo as lições do passado para iluminar os rumos do porvir, quisera, neste fecho do dia do Sesquicentenário, que todos refletíssemos sobre o nosso tempo e os tempos vindouros. O que fazemos agora e o que havemos ainda de fazer, nosso trabalho, nossos

---

485. "Que o Sesquicentenário inspire a obra de renovação". *Folha de S.Paulo*, São Paulo, p. 2, 8 set. 1972.

sacrifícios, influindo nas gerações de hoje, influirão, ainda, com maior intensidade, nas gerações futuras. Assim como fomos beneficiários do patriotismo daqueles que fizeram a Independência, para que fôssemos hoje uma Nação soberana, de nós depende, também, que a multidão incalculável dos compatriotas que nos hão de suceder encontre um País amadurecido e poderoso, capaz de contribuir para a solução dos grandes e graves problemas que afligem o mundo.[486]

E concluía: "Que a celebração do sesquicentenário da independência seja o sinal do amanhã". Em suma, as comemorações do sesquicentenário se encerravam com um discurso que chamava a nação a pensar o *novo tempo*, essa *grande obra* que a *revolução* vinha construindo. Uma vez que, como disse Médici em seu discurso de Ano Novo, o *eterno país do futuro se transformou, afinal, no país do presente* (Médici, 1972:76-77, grifos meus), as comemorações do sesquicentenário deveriam ser – e foram –, desde o início, uma grande comemoração dos *novos tempos* que o governo acreditava estar construindo. Mesmo quando se voltava aos *remotos* tempos da independência, o que importava nesse retorno ao passado era festejar essa mudança de *status*: de *eterno país do futuro* transformara-se, finalmente, no *país do presente*. Assim, o discurso do presidente parecia mesmo evocar uma radiante *idade de ouro*; a construção não apenas do futuro, mas também do presente.

Nesse sentido, o retorno a 1822 pode ser entendido como uma espécie de volta a uma determinada *idade de ouro*, quando o Brasil se constituía como nação, guiado pelos *pulsos firmes* do imperador. De acordo com Raoul Girardet, uma das formas a partir das quais o *retorno aos tempos de antes* se expressa refere-se justamente a um passado que não foi nunca diretamente conhecido: "seu poder evocador é o de um modelo, de um arquétipo, modelo e arquétipo a que a emergência fora do tempo decorrido parece por definição dar um valor suplementar de exemplaridade" (Girardet, 1987:98).

Em certo sentido, foi essa função de *exemplaridade* que a recuperação dos tempos da independência possuiu em 1972. Além disso, ainda de acordo com Girardet, tratando-se do retorno a um passado desconhecido diretamente ou não,

---

486. Ibid.

a ambos os casos corresponde "uma certa forma de leitura da história, com seus esquecimentos, suas rejeições e suas lacunas, mas também com suas fidelidades e suas devoções, fonte jamais esgotada de emoção e de fervor". Ou seja, mais que a ideia de *modelo* ou de *exemplo*, sempre extremamente ligada ao tempo presente, a volta festiva a 1822 trazia em si essa fonte de *emoção, fervor* e *devoção* que, no contexto de 1972, estava diretamente ligada aos ganhos do presente.

Assim, se de acordo com Girardet a mitificação do passado está ligada na maior parte das vezes à construção imaginária de uma *idade de ouro* em função de um presente "sentido e descrito como um momento de tristeza e decadência", é preciso lembrar que tal processo de mitificação não acontece dessa forma em outros tantos casos. Não é, por exemplo, o que ocorre quando a recuperação desse passado se dá em contextos comemorativos. Não foi o que aconteceu com a recuperação heroica de d. Pedro I e dos tempos da independência. Para Girardet, os "contornos do mito" revelam-se difíceis de precisar, à medida que eles podem estar tanto ligados aos domínios apenas do *pesar*, mas também aos da *esperança*, "entre o que não é senão evocação nostálgica de uma espécie de felicidade desaparecida e o que exprime a expectativa de seu retorno" (Girardet, 1987:103).

Foi do segundo ponto, portanto, que operou a releitura feita pela ditadura, em 1972, desse passado mítico situado nos idos de 1822, ou seja, localizava-se nos domínios da *esperança*, da expectativa de quem aguardava o retorno da *felicidade desaparecida*, ou antes, de quem a via chegar. Tratava-se então de rememorar duas *idades de ouro* – aquela do *Éden perdido* e aquela da *Jerusalém redescoberta*, segundo a comparação de Girardet. Tal ideia encontrou sua síntese no lugar-comum já mencionado, de acordo com o qual, se d. Pedro I realizou a independência política, os militares faziam a *independência econômica*. Esse retorno ao passado e a ligação com d. Pedro I, a recuperação de uma *idade de ouro* e a festiva comemoração de outra, evocando determinados sentimentos, valores e tradições nacionais, colocavam, definitivamente, a *revolução de 1964* como importante capítulo da história pátria brasileira.

Dessa forma, na recuperação de uma *idade de ouro* e na celebração de outra, presente, foram fundamentais os papéis desempenhados pela força simbólica do *grito do Ipiranga*, mas também por aquela do *milagre brasileiro* e da ideia de *construção da potência mundial*. Não foi à toa que a Semana da Pátria se encerrou oficialmente com a visita do presidente à *Feira Brasileira de Exportações* – Brasil Export 72. A reportagem da revista *Veja* assim descrevia o encerramento das festividades na Brasil Export 72:

> Mas o grande espetáculo do encerramento do sesquicentenário não estava ligado ao passado e não era o Luz e Som. Estava no Anhembi, onde o presidente, na manhã de sexta-feira, percorreu centenas de estandes num pequeno carro elétrico [...] Lá, 30.000 pessoas encontraram, desde terça-feira da semana passada, alguns dos resultados obtidos pelo Brasil em 150 anos de independência.[487]

A Brasil Export 72 se constituiu em uma grande *vitrine* do *milagre brasileiro*. Ali no Anhembi, 80 mil metros quadrados de feira montada foram divididos em 600 estandes e ocupados por 874 firmas brasileiras. Foi lá que Médici encerrou sua visita oficial a São Paulo, que se iniciou na manhã do dia 6, quando chegou para inaugurar o primeiro trecho concluído do metrô de São Paulo e para a inumação dos restos mortais de d. Pedro I. O propósito da feira era vender, "diretamente ao comprador internacional, produtos das áreas de têxteis, mecânica pesada, siderurgia, utilidades domésticas, equipamentos, cerâmica, móveis, couro, veículos e uma gama de artigos".[488] A feira reuniu, entre 5 e 14 de setembro, cerca de 1.750 convidados especiais, entre industriais e seus acompanhantes, e tinha como objetivo "mostrar a representantes de todo o mundo que o Brasil é uma alternativa que se oferece".[489]

Pretendia-se mostrar como um Brasil que fascinava *o estrangeiro* fechava negócios e trazia dividendos. Era a perfeita síntese do desenvolvimentismo dos anos do *milagre*, preocupado em alcançar o *desenvolvimento*, em colocar o Brasil no lugar de potência internacional. Todavia, como já analisei, o fundamental da ideia do *Brasil potência* estava menos nos grandes negócios que o acelerado crescimento da economia favorecia e mais na mítica por trás dela. Nesse sentido, o

---

487. *Veja*, São Paulo, p. 18, 13 set. 1972.
488. Fundo Comissão Executiva da Comemoração do Sesquicentenário da Independência. Arquivo Nacional/SDE – Documentos Públicos, código 1J. Pasta 60. Recorte de jornal: "Médici encerra sua permanência em São Paulo visitando 'Brasil Export'". *Diário do Comércio*, 9 set. 1972.
489. "Os bons negócios no Brasil". *Folha de S.Paulo*, São Paulo, p. 1, 14 set. 1972.

milagre brasileiro foi muito mais que os resultados colhidos por uma determinada política econômica criticável. Ele oferecia a importantes segmentos da sociedade uma forma de ver o mundo *confiante no porvir*. Essa maneira de ver e sentir a história do país com tamanho otimismo que o *milagre* oferecia foi exacerbada no contexto das festas de 1972. Um momento no qual o país parou para rememorar seu *passado heroico* e contemplar seu *futuro promissor*.

Assim, um jornal de Porto Alegre publicava, no dia em que a urna de d. Pedro I partiu da cidade, um interessante relato a respeito de como presente, passado e futuro se combinavam naquela cerimônia, gerando uma atmosfera de enorme *satisfação* social. Ali, o sentimento de *comunhão cívica* aparecia em harmonia com o *otimismo* e fé no *progresso do país* tão característicos dos tempos do *milagre*:

> Foi uma autêntica apoteose o que se constatou no dia da chegada dos restos mortais [...] Autoridades, estudantes e populares deram uma demonstração plena de seu espírito cívico que também encontrava-se acentuado no Imperador que nos deu a independência. O momento agora é propício [...] O clima de otimismo e de progresso que se verifica em todas as longitudes e latitudes do País demonstra a alta capacidade construtora do povo e o alto civismo a que o elevou sua compreensão de que não é no clamor estéril, nem na vasão [*sic*] de lamúrias que se constrói e se edifica. [O país] Já acusou sua maioridade e o testemunho encontra-se espelhado na realidade atual e nos propósitos sadios que delineiam um Brasil sempre maior na sucessão imponderável dos anos que passam.[490]

O trecho do artigo é extremamente significativo da *euforia cívica* que tomou conta do Brasil em 1972. E mais ainda, acrescenta um aspecto caro à propaganda em torno do *milagre*, mas que era, ao mesmo tempo, partilhado pela sociedade, qual seja a ideia segundo a qual *não é no clamor estéril, nem na vazão de lamúrias que se constrói e edifica* um país. Uma clara referência aos distúrbios e protestos sociais que se verificavam no país desde o momento do golpe em 1964 até pelo menos 1968, quando o AI-5 colocou fim às manifestações de rua contra a ditadu-

---

[490]. Fundo Comissão Executiva da Comemoração do Sesquicentenário da Independência. Arquivo Nacional/SDE – Documentos Públicos, código 1J. Pasta 53. Recorte de jornal: "Homenagem ao Imperador". Jornal e data não identificados.

ra. Ou mesmo uma referência aos grupos que aderiram ao enfrentamento armado e que, àquela altura, já haviam sido, em grande parte, derrotados pela repressão.

Tal referência ficava ainda mais clara, por exemplo, no *slogan* do Projeto Rondon, que postulava: *Protestar sim, mas com trabalho*.[491] A mensagem nesses dois exemplos era clara e direta e propunha a substituição dos protestos, das manifestações e da participação política ativa e contestadora pelo *trabalho*, este um direito e um dever do *bom patriota* que queria *verdadeiramente* construir um *novo país*, o *país do futuro*. E, se levarmos em consideração o sucesso das comemorações do sesquicentenário, a *autêntica apoteose*, para usar a expressão do jornal, ou, por outro lado, o expressivo número de 5 mil estudantes que se inscreviam anualmente no Projeto Rondon, teremos dois bons exemplos de como essa ideia encontrava ressonância social.

Visto dessa forma e não somente a partir do aspecto material, o *milagre brasileiro* tenha sido talvez o elemento que mais fundamentalmente fora capaz de organizar o consenso social em torno da ditadura nos primeiros anos da década de 1970. Ultrapassado o *milagre*, mais uma vez o consenso ditatorial seria redefinido. Este já não se sustentava mais unicamente em torno da retórica anticomunista. Mas o otimismo que permeou os anos Médici também já não existia.

Assim encerravam-se as comemorações do sesquicentenário da independência: entre a grande parada *militar* de 7 de setembro – que levou multidões de *civis* às ruas de São Paulo e de todo o país – e a exibição dos grandes feitos da indústria nacional na *Export 72*. Terminava como começou – e como foi seu sentido ao longo dos cinco meses: entre a exaltação do passado glorioso da nação e o eufórico festejar dos *anos de ouro* do *milagre brasileiro*. Quando deixou a Export 72 no fim da manhã de sexta-feira, 8 de setembro, Médici encerrava o ano comemorativo tendo passado, *com louvores*, por um difícil *teste de popularidade*:

> Para o governo Médici, o Sesquicentenário representou o mais profundo teste de popularidade e, em São Paulo, apesar das severas medidas de segurança que mantinham as autoridades dentro de um forte anel policial, a população aplaudia o presidente a cada instante. Em muitos lugares os "viva a Independência" eram seguidos de "viva

---

491. Cf. "Integrar para não entregar". *O Cruzeiro*, Rio de Janeiro, p. 152, 15 set. 1971.

o presidente Médici". Assim, conseguiu-se reeditar, numa escala compreensivelmente menor, o clima de satisfação dos dias que se seguiram à conquista do tricampeonato mundial de futebol, quando o terceiro governo da Revolução amanheceu extraordinariamente popular.[492]

Em certo sentido, não foi apenas o presidente que saiu com a popularidade reafirmada. A ditadura ou – segundo o vocabulário da época – a *revolução*, de uma forma geral, também se fortaleceu após as comemorações. Sua capacidade de dialogar com determinada tradição cívica nacional, com valores fortemente enraizados no imaginário coletivo republicano – ao mesmo tempo redefinindo-os de acordo com seus próprios valores e tradições –, ficou evidente em vários eventos que conformaram os quase seis meses de comemorações. Passado o 7 de setembro, a CEC continuou recebendo cartas de populares. Queriam, então, congratular-se com o general Antônio Jorge Corrêa pelo sucesso das comemorações. Assim, em 6 de setembro, ainda um dia antes do grande encerramento, Benedito Vieira de Mendonça, autodefinindo-se como "homem humilde [...], sempre afeito aos atos e comemorações patrióticas, entusiasmado com as diversas comemorações programadas e realizadas para o sesquicentenário da Independência", escrevia: "Tenho de vida a metade do período de nossa Independência e, confesso, não assisti na minha existência tão significativas e importantes comemorações cívicas, atingindo as mais amplas áreas".[493]

Nas palavras do aposentado de Niterói, elementos fundamentais para compreendermos o importante diálogo com antigas tradições cívicas nacionais que a ditadura foi capaz de atualizar e investir de novos significados, então atraindo para si um público habituado e devotado à *pátria* como *religião civil* (Catroga, 2005:13). Ao mesmo tempo, sua carta contém elementos caros àquilo que deveria compor – e compunha, para muitos – o estado de *euforia* desenvolvimentista típico do *milagre*, ou seja, a ideia de *grandeza nacional*, das múltiplas possibilidades

---

492. *Veja*, São Paulo, p. 19, 13 set. 1972.
493. Fundo Comissão Executiva da Comemoração do Sesquicentenário da Independência. Arquivo Nacional/SDE – Documentos Públicos, código 1J. Pasta 3C. Correspondência recebida, datada de 6 de setembro de 1972.

da *potência em ascensão*, ou, como diria a letra do hino do sesquicentenário, a ideia de que "esse Brasil faz coisas que ninguém imagina que faz".

De forma similar, o ferroviário aposentado Aristides Dorigo, editor do jornal mensal *O Líder*, de Patrocínio do Muriaé, em Minas Gerais, escrevia ao general Antônio Jorge Corrêa em 8 de setembro:

> Congratulando-me com Vossa Excelência pelo completo êxito dos festejos do Sesquicentenário da nossa Independência, marco histórico de perfeita Unidade Nacional e de expontânea [*sic*] manifestação de amor a este país, sirvo-me do feliz ensejo para reiterar-vos, Senhor general, os meus protestos de invariável consideração e o mais alto apreço.[494]

Interessante mencionar que o sr. Aristides Dorigo queria fazer chegar às mãos da CEC um exemplar da edição de setembro de seu jornal, cuja capa era estampada pela foto oficial do presidente Médici acompanhada da seguinte legenda: "O Presidente Médici tomou todas as providências para que em todos os quadrantes do país se comemore o Sesquicentenário".[495] Além disso, o jornal continha um artigo, de sua autoria, intitulado "O Sesqui e o progresso do Brasil". Por fim, o aposentado usava como epígrafe de sua carta um trecho do discurso proferido pelo presidente no encerramento das comemorações, no qual ele afirmava:

> Que a celebração do Sesquicentenário da Independência seja o sinal do amanhã, a anunciação e o frêmito da verdadeira paz, o limiar da aberta claridade. Um grande país todo dia se renova na imaginação criadora, na coragem e na vontade de seus filhos.[496]

O interessante aqui é notar, para além da adesão explícita ao discurso da ditadura, através da citação do presidente e de sua foto estampada na capa do jornal, o trecho da carta em que seu autor menciona as comemorações do sesquicentenário como marco da *perfeita unidade nacional*. Não se pode questionar

---

494. Ibid. Correspondência recebida, datada de 8 de setembro de 1972.
495. Ibid. Capa do jornal *O Líder* anexada à carta.
496. Ibid.

que esse não fosse de fato o sentimento do sr. Aristides e de tantas outras pessoas que partilhavam com ele a mesma cultura cívica, o apreço à ordem e o encantamento pelo progresso. Assim, a *perfeita unidade nacional* era sentida através das inúmeras formas a partir das quais a *integração nacional* era realizada: seja através da construção de grandes rodovias, como a Transamazônica; da expansão e modernização dos sistemas de comunicação; das vitórias esportivas que criavam, da forma mais eficaz, a imagem de um país *vencedor*; das grandes comemorações cívico-patrióticas, como o sesquicentenário, que propunham uma espécie de *trégua* durante a qual as pessoas pudessem se unir em torno da pátria.

Aparentemente, a ideia de uma *perfeita unidade nacional* contrasta com a ação da repressão, naquele momento mais ativa que nunca. Como poderia haver *unidade nacional* e, além do mais, *perfeita*, se o regime prendia, torturava e matava seus opositores, cidadãos brasileiros? É um contraste, no entanto, apenas aparente. Essa ideia de *união nacional* se constrói, a rigor, em oposição, ou antes, como a superação da situação anterior ao golpe e àquela imediatamente posterior à instauração da ditadura, que prevalecera até a outorga do AI-5. Qual seja, aquela em que, segundo o discurso oficial, era preciso estar atento e *vigilante* contra os *inimigos da pátria*, os quais eram, essencialmente, *inimigos internos* a serviço do *comunismo internacional*. Não deviam pois ser tratados como *nacionais*. Ao menos não se comportavam como tais, na medida em que conspiravam contra a pátria. Aliás, comunistas sequer acreditavam em pátria, de acordo com o imaginário anticomunista. Não eram cidadãos. Eram *terroristas*. Não poderiam fazer parte da *unidade nacional*. Esta, para existir, e ser *perfeita*, precisava eliminar os *terroristas*. Afinal, o Brasil não estava em *paz* porque estava livre do *terrorismo*?

Nesse aspecto, é importante destacar – inclusive para podermos compreender melhor o aparelho repressivo como um instrumento do consenso – que este somente pode ser visto como tal se levarmos em consideração, como avalia Didier Musiedlak para o caso da Itália fascista, que

> o terror [de Estado] no plano oficial não era ministrado contra o povo italiano, mas contra aqueles considerados como obstáculo à política de recuperação nacional. [...] Para aqueles que haviam internalizado as normas definidas pelo regime fascista, no

contexto dessa coerção seletiva e com alvo certo, os riscos de ser vítima do regime eram pequenos [Musiedlak, 2010:165].

No Brasil também a repressão foi bastante seletiva e, nesse sentido, à medida que foi capaz de estabelecer o *perfil do inimigo* e, por consequência, também o do *cidadão exemplar*, constituiu-se num importante elemento conformador do consenso e capaz de contribuir para a construção da *unidade nacional*.

Por fim, acredito que seja ainda interessante analisar a pequena, mas significativa, carta enviada à CEC ao fim das comemorações pelo sr. Ary Nogueira, de Campinas, que parabenizava o general Antônio Jorge Corrêa e pedia para receber dois exemplares do *Jornal da Independência*:

> Cumprimento o ilustre Chefe Militar pelo êxito da honrosa missão a vós confiada pelo Excelentíssimo Sr. Presidente da República. Estes "Festejos do Sesquicentenário da Independência" foram uma grande maratona de civismo. Sabe muito bem, Vossa Excia., que tudo a Pátria de nós necessita, e se for preciso a vida a Ela daremos. Seja na paz ou na guerra em nossos oficiais generais sempre confiaremos para a grandeza do Brasil e de seus filhos.[497]

Como deixa entrever a carta do sr. Ary Nogueira, as comemorações do sesquicentenário da independência em 1972 acabaram se constituindo em importante momento de reafirmação da *confiança* que segmentos expressivos da sociedade depositavam em seus *generais*, fosse *na guerra ou na paz*. Assim, os festejos representaram um espaço fundamental de reafirmação do consenso ditatorial. Na verdade, passada a euforia pela vitória no mundial de futebol em 1970, foi em 1972 que o consenso, da forma como ele se constituiu nos primeiros anos da década de 1970, pôde melhor se manifestar em grandes eventos públicos.

O *pacto* de sustentação do regime foi construído e se consolidou cotidianamente, através de algumas políticas públicas implementadas pela ditadura, bem como através do *estado de espírito* que as obras do *milagre* e a propaganda oficial

---

497. Fundo Comissão Executiva da Comemoração do Sesquicentenário da Independência. Arquivo Nacional/SDE – Documentos Públicos, código 1J. Pasta 3C. Correspondência recebida, datada de 8 de setembro de 1972.

foram capazes de potencializar. Não obstante, as comemorações do sesquicentenário representaram uma espécie de *apoteose* desse consenso *pra frente*, que acreditava nas possibilidades do Brasil potência, no crescimento da economia e no progresso da sociedade, todos conquistados em boa ordem, comandados pelos braços fortes de seus temidos, porém amados, generais.

Assim, se o consenso é "a resultante de tudo que contribui para garantir o equilíbrio da sociedade" (Musiedlak, 2010:154), não se pode negar que, nos primeiros anos da década de 1970, somado à intensa propaganda – capitalizando inclusive o futebol –, ao crescimento impressionante da economia e à eficácia dos órgãos de repressão na manutenção da *ordem urbana* e no combate ao *terrorismo*, o sesquicentenário da independência e sua evocação patriótica foram capazes de contribuir para garantir o *equilíbrio social*.

Ou seja, o consenso constitui-se não apenas dos mecanismos a partir dos quais o governo busca atrair a sociedade para si, mas também do *consentimento*, quer dizer, as formas diversas a partir das quais a sociedade corresponde a esse chamamento. Podemos assim dizer que, em 1972, o governo obteve sucesso ao elaborar e colocar em marcha seu programa oficial de comemorações. Isso porque, de maneira extremamente diversa e multifacetada, segmentos expressivos da sociedade corresponderam à sua expectativa, expressando consentimento com relação às comemorações.

Desse modo, é importante entendermos o consenso considerando também essa via, qual seja a dos procedimentos criados pelo regime no sentido de conseguir a adesão da sociedade, entre os quais figura, sem dúvida, o sesquicentenário. Não obstante, é preciso não esquecer que tal consenso somente pode ser atingido se levarmos em consideração as tradições, os valores, as culturas políticas existentes previamente na sociedade. É nesse ponto que reside o grande sucesso da longa empreitada que foram as comemorações do sesquicentenário da independência. A sociedade apenas pode manifestar seu consentimento a um governo se este é capaz, de alguma forma, de atender às suas demandas, suas expectativas, enfim, de dialogar com suas tradições, com sua forma de ver e de estar no mundo. Em 1972, com as festas promovidas para comemorar os 150 anos de emancipação política, a ditadura conseguiu estabelecer esse diálogo.

CAPÍTULO 9

Anos de chumbo ou anos de ouro? Uma história sempre em reconstrução

> A memória é responsável não apenas pelas nossas convicções, mas também por nossos sentimentos. Receber uma revelação brutal sobre seu passado, ser obrigado a reinterpretar a imagem que se faz de seus próximos e de si é uma situação perigosa, que pode se revelar insuportável e que será recusada com veemência.
>
> (Todorov, 2004:25)

O sesquicentenário: síntese do consenso do *milagre*

Dezembro de 1986. O Brasil estava em pleno processo de transição democrática. Como sempre, as batalhas de memória se travavam. Era preciso, definitivamente, liquidar, *apagar* – se possível fosse – o passado ditatorial. Era preciso reconciliar a sociedade no quadro de um novo regime. Consigo mesma. Com seu passado. Com sua *vocação democrática*. Para tanto, as manifestações de apoio à ditadura, ainda frescas na memória daquela sociedade que tateava a reconstrução, lenta, de um consenso democrático, oscilavam entre o silêncio e o *escárnio*.

Nesse momento, em São Paulo, lá no Ipiranga, onde, 14 anos antes, ditadura e sociedade haviam promovido com pompa e circunstância a cerimônia de inumação dos restos mortais de d. Pedro I, o prefeito Jânio Quadros mandava, mais uma vez, retirar a urna imperial da cripta especialmente construída em 1972. A decisão foi tomada em razão das precárias condições nas quais o lugar se encontrava: "goteiras, perigo de ladrões e até mesmo de inundações".[498] A decadência em que se encontrava a cripta construída para abrigar d. Pedro I em

---

498. "Pobre Pedro". *Veja*, São Paulo, p. 115, 17 dez. 1986.

seu pomposo retorno ao Brasil no ano do sesquicentenário era mais um espelho do lugar reservado à ditadura na nova ordem democrática que se edificava, da construção dos silêncios em torno dos *anos de ouro* do *milagre* que se operava naquele momento:

> O governo Médici acabou, as festas do sesquicentenário são hoje um pedaço do anedotário da megalomania propagandística dos oficiais que inventaram a festa e todos haviam se esquecido de Dom Pedro quando, há poucos meses, viu-se que o Imperador ia mal de morte.[499]

Interessante observar que a mesma revista que, 14 anos antes, falava em um *colorido fim de festa*, de uma apoteose, e de como Médici havia passado com louvores pelo *teste de popularidade* que as comemorações do sesquicentenário representaram, relegava, em 1986, as festas ao anedotário da ditadura. Desse lugar as comemorações somente sairiam para ocupar o espaço do *silêncio*, quase sepulcral, ao qual seriam, cada vez mais, confinadas.

A metamorfose representada nas duas matérias da revista – a primeira, de 1972, analisada no capítulo anterior, e esta, de 1986 – é, na verdade, muito representativa das transformações, lentas, pelas quais a sociedade também passou entre o início da década de 1970 e a longa transição democrática, entre 1979 e 1988: do consenso ditatorial, reafirmado nas ruas, nas escolas, cantado em prosa e em verso em 1972 à lenta desagregação do pacto ditatorial, que ganharia impulso a partir de fins dos anos 1970 e ao longo da década seguinte. É nesse momento que a necessidade de construção de um novo pacto, o democrático, resulta no silêncio em torno do apoio de expressivos segmentos da sociedade à ditadura.

Dessa forma, as manifestações em favor da ditadura passaram a ser vistas – e são ainda hoje, por determinado senso comum – como fruto da manipulação e do maquiavelismo de seus líderes. A mesma reportagem citava expressiva frase atribuída a Médici: "Com a Copa do Mundo, eu ganhei um ano de governo. Com o Sesquicentenário da Independência, ganho outro".[500] Assim, entre o *anedotá-*

---

499. Ibid.
500. Ibid.

rio e o *maquiavelismo*, construiu-se o silêncio, não em torno de uma festa, mas principalmente em torno das adesões e dos apoios que ela recebeu, das emoções e dos sentimentos que ela foi capaz de despertar.

Refletir sobre esses silêncios e, mais que isso, sobre a complexidade dos comportamentos sociais diante da ditadura, sobre as formas a partir das quais, em meio às *trevas* dos *anos de chumbo*, foi possível construir um pacto social que evocava o *Brasil pra frente*, esteve no centro das preocupações que nortearam este trabalho.

Assim, as comemorações do sesquicentenário da independência, uma festa cívica de proporções nacionais e que se estendeu ao longo do ano de 1972, são expressivas das formas a partir das quais a ditadura conseguiu reunir à sua volta apoios dos mais variados tipos. Todos, no entanto, concorrendo para a estabilização do pacto social naquele momento. Busquei, neste livro, analisar esses *apoios*, por exemplo, através da Comissão Executiva Central (CEC) que elaborou os festejos. Tentei compreendê-la como importante espelho de uma ditadura *civil-militar* que se constituiu a partir da integração entre estes dois polos, os quais, mais tarde, a memória se esforçaria por separar, posicionando-os em campos opostos. Como deixa evidente a participação de várias instituições da sociedade civil na CEC, as relações entre civis e militares ao longo de todo o regime foram mais complexas do que supõe o silêncio embutido na expressão *ditadura militar*.

Não obstante, procurei compreender o consenso para além dos *apoios* e adesões entusiasmadas, buscando também compreender outros tipos de comportamentos, como a *simpatia* silenciosa, a *fascinação* como desejo ativo e consciente de fazer parte de algo *maior* e, por outro lado, a apatia e a indiferença, comportamentos distintos entre si, mas igualmente importantes para a compreensão do *pacto ditatorial*. Em suma, compreendo o consenso no Brasil dos primeiros anos da década de 1970 de forma semelhante àquela como Robert Gellately o analisou para a Alemanha nazista, ou seja, "mais flutuante que firme", "determinado por distintos fatores segundo o contexto" (Gellately, 2002:15). Importante dizer, portanto, que me ative na conjuntura específica dos anos Médici, quando tiveram lugar as comemorações do sesquicentenário.

Procurei insistir nas particularidades desse contexto, por exemplo, na importância de compreendermos o *milagre* como um evento social e cultural que transcende suas definições meramente econômicas. Esse é o ponto fundamental para compreendermos não apenas as formas a partir das quais a sociedade pôde se expressar a favor do regime no momento das comemorações de 1972 como durante todo o mandato de Médici, que mais tarde a memória ressignificaria a partir da metáfora – unilateral – de *anos de chumbo*.

Assim, é importante não perder de vista a especificidade da conjuntura do governo Médici e dos primeiros anos da década de 1970, ou seja, é preciso considerar a natureza do consenso naquele momento particular. O *acordo de aceitação* do regime não foi homogêneo durante toda a ditadura. Foi, como já afirmei, vasto, plural e diversificado e, nesse sentido, é importante destacar que o consenso que marcou o governo Médici assumiu características muito específicas, que o diferiam dos demais momentos e o particularizavam.

Se o tomarmos em comparação com o tipo de consenso existente em 1964, que possibilitou e favoreceu o golpe, poderemos ter uma boa ideia dessa particularidade. Isso porque o *acordo social* que caracterizou o momento da intervenção militar e os primeiros anos da ditadura – dos quais as marchas da família com Deus pela liberdade tenham sido, talvez, a manifestação mais expressiva – possui uma característica antes de tudo *defensiva* (Chirio, 2001:72) no imediato pós-golpe; o consenso, agregando determinado *conservdorismo autoritário*,[501] era expressivamente anticomunista. Todavia, o mesmo não se pode dizer do consenso em torno do *milagre*.

No entanto, o consenso em torno do *milagre* adquire novos contornos, qualitativamente distintos. Acredito que os anos do governo Médici representaram um momento no qual o pacto construído em torno do regime se modificou profundamente. Com os órgãos de informação e repressão aperfeiçoados e agindo a todo vapor, a *caça* aos inimigos do regime podia ser deixada nas mãos do governo, e o sentimento anticomunista, embora permanecendo latente, deu lugar a uma grande *euforia* desenvolvimentista. Esse era um momento em que vastos segmentos sociais queriam *comemorar*. O forte sentimento *cívico* que caracterizava

---

501. O termo *conservadorismo autoritário*, da forma como utilizo, abrange uma gama diferenciada de manifestações políticas e de sociedade, mas que constituíam uma mesma cultura política da qual se pode dizer majoritariamente conservadora, autoritária e anticomunista. Podemos incluir nessa categoria o udenismo, o pessedismo, o castellismo, o pessepismo/ademarismo em São Paulo, o catolicismo conservador, muito importante, e, por fim, o arenismo. A ditadura foi instaurada contando com o apoio militante ou não de todas essas forças conservadoras.

a militância dos grupos que apoiaram o golpe em 1964 continuava presente, mas agora sem a necessidade da *eterna vigilância* contra o comunismo, muito presente no momento da instauração da ditadura.

Principalmente, tendo em vista o contexto de crescimento acelerado da economia, é importante destacar que a valorização do discurso da coesão social em prol da construção da *grandeza da nação* como elemento constitutivo do consenso foi fortalecida, em grande parte, pela expectativa de ganhos materiais que se tornava palpável sobretudo para segmentos vastos das classes médias brasileiras, mas que permanecia também no horizonte de outros vastos e importantes setores sociais populares. Não obstante, conquanto tenham importância fundamental para a conformação do consenso ditatorial, as expectativas apenas de ganho material não explicam a centralidade do chamado *milagre brasileiro* como um aspecto crucial da formação do consenso em torno do regime.

É preciso, portanto, compreender o *milagre* de forma mais ampla, como um *modo de estar no mundo* naquele momento e que, para além das possibilidades de ascensão econômica, oferecia também uma determinada visão do passado e expectativas de um futuro promissor, a partir de um presente no qual essas pessoas deveriam apenas viver de acordo com as normas sociais estabelecidas. Em outros termos, o *milagre* oferecia a camadas expressivas da sociedade uma ideia segundo a qual o *trabalho* e a obediência às normas e às instituições do presente significavam o respeito pela pátria, pela sua história e pelos grandes homens da nação, e, ao mesmo tempo, a construção de um futuro próspero.

Nesse aspecto, as comemorações do sesquicentenário sintetizam de forma expressiva o consenso que o governo Médici logrou construir ao longo dos primeiros anos da década de 1970. A ditadura soube canalizar profundas aspirações e tendências, fazendo com que convergissem distintas aspirações, numa festa que ela organizou, imprimindo nela seu selo: o do progresso com ordem, da modernização sem sobressaltos, o todo sintonizado com os valores da civilização cristã e *democrática* – o que não significa, certamente, que a sociedade tenha se tornado, toda ela, adepta do regime. As diversas *vozes dissonantes* que se levantaram em 1972, não apenas contra as comemorações, mas contra a ditadura, de modo mais amplo, são representativas disso. Expressavam correntes de *opinião minoritárias* naquele momento, mas que portavam já elementos que se tornaram centrais na *metamorfose democrática* que a sociedade sofreria mais tarde.

De toda forma, acredito que para segmentos importantes da sociedade foi possível participar das festas organizadas pela ditadura com espírito leve e fagueiro, e compartilhar seus propósitos e interpretações na medida mesma em que a ditadura tentou, com êxito, se apresentar como ponte entre passado e futuro. Ou seja, o regime colocou-se, em 1972, como *porta-voz* de valores patrióticos que o transcendiam. Assim, no lugar de uma ruptura, representou, em muitos aspectos, a possibilidade de manutenção das tradições, a continuidade. O sucesso das comemorações do sesquicentenário reside, portanto, nessa capacidade de evocar o passado glorioso da nação e, ao mesmo tempo, celebrar seu futuro/presente de conquistas, o momento de construção *ordeira* do progresso.

Portanto, procurei demonstrar que a proposta de retorno ao passado elaborada pelas comemorações do sesquicentenário possuía os olhos voltados para o presente. Assim, na escolha de d. Pedro I como grande herói da nação, o *elogio da autoridade*, do *poder de mando*, da *integração nacional*. Ao mesmo tempo, na lembrança do Tiradentes cívico, o exemplo do *sacrifício máximo* pela pátria, seu martírio como modelo patriótico – e não revolucionário – à mocidade. E se a festa voltava-se para o presente, como não fazer do futebol, *a pátria em chuteiras*, um dos altares das comemorações? O esporte mais popular do país, do qual o presidente era também devotado admirador. Na paixão esportiva, o *encontro* da nação com seu ditador. Vimos também que uma das leituras, talvez a mais mobilizadora feita naquele ano sobre a história do 1822 não emanou das esferas oficiais. *Independência ou morte* – filme moderno, colorido, que dialogava com a história oficial proposta pela ditadura e, ao mesmo tempo, transcendia-a – talvez seja a expressão mais completa daquelas comemorações, da fusão entre *Estado* e *sociedade*, entre o passado glorioso e o presente moderno, *pra frente* da nação.

Tentei demonstrar que os grandes eventos que se sucederam em 1972 – o Encontro Cívico Nacional; as filas que se formavam para visitar os despojos de d. Pedro I; as homenagens prestadas em alguns estados simultaneamente ao imperador e ao ex-presidente Castello Branco,[502] numa tentativa de colocar o marechal ao lado do imperador no panteão dos heróis nacionais; os jogos

---

502. Fundo Comissão Executiva das Comemorações do Sesquicentenário da Independência. Arquivo Nacional/SDE – Documentos Públicos, código 1J. Pasta 51. Recorte de jornal: "No Ceará, reverência a Castelo Branco". *Diário de São Paulo*, 19 jul. 1972.

da Taça Independência e os aplausos entusiasmados direcionados ao general Médici no Maracanã; as festas de encerramento das comemorações no dia 7 de setembro – foram todos eventos capazes de mobilizar importantes segmentos sociais, estabelecendo com eles frutífero diálogo. Explicações que se baseiem simplesmente no poder de *manipulação*, *propaganda* e *repressão* do Estado – dominantes nos discursos de memória – por vezes correm o risco de se contentar com maniqueísmos simples.

Aqui propus justamente dialogar com essa memória, ultrapassando-a, propondo a complexidade dos comportamentos, o estudo das comemorações como espelho do *consenso* plural, diversificado, que longe de se constituir em unanimidade refletia as inúmeras possibilidades de atitudes sociais diante da ditadura. Assim, podemos compreender melhor cenários como este:

> Durante a semana passada, milhares de automóveis circularam pelas ruas de São Paulo com fitas verde-amarelas nas antenas, bandeiras nos vidros traseiros e, em muitos casos, visitantes de todas as cidades do país, atraídos pelo encerramento dos festejos do Sesquicentenário da Independência. Os hotéis ficaram sem lugares, os aviões repletos [...]. Os prédios da avenida Paulista, onde se realizou o desfile militar do dia 7, vestiram-se de bandeiras [...]. No Museu do Ipiranga, uma multidão percorria os corredores em busca das relíquias da Independência. Enquanto isso, às margens do rio Tietê, cerca de 40.000 visitantes formigavam debaixo da estrutura metálica do palácio de exposições do Parque Anhembi, onde estavam expostos os troféus do desenvolvimento industrial e das exportações brasileiras.[503]

São esses atores sociais, que *rememorando o passado, festejavam o presente*, que a tese propôs tomar como objeto, para, dessa forma, compreender melhor a ditadura civil-militar, não como algo construído de cima para baixo, mas como um produto histórico da sociedade brasileira (Reis, 2004:50).

---

503. "Colorido fim de festa". *Veja*, São Paulo, p. 12, 13 set. 1972.

O sesquicentenário e os silêncios da memória

As comemorações do sesquicentenário da independência talvez sejam o momento que melhor sintetiza tanto a euforia gerada pelos *anos de ouro* do milagre brasileiro quanto seu *esquecimento*, ou antes, seu *silenciamento*. Uma festa grandiosa, prevista para ter duração de quase seis meses e que mobilizou o país de norte a sul, apelando ao imaginário cívico-nacionalista brasileiro. Existiram, é certo, exceções, bem localizadas socialmente – embora expressivas –, como vimos no capítulo 7, mas em 1972 prevaleceu mesmo a euforia comemorativa.

Entre abril e setembro de 1972, a ditadura desfilou tranquilamente pelas ruas do país, ora representada pelo esquife de d. Pedro I, ora representada pela figura dos generais presidentes – Castello Branco, Costa e Silva e Garrastazu Médici –, que estampavam os selos comemorativos do sesquicentenário e do oitavo aniversário da "revolução de 31 de março".[504] Eventos grandiosos combinados com mobilizações de caráter regional, municipal ou mesmo escolar, além das inúmeras pequenas cerimônias oficiais envolvendo os círculos governamentais ou ainda aquelas que reuniam a comunidade acadêmica, associações de bairro, esportivas e religiosas permitiram que os festejos se impregnassem de maneira muito forte ao cotidiano das pessoas.

Assim, uma das características que garantiram o sucesso da festa foi justamente sua capacidade de mobilizar e sensibilizar a vida cotidiana das pessoas. Ora, uma comemoração que se propõe uma duração de quase seis meses não sobrevive apenas de grandes eventos, embora estes tenham sido relativamente numerosos e verdadeiramente grandiosos. Dessa forma, os valores, os heróis do passado, as conquistas presentes e a construção do futuro, as ideias centrais com as quais a comissão organizadora dos festejos trabalhou iam ao encontro dos anseios de camadas significativas da sociedade, sendo capazes de mobilizá-las em seus ambientes mais cotidianos: escolas, bairros, sindicatos, supermercados, estádios de futebol etc. Nesse sentido, a questão da formação do consenso em torno do sesquicentenário e, de maneira mais geral, da ditadura, esteve diretamente ligada ao processo de *cotidianização da festa*.

---

504. "País – selo". *O Cruzeiro*, Rio de Janeiro, p. 60-61, 19 abr. 1972.

Nesse aspecto, pode-se dizer que as comemorações do sesquicentenário foram uma das maiores que o Brasil já tinha visto até então. A ideia de civismo, de acordo com a qual "o cidadão fazia parte de um organismo maior e precisava realizar sua parte para o melhor funcionamento e crescimento desse organismo", no qual cada um possuía seu papel (Filgueiras, 2006), foi colocada em prática de maneira festiva pelas ruas de todo o país durante todo o ano de 1972. A recuperação da tradição cívica brasileira, a qual certamente não foi inventada pela ditadura – mas que ganhou novas tonalidades então – foi acionada com sucesso pela CEC, ligando o passado *glorioso* do país à ideia, cara ao Brasil do *milagre*, de que cada cidadão estava colaborando para a construção do *Brasil grande*. Passado, presente e futuro estavam, naquele momento, indelevelmente unidos. Demonstravam que a ditadura havia sido capaz de estabelecer diálogo com a sociedade, de acionar antigos sentimentos e tradições, de recuperar heróis e de se fazer popular através da figura histórica e ambivalente de d. Pedro I, mas também através da figura de seu presidente, o temido, porém amado, general Médici.

Não obstante, criou-se com o tempo certa dificuldade em reconhecer o sucesso da festa e, nesse sentido, as comemorações do sesquicentenário são um importante espelho para percebermos como a sociedade lida ainda hoje com a memória sobre os *anos de ouro* da ditadura civil-militar. Na verdade, aquele ano festivo foi colocado, literalmente, no rodapé da história. São raras as referências às comemorações do sesquicentenário da independência, e as que existem em geral confirmam apenas o discurso da memória dominante sobre aquele período, fortemente ancorado no *mito da sociedade resistente*. Uma rápida pesquisa em *sites* de busca da internet revela que, na memória coletiva, o que restou do sesquicentenário foram breves referências, em geral associadas ao filme *Independência ou morte*, que aqui aparece reduzido a apenas mais uma *estratégia de propaganda* da ditadura. Em outros casos, observamos alguns colecionadores, desejando vender selos e medalhas comemorativos do sesquicentenário, intento quase sempre malsucedido. De fato, não há mais interessados naquelas *relíquias*.

Os registros mais correntes associam a festa ao caráter manipulador da propaganda da ditadura, ou a um evento ao qual a sociedade foi *obrigada* a comparecer, como podemos perceber, por exemplo, no texto "Sesquicentenário da independência", da escritora catarinense Urda Alice Klueger, no qual a autora afirma: "Nunca tínhamos ouvido, antes, a palavra sesquicentenário, mas tivemos que embarcar num ano de comemorações em cima da palavra desconhecida, com direito ao hino do sesquicentenário e tudo o mais" (Klueger, 1997).

O trecho é muito expressivo da forma como a sociedade lida com a ditadura: esta foi uma coisa de *militares*. A população, quando participou, *se* participou, foi porque *teve de embarcar* em uma *viagem* que ela definitivamente não desejava fazer, acuada pelas armas, *seduzida* pela propaganda a qual, de acordo com essa memória, soava como uma espécie de *canto da sereia*, enfeitiçando a todos os que tivessem ouvidos para ouvi-la.

Em seu trabalho sobre as comemorações da independência durante a ditadura, Maud Chirio constata a expressiva participação popular nas festas desde 1969 e analisa que essa construção de memória que questiona a popularidade das festas do período começou a aparecer já em 1985. De acordo com a historiadora, entre 1985 e 1986, "numerosas teorias impõem a ideia de um renascimento do patriotismo brasileiro" (Chirio, 2001:72), como se antes ele estivesse morto ou, ao menos, agonizante. Para a historiadora, esses dois primeiros anos de governo democrático são profundamente marcados, no que concerne às comemorações da independência, por uma tentativa de delimitar suas diferenças com relação ao regime anterior. Assim, "tudo, como os comentários concernentes aos desfiles, recusam considerar a possibilidade de sua popularidade sob o regime militar, fala-se em 1985 do retorno de um patriotismo completamente desaparecido há pelo menos duas décadas" (Chirio, 2001:72).

Ainda segundo a autora, desde 1969, a ditadura começou a investir significativamente em comemorações grandiosas do 7 de setembro. Naquele ano, em artigo para o *Jornal do Brasil*, o cronista Carlos A. Dunshee de Abranches assinalava a emergência de uma nova preocupação na organização das festas: se antes a Semana da Independência era comemorada de maneira formal, a partir de então ela deveria se realizar em meio às manifestações populares, com o objetivo de dar novo significado cívico ao episódio histórico de 1822 (Chirio, 2001:79). Curioso notar como em pouco mais de 15 anos, no mesmo jornal, mas agora através das palavras da cientista política Lúcia Hipólito, a questão da popularidade das festas da ditadura foi completamente ressignificada: em artigo do dia 6 de setembro de 1985, Hipólito analisava que sob a ditadura as ondas de patriotismo eram produzidas, mais ou menos, com uma frequência de uma vez a cada quatro anos. O patriotismo existia, mas ele acabava *inibido* por uma "exaltação excessiva das Forças Armadas" (Chirio, 2001:72).

Aqui, para além do esvaziamento da popularidade das festas e da ditadura de maneira geral, é interessante chamar atenção para um argumento em particular, o qual aparece com relativa frequência a partir do processo de redemocratização do país e que, ao fim, confirma o ponto central a partir do qual se travam as batalhas de memória em torno da participação social durante a ditadura: trata-se da centralidade do elemento *militar* na vida social do país, ou a *exaltação excessiva das Forças Armadas*, como no artigo mencionado anteriormente, como se esse fosse um processo *forçado* e artificial. É certo que, a partir do golpe, a valorização do elemento militar e a *exaltação das Forças Armadas* foram acentuadas em virtude mesmo da centralidade que os militares possuíram no golpe e nos governos que se seguiram. Essa exaltação foi ressaltada a partir dos anos 1970, quando o governo passou a investir pesadamente em propaganda e o *soldado* foi tema de algumas campanhas, numa tentativa de aproximar Forças Armadas e sociedade civil (Fico, 1997). Também nesse sentido contribuía o incentivo governamental às Olimpíadas do Exército a partir de fins dos anos 1960.

De toda forma, é importante lembrar que a exaltação das Forças Armadas, que Lúcia Hipólito chamava de *excessiva* em seu artigo de 1985, não era algo que se restringia às festas cívicas do pós-1964. A professora Rosa Fátima de Souza analisa bem essa questão ao tratar do que ela chama de "militarização da infância" a partir de "práticas de natureza patriótica e cívico-militar" que predominaram nas escolas primárias brasileiras desde o início do século XX, através, por exemplo, da introdução de disciplinas como "ginástica e exercícios militares", a criação dos chamados "batalhões infantis", ou ainda a prática do escotismo escolar. De acordo com a autora, tais elementos são parte de um projeto maior de construção da nacionalidade brasileira ainda na primeira metade do século XX (Souza, 2000:105). Por outro lado, não se pode esquecer do calendário cívico varguista, tão rico em desfiles de jovens estudantes pelas ruas, que simulavam ou se aproximavam muito de paradas militares, buscando um ideal de disciplina – corporal, sobretudo, para os quais as Forças Armadas sempre foram importante modelo (Parada, 2009).

Em suma, a *exaltação* das Forças Armadas em comemorações cívicas, sobretudo as de 7 de setembro no Brasil, é uma tradição relativamente estruturada, presente em toda a primeira metade do século XX brasileiro desde a proclamação da República, apropriada pela ditadura do Estado Novo e, mais tarde, ressignificada e incentivada pela ditadura do pós-1964. Diferentemente do que a memória coletiva consolidaria mais tarde, a exemplo do que podemos ver no texto de Lúcia Hipólito em 1985, a "exaltação excessiva das Forças Armadas", longe de ser um aspecto que prejudicasse a popularidade das comemorações durante a ditadura era, ao contrário, um aspecto já afirmado da cultura cívica brasileira, de forma alguma estranha àquela sociedade, e pode-se dizer mesmo que as características militares das festas eram um atrativo para aquela gente, já habituada à *mise-en-scène* militar.

Não obstante, o que parece acontecer na década de 1980 é uma espécie de negação do forte enraizamento que o elemento militar possuía para o imaginário cívico brasileiro. Tal apagamento ganhou força à medida que avançava o processo de redemocratização do país e os militares iam, em boa ordem, abandonando a cena política e voltando aos quartéis. Em última instância, o silêncio em torno da centralidade desta *mise-en-scène* militarizada confirma, para o caso da memória sobre a ditadura, as versões de que as Forças Armadas são um elemento *alienígena* na sociedade brasileira e, por isso, o golpe e a ditadura de 1964 eram igualmente estranhos, não tendo nunca suscitado apoio social.

Todavia, para que possamos compreender melhor como foi possível a permanência de uma longa ditadura como essa em nosso país, é preciso compreender que as Forças Armadas não eram de modo algum um *corpo estranho* àquela sociedade e, portanto, a ditadura foi antes de tudo *civil-militar*, não somente porque os civis sustentaram de diversas formas, direta ou indiretamente, o regime ao longo de toda a sua duração, mas também porque a encenação da vida pública brasileira conservava muito da *mitologia* militar desde longa data. Nesse aspecto, a ditadura foi uma construção social cujas bases estavam profundamente ancoradas na cultura política de inúmeros segmentos da sociedade. Ainda assim, a memória de uma ditadura exclusivamente *militar* e de uma sociedade *inocente* tendeu a ganhar força e se consolidar no Brasil.

No que tange às comemorações do sesquicentenário, ou antes, ao silêncio em torno da adesão social à festa, é importante destacar que ele não se constitui em caso único na memória sobre o período. Ao contrário, as manifestações públicas de apoio à ditadura em geral têm tido o mesmo destino: o *silêncio*. A sociedade não *esqueceu* esses eventos, mas *falar* deles, *lembrá-los* como atividades conscientemente realizadas por expressivos segmentos parece causar certo desconforto. Tomemos, mais uma vez, o exemplo das marchas da família com Deus pela liberdade. De norte a sul, nas grandes cidades e no interior, os terços foram acionados e multidões foram às ruas reativando importantes tradições conservadoras brasileiras, somadas a uma cultura política marcadamente anticomunista, que ganhava força no contexto da Guerra Fria e, particularmente, a partir do quadro de radicalização das posições e das lutas políticas travadas no decorrer dos primeiros anos da década de 1960 no Brasil.[505]

Com o passar dos anos, mesmo as associações que participaram ativamente da organização das marchas passaram a lembrar o evento com certo pudor: falar e não falar, lembrar e *esquecer*, *orgulho* e *desilusão*. É dessa forma ziguezagueante que a memória dos grupos sociais envolvidos diretamente com as marchas e com o *apoio ativo* ao golpe se desenvolve.[506] No mais, a memória coletiva guarda dessas manifestações, como em geral do regime, um caráter *não espontâneo*: manipuladas pela Igreja, pelos homens, pelos militares, as mulheres foram às ruas, empunhando seus rosários em defesa da família, da religião, da pátria.

Uma memória problemática, que relega a segundo plano uma das manifestações mais expressivas que legitimaram o golpe e sustentaram a ditadura em um primeiro momento. Ignorando, para tanto, a força do pensamento conservador brasileiro e da cultura política associada, abarcando, entre outros, o udenismo, a direira pessedista, o ademarismo, o catolicismo de direita – especialmente fortes naquele momento – e o *medo real* de que o comunismo destruísse as instituições que organizavam e davam sentido à vida de expressivos segmentos sociais.

Não obstante, o silêncio que envolve as comemorações do sesquicentenário é ainda mais ensurdecedor do que aquele relativo às marchas. Nos livros didáti-

---

505. Sobre as marcha da família com Deus pela liberdade, cf. Presot (2004).
506. Sobre a memória dos grupos envolvidos diretamente com a marcha, cf. Cordeiro (2009a).

cos, nos programas de televisão, nos filmes sobre o período, ainda que de forma absolutamente maniqueísta, às marchas da família com Deus pela liberdade é consagrado um lugar especial para explicar as lutas políticas que caracterizaram a primeira metade da década de 1960. Elas são apontadas como o ápice da organização das direitas na luta a favor da intervenção militar. Vez ou outra, portanto, o silêncio é rompido, ainda que em tom acusatório, para *absolver* ou, mais frequentemente, *condenar*. São os *bodes expiatórios* que permitem transferir sempre ao *outro* as responsabilidades pelos *crimes* do passado.

Mas o caso do sesquicentenário é diferente: a festa não habita os livros didáticos, não é referida em filmes, enfim, nem mesmo esse aspecto maniqueísta é capaz de romper o silêncio ao qual foi relegada. Em suma, como já observei, o consenso formado em 1964, do qual as marchas foram as mais expressivas manifestações, diz respeito sobretudo – mas não apenas – a segmentos da sociedade que deram seu apoio ativamente ao golpe e à ditadura. Nesse sentido, tendo em vista uma memória maniqueísta, que define as relações da sociedade de modo polarizado entre *resistentes* e *colaboradores*, entre o *bem* e o *mal*,[507] é fácil perceber ali, nas marchas, os *colaboradores*, o *lado mau*, transferindo sempre ao outro as responsabilidades pelos crimes do passado. Assim, as passeatas de 1964 são resgatadas em tom simplificador: não se deixa de mencionar seu caráter *artificial*, não espontâneo; questionam-se também os números – teria sido mesmo 1 milhão, no Rio de Janeiro? 500 mil em São Paulo? –, mas, ao mesmo tempo, não se pode *esquecê-las*, pois expressam bem o comportamento que é sempre o do *outro*, o *colaboracionista*.

O mesmo não ocorre com as comemorações do sesquicentenário da independência. Ali, em 1972, com o *milagre* rendendo frutos e o país vivendo um momento de triunfante otimismo, o consentimento possuía outra natureza. Se sobre 1964 a memória pode olhar para trás e ver apenas uma direita vitoriosa e uma esquerda derrotada e vitimizada, em 1972 é diferente. É certo que a derrota

---

507. Em 2010, em meio às polêmicas criadas em torno dos *royalties* do petróleo, o deputado Ibsen Pinheiro se referiu à passeata realizada no Rio de Janeiro contra sua proposta de divisão dos *royalties* dizendo: "[...] nem toda passeata é do *bem*. O Rio já fez manifestação para apoiar a ditadura". Antes, em 2009, o jornalista Ziraldo, por exemplo, no documentário *Simonal: ninguém sabe o duro que dei*, definiu nesses termos – *bem* e *mal* – as relações entre sociedade e ditadura. Cf. Janaina Martins Cordeiro (2011:209, 212).

das esquerdas – as armadas, sobretudo – somente se fez aprofundar com o passar dos anos, mas, por outro lado, é mais difícil, no decorrer da festa, separar o *bem* do *mal*, o *joio* do *trigo*. Ali, não se tratava de definir *resistentes* e *colaboradores*.

Embora a festa tenha recebido críticas, e a tentação das memórias vencedoras no Brasil seja grande no sentido de aplicar a palavra *resistência* abundantemente, no caso específico das comemorações o termo não se sustenta. Essa estrutura bipolar caracteriza, inclusive, a memória sobre todo o governo Médici e a própria ideia dos *anos de chumbo*. Mas as comemorações do sesquicentenário, embora possa em certa medida ser incorporada por esse raciocínio maniqueísta, representa muito bem a natureza difusa do consenso, dificultando sua *apropriação* pela memória dos *anos de chumbo*.

As comemorações demonstram, antes, a diversidade dos comportamentos sociais em tempos de ditadura, faz aflorar a *zona cinzenta* definida por Pierre Laborie, ou seja, chama atenção para o comportamento do homem comum, sem polarizações – como as pessoas em seu dia a dia agiram e reagiram diante da *mise-en-scène* do poder, diante da reconstrução da história realizada naquele momento pela ditadura, diante da convocação eufórica para comemorar os progressos do *país do futuro*. Assim, se "a memória descarta uma parte daquilo que a história persegue e fixa como objeto" (Laborie, 2003:61), o cotidiano das comemorações do sesquicentenário evidencia justamente o que foi descartado pela memória: a complexidade da formação do consenso e a diversidade dos comportamentos sociais.

O sesquicentenário traz o questionamento sobre a vida dos cidadãos comuns: aqueles que escreviam cartas para a comissão, os que compunham músicas em homenagem às festas, os que faziam poesias para d. Pedro I; questiona as multidões que se vestiam de verde e amarelo e iam às ruas ver passar os desfiles; os aplausos que se ouviram no Maracanã durante a final da Taça Independência dirigidos ao presidente Médici; os astros e estrelas da música popular brasileira e das telenovelas que participaram ativamente das, ou emprestaram seus nomes às comemorações; os inúmeros visitantes que passaram pela Feira de Exportações Brasil Export 72; os curiosos que, sem serem especialistas ou entusiastas da *história pátria*, seguiram nas ruas do país o cortejo dos restos mortais do imperador.

Em suma, as comemorações refletem a existência do consenso social em seu sentido mais amplo, invocando também a conciliação silenciosa, o consentimento tácito, a reprodução do cotidiano; embaralham a memória simplificadora dos *anos de chumbo*, para a qual existe um Estado todo-poderoso, que massacra seus inimigos nos *porões* e uma sociedade que oscila entre a *resistência* e a *ignorância inocente*, mostrando que:

> Para além das atrocidades e dos entusiasmos, dos expurgos e dos impasses, da polícia política e dos gritos de suas vítimas, a sociedade continuava existindo, reproduzindo-se, e reproduzindo, de forma ampliada, o sistema [Reis, 2010b:106].

As comemorações do sesquicentenário mostram como, em um momento de festa somado ao processo de modernização do país, a sociedade foi capaz, de formas diferenciadas, de aderir, dialogar, consentir ou conviver harmoniosamente com o regime. E é justamente por isso que hoje a memória coletiva silenciou sobre a festa: esta evidencia o consenso e, por isso, compromete a ideia da vocação democrática do país e, em especial, o *mito da sociedade resistente à ditadura*.

Dos anos de ouro aos anos de chumbo

Este trabalho é uma tentativa de compreensão das formas a partir das quais o consenso em torno da ditadura, em particular do período Médici, foi construído. Acredito que não seja possível, para esse período, analisar de forma aprofundada a construção do consenso social sem levar em conta as batalhas de memória travadas em torno da ditadura e, particularmente, do período que vai da promulgação do AI-5, em dezembro de 1968, até os primeiros sinais de declínio do *milagre brasileiro*, em 1974. Isso porque, como demonstram as comemorações do sesquicentenário da independência, o consenso em torno da ditadura não foi unívoco ou unilateral, nem monolítico, mas se manifestou em formas diversas, expressão antes de mais nada de uma determinada cultura política há muito enraizada na sociedade e que encontrou na euforia comemorativa dos anos do *milagre* um importante canal por onde se exprimir.

Para o caso da França ocupada durante a II Guerra Mundial, Pierre Laborie fala em *Vichy avant Vichy* — ou seja, *Vichy antes de Vichy*, sugerindo, portanto, a existência de modos de pensar subjacentes à sociedade francesa que permitiram que fosse possível a convivência da sociedade com o regime colaboracionista do marechal Pétain e com os próprios ocupantes nazistas em seu território (Laborie, 2001:77 e segs.). No que tange ao Brasil, um país que possui fortes tradições conservadoras e autoritárias, e que em 1964 tinha saído há menos de 20 anos de outra ditadura – a do Estado Novo –, seria também o caso de buscar esses modos de pensar e agir em sociedade que existiam antes de 1964 e que possibilitaram que um golpe fosse dado contra a recente democracia brasileira, bem como a sustentação de uma ditadura por longos anos no país.

Todavia, e ainda de acordo com Pierre Laborie, os estudos de opinião e sobre comportamentos coletivos diante de regimes autoritários são, a um só tempo, resultado do cruzamento de múltiplas temporalidades, as quais guardam interferências tanto das estruturas de longa duração quanto dos eventos breves e imediatos, e também das projeções sobre o futuro (Laborie, 2003:44-45). Assim, sobre o consenso social formado entre os anos de 1969 e 1974, para além do forte enraizamento social de determinada cultura política anterior à própria ditadura, não é demais lembrar que ele conformava também uma forte expectativa sobre o futuro, impulsionada pelos acontecimentos do presente.

Nesse aspecto, as festas de 1972 são um caso exemplar, no qual podemos observar, a partir da leitura que se realizava do passado, traços fundamentais do imaginário político brasileiro, ao mesmo tempo que o contexto específico da época condicionava as opiniões sobre o presente e as expectativas para o futuro. Demonstram exatamente como o consenso pode ser diversificado e as inúmeras formas a partir das quais a sociedade pôde expressar seu consentimento para com a ditadura, perfeitamente incorporada à vida das pessoas, como o cotidiano das comemorações do sesquicentenário deixava entrever.

Não obstante, ao contrário do que indica o estudo do consenso social em torno da ditadura, a memória coletiva guarda desse período uma imagem estática, polarizada, opondo de um lado um Estado repressivo todo-poderoso e, de outro, uma sociedade perseguida, silenciada, quando não acuada e absolutamente impotente. Ainda sobre os estudos de Pierre Laborie a respeito da sociedade francesa sob Vichy, o historiador alerta: "as alternativas simples entre petanismo e gaullismo, resistência e vichysmo ou resistência e colaboração fornecem apenas imagens redutoras da vivência dos contemporâneos" (Laborie, 2003:32). É preciso, então, retomar a noção proposta pelo historiador a respeito da existência de um *penser-double*, da *zona cinzenta*, ou seja, a diversidade de comportamentos existentes entre um polo e outro, a possibilidade da existência de *escalas* entre eles, de serem um e outro ao mesmo tempo, a diversidade de comportamentos. É nesse sentido que acredito que os estudos sobre consenso social durante a ditadura no Brasil não podem desconsiderar os embates da memória, exatamente porque é a partir das operações seletivas que esta se realiza, que as imagens *bipolarizadas* sobre o período são construídas e consolidadas em detrimento de uma percepção mais complexa, da chamada *zona cinzenta*.

Assim, os anos do governo Médici são especialmente ricos na difusão dessas oposições simplificadas. As imagens de *eufóricas* celebrações de um lado e de *sombrias* perseguições de outro são reafirmadas a partir de pressupostos que cristalizam os lugares-comuns da sociedade *vitimizada* e da propaganda que seduz e manipula. Daí a importância de chamar a atenção para a diversidade que compõe a *zona cinzenta*, em detrimento de oposições maniqueístas que não dão conta de explicar a sustentação do regime e que, ao mesmo tempo, vitimizam a sociedade. Significa também perceber que entre a *recusa* (Kershaw, 2002:34-35) das práticas empregadas pelo Estado e a *resistência*, de um lado, a simpatia e o apoio manifesto ao regime, do outro, existe também uma gama diferenciada de comportamentos, entre os quais podem ser referidas *a aceitação tácita, a submissão voluntária, a indiferença* etc.

Nesse aspecto, é importante tentar compreender a memória desse período tendo em vista a complexidade de um governo que é lembrado pela memória coletiva nacional como os *anos de chumbo*, o período da *ditadura* escancarada (Gaspari, 2002), das perseguições e repressão desencadeadas pelo *golpe dentro do golpe* a partir de dezembro de 1968. Mas que é também o período do *milagre brasileiro* e da grande euforia proporcionada pelo crescimento econômico; do entusiasmo pela conquista do tricampeonato mundial de futebol em 1970; dos estádios lotados aplaudindo ao general presidente da vez; da expansão das fronteiras que integravam o país e das obras *faraônicas*.

Foram também, portanto, *anos de ouro*. E aqui, é preciso esclarecer, essa expressão não define apenas os que manifestavam publicamente seu entusiasmo pelo regime, mas toda a gama de comportamentos que, ao fim, colaboraram para sua manutenção. Diz respeito, por exemplo, à classe média, grande beneficiária do *milagre*, das facilidades de crédito, da ascensão à sociedade de consumo, da expansão do ensino superior e dos cursos de pós-graduação no país, mas, também, diz respeito aos muitos imigrantes que se dispuseram a desbravar as fronteiras, colaborando para integrar o território nacional. Diz respeito às expectativas de pleno emprego, às oportunidades, à mobilidade social, às melhorias de padrão dos trabalhadores mais qualificados, às significativas melhorias proporcionadas aos trabalhadores do campo e a outros segmentos populares. Enfim, diz respeito a pessoas comuns que, na reprodução de seu cotidiano, podiam mesmo expressar ou se posicionar contra o governo, ou mesmo nunca ter se expressado sobre tais questões, mas que, de alguma forma, compunham aquela *mise-en-scène*, se adaptando, por bem ou por mal, às circunstâncias, partilhando de algumas de suas opiniões, desprezando outras, mas, ao fim, *consentindo*.

Nesse sentido, algumas perguntas se colocam quando refletimos a respeito da memória social construída sobre governo Médici: se foram também, e para muitos, *anos de ouro*, por que a memória coletiva *recorda* o período apenas pelo espelho dos *anos de chumbo*? Por que se multiplicam relatos de *resistências*, como o do grupo de jovens paulistas, pertencentes à "classe média intelectualizada", que se reuniu para torcer contra a seleção brasileira de futebol na final da Copa do Mundo de 1970 (Almeida e Weiss, 1998)? Por que tantos relatos de *resistências cotidianas* esvaziando, em certo sentido, o significado da luta dos grupos organizados contra o regime e o próprio significado do termo *resistência*? Por que os silêncios, inúmeros, sobre a adesão social à ditadura? Sobre o entusiasmo *alucinante* que caracterizou os anos do *milagre*? Sobre a identificação de importantes parcelas da sociedade com os valores postulados pela ditadura, a qual foi, antes de tudo, *civil-militar*? Por que se calaram as vozes que descreviam o *sagitariano* presidente Médici como uma pessoa "[…] de bom coração, leal, […] inclinada à caridade, benevolência e Justiça, aos assuntos religiosos e místicos, filosóficos, filantrópicos e intelectuais"?[508] Onde estão as mãos que o aplaudiam em estádios lotados? Por que as imagens dos *anos de chumbo*, abordadas por uma perspectiva

---

508. *O Cruzeiro*, Rio de Janeiro, p. 46, 12 jan. 1972.

que vitimiza as esquerdas e seus projetos diversos, são eleitas como *a* memória desse tempo? Por que o silêncio em torno dos *anos de ouro*?

Questões fundamentais para quem se propõe tentar compreender a memória de um período marcado por um aparente binarismo, mas que na verdade é muito mais complexo do que podem sugerir as reconstruções que o presente realiza sobre o passado. Nesse aspecto, mais que buscar possíveis respostas para as perguntas acima, é fundamental refletir sobre os mecanismos a partir dos quais determinada memória se consolida em detrimento de outras. E particularmente, nesse caso, entender os mecanismos através dos quais a memória dos vencidos é recuperada e a dos vencedores, silenciada (Martins Filho, 2002). Qual o significado desse silêncio reconciliador em torno do apoio social à ditadura? Qual o significado da rememoração, por vezes também reconciliadora, da memória das esquerdas? Como se deu a passagem dos *anos de ouro* – compreendidos de forma diversificada – aos *anos de chumbo*?[509]

É importante, portanto, analisar como aconteceu, no caso do Brasil, a substituição da *memória do triunfo* pela *memória do trauma* da ditadura; a guinada histórica que consolida a rememoração das *vítimas* e a demonização dos *perpetradores*, deixando vago o lugar do *herói* em nossa sociedade (Giensen, 2001); quais são as implicações desse processo e as especificidades do sentido tomado pelas disputas de memória, sobretudo a partir da abertura política e dos debates em torno da anistia negociada.

De acordo com Bernard Giensen (2001:16), durante as últimas décadas do século XX, vimos, ao menos no chamado mundo ocidental, uma importante transformação da memória coletiva: *"en lugar de se alabar a los héroes fundadores de una comunidad, los monumentos y rituales públicos recuerdan hoy el sufrimiento de las víctimas y los crímenes de los perpetradores"*.

Interessante refletirmos sobre as possíveis causas que levam a essa transformação da memória coletiva. Giensen aponta alguns caminhos, por exemplo, a ordem impessoal das sociedades modernas. Nesse caso, mais valem vítimas sem rostos que heróis, figuras muito bem marcadas, pessoais, destoando do ideário moderno de impessoalidade. O avanço da democracia, regime do número e

---

509. Cf. Cordeiro (2009b:85-104).

o declínio das tradições oligárquicas e aristocráticas que valorizavam o herói. Assim, passa-se do herói à vítima, do triunfo ao trauma. E se é preciso dar um rosto a alguém, que seja à figura do perpetrador: o bem, as virtudes, os *bons* valores encontram-se diluídos entre as vítimas, desindividualizadas. Já o mal, este precisa ter um rosto, o rosto do perpetrador.

Assim, a memória coletiva – representada, agora, pelas figuras polarizadas da vítima e do perpetrador – exerce funções muito importantes em sociedades que viveram experiências autoritárias em períodos recentes; confronta-as com questões relativas ao trauma e ao silêncio: ao trauma das vítimas e, simultaneamente, ao silêncio em torno dele, pois o trauma é "demasiado vivo para ser narrado". Não obstante, a vivência do trauma é cada vez mais monumentalizada e alçada à condição de memória nacional.

Ao mesmo tempo, os perpetradores são demonizados. Para Giensen,

esta radical demonización de los perpetradores purifica a la nación y desmoraliza el pasado. Limita la cuestión de la responsabilidad y la culpa a unos pocos agentes responsables [...] Fue Hitler, nunca nosotros. Fue Stalin, nunca nosotros. Fue Pol Pot, nunca nosotros. Nosotros, la gente fuimos las verdaderas victimas, hemos sido traicionados y hemos sufrido [Giensen, 2001:20].

Podemos perceber um processo bastante similar a esse no caso da ditadura civil-militar brasileira: "foram *os militares*, nunca nós". Daí as dificuldades em aceitar analisar o período como uma ditadura *civil-militar*. Daí o motivo pelo qual a figura do *herói* é substituída pela figura da *vítima*: porque entre os vitimados, sem rosto, sem voz cabe toda a sociedade. Já no estereótipo do herói, figura bem definida, de traços bem marcados, comprometida com a *ação*, não cabe toda a sociedade. O primeiro tipo é mais confortador.

O processo de abertura política brasileira, a partir dos anos 1980, confirmaria essas elaborações de memória: no afã de construir o consenso em torno da democracia que se queria erigir naquele momento, os opositores do regime foram relegados à categoria de vítimas. Junto deles, toda a sociedade foi vitimizada. Por outro lado, aos *perpetradores* – nesse caso, *os militares* ou o *Estado militarizado* – e particularmente aos torturadores são destinados o silêncio – não o *esquecimento*, o silêncio – e o banimento do espaço público, muito embora se aprove uma lei de anistia recíproca que entrava, ainda hoje, o julgamento dos crimes cometidos pelo Estado.

Assim, para compreendermos os processos e os motivos pelos quais predominou como memória oficial o *trauma das vítimas* do terrorismo de Estado, não podemos deixar de olhar para os silêncios que permeiam a memória dos grupos que apoiaram, colaboraram, simpatizaram ou foram indiferentes ao regime, lembrando sempre que todas essas atitudes são muito distintas entre si.

Quando contemplamos a riqueza dos comportamentos sociais diante da ditadura, torna-se impossível não se questionar sobre os processos através dos quais acabou predominando a memória sobre o comportamento de *resistência* e o estereótipo da *vítima* como memória coletiva.

Em contraste, é importante, para produzir história, e não memória, buscar os elementos de identificação entre governo e sociedade, compreender os mecanismos através dos quais foi estabelecido um diálogo entre as partes; tentar resgatar o *tempo das comemorações*, analisar a primeira metade dos anos 1970 pelo viés das celebrações, das tentativas de construção de uma *visão* otimista do país (Fico, 1997) e da euforia desenvolvimentista daqueles que acreditavam nas palavras do presidente Médici, segundo as quais, desde 1964, "tudo mudou" no país; e dos que compartilhavam das certezas de que "entramos em 1972 com todas as condições internas para manter esse ritmo ascendente de crescimento que a todos nos empolga e que dá a cada homem a alegria e a certeza de estar construindo um grande país".[510]

Não obstante, no decorrer do processo de abertura política, essas manifestações, esses episódios celebrativos foram silenciados. Silenciou-se sobre os *anos de ouro* e restaram, como memória, os *anos de chumbo*, apagando-se a multiplicidade dos comportamentos sociais. Era como se este silêncio fosse capaz de dirimir a culpa de que nos fala Giensen:

> *Dado que muchos implicados en una red de colaboración, y dado que muchos tenían fuertes recuerdos personales como partidarios y testigos no comprometidos, se veían obligados*

---

510. *O Cruzeiro*, 12 jan. 1972.

a negar públicamente, amparándose en una narración exculpatoria de intoxicación y seducción demoníaca [Giensen, 2001:20].

Giensen analisa particularmente o caso da Alemanha nazista, mas nos fornece elementos importantes para pensarmos o caso do Brasil: para expurgar o peso de ter vivido a ditadura, em especial os anos do *milagre* como *anos de ouro*, enquanto os opositores eram perseguidos, para explicar o convívio – nem sempre conflituoso – com o regime de exceção, para reconciliar-se consigo mesma, a sociedade escolheu o silêncio a respeito das relações complexas estabelecidas com o regime. Escolheu-se rememorar as *vítimas*, procedendo, então, a uma reconstrução de memória a partir da qual o sentido ofensivo do projeto das esquerdas foi apagado, e a luta armada, redefinida antes como um segmento radicalizado da resistência democrática que como um projeto revolucionário de subversão de uma determinada ordem e sua substituição por outra (Reis, 2004:48).

O período Médici representa, talvez melhor que os governos dos demais generais presidentes, as formas pelas quais os silêncios a respeito das relações da sociedade com o regime se constituíram. Isso porque sintetiza muito bem elementos que, num olhar superficial, parecem se negar, mas que são, na verdade, complementares: o intervalo que vai de 1969 a 1974 sintetiza, ao mesmo tempo, os anos de maior prosperidade e otimismo e o período em que o *terror* do Estado mais se fez sentir. Aspectos que, de acordo com uma determinada memória coletiva, somente são inteligíveis em seu entrelaçamento problemático se partirmos do suposto de que a sociedade foi duramente reprimida e *seduzida* pelas promessas de construção do *país do futuro*.

Não obstante, é preciso buscar a dinâmica social, observar a coletividade como portadora de valores, demandas e de uma cultura política própria, e não como uma entidade passiva diante de um Estado todo-poderoso. É preciso entender que entre *sedução* e fascinação (Reichel, 1993) há uma diferença significativa, justamente a diferença que confere à coletividade o papel de ator social ativo e não de massa *seduzida*, inerte às vontades de líderes todo-poderosos.

Daí a importância em resgatar os *anos de chumbo* também pelo viés dos *anos de ouro*, como um necessário contraponto a uma memória cristalizada e, por vezes, mitificada. É preciso voltar os olhos para a complexidade do social para tentarmos entender os meandros da construção da memória sobre o regime. Para além disso, é importante tentar apreender a atmosfera da época em seu aspecto mais diversificado, por exemplo, como tentei demonstrar, através da compreensão dos anos do *milagre* muito mais como uma espécie de *estado de espírito* que, para além de colher os resultados de uma determinada política econômica, engendraram um clima de otimismo, como se finalmente o Brasil entrasse no grupo dos países *civilizados*.

Segmentos significativos da sociedade viveram esse período muito mais sob o clima *leve* dos *anos de ouro* que sob a atmosfera *pesada* dos *anos de chumbo*, muito embora, na maior parte do tempo, tudo se misturasse. É importante, no entanto, tentar chamar atenção para tal complexidade; do contrário, corremos o risco de nos contentarmos com as simplificações impostas pela memória. E esta, se possui importância política fundamental, sobretudo no que tange à refundação do tecido social, não pode ser considerada história e nem pode substituí-la.

FONTES E BIBLIOGRAFIA

Fontes

Jornais e revistas

O Cruzeiro, 1971, 1972.
O Estado de S. Paulo, 1972, 2007.
O Globo, 1970, 1972, 1973, 2008, 2011.
Folha de S.Paulo, 1971, 1972, 1984, 1985.
Jornal do Brasil, 1958, 1970, 1971, 1972, 1973, 1977, 1984, 1985.
Manchete, 1972.
O Pasquim, 1972.
Revista Filme Cultura, 1972, 1973.
Revista do Instituto Histórico e Geográfico Brasileiro, 1970-1974.
Veja, 1972, 1985, 1986.

Fundos documentais

Fundação Nacional de Arte (Funarte). Rio de Janeiro. Dossiês Joaquim Pedro de Andrade e Carlos Coimbra.

Fundo Campanha da Mulher pela Democracia. Arquivo Nacional/Codes. Documentos Privados, código PE. Pasta 38.

Fundo Comissão Executiva da Comemoração do Sesquicentenário da Independência. Arquivo Nacional/SDE – Documentos Públicos, código 1J. Pastas 3A, 3B, 3C, 3E, 51A, 52A, 53, 53A, 53B, 53C, 53D, 54, 56, 61, 75A, 77.

Fundo Divisão de Censura de Diversões Públicas – DCDP. Arquivo Nacional. Coordenação Regional do Arquivo Nacional no Distrito Federal. Processos de censura dos filmes *Os inconfidentes* e *Independência ou morte*.

Fundo Instituto Brasileiro de Opinião e Propaganda (Ibope). Arquivo Edgar Leuenroth, 1969-1973.

Páginas da internet

"As maiores bilheterias do nosso cinema": <http://judao.com.br/blogs/cenabrasilis/2008/03/13/as-maiores-bilheterias-do-nosso-cinema>; <http://pt.wikipedia.org/wiki/Lista_de_filmes_brasileiros_por_decada_e_espectadores#Com_mais_de_4_milh.C3.B5es_3>.

Centro de Informação de Acervos dos Presidentes da República. Arquivo Nacional: <www.an.arquivonacional.gov.br/crapp_site/crapp/download_presidente/29/FOTO%2006.3.JPG>.

Clube da Vela: <http://clubedavela.com.br/artigos.asp?cdartigo=93>.

Clube de Regatas Flamengo: <www.flamengo.com.br/flapedia/An%C3%ADbal_Medicis_Candiota>.

Dicionário Histórico e Biográfico Brasileiro: <www.fgv.br/CPDOC/BUSCA/Busca/BuscaConsultar.aspx>.

"Figueiredo disse que preferia o cheiro do cavalo". *Folha on line*: </www1.folha.uol.com.br/folha/brasil/ult96u10538.shtml>.

Instituto Histórico Geográfico Brasileiro: <www.ihgb.org.br/ihgb25.php>.

Letras de Música Terra: <http://letras.terra.com.br>.

Mario Zan, o soberano da canção popular na sanfona: <www.terra.com.br/musica/2002/06/21/007.htm>.

Museu da Cidade de São Paulo: <www.museudacidade.sp.gov.br/monumentoaindependencia.php>.

Projeto Memória da Censura no Cinema Brasileiro: <www.memoriacinebr.com.br>.

Projeto "Memória da Censura no Cinema Brasileiro – 1964 -1988". Vídeo da partida entre Brasil e Iugoslávia pela Taça Independência, 1972: <www.youtube.com/watch?v=23GqQlz_TJc&feature=related>.

Recanto caipira: <www.recantocaipira.com.br/mario_zan.html>.

Sérgio Farias. "Análise do livro 'Simonal: quem não tem swing morre com a boca cheia de formiga'": <http://cadaumtemolivroquemerece.blogspot.com/search?updated--max=2011-12-26T16:20:00-08:00&max-results=20>.

Sesquicentenário da Independência: <www.vaniadiniz.pro.br/Colunas/urda/urda_sesquicentenario_da_independencia.htm>.

Filmes

Os inconfidentes. Joaquim Pedro de Andrade, 1972.
Independência ou morte. Carlos Coimbra, 1972.

Outros

Álbum Brasil pátria amada. São Paulo: Editora e Comercial Saravan, 1972.
Atas das reuniões da diretoria da Associação Brasileira de Imprensa, 1970-1974.
Boletim Conselho Federal de Cultura, 1971, 1972.
CORRÊA, Antonio Jorge. *As comemorações do sesquicentenário*. Rio de Janeiro: Comissão Executiva Central do Sesquicentenário da Independência do Brasil, 1972. (Biblioteca do Sesquicentenário.)
Diário do Congresso Nacional, abr./set. 1972.
MÉDICI, Emílio Garrastazu. *Nosso caminho*. Brasília: Departamento de Imprensa Nacional, 1972. p. 76-77.
_____. *O povo não está só*. Brasília: Departamento de Imprensa Nacional, 1971.
Verbete. "Antônio Jorge Corrêa". *Dicionário histórico e biográfico brasileiro*. Disponível em: <www.fgv.br/CPDOC/BUSCA/Busca/BuscaConsultar.aspx>.
Verbete "Pedro Calmon". *Dicionário histórico e biográfico brasileiro*. Disponível em: <www.fgv.br/CPDOC/BUSCA/Busca/BuscaConsultar.aspx>.

Bibliografia

ALMEIDA, Adjovanes Thadeu Silva de. *O regime militar em festa*: o sesquicentenário da independência do Brasil (1972). Tese (doutorado) – Programa de Pós-Graduação em História Social, Universidade Federal do Rio de Janeiro, Rio de Janeiro, 2009.

ALMEIDA, Anderson da Silva. *Todo leme a bombordo*: marinheiros e ditadura civil-militar no Brasil. 2010. Dissertação (mestrado em história) – Programa de Pós-Graduação em História, Universidade Federal Fluminense, Niterói, 2010.

ALMEIDA, Maria Hermínia Tavares de; WEISS, Luiz. Carro-zero e pau de arara: o cotidiano da oposição de classe média ao regime militar. In: SCHWARCZ, Lilia Moritz (Org.). *História da vida privada no Brasil*. São Paulo: Companhia das Letras, 1998. v. 4, p. 319-409.

ALONSO, Gustavo. *A noite das taras*: pornochanchada, memória e ditadura no Brasil. Projeto (doutorado) – Programa de Pós-Graduação em História, Universidade Federal Fluminense, Niterói, 2006.

_____. *Quem não tem swing morre com a boca cheia de formiga*: Wilson Simonal e os limites de uma memória tropical. Dissertação de mestrado – Programa de Pós-Graduação em História. Universidade Federal Fluminense, 2007.

_____. *Quem não tem swing morre com a boca cheia de formiga*: Wilson Simonal e os limites de uma memória tropical. Rio de Janeiro: Record, 2011a.

_____. *Cowboys do asfalto*: música sertaneja e modernização brasileira. Tese (doutorado) – Programa de Pós-Graduação em História, Universidade Federal Fluminense, Niterói, 2011b.

_____. O píer da resistência: contracultura, tropicália e memória no Rio de Janeiro. *Achegas.net*, Rio de Janeiro, v. 1, p. 44-71, 2013. Disponível em: <www.achegas.net/numero/46/gustavo_alonso_46.pdf>. Acesso em: 8 abr. 2010.

AMÂNCIO, Tunico. *Artes e manhas da Embrafilme*: cinema estatal brasileiro em sua época de ouro (1977-1981). Niterói: EdUff, 2000.

ANDERSON, Benedict. *Comunidades imaginadas*. Reflexiones sobre el origen y la diffusion del nacionalismo. México, D.F.: Fondo de Cultura Económica, 1993.

ARASHIRO, Osny (Org.). *Elis por ela mesma*. São Paulo: Martin Claret, 1995.

ARAÚJO, Paulo César de. *Eu não sou cachorro, não*: música popular cafona e ditadura militar. Rio de Janeiro: Record, 2003.

BAHIANA, Ana Maria. *Almanaque anos 70*. Rio de Janeiro: Ediouro, 2006.

BARBOSA, Maria Lucia Victor. A economia vai bem, mas o povo vai mal. *Jus Vigilantibus*, Vitória, 9 mar. 2005. Disponível em: <http://jusvi.com/pecas/14236>. Acesso em: 10 jan. 2012.

BAUDELAIRE, Charles. *The painter of modern life*. Oxford: Phaidon Press, 1995.

BENCOSTTA, Marcus Levy Albino. Desfiles patrióticos: cultura cívica nos grupos escolares de Curitiba (1903-1971). In: VIDAL, Diana Gonçalves (Org.). *Grupos escolares*: cultura escolar primária e escolarização da infância no Brasil (1893-1971). Campinas: Mercado de Letras, 2006. p. 299-321.

BENTES, Ivana. *Joaquim Pedro de Andrade*: a revolução intimista. Rio de Janeiro: Relume-Dumará, 1996. Coleção Perfis do Rio.

BERMAN, Marshall. *Tudo que é sólido desmancha no ar*: a aventura da modernidade. São Paulo: Companhia das Letras, 2007.

BERNARDET, Jean-Claude. *Cinema brasileiro*: propostas para uma história. Rio de Janeiro: Paz e Terra, 1979.

BLOCH, Arnaldo. Pô, Jabor, vamos ouvir uma musiquinha! Um arrepio de amor pelo Brasil. *O Globo*, Rio de Janeiro, p. 12, 21 ago. 2010. Segundo Caderno.

BOAL, Augusto; GUARNIERI, Gianfrancesco. *Arena conta Tiradentes*. São Paulo: Sagarana, 1967.

BOURDIEU, Pierre. A opinião pública não existe. In: _____. *Questões de sociologia*. São Paulo: Marco Zero, 1983. p. 173-182.

BRANCO, Carlos Castello. Portões abertos pela primeira vez. *Jornal do Brasil*, Rio de Janeiro, p. 4, 23 jun. 1970. Coluna do Castello.

BRASIL. Lei nº 4.897, de 9 de dezembro de 1965: declara Joaquim José da Silva Xavier, o Tiradentes, patrono da nação brasileira. *Diário Oficial da União*, Brasília, DF,

13 dez. 1965, Seção 1, p. 12755. Disponível em: <www2.camara.leg.br/legin/fed/lei/1960-1969/lei-4897-9-dezembro-1965-368995-publicacaooriginal-1-pl.html>. Acesso em: 8 abr. 2010.

CARVALHO, Aline Fonseca. Tiradentes, o teatro e a poesia no jornal Estado de Minas durante o período militar. In: SIMPÓSIO NACIONAL DE HISTÓRIA, 24., 2007, São Leopoldo. *Anais...* São Paulo: Anpuh, 2007.

CARVALHO, José Murilo de. *A formação das almas*: o imaginário da República no Brasil. São Paulo: Companhia das Letras, 1990.

CARVALHO, Vinicius Mariano de. Brasil, um país do futuro: projeções religiosas e leituras sobre um mote de Stefan Zweig. *Horizonte*, Belo Horizonte, v. 5, n. 9, p. 30-42, dez. 2006.

CASTRO, Celso. Entre Caxias e Osório: a criação do culto ao patrono do Exército brasileiro. *Estudos Históricos*, Rio de Janeiro, v. 14, n. 25, p. 103-007, 2000.

CATROGA, Fernando. *Nação, mito e rito*: religião civil e comemoracionismo (EUA, França e Portugal). Fortaleza: Nudoc/Museu do Ceará, 2005.

CERRI, Luis Fernando. 1972: Sete bandeiras do detecentenário por mil cruzeiros velhos. *Estudos Ibero-americanos*, Porto Alegre, v. 25, n. 1, p. 193-208, jun. 1999.

CHIORINO, Aroldo. Mini-copa mesmo. *Folha de S.Paulo*, São Paulo, p. 34, 2 mar. 1972.

CHIRIO, Maud. *Une nouvelle* écriture *du destin national*: la commémoration de l'Independance du Brésil sous la dictature militaire (1964-1985). Dissertação (mestrado em história contemporânea) – Universidade de Paris I, Paris, 2001.

CHRISTO, Maraliz de Castro Vieira. Herói em pedaços. In: FIGUEIREDO, Luciano (Org.). *Revista de História da Biblioteca Nacional*: história no bolso. Rio de Janeiro: Sabin, 2009. v. 4: Imagens de uma nação. p. 19-24.

CORDEIRO, Janaina Martins. *Direitas em movimento*: a Campanha da Mulher pela Democracia e a ditadura no Brasil. Rio de Janeiro: FGV, 2009a.

_____. Anos de chumbo ou anos de ouro? A memória social sobre o governo Médici. *Estudos Históricos*, Rio de Janeiro, v. 22, n. 43, p. 85-104, 2009b.

_____. Ditadura, memória e consenso: a Campanha da Mulher pela Democracia (Camde). In: SOUSA, Fernando Poente de; SILVA, Michel Goulart da (Org.). *Ditadura, repressão e conservadorismo*. Florianópolis: Em Debate, 2011. p. 209-247.

COSTA, Célia; GAGLIARDI, Juliana. Lysâneas, um autêntico do MDB. *Estudos Históricos*, Rio de Janeiro, v. 1, n. 37, p. 201-212, jan./jun. 2006.

COSTA, Marcelo Timotheo da. E pluribus unum: a experiência americana de Alceu Amoroso Lima. *Estudos Históricos*. Rio de Janeiro, v. 1, n. 27, p. 166-187, 2001.

_____. *Um itinerário no século*: mudança, disciplina e ação em Alceu Amoroso Lima. Rio de Janeiro: PUC-Rio; São Paulo: Loyola, 2006.

DEBORD. Guy. *La societé du spetacle*. Paris: Champ Libre, 1967.
DE FELICE, Renzo. *Mussolini il duce I*: Gli anni del consenso, 1929-1936. Turim: Einaudi, 1974.
DELFIM NETTO, Antonio. Prefácio. In: MELO FILHO, Murilo. *O milagre brasileiro*. Rio de Janeiro: Bloch, 1972. p. 9-11.
DOMENACH, Jean-Marie. *A propaganda política*. São Paulo: Difusão Europeia do Livro, 1963.
DUARTE, Regina Horta et al. Imagens do Brasil: o tema da independência no cinema nacional. *Locus*, Juiz de Fora, MG, v. 6, p. 99-115, 2000.
FAGUNDES, Luciana Pessanha. Entre comemorações, rituais e passados construídos: a monarquia sob o olhar da Primeira República. In: SEMINÁRIO CULTURA E POLÍTICA NA PRIMEIRA REPÚBLICA, 2010, Ilhéus. *Anais*... Universidade Estadual de Santa Cruz (Uesc), Ilhéus, 2010a.
_____. Construindo pontes entre olhares: os usos políticos do passado. In: SIMPÓSIO IMPÉRIOS E LUGARES NO BRASIL, 3, 2010. *Anais*... Universidade Federal de Ouro Preto, Ouro Preto, 2010b. Disponível em: <www.ilb.ufop.br/IIIsimposio/anaisilb.htm>. Acesso em: 7 jul. 2011.
FERNANDES, Millôr. O Pasquim Sesquicentão. *O Pasquim*, Rio e Janeiro, n. 150, p. 3, maio, 1972.
FERRETI, Danilo J. Zioni. O uso político do passado bandeirante: o debate entre Oliveira Vianna e Alfredo Ellis Jr. (1920-1926). *Estudos Históricos*, Rio de Janeiro, v. 21, n. 41, 2008. p. 59-78.
FICO, Carlos. *Reinventando o otimismo*: ditadura, propaganda e imaginário social no Brasil. Rio de Janeiro, FGV, 1997.
_____. Prezada censura: cartas ao regime militar. *Topoi*, Rio de Janeiro, v. 5, p. 251-286, 2002.
FILGUEIRAS, Juliana Miranda. O livro didático de educação moral e cívica na ditadura de 1964: a construção de uma disciplina. In: CONGRESSO LUSO-BRASILEIRO DE HISTÓRIA DA EDUCAÇÃO, 6., 2006, Uberlândia, MG. *Anais*... Universidade Federal de Uberlândia, Uberlândia, MG, 2006. Disponível em: <www.faced.ufu.br/colubheo6/.../302JulianaMirandaFilgueiras.pdf>. Acesso em: 31 maio 2010.
GASPARI, Elio. *A ditadura escancarada*. São Paulo: Companhia das Letras, 2002.
GELATELLY, Robert. *No sólo Hitler*: la Alemania nazi entre la coacción y el consenso. Barcelona: Crítica, 2002.
GIENSEN, Bernhard. Sobre héroes, víctimas y perpetradores. *Puentes*, Buenos Aires, ano 2, n. 5, 2001.
GINZBOURG, Carlo. *Medo, reverência, terror*: reler Hobbes hoje. Trad. Luiz Fernando Franco. Niterói: [s.n.], 18 set. 2006. (Conferência realizada sob os auspícios do

Departamento de História e do Programa de Pós-Graduação em História da Universidade Federal Fluminense, Niterói, RJ.)

GIRARDET, Raoul. *Mitos e mitologias políticas*. São Paulo: Companhia das Letras, 1987.

GOLDFEDER, Sônia. *Teatro de arena e teatro oficina*: o político e o revolucionário. Dissertação (mestrado em ciência política) – Departamento de Ciências Sociais, Universidade Estadual de Campinas, Campinas, SP, 1977.

GOMES, Ângela de Castro. *História e historiadores*. Rio de Janeiro: FGV, 1996.

_____. *A invenção do trabalhismo*. 3. ed. Rio de Janeiro: FGV, 2005.

GONÇALVES, João Felipe. Enterrando Rui Barbosa: um estudo de caso da construção fúnebre de heróis nacionais na Primeira República. *Estudos Históricos*, Rio de Janeiro, v. 14, n. 25, p. 135-161, 2000.

GRINBERG, Lucia. *Partido político ou bode expiatório*: um estudo sobre a Aliança Renovadora Nacional (Arena), 1965-1979. Rio de Janeiro: Mauad, 2009.

GUTERMAN, Marcos. Médici e o futebol: a utilização do esporte mais popular do Brasil pelo governo mais brutal do regime militar. *Projeto História*. São Paulo, v. 29, n. 1, p. 267-279, dez. 2004.

HOBSBAWM, Eric J. A produção em massa de tradições: Europa, 1870 a 1914. In: HOBSBAWM, Eric J.; RANGER, Terence (Org.). *A invenção das tradições*. 2. ed. Rio de Janeiro: Paz e Terra, 1997. p. 271-316.

_____. RANGER, Terence (Org.). A invenção das tradições. 2. col., Rio de Janeiro: Paz e Terra, 1997.

KERSHAW, Ian. *L'Opinion allemande sous le nazisme*: Bavière 1933-1945. Paris: CNRS, 2002.

KLUEGER, Urda Alice. *Sesquicentenário da independência*. Blumenau: [s.n.], 23 mar. 1997. Disponível em: <www.vaniadiniz.pro.br/Colunas/urda/urda_sesquicentenario_da_independencia.htm>. Acesso em: 31 maio 2010.

KORNIS, Mônica. Humberto Castelo Branco. In: ABREU, Alzira Alves et al. *Dicionário Histórico e Biográfico Brasileiro*. Rio de Janeiro: FGV/Cpdoc. [2000]. Disponível em: <www.fgv.br/CPDOC/BUSCA/Busca/BuscaConsultar.aspx>. Acesso em: 26 dez. 2011.

KRAAY, Hendrik. Entre o Brasil e a Bahia: as comemorações do Dois de Julho em Salvador, século XIX. *Afro-Asia*, Salvador, n. 23, p. 47-85, 2000.

KUNDERA, Milan. *A valsa dos adeuses*. São Paulo: Companhia das Letras, 2010.

KUSHNIR, Beatriz. *Cães de guarda*: jornalistas e censores, do AI-5 à Constituição de 1988. São Paulo, Boitempo, 2004.

_____. Desbundar na TV: militantes da VPR e seus arrependimentos públicos. In: ROLLEMBERG, Denise; QUADRAT, Samantha Viz (Org.). A *construção social dos regimes autoritários*: legitimidade, consenso e consentimento no século XX. Rio de Janeiro: Civilização Brasileira, 2010. v. 2, p. 279-304.

LABORIE, Pierre. De l'opinion publique à l'imaginaire social. *Vingtième Siècle*. v. 18, n. 18, p. 101-117, 1988.

_____. *L'Opinion française sous Vichy*: les français et la crise d'identité nationale (1936-1944). Paris: Seuil, 2001.

_____. *Les français des années troubles*: de la guerre d' Espagne à la Liberation. Paris, Seuil, 2003.

_____. 1940-1944: os franceses do pensar duplo. In: ROLLEMBERG, Denise; QUADRAT, Samantha Viz (Org.). A *construção social dos regimes autoritários*: legitimidade, consenso e consentimento no século XX. Rio de Janeiro: Civilização Brasileira, 2010. v. 1, p. 31-44.

LAGRECA, Joaquim José Freire. D. Pedro: imperador de dois povos. *O Cruzeiro*, Rio de Janeiro, p. 98, 26 abr. 1972.

LEVINE, Robert. Esporte e sociedade: o caso do futebol brasileiro. In: MEIHY, J. C. S. (Org.). *Futebol e cultura*: coletânea de estudos. São Paulo: Imprensa Oficial do Estado, 1982.

LIMA, Alceu Amoroso. 30 de março. *Jornal do Brasil*, Rio de Janeiro, p. 6, 16 mar. 1964a.

_____. Polarizações. *Jornal do Brasil*, Rio de Janeiro, p. 6, 17 abr.1964b.

_____. Protestando não. *Jornal do Brasil*, Rio de Janeiro, p. 6, 3 dez. 1964c.

_____. Da esquerda à direita. In: _____. *A experiência reacionária*. Rio de Janeiro: Tempo Brasileiro, 1968a. p. 12.

_____. Os dois Natais. In: _____. *A experiência reacionária*. Rio de Janeiro: Tempo Brasileiro, 1968b. p. 12.

_____. Reconciliação ou decepção? *Jornal do Brasil*, Rio de Janeiro, p. 8, 7 set. 1972a.

_____. A tentação da impaciência. *Jornal do Brasil*, Rio de Janeiro, p. 6, 14 set. 1972b.

_____. *Em busca da liberdade*. Rio de Janeiro: Paz e Terra, 1974a.

_____. O estudante, esse subversivo. In: _____. *Em busca da liberdade*. Rio de Janeiro: Paz e Terra, 1974b. p. 61.

_____. Comemoração ou rememoração. In: _____. *Em busca da liberdade*. Rio de Janeiro: Paz e Terra, 1974c. p. 96.

LONGERICH, Peter. *Nous ne savions pas*: les allemands et la Solution Finale, 1933-1945. Paris: Héloïse D'Ormesson, 2006.

LUDKE, Alf (Org.). *Histoire du quotidien*. Paris: Maison des Sciences de L'Homme, 1994.

LUSTOSA, Isabel. *Dom Pedro I*: um herói sem nenhum caráter. São Paulo: Companhia das Letras, 2006.

MAIA, Tatyana de Amaral. *Cardeais da cultura nacional*: o Conselho Federal de Cultura e o papel cívico das políticas culturais na ditadura civil-militar (1967-1975). Tese (doutorado) – Universidade do Estado do Rio de Janeiro, Rio de Janeiro, 2010.

MARTINS, William. *Produzindo no escuro*: políticas para a indústria cinematográfica no Brasil e o papel da censura (1964-1988). Tese (doutorado) – Programa de Pós-Graduação em História, Universidade Federal do Rio de Janeiro, Rio de Janeiro, 2009.

MARTINS FILHO, João Roberto. A guerra da memória: a ditadura militar no depoimento de militantes e militares. *Varia História*, Belo Horizonte, n. 28, p. 178-201, dez. 2002.

MATTA, Roberto da. *Carnavais, malandros e heróis*: para uma sociologia do dilema brasileiro. Rio de Janeiro: Rocco, 1997.

MÉDICI, Emílio Garrastazu. *Nosso caminho*. Brasília: Departamento de Imprensa Nacional, 1972

MÉDICI, Roberto Nogueira. *Médici, o depoimento*. Rio de Janeiro: Mauad, 1995.

MELO FILHO, Murilo. *O milagre brasileiro*. Rio de Janeiro: Bloch, 1972.

MERTEM, Luiz Carlos. *Carlos Coimbra*: um homem raro. São Paulo: Imprensa Oficial do Estado de São Paulo, 2004. Coleção Aplauso, série: Cinema Brasil.

MILLIET, Alice. *O corpo do herói*. São Paulo: Martins Fontes, 2001.

MORAES, Cleodir. *O Pará em festa*: política e cultura nas comemorações do Sesquicentenário da "Adesão" (1973). Dissertação (mestrado) – Programa de Pós-graduação em História Social da Amazônia, Universidade Federal do Pará, Belém, 2006.

MORAES, Denis. *O rebelde do traço*: a vida de Henfil. Rio de Janeiro: José Olympio, 1996.

MOTTA, Marly Silva da. *A nação faz 100 anos*: a questão nacional no centenário da independência. Rio de Janeiro: FGV, 1992.

MOTTA, Rodrigo Patto Sá. *Partido e sociedade*: a trajetória do MDB. Ouro Preto: Ufop, 1997.

MUSIEDLAK, Didier. O fascismo italiano: entre consentimento e consenso. In: ROLLEMBERG, Denise; QUADRAT, Samantha Viz (Org.). *A construção social dos regimes autoritários*: legitimidade, consenso e consentimento no século XX. Rio de Janeiro: Civilização Brasileira, 2010. v. 1, p. 149-175.

NASSER, David. Castelo nos julga. *O Cruzeiro*, Rio de Janeiro, p. 20, jun. 1972.

NEVES, Berenice Abreu de Castro. Os jangadeiros de Vargas: reflexões acerca das viagens reivindicatórias de jangadeiros cearenses. In: SIMPÓSIO NACIONAL DE HISTÓRIA, 24., 2011, São Paulo. *Anais...* São Paulo: Anpuh, 2011. Disponível em: <www.snh2011.anpuh.org/resources/anais/14/1300671865_ARQUIVO_BereniceAbreuANPUH2011-OsjangadeirosdeVargas.pdf>. Acesso em: 7 jan. 2012.

NOGUEIRA, Armando. Na grande área. *Jornal do Brasil*, Rio de Janeiro, p. 63, 9 jul. 1972.

NORA, Pierre. Entre memória e história: a problemática dos lugares. *Projeto História*. São Paulo, v. 10, p. 7-28, jul./dez. 1993.

OLIVEIRA, Sírley Cristina. *A ditadura militar (1964-1985) à luz da Inconfidência Mineira nos palcos brasileiros*: em cena "Arena conta Tiradentes" (1967) e "As confrarias" (1969). Dissertação (mestrado) – Programa de Pós-Graduação em História, Universidade Federal de Uberlândia, Uberlândia, MG, 2003.

ONGHERO, André Luiz. O ensino de educação moral e cívica: memórias de professores do oeste de Santa Catarina (1969-1993). *Revista Horizontes*, Bragança Paulista, v. 1, p. 107-117, 2009.

ORTIZ, Renato. *Cultura brasileira e identidade nacional*. São Paulo: Brasiliense, 1985.

_____. *A moderna tradição brasileira*: cultura brasileira e indústria cultural. São Paulo: Brasiliense, 1988.

PARADA, Mauricio. *Educando corpos e criando a nação*: cerimônias cívicas e práticas disciplinares no Estado Novo. Rio de Janeiro: Apicuri, 2009.

PEDROSA, Manuel Xavier de V. Atividades culturais do IHGB em 1972. *Revista do Instituto Histórico e Geográfico Brasileiro*, Rio de Janeiro, v. 297, p. 243-281, out./dez. 1972.

_____. Atividades culturais do IHGB em 1975. *Revista do Instituto Histórico e Geográfico Brasileiro*, Rio de Janeiro, v. 309, p. 184-208, out./dez. 1975.

PERDIGÃO, Paulo. *Anatomia de uma derrota*. Porto Alegre: L&PM, 2000.

PINTO, Carlos Eduardo Pinto de. *Inconfidência ou morte!* O embate ideológico entre o governo militar e os cinema-novistas através dos filmes de reconstrução histórica. Trabalho de conclusão de curso (graduação em história) – Universidade do Estado do Rio de Janeiro, Rio de Janeiro, 2002.

PINTO, Leonor Souza. *O padre e a moça*: censura, Igreja e Estado. [s.l.]: [s.n.], [s.d.a]. Disponível em: <www.memoriacinebr.com.br>. Acesso em: 13 abr. 2010.

_____ *Macunaíma*. [s.l.]: [s.n.], [s.d.b]. Disponível em: <www.memoriacinebr.com.br>. Acesso em: 13 abr. 2010.

PIRES, Maria Conceição Francisca. Cultura e política nos quadrinhos de Henfil. *História*, São Paulo, v. 25, n. 2, p. 94-114, 2006.

POLLACK, Michael. Memória, esquecimento, silêncio. *Estudos Históricos*, Rio de Janeiro, v. 2, n. 3, p. 3-15, 1989.

PRESOT, Aline Alves. *As marchas da família com Deus pela liberdade e o golpe de 1964*. Dissertação (mestrado em história) – Programa de Pós-Graduação em História Social, Universidade Federal do Rio de Janeiro, Rio de Janeiro, 2004.

QUADRAT, Samantha Viz. *A repressão sem fronteiras*: perseguição política e colaboração entre as ditaduras do Cone Sul. Tese (doutorado em história) – Programa de Pós-Graduação em História, Universidade Federal Fluminense, Niterói, 2005.

RAMOS, Alcides Freire. *Canibalismo dos fracos*. Bauru: Edusc, 2002.

RAMOS, Fernão; MIRANDA, Luiz Felipe. *Enciclopédia do cinema brasileiro*. São Paulo: Senac, 2000.

RAMOS, José Mário Ortiz. *Cinema, Estado e lutas culturais*: anos 50, 60, 70. Rio de Janeiro: Paz e Terra, 1983.

REES, Laurence. *Ils ont vécu sous le nazisme*. Paris: Perrin, 2009.

REICHEL, Peter. *La fascination du nazisme*. Paris: Odile Jacob, 1993.

REIS, Arthur Cezar Ferreira. Prefácio. In: BRASIL. Ministério de Educação e Cultura. *Atlas cultural do Brasil*. Rio de Janeiro: CFC/Fename, 1972. p. 7-15.

REIS, Daniel Aarão. Ditadura e sociedade: as reconstruções da memória. In: AARÃO REIS, Daniel; RIDENTI, Marcelo; MOTTA, Rodrigo Patto Sá. *O golpe militar e a ditadura*: quarenta anos depois (1964-2004). São Paulo: Edusc, 2004. p. 29-52.

_____. *Ditadura militar, esquerdas e sociedade*. Rio de Janeiro: Jorge Zahar, 2005.

_____. A revolução e o socialismo em Cuba: ditadura revolucionária e construção do consenso. In: ROLLEMBERG, Denise; QUADRAT, Samantha Viz (Org.). *A construção social dos regimes autoritários*: legitimidade, consenso e consentimento no século XX. Rio de Janeiro: Civilização Brasileira, 2010a. v. 2, p. 363-392.

_____. Stalin, stalinismo e sociedade soviética: Literatura & História. In: ROLLEMBERG, Denise; QUADRAT, Samantha Viz (Org.). *A construção social dos regimes autoritários*: legitimidade, consenso e consentimento no século XX. Rio de Janeiro: Civilização Brasileira, 2010b. v. 1, p. 93-120.

_____. O poder: medo e fascínio. *O Globo*, Rio de Janeiro, p. 6, 9 maio 2010c.

_____. Entre ditadura e democracia: da modernização conservadora ao reformismo moderado, 1960-2010. In: _____ (Org.). *História do Brasil nação, 1808-2010*. Rio de Janeiro: Objetiva, 2014. v. 5, p. 75-125.

_____; SÁ, Jair Ferreira de (Org.). *Imagens da revolução*: documentos políticos das organizações clandestinas de esquerda dos anos 1961-1971. Rio de Janeiro: Marco Zero, 1985.

REIS, João José. *A morte é uma festa*: ritos fúnebres e revolta popular no Brasil do século XIX. São Paulo: Companhia das Letras, 2009.

RIDENTI, Marcelo. *Em busca do povo brasileiro*: artistas da revolução, do CPC à era da TV. Rio de Janeiro: Record, 2000.

_____. Resistência e mistificação da resistência armada contra a ditadura: armadilhas para os pesquisadores. In: AARÃO REIS, Daniel; RIDENTI, Marcelo; MOTTA, Rodrigo Patto Sá. *O golpe militar e a ditadura*: quarenta anos depois (1964-2004). São Paulo: Edusc, 2004. p. 53-65.

_____. Caleidoscópio da cultura brasileira, 1964-2000. In: REIS, Daniel Aarão (Org.). *História do Brasil nação, 1808-2010*. Rio de Janeiro: Objetiva, 2014. v. 5, p. 233-283.

RODRIGUES, Ernesto. *Jogo duro*: a história de João Havelange. Rio de Janeiro: Record, 2007.

RODRIGUES, Nelson. À sombra das chuteiras imortais. *O Globo*, Rio de Janeiro, p. 17, 1 jul. 1972a.

_____. Meu personagem da semana. *O Globo*, Rio de Janeiro, p. 3, 3 jul. 1972b. Caderno de Esportes.

_____. Complexo de vira-latas. In: _____. *À sombra das chuteiras imortais*. Seleção e notas: Ruy Castro. São Paulo: Companhia das Letras, 1993. p. 61-63.

_____. Eis um brasileiro que não é uma casaca. In: _____. *O reacionário*: memórias e confissões. Rio de Janeiro: Agir, 2008a. p. 122-127.

_____. O homem que ainda fala em "Pátria". In: _____. *O reacionário*: memórias e confissões. Rio de Janeiro: Agir, 2008b, p. 127.

_____. *O reacionário*: memórias e confissões. Rio de Janeiro: Agir, 2008c.

ROLLEMBERG, Denise. Esquecimento das memórias. In: MARTINS FILHO, João Roberto (Org.). *O golpe de 1964 e o regime militar*: novas perspectivas. São Carlos: EdUFSCar, 2006. p. 91-91.

_____. Memória, opinião e cultura política: a Ordem dos Advogados do Brasil sob a ditadura (1964-1974). In: AARÃO REIS, Daniel; ROLLAND, Denis. (Org.). *Modernidades alternativas*. Rio de Janeiro: FGV, 2008. v. 1, p. 57-96.

_____. As trincheiras da memória: a Associação Brasileira de Imprensa e a ditadura (1964-1974). In: ROLLEMBERG, Denise; QUADRAT, Samantha Viz (Org.). *A construção social dos regimes autoritários*: legitimidade, consenso e consentimento no século XX. Rio de Janeiro: Civilização Brasileira, 2010. v. 2, p. 97-144.

_____; QUADRAT, Samantha Viz. Apresentação. In: _____; _____ (Org.). *A construção social dos regimes autoritários*: legitimidade, consenso e consentimento no século XX. Rio de Janeiro: Civilização Brasileira, 2010. v. 1, p. 7-30.

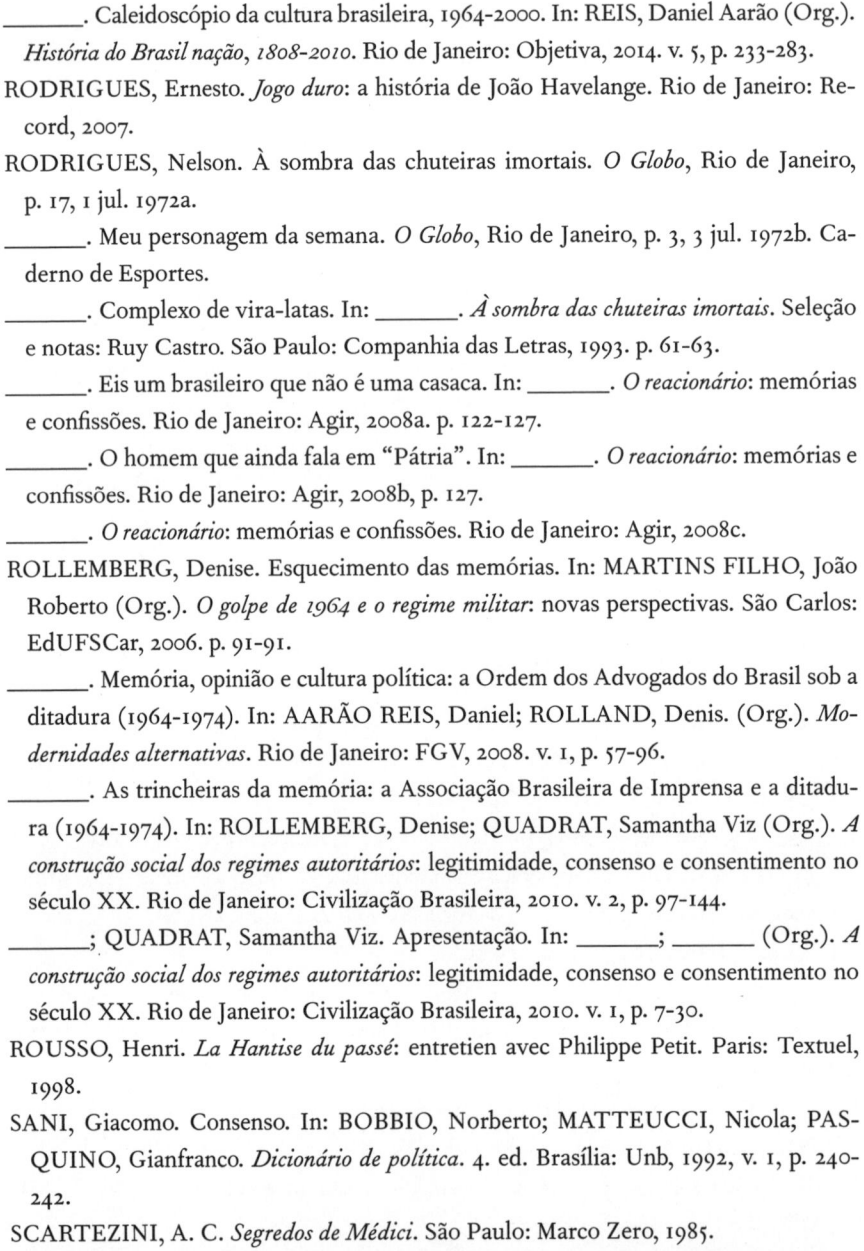

ROUSSO, Henri. *La Hantise du passé*: entretien avec Philippe Petit. Paris: Textuel, 1998.

SANI, Giacomo. Consenso. In: BOBBIO, Norberto; MATTEUCCI, Nicola; PASQUINO, Gianfranco. *Dicionário de política*. 4. ed. Brasília: Unb, 1992, v. 1, p. 240-242.

SCARTEZINI, A. C. *Segredos de Médici*. São Paulo: Marco Zero, 1985.

SCHACTAE, Andrea Mazurok. As comemorações de Tiradentes: memória e identidade de gênero na Polícia Militar do Paraná. *Revista de História Regional*, v. 14, n. 2, p. 154-177, inverno 2009. Disponível em: <www.revistas2.uepg.br/index.php/rhr/article/viewFile/2356/1850>. Acesso em: 13 abr. 2010.

SEMELIN, Jacques. *Face au totalitarisme, la resistence civile*. Paris: André Versaille, 2011.

SESTINI, Pérola. *A mulher brasileira em ação*: motivações e imperativos para o golpe militar de 1964. Dissertação (mestrado em história) – Faculdade de Filosofia, Letras e Ciências Humanas, Universidade de São Paulo, São Paulo, 2008.

SHILS, Edward; YOUNG, Michael. The meaning of the coronation. In: SHILS, Edward. *Center and periphery*: essays in macrosociology. Chicago: University of Chicago Press, 1975. p. 63-81.

SILVA, Francisco Carlos Teixeira da. Crise da ditadura militar e abertura política no Brasil, 1974-1985. In: FERREIRA, Jorge; DELGADO, Lucilia de Almeida Neves (Org.). *O Brasil republicano*: o tempo da ditadura – regime militar e movimentos sociais em fins do século XX. Rio de Janeiro: Civilização Brasileira, 2007. p. 243-282.

SIMÕES, Inimá. *Roteiros da intolerância*: a censura cinematográfica no Brasil. São Paulo: Senac, 1999.

SIMÕES, Solange de Deus. *Deus, pátria e família*: as mulheres no golpe de 1964. Petrópolis: Vozes, 1985.

SOUZA, Gilda de Mello e. Os inconfidentes. *Discurso*, São Paulo, ano III, n. 3, p. 223-233, 1972.

SOUZA, Rosa Fátima de. A militarização da infância: expressões do nacionalismo na cultura brasileira. *Cadernos Cedes*, Campinas, SP, v. 20, n. 52, p. 14-24, nov. 2000.

TODOROV, Tzvetan. *Les Abus de la mémoire*. Paris: Arléa, 2004.

WISNIK, José Miguel. *Veneno remédio*: o futebol e o Brasil. São Paulo: Companhia das Letras, 2008.

ZWEIG, Stefan. *Brasil, país do futuro*. Edição Ridendo Castigat Mores. Versão para eBook – ebooksBrasil.com. Fonte digital: RocketEdition de 2001 a partir de HTML.

AGRADECIMENTOS

Este livro é resultado do trabalho que desenvolvi ao longo das pesquisas de meu doutorado, realizado no Programa de Pós-Graduação em História da Universidade Federal Fluminense (PPGH-UFF) entre 2008 e 2012. A tese, defendida sob o título "Lembrar o passado, festejar o presente: as comemorações do sesquicentenário da independência entre consenso e consentimento (1972)", foi contemplada em 2013 – já rebatizada com o título deste livro – com o Edital de Auxílio à Editoração da Fundação Carlos Chagas de Amparo à Pesquisa do Estado do Rio de Janeiro.

Ao longo dos quatro anos de doutorado, pude contar com uma bolsa de estudos da Coordenação de Aperfeiçoamento de Pessoal de Nível Superior (Capes) que, afinal, viabilizou a elaboração da tese. Sou grata igualmente ao programa Capes/Cofecub (Comitê Francês de Avaliação da Cooperação Universitária com o Brasil) pela bolsa que tornou viável a realização do estágio de doutoramento no Centre d'Histoire des Sciences Politiques em Paris, no ano letivo de 2009-2010. Agradeço, em particular, aos coordenadores do projeto Modernidades Alternativas, Daniel Aarão Reis (parte brasileira) e Denis Rolland (parte francesa), que receberam bem minha proposta de estágio. A Denis Rolland, orientador estrangeiro do projeto, agradeço a generosa acolhida.

Agradeço igualmente ao Programa de Pós-Graduação em História da Universidade Federal Fluminense. A todos os funcionários, a atenção e paciência com a qual sempre me receberam. Da mesma forma, agradeço aos funcionários dos muitos arquivos e bibliotecas nos quais pesquisei, em especial, aos funcionários do Arquivo Nacional do Rio de Janeiro, da Biblioteca da Associação Brasileira de Imprensa (ABI), também no Rio de Janeiro, e do Arquivo Edgard Leuenroth (AEL), na Universidade Estadual de Campinas (Unicamp).

A tese foi orientada pelo professor Daniel Aarão Reis, a quem agradeço a disposição para o diálogo e a sabedoria em me deixar caminhar com as próprias pernas. Sou imensamente grata às professoras Ângela de Castro Gomes e Lúcia Grinberg, que participaram do exame de qualificação – e, depois, da banca de defesa. A elas agradeço a oportunidade de estabelecer importante diálogo e sugestões que ajudaram a enriquecer a tese.

Agradeço ainda aos professores Celso Castro e Rodrigo Patto Sá Motta, que participaram da banca de defesa.

Precisarei sempre agradecer à minha família o apoio que recebo e a alegria com que sou recebida: minha mãe Fátima, minha irmã Mariana, meu irmão Lucas, minha prima Roberta.

Aos amigos que são a família eleita: Keila Carvalho, Weder Ferreira, Érika Natasha Cardoso e Fernanda Moura; e àqueles que, de alguma forma, tornaram mais fácil e agradável a jornada: Karol Gonçalves, Priscilla Coutinho, Lívia Magalhães, Isabel Leite, Larissa Riberti, Audrey Hiard, Nelson Barros da Costa, Carol Takeda, Diogo Cunha e Gustavo Alonso.